黑龙江省省级重点学科农林经济管理学科
黑龙江省重点智库现代农业发展研究中心　资助

农业与农村经济发展研究

2019

东北农业大学经济管理学院
东北农业大学现代农业发展研究中心
黑龙江省县域经济学会

中国农业出版社
北　京

前言
FOREWORD

2019 年 2 月 19 日，中共中央、国务院印发中央 1 号文件《中共中央国务院关于坚持农业农村优先发展做好"三农"工作的若干意见》（以下简称《意见》），《意见》指出：2019—2020 年是全面建成小康社会的决胜期，"三农"领域有不少必须完成的硬任务，必须坚持把解决好"三农"问题作为全党工作重中之重不动摇，进一步统一思想、坚定信心、落实工作，巩固发展农业农村经济好形势，发挥"三农"压舱石作用，为有效应对各种风险挑战赢得主动，为确保经济持续健康发展和社会大局稳定、如期实现第一个百年奋斗目标奠定基础。《意见》鲜明地突出了稳中求进工作总基调，突出了实施乡村振兴战略总抓手，突出了围绕硬任务抓落实，突出了农业供给侧结构性改革主线，突出了发挥农村党支部战斗堡垒作用，突出了农业农村优先发展政策导向。

2019 年 9 月 5 日，习近平总书记在给全国涉农高校的书记校长和专家代表的回信中充分肯定了新中国成立 70 年来农林高校牢记办学使命，为"三农"事业发展做出的积极贡献。同时，习近平总书记在信中写道：中国现代化离不开农业农村现代化，农业农村现代化关键在科技、在人才。新时代，农村是充满希望的田野，是干事创业的广阔舞台，我国高等农林教育大有可为。希望你们继续以立德树人为根本，以强农兴农为己任，拿出更多科技成果，培养更多知农爱农新型人才，为推进农业农村现代化、确保国家粮食安全、提高亿万农民生活水平和思想道德素质、促进山水林田湖草系统治理，为打赢脱贫攻坚战、推进乡村全面振兴不断作出新的更大的贡献。总书记的殷殷嘱托处处彰显着党和国家对农业、农村、农民的关心，彰显着对农林高校奋战新时代、建功新时代的殷切期望。国家强农兴农的决心和举措使我们备受鼓舞，习近平总书记的回信更是极大振奋了我们的精神。东北农业大学经济管理学院广大教师和科研工作者在 2019 年一如既往地秉持、践行深厚的爱农情怀和兴农担当，深耕农业科研并形成了诸多较高水平的科研成果，为系统梳理这些成果，更好地服务"三农"发展，鼓励更多的教师、科研人员关注"三农"、投身"三农"，经济管理学院决定编辑出版 2019 年度《农业与农村经济发展研究》文集。

东北农业大学是中国共产党在解放区创办的第一所普通高等农业院校，是一所"以农科为优势，以生命科学和食品科学为特色，农、工、理、经、管等多学科协调发展"的国家"211 工程"重点建设大学和"世界一流学科"建设高校。经济管理学院覆盖管理学和经济学两大学科门类。学院开设农林经济管理、工商管理、会计学、市场营销、人力资源管理、金融学、保险学和国际经济与贸易 8 个本科专业。拥有农林经济管理（省级重点一级学科）博士学位授权一级学科，依托本学科设有博士后科研流动站；拥有农林经济管理、应用经济学、工商管理 3 个硕士学位授权一级学科；拥有工商管理硕士（MBA）、会计硕士（MPACC）、农业硕士（农业管理领域）和金融硕士（MF）4 个专业学位授权点。设有黑龙江省高端培育智库"现代农业发展研究中心"。学院现有教师 132 人，其中教授 26 人，副教授 40 人，拥有"万人计划"哲学社会科学领军人才 2 人、国家"四个一批"人才 2 人、教育部专业教学指导委员会委员、农业农村部专家咨询委员会委员、国务院政府津贴专家、全国优秀教师、黑龙江省优秀中青年专家、黑龙江省宣传文化系统"六个一批"理论人才、省级教学名师、黑龙江省新世纪人才、国家级学会副理事长等。

　　2019 年中央 1 号文件是新时代决胜全面小康攻坚冲刺阶段的 1 号文件，是脱贫攻坚和乡村振兴交汇推进时期的 1 号文件，是改革开放 40 年新时代农村改革再出发的 1 号文件，文件的发布吹响了新时代党和国家重农兴农的号角。在这样一个全党全国各族人民勠力同心，为实现中华民族伟大复兴而不懈奋斗的伟大时代，东北农业大学经济管理学院广大教师和科研工作者将牢记总书记的殷殷嘱托，牢记强农兴农的初心和使命，紧密围绕乡村振兴战略实施的重大理论和实践问题，充分发挥自身在合作经济、畜牧经济、农垦经济、县域经济、农区林业经济等方向的特色和优势，进一步加强科学研究，进一步提升服务发展、促进发展的能力和水平。

　　在东北农业大学经济管理学院 2019 年度《农业与农村经济发展研究》一书出版之际，向学院辛勤付出的广大教师和科研工作者表示崇高敬意，本书内容的研究和出版得到农林经济管理学科、现代农业发展研究中心的支持和资助。

东北农业大学经济管理学院院长、教授、博士生导师

张启文 博士

2019 年 12 月

目 录
CONTENTS

目　录

农机合作社、农地流转与农业现代化发展研究[*]

郭翔宇　乔金友　刘雨欣　付兆刚等

农业现代化的必由之路是发展多种形式的农业适度规模经营，农业规模经营的基本途径是农地承包经营权流转，农地流转的最佳模式是以农民合作社为主体进行规模化流转，在农民合作社中能够最有效进行农地规模化流转的是农机合作社，特别是黑龙江省生产经营型农机合作社。因此，本文以农机合作社为对象，针对黑龙江省的发展实践，研究探讨农机合作社、农地流转与农业现代化发展问题。

一、黑龙江省农机合作社发展历程与现存问题^①

黑龙江省自 2003 年开始投资建设农机合作社，以农业机械化为牵动，创新农业生产组织方式，以期推进农业产业化、规模化、标准化、信息化，提高土地产出率、资源利用率和劳动生产率，加快传统农业向现代农业转变。截至 2015 年年底，黑龙江省已建设各类农机专业合作社 2 504 个。历经 14 年的发展，黑龙江省农机合作社发展现状如何？是否达到预期的目标等问题是目前农业农机管理和决策部门关心的重要问题。

（一）黑龙江省农机合作社的发展历程

21 世纪初，我国的农业机械化水平得到显著提高，尤其在我国黑龙江地区，人多地少，地势平坦，最适宜大面积机械化作业，最利于集约化生产。创

---

　* 本文为国家社会科学基金项目（13BJY105）和全国文化名家暨"四个一批"人才工程项目"农民合作社、农地流转与农业现代化研究"（中宣办发〔2015〕49 号）的阶段性研究成果。

　项目负责人为郭翔宇教授，主要参加人员乔金友、刘永悦、刘雨欣、付兆刚、胡月、张一豪、姜天瑞、杜旭等。

　① 本节内容分别原载于《农机化研究》2018 年第 11 期、2017 年第 11 期，作者为乔金友、洪魁、李金鸿、郭翔宇（通讯作者）等。

新经营合作组织，以合作社为载体、大型农业机械为手段，推进土地规模化经营、增强抗御自然灾害能力，提高土地产出率、资源利用率、劳动生产率和农业生产组织化程度，加快传统农业向现代化农业转变；合作社历经十几年的发展，从无到有，在发展的过程中，根据合作社建设规模、制度政策、机具选型等因素大致给其分为三个发展阶段：农机合作社发展初级阶段、现代农机合作社发展阶段及规范发展阶段。

1. 农机合作社发展初级阶段（2003—2008 年）

加快实现农业现代化，创新农机合作组织；黑龙江省的农业机械化程度位居全国前列，有耕地面积多等诸多优势。从 2003 年开始组建农机作业合作社，每合作社投资 100 万元，连片经营规模要求达到 4 000～5 000 亩①。2003—2008 年 6 年间省市级财政和农民自筹资金计 14.52 亿元，共组建农机作业合作社 1 216 个，此阶段的农机作业合作社的规模普遍较小，建设制度不是很规范。2003—2008 年黑龙江省农机作业合作社发展建设情况如图 1 所示。

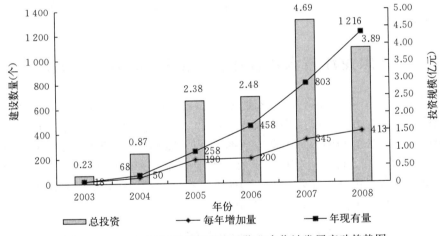

图 1　2003—2008 年黑龙江省农机作业合作社发展变动趋势图

2003 年投入 0.23 亿元，其中省级投入 0.18 亿元，农民自筹 0.052 5 亿元，组建 18 个农机作业合作社。从 2004 年开始，投资额度和农机作业合作社建设数量逐年增加，至 2006 年新组建合作社 200 个，总投资达 2.48 亿元，其中，国家质量项目投资 0.551 亿元，省市财政投资 0.965 亿元，农民自筹0.951 8 亿元；2008 年，投入资金 3.889 亿元，其中，国家优质粮项目投入0.623 亿元，省级投入 1 亿元，市级投入 0.156 亿元，农民自筹 2.11 亿元，

①　亩为非法定计量单位，1 亩≈667 平方米。——编者注

组建413个农机作业合作社。截至2008年末,累计投入农机作业合作社建设资金14.52亿元,其中国家等各级政府投资7.25亿元,占投资总额的50.69%,农民自筹资金7.06亿元,占总投资的49.31%,建设百万元农机作业合作社1 216个。农业机械在农机专业合作社中扮演着重要的角色,农业机械数量在逐年增加,标志着农机专业合作社不断发展,规模在逐年扩大,同时也使得农民收入增加,激发农民的参与热情,为接下来的现代农机合作组织的发展奠定坚实基础。

2. 现代农机专业合作社发展阶段(2008—2012年)

初级阶段建设的农机合作社规模普遍偏小,为了扩大农机合作社的建设规模。2008年,黑龙江省在正常组建农机专业合作社的同时,调整农机合作社建设方案,尝试建设现代农业示范园区。每个园区投资1 000万元,要求每个示范园区连片土地应达3万~5万亩,以200马力①拖拉机为主,配套1台300马力左右的拖拉机和若干中型拖拉机。2008年当年投资1.7亿元建设16个现代农机农业示范园区,其中1.5亿元为中央现代农业发展基金,1 000万元为农民自筹。购置现代化大型农机装备600台,流转土地面积51万亩。建设的16个大规模农机合作社对引导现代农机合作组织健康发展起到了示范带动作用。2009年新增99个现代农机合作社,投资13.99亿元;2010年是农机合作社发展的关键时期,新建设合作社325个,投资近43.87亿元,创下历年之最(图2)。

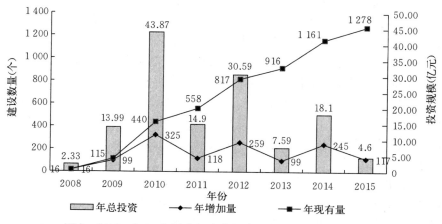

图2 2008—2015年黑龙江省农机专业合作社发展变动趋势

---

① 马力为非法定计量单位,1马力≈735瓦。——编者注

2012 年，示范园区土地规模要达到 10 万亩，至少具备 1 个 10 000 亩大地号或 2 个 5 000 亩大地号；当地政府要捆绑使用涉农资金用于示范区建设，投资规模不低于 1 000 万元的同时农业机械装备要达到 2 000 万元以上；截至 2012 年年底，累计建设 817 个农机合作社，共计投资 105.68 亿元，该年农机合作社总收益达 20.08 亿元，入社户数 16.45 万户，平均每户收益 1.22 万元；入社土地达 616.6 万亩，租赁土地 85.85 万亩，委托土地和代耕土地各 48.09 万亩和 4 147.15 万亩；其中合作社从业人员 1.54 万人，管理人员占 21.2%，驾驶员占 64.35%，其他人员占 14.5%；农机装备包括拖拉机 6 535 台套，收获机 7 763 台套，播种机 2 329 台套，插秧机 629 台套，青贮收获机 117 台套，整地机 6 462 台套及液体施肥机 537 台套，还包括其他农机具 4 858 台套，共计 2.87 万台套农机具。

2008—2012 年，是黑龙江省农机合作社发展的重要阶段，该阶段建设方案趋于规范，大力鼓励建设千万元大型农机合作社，在此期间合作社发展取得长足进步，无论是从农机装备建设规模、数量、质量，还是农机装备先进程度，都在全国各省份农机合作社之中呈领先趋势，农民已经开始认识到现代化大农业、大农机对农业生产带来了翻天覆地的变化，开始主动要求加入到合作社中来。

3. 现代农机合作社规范发展阶段（2013 年至今）

为了推进农机合作社的建设速度，更好实现合作社规模化经营的效果，在 2013 年之前确定的投资规模不小于 1 000 万元标准，该年逐步修改为农机装备投入规模，建设规模更加灵活，建设 500 万～1 500 万元的农机合作社，场库占地面积不低于 5 000～8 000 平方米，建筑面积不低于 1 800～2 400 平方米，达到机入库、具进棚，有配件库、维修间和办公培训场所。因地制宜，宜大则大，宜小则小，根据土地作业的实际需求按照全程作业标准配备农机具。2013 年农机合作社总收益达 26.66 亿元，入社户数达 18.45 万户，每户平均收益达 1.44 万元，相比之前的 2012 年提高了 18 个百分点；入社土地达 158.58 万亩，合作社平均收益达 337.9 万元，平均每户入社土地达 0.948 万亩，平均入社户数达 234 户。

2014 年成果颇丰，黑龙江省累计建设现代农机合作社 1 161 个，比 2013 年累计增加 26.7%；其中建设国家级 5 个，省级 61 个及市级 94 个，收益千万元的农机合作社 288 个，收益千万元合作社数量占农机合作社总量的 24.8%。黑龙江省农机合作社的组建从重视数量效益开始向重视规模效益转变，全省农机合作社发展势头强劲。

2014 年，黑龙江省现代农机合作社发展进入新的阶段。一方面对合作社的建设规模和资金进行了部分细化，设置的标准更加科学，针对性更强，创建方式更加灵活：旱田入社土地面积 0.5 万亩以上，水田入社土地面积 0.3 万亩以上；旱田入社土地面积 0.5 万～1 万亩装备 500 万元农机具；1 万～2 万亩装备 800 万元农机具；2 万～3 万亩装备 1 000 万元农机具；3 万亩以上装备 1 500 万元农机具。水田入社土地面积 0.1 万～0.3 万亩装备 200 万元农机具；0.3 万～0.5 万亩装备 300 万元农机具；0.5 万亩以上装备 500 万元农机具。在以山区、半山区和丘陵地区为主的地区，建设小型农机合作社。另外 2014 年重新修订选配机型的标准，不仅针对各种建设规模出台机具选型范围，科学设置不同马力级别的选型机械表，而且加大合作社建设者机具选型的自主性。

2015 年是黑龙江省农机合作社发展的重要阶段。农机化发展水平稳步提升，农村耕种收综合机械化程度达 93.9%，同比提高 1.6 个百分点；现代农机合作社新增 117 个，累计建设 1 278 个。该年继续深化合作社的创建标准，使建设方式更加规范，更有利于调动建设者的积极性。旱田入社装备投资 1 000 万元，要求三年内土地入社达到 1 万亩以上。水田农机合作社：装备 500 万元，当年土地入社 0.3 万亩以上，第三年土地入社达到 0.5 万亩以上；装备 300 万元，当年土地入社 0.1 万亩以上，第三年土地入社达到 0.3 万亩以上。据实况，在山区、半山区和丘陵地区建设小型旱田农机合作社，入社土地规模不少于 0.3 万亩。另外 2015 年之前只有省里拥有审批权力，为了减轻审批压力，简化合作社审批程序，简政放权，首次把审批权力下放到各市县。运用县级审核、市（地）审批及省级备案等程序对农机合作社进行审批。在 2014 年发展的基础上，2015 年省农机局出台一系列有针对性的农机选型指导方案，增加对机型选配的自主性与灵活性，提高机器及资金的利用率，对实际操作中机组匹配程度进行优化，减少由于非科学配备机组带来的浪费。

（二）黑龙江省农机合作社建设效果分析

建设现代农机合作社是目前实现农业现代化的必要手段，黑龙江省凭借自身优势，合作组织历经 14 年的发展，积累了丰富的发展经验，取得了许多显著的成效，从投资规模及投资结构、土地流转、劳动力节约、农机装备、农机化程度及农业收益几个方面详细地分析，通过对其现状进行阐述，使得我们对合作社目前发展情况有充分认识。

1. 投资规模及投资结构

从 2003 年开始建设农机合作社，该年投资 0.23 亿元，建设农机合作社

18 个；2004 年投资 0.87 亿元，建设 50 个农机合作社，尤其在 2007 年投资 4.69 亿元建设农机合作社多达 345 个，在初级阶段中该年投资效率尤其显著。自 2008 年开始建设现代农机专业合作社，截至 2014 年年底，历时 7 年累计总投资 131.36 亿元（表1），2010 年与 2012 年是黑龙江省农机合作组织发展的高峰，分别投资 43.87 亿元和 30.59 亿元，分别建设了 337 个和 259 个农机合作社，年增长数量居于首位。农机合作社装备投入资金中累计投资 104.13 亿元，包括中央资金 3.7 亿元、省财政资金 10.3 亿元、合作社自筹资金 22.49 亿元、贷款共 45.6 亿元及直接的使用补贴 22.03 亿元等，资金来源的方式趋于多元化，正是由于多元化筹措资金方式降低投资风险，才加快现代农机合作社的发展进程，同时也会吸引更多民众的投资意愿，提高民众的参与热情，为开展黑龙江省的规模化、标准化、现代化农业的发展起到推动的作用。

表 1　2008—2014 年现代农机合作社投入资金统计表

年份	总投资（亿元）	装备投入资金（亿元）							直接使用补贴
		投入合计	中央资金	省财政资金	合作社自筹	贷款			
						财政	合作社	小计	
2008	2.33	1.7	1.5	0.2					
2009	13.99	11.65	2.2		1.63	4.05	1.73	5.78	2.04
2010	43.87	34.38				20.51	13.51	34.02	0.36
2011	14.9	11.44		1.44	4	3		3	3
2012	30.59	24.65			8.74	1.68	1.12	2.8	13.11
2013	7.59	5.87			2.35				3.52
2014	18.1	14.44		8.664	5.776				
总计	131.36	104.12	3.7	10.3	22.49	29.24	16.36	45.6	22.03

　　农机合作社的发展战略方向也正在发生巨大的变革，跟随国家经济"降挡减速，提质增效"的大方向，现代农机合作社的发展也朝着提质增效的方向发展。2014 年加快了规范现代农机合作社的建设，建设省级规范社 61 个及市级规范社 105 个，齐齐哈尔是现代农机合作社规范化的楷模，在规范社建设中省级规范社新增 28 个、市级规范社新增 38 个，位居各地市首位，其次是哈尔滨与佳木斯建设省级规范现代农机合作社各 6 个、市级规范农机合作社分别建设 7 个和 6 个。建设农机合作社的最终目的是通过规模化效益增加农民的收入，其核心是农机的装备水平，装备投入分别对动力机、联合收割机及作业机械进行投资，由于 2010 年投资规模最大，分别对动力机、联合收割机及作业机械

投资为 10.66 亿元、10.31 亿元及 6.88 亿元。从 2008 年开始投资规模按照一定的比例进行分配,对动力机的投资占 31%,对联合收割机的投资占 30%,对作业机械的投资占 20%(图 3)。由于不断对农机合作社农机装备的持续投入,使其产生规模效益,农民收入水平逐步上升。

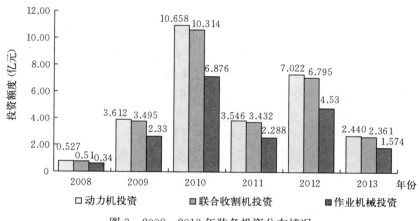

图 3   2008—2013 年装备投资分布情况

2. 土地流转效果分析

农机专业合作社在国家政策的支持下蓬勃发展,农机合作社的数量在逐年的增加,收益日益显著,因此加入合作组织的农民及土地日益增加(表 2)。入社土地逐年增加,2009 年入社土地为 1.1 万亩,到 2014 年增加至 949.9 万亩,增加了 863.5 倍。入社农民也从 2009 年的 0.3 万户到 2014 年的 17.99 万户,增长了近 60 倍,全省农机合作社的土地经营规模在 2011 年达到 220 万亩,2012 年达到 616.61 万亩,同比增长 2.8 倍,该年合作社平均土地经营规模达 7 547 亩;2013 年入社土地达 747.78 万亩,平均每个合作社土地规模达 9 477 亩,比 2012 年增加了 25.57%,该年合作社平均收益达 337.9 万元;2014 年土地经营规模达 949.87 万亩,每个合作社土地经营规模达 10 968 亩,比 2013 年增长 15.7%,该年合作社平均收益达 759.55 万元,比 2013 年增长一倍多,标志着农机合作社土地流转产生的规模效益在逐年增加。

表 2   2009—2014 年入社土地、入社户数

年份	2009	2010	2011	2012	2013	2014
入社土地(万亩)	1.1	70	220	616.61	747.78	949.9
入社户数(万户)	0.3	2.13	6.4	16.45	18.45	17.99

由于农村劳动力向其他行业的流动，2014 年现代农机合作社共入户 17.99 万户，比 2013 年的 18.45 万户同比下降 2.49%；但是 2014 年的社均收入比 2013 年增长了 125%，达到了 759.55 万元；自主经营土地 1 042.3 万亩，其中入社土地 949.9 万亩，租赁 92.4 万亩；2014 年代耕土地 3 292 万亩比 2013 年 4 288 万亩下降 23.23%。入社土地急剧增加而合作社租赁土地和代耕土地都在减少，表明加入合作社的热情高涨，土地规模效益及惠及民众利益的效果显著；实际调查表明规模经营收入高于代耕作业收入及租赁土地的收入。为使合作社能够健康发展，就要适当扩大土地经营规模，政府部门因势利导，动员农民群众积极入社，合作社利用自身优势不断吸引土地入社，扩大其经营规模。2014 年现代农机合作社经营土地总面积 1 042.32 万亩，其中大豆 107.1 万亩、水稻 60.9 万亩、玉米 846.5 万亩、马铃薯 6.2 万亩及其他作物 18.7 万亩；平均入社户数 208 户，单位入社土地分配的盈余 1.61 万元，平均入社土地达 1.1 万亩，年度同比增长 15.74%；随着入社户数的减少，反而增加了合作社的土地经营规模，合作社的平均收益也在成倍地提升，标志着合作社的发展进入了一个新的阶段。

3. 劳动力节约效果分析

现代农机合作社不仅促进了周边农民就业，增加农民收入，而且可以通过合作社平台提供专业化服务，可以对富余劳动力进行培训，社员能够自主参与，为农机合作社提供充足的劳动力，每个社员都能"农忙时节挣工钱，农闲时节享服务"，提高劳动力利用率；另外对于土地入社之后没有进入合作社的农民，可以搭建新平台，对其进行针对性的技能培训，为各个行业提供充足的劳动力，填补劳动力空缺，促进劳动力流动，实现"门前就业"，带动周边产业的快速发展。

建立农机合作化可能转移劳动力〔公式（1），表 3〕。

$$N_z = \frac{N_s}{S_s} \cdot S_h - N_h \qquad (1)$$

式中，N_z——可转移劳动力人数；

$\quad\quad N_s$——全省农业从业人数；

$\quad\quad S_s$——全省农作物面积；

$\quad\quad S_h$——合作社经营面积；

$\quad\quad N_h$——合作社从业人数。

2014 年黑龙江乡村户数共 520.5 万户，农机合作社入社户数占乡村总户数的 3.45%；平均每个农机合作社入社农户 208 户，从业人数达 26 073 人（表 3），全省乡村劳动力达 982.8 万人，其中从事农业人员 647.9 万人，占乡村劳动力的 65.9%。非农人员占据了 34.1%，近 334.9 万非农业人口；2012年可转移出来的劳动力人数达 17 万多人，随着现代农机合作社的不断发展，规模逐渐扩大，2014 年转移出来的劳动力 25 万多人，同比 2012 年增长了 46.5%。

现阶段黑龙江省进入非农部门就业的农村劳动力，其基本特征表现为：就业前大多只接受过较少的学校教育，几乎没有任何职业教育培训，就业后接受继续教育与培训的机会少，因此人力资本存量水平低，低下的素质严重影响了其就业能力，阻碍了农村劳动力的产业间和行业间的转移，因此加强农村劳动力的教育与培训，提升农村劳动力的就业能力十分重要。

表 3　劳动力转移相关数据表

年份	全省农作物面积（万公顷）	全省农业从业人数（万人）	合作社经营面积（公顷）	合作社从业人数（个）	可转移劳动力人数（个）
2012	1 466.0	667.3	411 075.6	15 418	171 697.1
2013	1 467.8	666.7	498 520.0	——	——
2014	1 477.5	647.9	633 246.7	26 073	251 612.6

4. 农机装备水平及农机化程度提升效果分析

现代农机合作社阶段从 2008 年开始，新建了 18 个现代农机合作社，农机总保有量达 600 台套（表 4）；2009 年与 2010 年保有量分别新增 3 245 台套及 12 365 台套，累计保有量达 3 845 台套和 16 210 台套，与 2008 年相比增长近 20 倍。在 2011 年以后，由于大农机在某些耕作中会出现"大马拉小车"的情况，农机的选型采购逐渐趋于多元化。2013 年新增农机装备 5 091 台套，总保有量达 38 185 台套；2014 年黑龙江省各地市现代农机合作社农机装备总投资规模达到了 86.65 亿元。新增 10 997 台套机械，累计保有量达 49 182 台套；同时该年合作社场库棚建设投资金额达 25.52 亿元，占地面积 1 356.71 万平方米，建筑面积达 235.43 万平方米；2014 年现代农机合作社场库棚投资 1.7 亿元，建设面积近 34.7 万平方米。场库棚建设情况是合作社规模的重要衡量指标之一，对于机械的保护、农机的管理等具有重要的作用。

2014 年，全省（含农垦）农机总动力达到 5 155.5 万千瓦，比 2007 年增加 2 370.2 万千瓦，增长 85.1%；综合机械化程度为 96%（全国为 61%），比 2007 年提高 8.7 个百分点；水稻机收率 94.9%，玉米机收率 96.9%，分别比 2007 年提高 22.95、81.99 个百分点。补贴购置农机装备 1.98 万台套，同比 2013 年 2.27 万台套下降近 13 个百分点。农机合作社农机装备共计投资 14.44

亿元，其中合作社自筹 5.776 亿元，占 40%，省级财政补贴 8.664 亿元，占 60%。农机装备规模千万元级别的农机合作社从无到有，截至 2014 年年底，共建设千万元合作社 826 个。平均每个合作社入社农民 208 人，入社土地 1.097 万亩；采购农机装备多是 100 马力以下的拖拉机 946 台套（表 4），105~180 马力的 330 台套，其中选购玉米收获机 948 台套，水稻收获机 740 台套，联合整地机 304 台套。从 2013 年之后，机型的选配更加灵活、机具的使用更加科学、机具的采购更加符合应用实际。

表 4　2008—2014 年现代农机专业合作组织农机保有量

单位：台套

年份	拖拉机功率范围（马力）				联合收获机			联合整地机	装备农机数量
	<100	105~180	185~320	325~358	谷物收获机	玉米收获机	水稻收获机		
2008		50	55	15	51	87		88	600
2009		27	768	136	295	316		953	3 245
2010	103	103	423	1 657	1 316	2 058		2 294	12 365
2011	478	70	454	9	233	851	356	582	5 276
2012	469	675	1 059		247	2 553		1 204	11 608
2013	685	77				270	456	210	5 091
2014	946	330				948	740	304	10 997
小计	1 735	1 002	2 759	5 496	2 142	6 135	812	5 331	49 182
合计		10 992				9 089		5 331	49 182

5. 农业收益效果分析

现代农机合作社采取农民主办、乡村领办、民企联办、场县共建等多种组建模式，其中农民主办农机合作社有 708 个，是目前黑龙江组建合作社的主流形式。2012 年总收益达 20.08 亿元，合作社平均收益达 245.8 万元；2013 年总收益达 26.66 亿元，合作社平均收益达 337.9 万元；2014 年合作社总收入达 141.28 亿元，总收益 68.895 亿元，相比 2012 年与 2013 年增长近 1.5 倍，该年的合作社平均收益达 759.5 万元，与 2013 年同比增长 1 倍。该年盈余 1 000 万元以上的合作社有 288 个，占 33.3%。户均收益 3.8 万元；水稻、大豆、玉米、马铃薯等主要粮食作物总产量分别为 20.9 万吨、31.8 万吨、587.85 万吨、12.5 万吨，带来了 117.48 亿元的粮食收入。目前，合作社不断提高自身的保险意识，参加保险的面积达 178.9 万亩，占土地经营总面积的 17.16%。

表 5　2014 年黑龙江省农机合作社收益效果比较分析

	水稻	玉米	大豆
全省单位面积产量（千克/公顷）	7 023	6 146	1 787
合作社单位面积产量（千克/公顷）	7 688.73	9 030.82	2 534.94
单位面积产量增加比例（%）	9.479	46.938	41.854

全省主要农产品水稻、玉米、大豆的单位面积产量与农机合作社的单位面积产量相比，农机合作社的单产要高于全省的平均水平，水稻单产增加了 9.479%，玉米单产增加了 46.938%，大豆单产增加了 41.854%（表 5），通过数据的对比，农机合作社的增收非常明显，且合作社的平均规模收益要高于普通的农民种植的平均收益，凸显出了合作社的优势。同时在农产品销售方面采取自主销售和订单销售两种形式，2014 年自主销售量达 415.7 万吨，订单销售量达 52.25 万吨。订单销售可以有效减少中间环节，降低营销成本，促进相关合作社农产品销售进程，促进合作社供应链的发展。

（三）农机专业合作社存在的问题

经过近几年的数据分析，农机合作社的效益日趋显著，入社农户的收入及合作社的平均收入都在快速增长，合作社在农业发展及促进经济增长方面的积极作用及重要地位逐渐显现。与此同时，农机合作社还存在诸多问题亟待发现并解决。

1. 农机合作社投资效益发挥不够，缺少建设的积极性、主动性

当前金融部门信贷门槛较高，信贷条件相对苛刻，放贷资金有限，周期比较短，农机合作社的农机具不可以作为资产进行抵押，导致建成后的农机合作社无力贷款，缺少运转资金，种子、化肥、油料、耕地、工作人员工资等生产要素投入较为困难。同时，缺少资金也使合作社的生产规模受到限制，在这种情况下，先进的大型农机装备未能发挥其应有效益。另外，由于农民有恋地情节，对土地连片经营认识不足，不敢冒险及对合作社经营主体或董事长信任不够等一些情况，导致了土地流转困难，导致土地流转价格高于农户间的分散流转价格，农机合作社面临土地流转的数量有限、期限较短且不稳定等具体困难；大规模高投入经营方式也增大了农机合作社的经营风险。正是由于以上原因，农民缺乏建设合作社的积极性和主动性。

2. 机具结构不合理，有待进一步优化

农机合作社引进大型农机具，通过规模化的生产提高作业效率、降低生产成本。但是，由于认识不到位、建设经验不足等原因，造成一些合作社机具配置结构不合理、农机农艺不匹配等诸多问题，影响农业机械的利用效率，未能达到预期的建设效果。

(1) 动力机械结构不合理。2008 年以后建设的现代农机专业合作社中，几乎每个合作社都要配置至少 1 台 300 马力以上拖拉机，此类动力机械因功率较大，只能配置联合整地机、耙等少数几种耕整地设备，拖拉机年实际利用率极低。虽然该机组技术生产率高，作业能力强，但由于一些合作社经营规模的限制，又致使该类机组不能在作业季节满负荷工作，未发挥出其应有作用。

(2) 动力机与作业机匹配不合理。在现代农机专业合作社建设初期，与进口大马力拖拉机配套的作业机械配备不全，国内农机厂商又不生产相应的配套机械，一度造成有动力机少作业机的不正常现象，农机合作社机具配套比低。目前，虽然国内农业机械生产厂商有针对性地研发了相关配套机具，但一些机具质量不过关，且故障率较高，致使作业季节机组时间利用率低，影响动力机作用的充分发挥。

(3) 农机与农艺技术要求不匹配。一些地区，由于种植作物种类及种植工艺的差别，造成一些农机合作社的部分机具不适应当地作物生产需求，不能很好地完成农业生产作业，甚至有些设备闲置未用。有些农机驾驶员技术水平相对较低，不能很好地应用先进的大型农机装备按规定作业质量标准完成农业生产作业。农机或农技人员的技术水平与先进大型农机装备的作业要求不匹配。

3. 农机合作社管理人员及技术人员缺乏，合作社人员综合素质有待提高

现代农机专业合作社投资多、经营规模大、农机装备先进，其经营目标之一就是要充分利用现有条件经济地完成合作社农业生产任务，这与企业的生产经营过程具有一致性。因此，现代农机专业合作社应该采用现代企业的管理运营模式，要求合作社管理者应具备相应的组织管理能力和技术水平。但是目前农机合作社的建设者和管理者大部分是农民，只有极少数企业牵头建设的合作社管理者具有较先进管理意识，能按企业运营理念经营管理农机合作社。而合作社的农民管理者大多管理意识淡薄、管理水平相对较低，不适应现代农机专业合作社生产经营的需求。

另外，由于农机合作社经营规模大，普遍选用大型先进农机设备，机具操作管理及农业生产经营方式与联产承包条件下户营模式具有本质差别。农机合作社的农业技术人员、农机操作及管理人员等也需要具有相应的技术和管理水

平。合作社成员要具备将农业生物技术、农业工程技术和农业经济管理技术合理组装融合的基本能力。然而，目前从事合作社生产经营及管理的人员大部分是农民，尽管许多合作社成员也在不断学习提高，但距离实际生产需求还有一定的距离。

4. 合作社建设及管理制度仍待进一步完善

2003 年，黑龙江省开始尝试建设农机合作社，没有经验可以参照，更谈不上有成形的建设及管理制度。经十几年的建设和发展，黑龙江省在农机合作社建设方面积累了宝贵的经验，尤其是 2013 年出台了《黑龙江省农机合作社建设方案》，2014—2015 年又对其进行补充和完善，使黑龙江省农机合作社的建设工作越来越规范。但是在经营方式及管理制度方面还正在尝试和探索，还没有成熟、有效的方案或规章制度。

没有完善全面的制度作为合作社建设和管理的保障和约束，合作社发展存在一定的随意性。合作社管理者的管理水平、管理方式决定合作社的发展方式及发展方向，甚至决定着农机合作社的命运。制度建设，尤其是生产经营管理制度建设是目前黑龙江省农机合作组织建设和发展面临的重要问题之一。

5. 农产品销售结构简单，农产品电商发展缓慢

大部分农机合作社农产品的销售仍采用"农超对接"、直接进入国有粮库的方式，有的依靠零售市场、批发商等传统方式。这几种销售方式在合作社与最终客户间都存在着较多的中间环节，增加了农产品的运输成本、销售成本、时间成本等，提高了客户购买农产品的价格。由于销售意识、计算机网络水平等条件限制，农机合作社的农产品电子商务发展缓慢，直接影响农机合作社农产品销售价格及销售效率。

6. 农业产业结构不合理、产业链短，抵御风险能力低

由于不同作物比较效益的差别，大多旱田合作社以种植玉米为主，种植结构简单、作物种类单一。农业生产效益受种植作物价格影响大，抵御风险能力低。2015 年，因国家临时玉米存储收购价格下调 0.22 元/千克，黑龙江省玉米种植户户均减收 3 300 元左右。黑龙江省及农机合作社种植结构调整迫在眉睫。另外，大多农机合作社的主要业务仍是田间作物生产，农用物资的供应仅靠市场进行调节，农产品直接进入市场，没有精深加工的过程环节。农产品生产的产业链短，未形成完善的"供应—生产—加工—销售"一体的产业链条，未能按农业供应链思想优化农业生产结构，造成农机合作社生产过程受市场影响较大，经营成本高、经济效益低、抵御风险能力低。黑龙江省食品工业总值与农业总值的比例为 0.5∶1，而发达国家达到 3∶1，说明黑龙江省粮食精深

加工业发展滞后，限制合作社农产品销售渠道。从另一方面，也给合作社发展农产品加工业、延长产业链提供契机。

（四）黑龙江省农机合作社的发展对策

1. 提升筹集资金的能力及资金利用水平

打破资金制约，多渠道筹措资金。对农机合作社进行规范化管理，根据合作社自身特色制定适合其发展的短期与长期计划，充分发挥农机合作社规模经营优势，以清晰的发展目标和盈利能力吸引农民及企业投资；动员农民以资金、土地和机动车等多种资源入股，激发他们的入社积极性；吸收工商企业有效资本的同时协调银行贷款，为合作社的运营发展提供充足的资金保障。另外，在吸引到足够的资金的同时，要合理使用资金，做出合作社短期与长期的发展规划及预算，提高资金利用水平，有效提高投资利润率。

2. 逐步完善农机装备配备标准

黑龙江省是全国综合农业机械化程度最高的省份，但是农业机械化与农业现代化发展要求还具有一定距离。因此，要推进黑龙江省农作物全程机械化，在薄弱环节上加快农机化协调发展步伐。同时逐步完善农机生产装备配备标准，根据种植作业种类、经营规模以及地区分布有针对性地制定动力机结构配置标准、动力机与作业机匹配标准、农机投资规模与土地经营规模匹配标准及农机农艺的作业标准等；增加新型、高效、适用农机装备数量，提高黑龙江省农机标准化作业水平，提升农机合作社建设标准水平，充分挖掘黑龙江省农机合作社经济发展潜力。

3. 完善建设管理制度，合理设计组织机构

针对农机合作社建设管理制度相对滞后现状，黑龙江省相关部门及农机合作社应积极行动，探索科学的建设思路与管理方法，进而制定完善的相关制度及规程，以规范农机合作社的建设与发展。农民合作社只能实行"普惠制"，即在合作社内部由全体社员平等（但不是平均）分享合作社利润。这里体现的是合作经济的"平等、公平"原则，而不是市场经济的"效率"原则。为了保障农民合作社基本功能的实现，利益分享、有限积累、限制股金分红、"一人一票"的民主管理等制度也要不断地完善。另外，农机合作社是投资较高、经营规模较大、涉及利益方较多的农民自主经营组织，应该参考现企业运营模式运营农机合作社，建立健全必要的、合理的组织机构，配齐相关技术及管理人员，而且随着合作社的经营模式发生变化，合作社组织结构也应进行相应调整。发展合作社的目标是全面实行自主经营、自负盈亏的新型农业生产经营主体。

4. 有效提升人员的综合素质和水平

结合农机合作社的特点及需求，有针对性地对合作社人员进行技术方法及管理思想等方面的培训，以提升合作社现有人员适应合作社发展需求的程度。同时，农机合作社也要制定严格适用的选人用人标准，采取公开招聘等方式引进农业、农机及管理领域的专业人才，提升农机合作社经营管理水平。同时，合作社还要建立严格的绩效考核指标、奖惩制度以及学习培训制度，激励员工从事合作社工作的积极性和主动性，充分发挥全员的潜力，保证农机合作社健康顺利发展。

5. 大力推进农机合作社规范化建设

2015 年，黑龙江省开展了农机合作社检查整改工作，取得一定成效，但在农机装备管理、场库棚建设、经营管理、规章制度执行及贷款偿还等方面，还存在一定问题，合作社规范建设及规范经营程度还有待进一步提高。坚持不断整改，坚持在农民带地入社的基础上，鼓励农机合作社租赁土地，支持开展代耕和土地委托经营，进一步扩大土地经营面积，着重抓经营能力和规范建设。农机合作社应积极调整种植结构，开展发展绿色、有机食品生产及加工业务，提高农产品品质，实现优质优价。

6. 采用"互联网＋农产品"的销售模式，延伸农业产业链

2015 年，李克强总理提出"互联网＋"的概念，"互联网＋农产品"的电子商务模式省去了农产品销售的诸多中间环节，使顾客享受较低价格的同时也提升了合作社经营者的利益。同时，在"创新、协调、绿色、开放、共享"的发展理念下，以"去库存、降成本、补短板"思想为指导，积极调整农机合作社种植结构及产业结构，推动农业供给侧结构性改革。结合黑龙江省农业发展实际，优化合作社种植结构，提升农业抗风险能力。同时，一些条件较好的合作社也要找准切入点，增强发展合作社的开拓性，适时有效扩展业务范围，建立"农业物资供应—农产品生产—农产品加工—农产品销售"一体化的产业链条，优化农业供应链结构，有效降低成本，提升合作社盈利能力和盈利水平，降低农机合作社经营风险。

二、生产经营型农机合作社面临资金困境的原因分析及对策建议[①]

农机合作社作为农民专业合作社的一种，在促进农业规模化经营、助农增

---

① 本节内容原载于《农村经济》2017 年第 1 期，作者为刘雨欣、胡月、郭翔宇（通讯作者）。

收方面起着巨大的作用。近几年，在国家政策的大力扶持下，我国农民专业合作社迅速发展。截至 2015 年年底，农机合作社已经达到 5.4 万个，入社成员数达到 190 万户。在黑龙江省农机合作社在为社员提供农机作业的同时，都通过土地流转或吸收农民带地入社，直接进行农业生产经营活动，因而都属于生产经营型农机合作社。生产经营型农机合作社相较于服务型农机合作社和小型分散农户，在经营的过程中需要更多的资金。

目前，关于农民专业合作社发展中资金匮乏问题的研究主要集中在融资渠道与金融支持这两方面。从现有研究看，农民专业合作社资金匮乏问题已引起学术界的关注，但结合实地情况对资金匮乏现状进行的研究相对较少，其中关于生产经营型农机合作社资金困境的关注更少。因此，本文以黑龙江省生产经营型农机合作社为例，通过典型调查的方式，分析生产经营型农机合作社的资金匮乏程度，挖掘其资金匮乏的深层次原因，并提出相关应对措施。

（一）生产经营型农机合作社面临的资金困境分析

截至 2015 年年底，黑龙江省农机合作社共 1 278 个，其中省级示范社 1 家、省级规范社 116 家，均为生产经营型农机合作社。根据黑龙江省各市农机合作社分布情况，按黑龙江省农机示范社、规范社所在各市 50％ 的比例进行随机抽样，采取四舍五入，共抽取 60 家农机合作社进行调研，样本覆盖了哈尔滨、齐齐哈尔、牡丹江、佳木斯、伊春、鹤岗、鸡西、绥化、双鸭山、黑河。调查对象为农机合作社社长，对生产经营型农机合作社生产经营中面临的困境及资金供求状况进行了问卷调查。因此，被调查的农机合作社基本上能反映黑龙江省生产经营型农机合作社发展中存在的困难。

1. 生产经营型农机合作社的资金需求情况

（1）样本点农机合作社的资金需求量及资金用途的描述性分析。被调查的 60 个生产经营型农机合作社，剔除 4 个缺失值，有效个数 56 个，见表 6。从调查的农机合作社来看，所需资金最少的为 50 万元，最多的为 1 500 万元，平均资金需求量为 634.29 万元，中位数 550 万，众数 500 万元，生产经营型农机合作社需求资金数量较大。

表 6　样本点农机合作社资金用途统计表

资金用途	直接性生产经营投入	延伸产业链投入	其他投入
频数（个）	56	30	17
百分比（％）	100	53.57	30.36

从表 6 可以看出，多数生产经营型农机合作社需要资金主要用于直接性生

产经营投入，延伸产业链投入和其他投入。直接性生产经营投入主要包括支付土地费用，购买种子、农药、化肥等物质性资料，支付劳动力费用等直接用于种植生产的要素投入；延伸产业链投入主要包括研发投入、农产品深加工、物流、农产品销售等将农产品生产的产业链向上下游拓深延展的投入；其他投入主要包括场库棚建设、田间道路建设等用于基础设施建设的投入。调研样本中，56个农机合作社所需资金要用于直接性生产经营投入，占比100%；30个农机合作社所需资金要用于延伸产业链投入，占比53.57%；17个农机合作社所需资金要用于其他投入，占比30.36%。调研中发现，大多数需要延伸产业链的生产经营型农机合作社需要的资金数量较大。

（2）样本点农机合作社不同规模资金需求的描述性分析。

表7 样本点农机合作社不同规模所需资金统计表

经营规模（万亩）	所需资金（万元）	频数（个）	比例（%）	合计（个）
1以下（含1）	100~500（含500）	15	0.652 2	23
	500~1 000（含1 000）	8	0.347 8	
1~3含（含3）	100~500（含500）	8	0.4	20
	500~1 000（含1 000）	12	0.6	
3以上	100~500（含500）	4	0.307 7	13
	500~1 000（含1 000）	9	0.692 3	

由表7可看出，规模不同的生产经营型农机合作社所需资金数量不尽相同。经营面积在1万亩以下农机合作社，所需资金数量范围主要在100万~500万元（含500万元），比例为65.22%；经营面积1万~3万亩（含3万亩）的农机合作社所需资金则以500万~1 000万元（含1 000万元）为主，比例为60%；经营面积3万亩以上的农机合作社需要的资金数量多为500万~1 000万元（含1 000万元），比例为69.23%。可以看出，随着经营规模的扩大，需要大数额资金量的生产经营型农机合作社占比增加。

2. 生产经营型农机合作社的资金供给情况

生产经营型农机合作社成立时的资金主要由社员投资和政府补贴构成，其中政府投资占50%~60%，社员投资占40%~50%。社员投资部分，发起人投资占社员投资比例的90%以上，其他社员投资较少，绝大多数社员仅以土地入股，造成生产经营型农机合作社后续资金自给能力低。农机合作社成立后，除部分农机合作社可申请到一些专项资金，其他农机合作社基本无其他政府补贴资金。

整体上看，农机合作社成立后，政府补贴资金降低。同时，多数生产经营型农机合作社能从银行获得的贷款较少。接受调查的生产经营型农机合作社能从政府和银行得到的资金比例平均为 34.57%，还有 65.43% 的资金需求需要农机合作社通过寻求其他资金供给途径得到满足。通常情况下，合作社在无法从正规金融机构取得足够数量的资金时，也会试图从其他渠道借款，主要包括民间金融组织和民间高利贷两种形式，也有少部分合作社可以获得亲朋和合作企业的低息和无偿贷款，即使在这种情况下，仍有 50% 左右的资金需求无法得到满足。

（二）生产经营型农机专业合作社面临资金困境的原因分析

1. 理论分析及研究假设

生产经营型农机合作社资金需求是指在一定时期内，不同规模下，农机合作社用于或计划用于合作社经营发展的资金数量；资金供给是指在一定时间内，不同规模下，农机合作社通过合作社本身投入、政府扶持、银行贷款及其他借款等方式可以为合作社的经营发展提供的资金数量。生产经营型农机合作社资金需求与供给缺口大，供需无法达到均衡。

根据生命周期理论，一个产业形成后，进入快速成长期，并逐渐走向增长较为稳定的成熟期。农机合作社也同样如此，农机合作社生命周期可划分为诞生期、发展期、成熟期和分化期四个阶段，不同阶段农机合作社的资金需求与资金供给无法达到均衡的原因各不相同。根据前文样本点农机合作社的调查分析及微观经济学的价格理论，提出以下假设：

假设 1　生产经营型农机合作社经营管理者为有限理性；

假设 2　生产经营型农机合作社的资金需求会随着规模的扩大而增加；

假设 3　经营较好的生产经营型农机合作社有更大的可能获得更多的资金供给渠道及金额；

假设 4　根据生产经营型农机合作社发展的不同阶段，其资金欠缺程度会发生变化。

2. 生产经营型农机合作社资金需求量大的原因分析

（1）$0 \sim L_2$，农机合作社在诞生期和发展期，资金需求的增加主要表现为生产成本推动型。Q_1 为生产经营型农机合作社诞生期的资金投入量，农机合作社进入发展阶段，为实现土地规模化经营，从农户手中租用了大量的土地，土地租金是农机合作社每年都要支出的成本，开销较大。同时，随着生产经营型农机合作社经营规模的不断扩大，相较于普通农户和服务型农机合作社，生产经营型农机合作社前期需要更多种子、农药、化肥、机械和劳动力等生产要素，且需要建设更多的农业配套基础设施，总的生产成本更高，资金需求量更大。发展前期合作社土地规模扩大到 L_1 前，$Q_D < Q_S$，资金供给基本可以满足生产经营型农机合作社发展中的资金需求。但是，到了发展后期，$L_1 \sim L_2$，由于生产规模过大，农机合作社资金需求速度加快，致使 $Q_D > Q_S$，资金供给无法完全满足资金需求，见图 4。

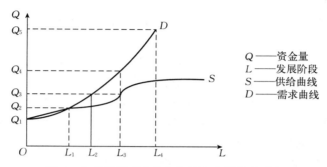

图 4　生产经营型农机合作社资金供给与需求

（2）$L_2 \sim L_4$，农机合作社在成熟期和分化期，资金需求的增加主要表现为投资推动型。当生产经营型农机合作社扩大到一定规模后，合作社进入成熟期，即图 4 中合作社规模在 $L_2 \sim L_3$，此时政府对合作社的资金扶持力度降低，多数生产经营型农机合作社已经无法得到政府的补贴，只有一些发展较好且社会资源禀赋较高的农机合作社可以申请到一些项目补贴，而银行则会根据合作社发展情况，提供一定数额的贷款，但贷款额度与申请额度相比较小，$Q_3 < Q_4$。随着时间的推移，一些合作社发展较差，将面临倒闭或被附近发展较好的农机合作社兼并，即生产经营型农机合作社将进入分化期。为了能在其他村开设原农机合作社的分社，农机合作社也可能面临更大的资金需求。生产经营型农机合作社从进入发展后期，到成熟期，再到分化期，Q_S 将始终小于 Q_D，资金供给不能完全满足生产经营型农机合作社这三个阶段的资金需求。

从农机合作社成熟期开始到分化期，生产经营型农机合作社存在着一些不考虑实际发展情况，急于延伸产业链条，扩大生产规模，由于合作社自有资金不足，出现对资金需求过度的现象。一方面，合作社经营管理者多数为农民出身，年龄集中在 40～50 岁，有较丰富的农业生产经验，但受教育程度偏低，多数仅根据政策扶持导向确定合作社每年的建设项目，对于合作社未来的发展缺少统筹合理详细的规划，急于扩大生产规模，渴望尽快形成"种养加产供销"一体化的经营模式，合作社经营过程中存在着部分不当的投资行为，造成对资金的需求存在一定的不合理性。另一方面，有关农机合作社的补贴标准与补贴比例不断下降，使得农机合作社的经营管理者为了尽快得到更多的政府补贴，过早引入一些项目，大量资金被挤占，造成合作社的资金需求量过大。

3. 生产经营型农机合作社资金供给不足的原因分析

从实际调研的情况看，目前生产经营型农机合作社普遍存在着资金供给不足的现象，造成这一问题的原因有很多，主要是：

（1）内因——合作社利益分配制度不完善，合作社内部投资不足。由于多数生产经营型合作社利益分配机制不健全，股权集中在少数人手中。由于合作社内部成员投资差异较大，多数农机合作社"一人一票"的民主管理制度得不到真正有效的贯彻落实，社员异质性较为严重，生产经营型农机合作社内部"搭便车"现象严重。这使得普通社员经济参与程度不足，对合作社没有归属感，影响社员参与合作社经营管理的热情，不愿对合作社进行过多的投资。同时，由于合作社对社员的进入与退出采取完全开放的状态，使得合作社的资产处于时刻可能变动的状态。发展较好的生产经营型农机合作社会有新成员的不断加入，剩余索取权相同，核心社员的利润被稀释，所以核心社员不愿再向合作社注资。而发展较差的农机合作社面临较大的销售困难，资金回流较慢，合作社自有资金不足。因此，生产经营型农机合作社进入发展期后，内部后续投资严重不足。

（2）外因——缺乏有效合法的贷款抵押物，银行支持力度不足。由于生产经营型农机合作社缺乏有效合法的贷款抵押物、质押物，能用于抵押的多为场库棚、机械等，价值相对较低。同时，生产经营型农机合作社对于流入的土地不具有承包权，无法通过抵押土地承包权取得贷款，而自购大型农机具也无法质押贷款。因此，农机合作社可从相关金融机构获得的贷款数额相对较小，无法满足生产经营型农机合作社的发展需要。

普通农户贷款资金主要用于购买下一年的生产资料，所需资金数量小，时间短，通常为一个生产周期。相较于小型分散农户而言，生产经营型农机合作社发展所需资金分为经营的流动资金和扩大生产的固定投资两部分。多数生产经营型农机合作社所需资金用于固定资产投入，包括改善基础设施建设、仓储设施以及深化农产品加工等，均属于长期投资，资金回收年限较长，一般在3年或5年以上。然而，目前银行为农机合作社提供的贷款多为短期贷款，从资金使用时间上看，无法满足生产经营型农机合作社经营中的资金周转与扩大生产两方面的需求。

（三）解决生产经营型农机合作社资金困境的应对措施

1. 挖掘生产经营型农机合作社本身的再投资潜力

目前，黑龙江省许多农机合作社发展不规范，社员缺乏对农机合作社投资的信心，造成合作社社员再投资意愿低，因此，只有建立完善的合作社制度，才能解决合作社自有资金不足的问题，具体应从以下两方面着手：①提高老社员再注资意愿。根据黑龙江省农机合作社实际发展情况，对国际规定的合作社原则进行适当的调整，对社员入退社条件进行一定的限制，使生产经营型农机合作社的资产处于相对稳定的状态，减少核心社员害怕利益被瓜分的顾虑，提高老成员向农机合作社再注资的意愿。②提高普通社员经济参与程度。要求新加入农机合作社的成员缴纳一定身份股，额度应视合作社投资回报率而定，但通常应在 50~100 元，不宜过高。同时建立完善的利益分配制度及民主管理制度，使得每个贡献者的贡献得到体现，降低社员间的异质性，增强普通社员对合作社的归属感，增加普通社员投资信心，提高普通社员的经济参与程度，挖掘生产经营型农机合作社本身的再投资潜力。

2. 规范与拓展金融支持渠道

目前，我国金融机构对生产经营型农机合作社的支持力度不足，应从两方面解决金融组织对生产经营型农机合作社贷款规模小、贷款时间短、信息不对称等问题。降低正规金融体系的准入条件。一方面要提高金融机构贷款额度。加快建立生产经营型农机合作社的信用评价体系，针对信用等级高的生产经营型农机合作社，适当提高贷款额度。另一方面要设计具有农村特色的金融产品。注重开发适合生产经营型农机合作社的抵押担保模式及金融产品，允许其以合作社本身、董事长、社员及担保公司等担保方式取得贷款。增加生产经营型农机合作社可用于质押贷款的质押物种类，如允许生产经营型农机合作社以一次性承包经营 5 年及以上的土地，以质押物的形式从银行取得贷款，根据土地面积和土地使用年限确定不同的贷款额度。也可效仿汽车的机动车登记证，对生产经营型农机合作社自购的大型农业机械，建立大型农业机械登记证，可用于充当贷款时的抵押物。同时，政府也应适度筹集公益性担保基金，缓解金融机构贷款压力，帮助合作社及时拿到款项。

3. 鼓励联合创办资金互助社

要注重不同类型合作社间的资金互助。加强不同类型农民专业合作社间的交流，鼓励不同类型合作社间开展资金互助行为，如生产经营型农机合作社可与养殖类农民专业合作社联合，由于生产周期不同，资金使用周期不同，通过不同类型合作社间的合作可以一定程度上弥补合作社流动资金不足的问题，江苏已有这样的成功案例。通过合作社间资源分享与资金互助，实现合作社大联合，创建大品牌，真正使农机合作社成为带动农村新一轮经济发展的主力军。

三、黑龙江省农机合作社助农增收绩效评价①

（一）引言

黑龙江省人少地多，耕地面积 1 586.4 公顷，位居全国第一。在农村家庭承包经营体制下，普通农户的小规模、分散经营制约着大型农业机械设备的使用、现代科学技术的推广和生产性要素的投入，影响了农民收入的快速增长。因此，培育和发展新型农业经营主体，促进农民增加收入成为一项重要任务。农机合作社，作为新型农业经营主体之一，具有土地和资本密集型的特点，在黑龙江省的现代农业发展中发挥着重要作用。截至 2015 年 9 月，黑龙江省现代农机合作社总数达到 1 278 家，总投入 131.4 亿元，购置大型先进农机设备4.9 万台套，入社农民 22.1 万人，独立经营耕地面积 11.8 万公顷。党的十八大报告提出，到 2020 年，城乡居民人均收入要比 2010 年翻一番。2014 年，黑龙江省农机合作社总收入 141.3 亿元，总盈余 68.9 亿元，社员人均收入3.8 万元。因而，研究黑龙江省农机合作社助农增收绩效意义重大。在农民合作社绩效评价的研究上，一方面，孙艳华（2007）、徐旭初（2009）等分别建立了合作社绩效评价指标体系，徐旭初等从社员收益、运营活动、组织建设、组织发展与社会影响 5 个方面建立的基于产出性绩效、行为性绩效的农民专业合作社绩效评价体系具有较高认同度；另一方面，多位学者通过计量方法进行合作社绩效评价，代表性的有孙艳华（2007）对合作社增收绩效的实证研究，黄胜忠等（2008）、徐旭初等（2010）关于农民专业合作社绩效与治理机制内在关联的实证研究，黄祖辉等（2010）对合作社效率及其影响因素的实证分析。Rosmimah（2012）认为独特且不稳定的经营环境也是合作社绩效优化必须面对的挑战。Chibanda（2009）、Areas（2011）、Azadi（2010）等人对农业合作社的效率和绩效及影响农业合作社成功的因素进行了研究。值得关注的是，近年来，关于中国农民合作社的研究成果越来越多地出现在国际主流学术期刊上，如 Garnevska、Liu&Shadbolt（2011）和 Zheng、Wang&Song（2011）关于中国农民专业合作社发展的成功因素和组织效率的研究，以及Jia&Huang（2011）对中国农民合作社的成员异质性及其对合作社决策影响的研究等。本文采用 DID 模型来评价黑龙江省农机合作社助农增收的绩效，可在对策思路和实现路径上为农机合作社的高效运行与健康发展、农民人均收入

① 本节内容原载于《农机化研究》2017 年第 11 期，作者为张一豪、刘雨欣、姜天瑞、郭翔宇（通讯作者）。

翻番发挥指导作用，同时为政府及相关部门科学决策提供参考依据。

（二）模型建立与数据来源

1. 数据来源

黑龙江省现有现代农机合作社 1 278 家，其中规模较大、实力较强、运行规范的农机合作社示范社 203 家。与一般农机合作社相比，农机合作社示范社盈利能力强、社员收入高，在助农增收绩效上更为突出，更具有代表性与研究价值，因此选取黑龙江省农机合作社示范社作为研究对象。本文采取随机抽样方法，从农业部（农业部于 2018 年 4 月 8 日更名为农业农村部）发布的全国农机合作社示范社名单和黑龙江省农委发布的 4 批现代农机合作社示范社规范社候选社名单中选取 30 家示范社。本文数据来自课题组分别于 2012 年、2016 年进行的调查。本调查在黑龙江省随机抽取了 30 家农机合作社，287 个农户。其中，191 户为农机合作社社员，97 户为农机合作社非社员。通过问卷调查与深度访谈的方式获取了农机合作社以及农机合作社社员、非社员的一手数据。

2. 模型建立

为了评价黑龙江省农机合作社助农增收的绩效，本文建立了 DID 模型进行分析。在国内外研究中，DID 模型被广泛运用于政策效果评估。对于本文而言，DID 模型的基本思路是通过比较是否入社对处理组、对照组在不同时间农民收入影响的差异，从而得到农机合作社助农增收的绩效。本文将农机合作社的社员设置为"处理组"，将农机合作社的非社员设置为"对照组"。使用自然科学的处理组、对照组对比实验原理，其中处理组在第 1 个时期不入社，在第 2 个时期入社；对照组在两个时期均未入社。采用对比实验后，可以将对照组的共同部分从处理组的共同部分中扣除，这样就消除了只对处理组、对照组在第 2 个时期作对比时产生的误差，避免数据结构产生内生性，也消除了仅对处理组的不同时期比较时产生的由时间因素所产生的误差。

因此，建立评价农机合作社助农增收绩效的基本 DID 模型，即

$$Y = \alpha_0 + \alpha_1 T + \alpha_2 D + \alpha_3 TD + u \tag{1}$$

其中，T 代表时间的虚拟变量，$T=0$ 对应 2011 年（所有农户均未加入农机合作社），$T=1$ 对应 2015 年（处理组农户加入了农机合作社，对照组农户则依然没有加入农机合作社）；D 代表是否加入农机合作社的虚拟变量，$D=0$ 对应未入社农户，$D=1$ 对应入社农户；交叉项 TD 的回归系数 α_3 是代表农机合作社助农增收的绩效，即 DID 估计值或双重差分估计值；u 为随机扰动项。建立 DID 模型对调查数据进行计量分析，能够准确评估农机合作社成立前后

对处理组和对照组农户收入的净影响程度。

为了更准确地评价农机合作社助农增收的绩效，采用固定效应模型，即

$$Y_{it}=\alpha_0+\alpha_1 T_t+\alpha_2 D_i+\alpha_3 T_t D_i+\alpha_4 X_{it}+u_{it} \qquad (2)$$

其中，Y_{it}表示编号i的农户在t时间的家庭收入；T_t是代表时间的$0\sim1$虚拟变量；D_i是代表编号i的农户是否加入农机合作社的$0\sim1$虚拟变量；X_{it}是影响编号i的农户在t时间家庭收入的控制变量。

3. 变量选择

（1）因变量。 根据农机合作社成立前后农户家庭收入的变动，来评价农机合作社对农户收入的绩效。依据国家统计局的分类，将农户的家庭收入分为经营性收入、工资性收入、财产性收入及转移性收入。因此，评价农机合作社对农户家庭总收入的绩效后，还要分别评价对农户四类家庭收入的绩效。

（2）自变量。 影响农户家庭收入的变量包括农户个人情况（年龄、受教育程度）、家庭情况（家庭人数、家庭资产价值）和经营情况（人均耕地面积、粮食单位产量、粮食销售价格、土地租金、非农收入所占比重及是否在社内打工）。

（三）模型求解与分析

1. 基本估计结果

根据建立的基本 DID 模型，使用 Stata13.0 计量分析软件，得出了模型（1）的估计结果，如表 8 所示。其中，Y、Y_1、Y_2、Y_3、Y_4 列分别表示因变量为家庭总收入、经营性收入、工资性收入、财产性收入及转移性收入的模型估计结果。

表 8　DID 模型估计结果

变量	Y	Y_1	Y_2	Y_3	Y_4
α_3	22 694***	−4 191*	18 233**	2 900**	5 751***
α_2	5 058	−4 782**	8 667*	1 400	227***
α_1	2 644	−1 789	3 433	1 000	15
cons	21 070***	10 762***	9 333***	23	975***
R^2	0.745 7	0.629 1	0.659 9	0.632 7	0.774 9

注：*、**、***分别表示 $p<0.1$、$p<0.01$、$p<0.05$。

表 8 中：Y、Y_1、Y_2、Y_3、Y_4 的 R^2 值分别为 0.745 7、0.629 1、0.659 9、0.632 7、0.774 9，说明它们的模型拟合度均较好。

家庭总收入 Y、工资性收入 Y_2、财产性收入 Y_3、转移性收入 Y_4 的 DID 估

计值 α_3 分别为 22 694、18 233、2 900、5 751，且分别通过了 1%、5%、5%、1% 水平上的显著性检验，说明处理组与对照组相比，农户的家庭总收入、工资性收入、财产性收入、转移性收入有显著的正向影响，即加入农机合作社后，农户家庭总收入、工资性收入、财产性收入、转移性收入分别增加了 22 694 元、18 233 元、2 900 元、5 751 元。

经营性收入 Y_1 的 DID 估计值 α_3 为 -4 191，且通过了 10% 水平上的显著性检验，说明处理组与对照组相比，农户的经营性收入有显著的负向影响。即加入农机合作社后，农户经营性收入减少 4 191 元。

2. 引入控制变量的估计结果

在模型（1）的基础上，采用固定效应模型，得出了模型（2）的估计结果，如表 9 所示。其中，模型的自变量分别为年龄 X_1、受教育程度 X_2、家庭人数 X_3、家庭资产价值 X_4、人均耕地面积 X_5、粮食亩产量 X_6、粮食销售价格 X_7、土地租金 X_8、非农收入所占比重 X_9、是否在社内打工 X_{10}。

表 9　引入控制变量的 DID 模型估计结果

变量	Y	Y_1	Y_2	Y_3	Y_4
α_3	16 423***	-2 345**	10 389***	1 319**	7 061***
α_2	-2 091	-2 838***	-85	1 431**	-599***
α_1	4 275**	336	4 165***	431	15
X_1	-523*	-304***	-329*	-110**	-2
X_2	1 508	-244	1 844	163	254***
X_3	4 568**	860	2 106	1 227*	374***
X_5	1 746	-4 261**	3 564**	2 088**	355**
X_9	44 253***	-22 801***	56 022***	12 477***	1 445**
X_{10}	287*	-3 571***	2 635	1 924***	7 569***
cons	10 563	41 493***	-7 415	-20 723***	-2 792*
R^2	0.934 9	0.893 5	0.940 2	0.871 9	0.948 1

注：*、**、*** 分别表示 $p<0.1$、$p<0.01$、$p<0.05$。

在表 9 中，经过对 10 个自变量的筛选，引入了 X_1、X_2、X_3、X_5、X_9、X_{10} 这 6 个控制变量。Y、Y_1、Y_2、Y_3、Y_4 的 R^2 值分别为 0.934 9、0.893 5、0.940 2、0.871 9、0.948 1，说明它们的模型拟合度比模型（1）更好。

家庭总收入 Y、工资性收入 Y_2、财产性收入 Y_3、转移性收入 Y_4 的 DID 估计值 α_3 分别为 16 423、10 389、1 319、7 061，且分别通过了 1%、1%、5%、

1‰水平上的显著性检验。这说明引入控制变量后，处理组与对照组相比，农户的家庭总收入、工资性收入、财产性收入、转移性收入有显著的正向影响，即加入农机合作社后，农户家庭总收入、工资性收入、财产性收入、转移性收入分别增加了 16 423 元、10 389 元、1 319 元、7 061 元。

经营性收入 Y_1 的 DID 估计值 α_3 为 $-2\,345$，且通过了 5‰水平上的显著性检验。这说明引入控制变量后，处理组与对照组相比，农户的经营性收入有显著的负向影响，即加入农机合作社后，农户经营性收入减少 2 345 元。

年龄 X_1 与家庭收入呈负相关，说明年龄越大，农户在土地的经营和外出务工的效果上越差。受教育程度 X_2 与经营性收入呈负相关，与其他家庭收入呈正相关，说明受教育程度越高，农户越倾向于加入农机合作社，将土地进行流转。因而，经营性收入减少，其他家庭收入增加。家庭人数 X_3 与家庭收入呈正相关，说明家庭人数越多，对应的农户家庭收入越高。人均耕地面积 X_5 与经营性收入呈负相关，与其他家庭收入呈正相关，说明人均耕地面积越大，农户越倾向于加入农机合作社。因而，经营性收入减少，其他家庭收入增加。非农收入所占比重 X_9 与经营性收入呈负相关，与其他家庭收入呈正相关，说明非农收入所占比重越高，经营性收入越低，其他家庭收入越高。是否在社内打工 X_{10} 与经营性收入呈负相关，与其他家庭收入呈正相关，说明农户作为社员经营性收入将会减少，而同时在社内打工会有更高的其他家庭收入。

（四）结论与政策建议

本文通过研究黑龙江省农机合作社助农增收绩效，得到以下结论：①农户加入农机合作社后，家庭总收入、工资性收入、财产性收入、转移性收入显著增加，经营性收入显著减少。②引入控制变量后，户主年龄与家庭总收入、经营性收入、工资性收入、财产性收入、转移性收入呈负相关；户主受教育程度、人均耕地面积、非农收入所占比重、是否在社内打工与家庭总收入、工资性收入、财产性收入、转移性收入呈正相关，与经营性收入呈负相关；家庭人数与家庭总收入、经营性收入、工资性收入、财产性收入、转移性收入呈正相关。在分析农机合作社助农增收绩效的基础上，结合黑龙江省实际，提出了以下政策建议：

（1）黑龙江省人少地多，农机合作社作为新型农业经营主体，在助农增收方面效果显著。因此，政府应大力发展农机合作社，尤其是省级、国家级示范社。既要注重对示范社的评定，也要注重对示范社的监测，实行竞争淘汰机制。

（2）在培育其他新型农业经营主体的同时，黑龙江省可以在适宜地区以农机合作社为主导，解放农村富余生产力，带动当地农业、农村、农民发展，切实保障和提升农户的家庭收入水平。

（3）政府要加强对农民的教育与培训，提高农民的现代农业生产技能、经营管理能力以及科学文化素质，培养高素质农民。同时，要鼓励农民将土地流转给农机合作社，更多地外出打工，特别是到农机合作社内打工，将农地经营机会成本转化为经济收入，以增加农户的家庭收入。

四、农地经营权抵押贷款农户需求行为影响因素分析[①]

（一）引言

作为微观农业生产经营主体的农户缺乏具有较大稳定价值的抵押物，获取生产资金贷款十分不便，制约了农业生产的发展和农村社会福利的提高。为解决农户抵押品不足的问题，各地不断进行改革尝试，将最具价值但又无法抵押的农地经营权进行抵押贷款，客观上促使农地金融改革不断深入。虽然农地经营权抵押在法律意义上一直被严格限制，但是由于其能够极大地解决农业生产主体资金不足的问题，学术界、各地政府和金融机构一直未停止探索。2013年党的十八届三中全会提出，"赋予农民对承包地占有、使用、收益、流转及承包经营权抵押、担保权能，允许农民以承包经营权入股发展农业产业化经营"。2014年中央1号文件提到"稳定农户承包权、放活土地经营权，允许承包土地的经营权向金融机构抵押融资"。在这个文件中首次提到了"两权分离"转变为"三权分离"，即农村土地的所有权、承包权和经营权的分离。2016年3月中国人民银行会同中国银监会、中国保监会、财政部、农业部联合印发《农村承包土地的经营权抵押贷款试点暂行办法》，明确指出了方向性的实施办法。

本文以黑龙江省6个县的农户为对象进行问卷调查，运用Logistic回归模型对农地经营权抵押贷款的农户需求行为进行研究，以期提出促进农地经营权抵押贷款效率的政策建议。

（二）数据来源、统计描述与模型设定

截至2016年6月末，黑龙江省64个县（市）中已有58个县（市）开办了土地承包经营权抵押贷款业务，贷款余额185.5亿元，同比增长11.2%。

---

① 本节内容原载于《中国土地科学》2017年第3期，作者为付兆刚、郭翔宇（通讯作者）。

其中，仅以土地承包经营权作抵押的贷款余额就达 39.4 亿元，同比增长达 83%。由中国人民银行哈尔滨中心支行内部数据整理得到，全省农地经营权抵押贷款余额最高的是农户，为 164.008 7 亿元，占总贷款余额 185.5 亿元的 88.42%；其次是农民合作社，贷款余额为 9.942 7 亿元，占贷款总余额的 5.36%；专业大户贷款余额为 7.195 5 亿元，占 3.88%；家庭农场和农业产业化龙头企业贷款余额分别为 3.256 2 亿元和 1.080 4 亿元，占贷款总余额的 1.76% 和 0.58%。从贷款笔数上看，总笔数为 249 546 笔，其中农户最多为 241 818 笔，占贷款总笔数的 96.90%；其他分别是专业大户、农民合作社、家庭农场和农业产业化龙头企业，共计占到贷款总笔数的 3.10%。可以看出，不论是贷款余额还是贷款笔数，农户都是农地经营权抵押贷款的主要需求主体。

1. 数据来源

本研究结合东北农业大学 2016 年 5 月社会实践对黑龙江省 6 个试点县的调研，问卷发放的 6 个试点县分别是方正县、克东县、桦川县、兰西县、绥滨县和宝清县，涉及 10 个乡镇，25 个自然村，共计发放 1 400 份问卷，收回 1 384 份，其中有效问卷 1 328 份，有效率为 94.86%（表 10）。

表 10　有效问卷回收情况表

试点县	乡镇及数量	自然村数（个）	农户数（户）
方正县	松南乡、得莫利镇（2）	5	328
克东县	名山乡（1）	3	164
桦川县	四马架乡、东河乡（2）	5	300
兰西县	红星乡、兰河乡（2）	5	276
绥滨县	北岗乡（1）	2	60
宝清县	尖山子乡、朝阳乡（2）	5	200
合计	10	25	1 328

2. 主要数据描述统计

（1）**农户家庭情况描述。**样本农户年龄偏大，性别比例不明显，样本农户受教育程度一般，初中文化程度农户占比 65.06%。部分农户经历丰富，拥有打工经历、合作社经历和贷款经历的农户比重均超过了 40%。样本农户收入差距和支出差距较大，样本农户家庭中 3 万～5 万收入组的频次最高，占比 56.02%。样本农户家庭 2015 年平均收入为 34 598 元，其中最高收入家庭为 350 000 元，而最低的农户家庭收入只有 1 200 元。在家庭支出中，年支出额 1 万～3 万的有 624 户，占比达到 46.99%，支出 1 万～5 万的家庭占比达到了 85.54%。样本农户家庭平均支出额为 27 841 元，其中最高家庭年支出为

160 000 元，最低家庭年支出额仅为 1 000 元。样本农户家庭收入来源主要是种植收入和外出务工收入（表 11）。

表 11 农户家庭情况与农地经营权抵押意愿和行为

单位：%

分类	变量	变量比重	无意愿无行为	有意愿有行为	有意愿无行为	分类	变量	变量比重	无意愿无行为	有意愿有行为	有意愿无行为
性别	男	49.10	63.19	9.82	26.99	收入主要来源	农业	50.01	71.69	6.02	22.29
	女	50.90	71.01	5.92	23.08		经商	11.45	73.68	5.26	21.05
年龄	30 岁以下	7.53	32.00	40.00	28.00		打工	30.72	51.96	12.75	35.29
	30～40 岁	14.76	38.78	30.61	30.61		其他	5.82	84.21	5.26	10.53
	40～50 岁	30.42	71.29	0.99	27.72	年支出水平	1 万元以下	9.64	93.75	0.00	6.25
	50～60 岁	33.43	74.77	0.00	25.23		1 万～3 万元	46.99	64.74	7.05	28.21
	60 岁以上	13.86	86.96	0.00	13.04		3 万～5 万元	38.55	63.28	10.94	25.78
受教育程度	小学及以上	14.46	85.42	0.00	14.58		5 万元以上	4.82	68.75	6.25	25.00
	初中	65.06	71.76	0.46	27.78	打工经历	有	42.17	47.14	12.86	40.00
	高中	18.67	41.94	32.26	25.81		没有	57.83	81.77	4.17	14.06
	大专及以上	1.81	16.67	83.33	0.00	合作社经历	有	45.18	54.67	9.33	36.00
家庭总人口	1～2 人	18.07	75.00	6.67	18.33		没有	54.82	76.16	6.98	16.86
	3 人	27.71	69.57	7.61	22.83	贷款经历	有	43.67	81.38	4.14	14.48
	4 人	40.66	61.48	6.67	31.85		没有	56.33	56.15	10.70	33.16
	5 人及以上	13.55	68.89	13.33	17.78	社会关系	有	22.29	43.24	14.86	41.89
年收入水平	1 万元以下	6.93	95.65	0.00	4.35		没有	77.71	74.03	5.81	20.16
	1 万～3 万元	30.72	69.61	4.90	25.49	家庭负担	有	49.10	72.30	6.08	21.62
	3 万～5 万元	56.02	63.44	9.14	27.42		没有	50.90	63.04	9.24	27.72
	5 万元以上	6.33	57.14	19.05	23.81	参加新农保	参加	96.69	66.98	7.79	25.23
							没有	3.31	72.73	9.09	18.18

资料来源：调查问卷整理。

　　（2）农户资产情况描述。样本农户自家拥有耕地面积较大，频次最高的组是 15～30 亩，共有 580 户，占比 43.67%，户均耕地面积达到 16.52 亩，最小户耕地面积为 0，属于失地农户，最大户耕地面积达到 62 亩。样本农户房间数以 3～5 间居多，占 61.75%，家中房屋绝大多数属砖瓦结构。受访农户对自家房屋进行估价，主要集中在 3 万～10 万元，占比达到 76.81%。样本农户中 648 户家庭拥有农机器具，224 户农户家中拥有家用汽车（表 12）。

表 12 农户资产情况与农地经营权抵押意愿和行为

单位:%

分类	变量	变量比重	无意愿及行为	有意愿有行为	有意愿无行为	分类	变量	变量比重	无意愿及行为	有意愿有行为	有意愿无行为
土地规模	5 亩以下	6.93	91.30	0.00	8.70	产权证	有产权证	63.25	65.71	7.62	26.67
	5～15 亩	34.04	92.92	1.77	5.31		无产权证	8.73	75.86	6.90	17.24
	15～30 亩	43.67	55.17	10.34	34.48		部分有	28.01	67.74	8.60	23.66
	30～50 亩	13.86	34.78	17.39	47.83	房屋估值	3 万元以下	16.87	33.93	8.93	57.14
	50 亩以上	1.51	20.00	20.00	60.00		3 万～5 万元	37.05	61.79	4.88	33.33
房屋数量	3 间以下	13.86	71.74	8.70	19.57		5 万～10 万元	39.76	91.67	3.79	4.55
	3～5 间	61.75	66.34	6.83	26.83		10 万元以上	6.33	33.33	47.62	19.05
	5～10 间	21.69	69.44	8.33	22.22	农机情况	有	48.8	59.88	9.26	30.86
	10 间以上	2.71	44.44	22.22	33.33		没有	51.2	74.12	6.47	19.41
房屋结构	砖瓦	94.58	65.61	8.28	26.11	家用汽车	有	16.87	35.71	35.71	28.57
	土坯	5.42	94.44	0.00	5.56		没有	83.13	73.55	2.17	24.28

（3）农户资金供需情况描述。在金融机构贷款的农户有 224 户，占农户总数的 16.87%。有 184 户获得了农村信用社的贷款，24 户获得了中国农业银行的贷款，8 户获得了村镇银行的贷款，还有 8 户获得了其他商业银行的贷款。从在金融机构获得的贷款额度看，1 万元以下的有 128 户，占比最高，为 57.14%，获得贷款 1 万～3 万元的有 40 户，获得贷款 3 万～5 万元的有 32 户，5 万～10 万元的 12 户，10 万～30 万元的 8 户，30 万元以上的 4 户。获得贷款最高的农户是 60 万元，以自家养殖场进行抵押，利用贷款资金扩大经营规模。样本农户还剩下 276 户没有选择金融机构贷款，其中没有贷款需求的有 127 户。有贷款需求而未获得贷款的剩余 596 农户中，认为利率过高的有 128 户，认为手续繁杂的有 148 户，无信心偿还的农户有 64 户，认为缺少抵押物的农户有 256 户，占有贷款需求而未获得贷款的农户总数的 42.95%。可发现，有贷款需求的农户而未获得贷款的最主要原因就是缺少必要的抵押物。

（4）农户政策了解情况描述。 很了解农地经营权抵押贷款政策的农户有 24 户，仅占总数的 1.81%，听说过农地经营权抵押贷款政策的农户 528 户，占到 39.76%，没听过的农户有 776 户，占比 58.43%。对很了解和听说过的 552 户农户进行深入调研其知晓政策的途径，发现最有效途径是电视新闻节目，有 168 户农户通过该途径知晓农地经营权抵押贷款政策，其次分别是政府金融部门宣传、广播、邻里相告、报刊、网络和其他。

3. 模型设定

Logistic 回归模型在社会科学领域被广泛应用，其中又可分为二元 Logistic 回归模型和多元 Logistic 回归模型，二元 Logistic 回归模型的因变量只能取两个值，一般用 0 和 1 表示取值，多元 Logistic 回归模型的因变量可以取多个数值。农户对农地经营权抵押贷款的需求行为是一个典型的二分变量，本文选取二元 Logistic 模型进行分析。以农户的需求行为作为因变量，以各影响因素作为自变量，研究各因素对农户经营权抵押贷款需求行为的影响。

该问题的二元 Logistic 模型的具体形式为：

$$p_i = F(b_0 + \sum_{k=1}^{n} b_{ik}x_{ik} + u) = \frac{1}{1 + \exp(-b_0 + \sum_{k=1}^{n} x_{ik} + u)} \quad (1)$$

对式（1）两边同时进行 ln 变形，可以得到式（2）：

$$\ln\left[\frac{p_i}{1-p}\right] = b_0 + \sum_{k=1}^{n} b_{ik} + x_{ik} + u \quad (2)$$

式（1）和式（2）中，p_i 为第 i 个农户产生农地经营权抵押贷款需求行为的概率，x_{ik} 为第 i 个农户需求行为的影响因素变量，b_{ik} 为第 i 个农户的第 k 个影响因素变量对应的参数估计值，u 表示随机误差项。

一般情况下，选用统计量的阈值定为 $\alpha=5\%$，弃用统计量的阈值定为 $\alpha=10\%$。将对因变量带来干扰的自变量都带入模型，剔除掉不显著的自变量后，重复带入到模型中，再进行剔除，直至模型中的所有自变量基本满足显著性需要为止，剩下的自变量就是影响因变量的重要因素。

（三）农户需求行为影响因素实证分析

1. 需求行为影响因素变量选取

受访 1 328 户农户具有农地经营权抵押贷款意愿的农户有 436 户，而实际发生贷款行为的农户仅为 104 户，占总户数不足 8%，原因主要是由于试点工作开展不久，有贷款行为的农户比重过低。因此在研究农户对农地经营权抵押贷款的需求行为时，可以通过对具有抵押意愿的 436 户农户进行有意愿有行为和有意愿无行为的二分变量视角展开，分析有抵押贷款意愿农户的农地经营权抵押贷款需求行为的影响因素，影响因素包括：户主个人特征、农户家庭特征、不动产特征和社会特征。

（1）户主个人特征变量选取。 农地经营权抵押贷款需求行为影响因素的农户个人特征主要选取性别、年龄、受教育程度和打工经历 4 个变量。预期男性、年轻农户、受教育程度较高的农户和具有打工经历的农户，更容易产生农地经营权抵押贷款需求行为。

（2）农户家庭特征变量选取。 农户家庭特征主要选取家庭总人口、年收入水平、收入主要来源、年支出水平、合作社经历、贷款经历、社会关系、家庭负担 8 个变量。预期家庭总人口较多、收入和支出水平较高、以农业生产为主的农户更容易产生农地经营权抵押贷款需求行为。另外，拥有合作社和贷款经历、具有一定的社会关系、家庭负担较轻的农户更容易产生贷款行为。

（3）不动产特征变量选取。 不动产特征主要选取土地规模、房屋数量、房屋结构、房屋产权证 4 个变量。预期土地规模大、房屋数量多、砖瓦结构的、拥有房屋产权证的农户更易产生农地经营权抵押贷款行为。

（4）社会特征变量选取。 社会特征主要选取利率水平、贷款难度、区位优势、政策认知度、参加新农保 5 个变量。一般认为，利率水平越低、贷款难度越小、距离县（市）政府和金融机构越近、政策认知度高、参加新农保的农户更倾向产生农地经营权抵押贷款需求行为。

上述户主个人特征、农户家庭特征、不动产特征和社会特征以及四个特征下分属的 21 个变量，在不同程度上对农户的农地经营权抵押贷款行为产生影响。此时农地经营权抵押贷款的需求行为作为被解释变量，将能够产生影响的 21 个指标作为解释变量带入 Logistic 模型中，各个变量的分类、定义描述和行为影响预期见表 13。

表 13　农地经营权抵押贷款需求行为变量解释及预期方向

变量分类	变量名称	变量定义描述	均值	标准差	需求行为预期方向
	农户需求行为（Y）	0＝无需求行为；1＝有需求行为			
	性别（X_1）	1＝男；2＝女	1.45	0.50	反向
户主个人特征	年龄（X_2）	连续变量	42.52	11.59	反向
	受教育程度（X_3）	1＝小学及以下；2＝初中；3＝高中或中专；4＝大专及以上	2.36	0.67	正向
	打工经历（X_4）	0＝无；1＝有	0.68	0.47	正向

（续）

变量分类	变量名称	变量定义描述	均值	标准差	需求行为预期方向
农户家庭特征	家庭总人口（X_5）	连续变量	3.62	0.97	正向
	年收入水平（X_6）	连续变量	41 055.05	20 634.31	正向
	收入主要来源（X_7）	1=农业；2=经商；3=打工；4=其他	2.07	1.00	正向
	年支出水平（X_8）	连续变量	29 495.41	13 113.91	正向
	合作社经历（X_9）	0=无；1=有	0.62	0.49	正向
	贷款经历（X_{10}）	0=无；1=有	0.39	0.49	正向
	社会关系（X_{11}）	0=无；1=有	0.25	0.43	正向
	家庭负担（X_{12}）	0=无；1=有	0.38	0.49	反向
不动产特征	土地规模（X_{13}）	连续变量	26.41	11.96	正向
	房屋数量（X_{14}）	连续变量	4.30	2.36	正向
	房屋结构（X_{15}）	1=土坯；2=砖瓦	1.99	0.10	正向
	产权证（X_{16}）	0=无；1=部分有；2=有	1.60	0.61	正向
社会特征	利率水平（X_{17}）	0=非常高；1=比较高；2=一般；3=比较低；4=非常低	3.22	0.79	正向
	贷款难度（X_{18}）	0=非常大；1=比较大；2=一般；3=比较小；4=非常小	0.51	0.86	正向
	区位优势（X_{19}）	0=大于10千米；1=5~10千米；2=小于5千米	1.38	0.74	正向
	政策认知度（X_{20}）	0=没听过；1=听说过；2=很了解	0.52	0.60	正向
	参加新农保（X_{21}）	0=没参加；1=参加	0.97	0.16	正向

2. 需求行为影响因素模型运算结果

利用 SPSS 18.0 对农地经营权抵押贷款农户需求行为调研的数据，进行二元 Logistic 回归运算，在运算中采取"向后：Wald"方式，自动完成变量的选择和解释。本实证分析中共经过了 15 步迭代，完成了所有的变量选取，包括受教育程度（X_3）、收入主要来源（X_7）、支出水平（X_8）、贷款经历（X_{10}）、社会关系（X_{11}）、土地规模（X_{13}）、利率水平（X_{17}）7 个变量（表14）。

表14　第15步迭代结果

变量	回归系数（B）	标准误差（S. E.）	沃尔德值（Wald）	自由度（df）	显著性水平（Sig.）	发生比率 Exp（B）
X_3	7.199	1.748	16.971	1	0.000***	138.214
X_7	−1.946	0.697	7.807	1	0.049**	7.003

（续）

变量	回归系数 （B）	标准误差 （S. E.）	沃尔德值 （Wald）	自由度 （df）	显著性水平 （Sig.）	发生比率 Exp（B）
X_8	0.012	0.000	2.960	1	0.085*	1.000
X_{10}	1.928	1.374	1.968	1	0.074*	6.877
X_{11}	2.646	1.144	5.347	1	0.021**	0.071
X_{13}	0.495	0.278	3.179	1	0.090*	0.610
X_{17}	0.560	0.679	0.680	1	0.032**	0.571
常量	44.569	6.250	15.455	1	0.000	0.000

注：Sig. 值中 * 表示在 10%水平下显著，** 表示在 5%水平下显著，*** 表示在 1%水平下显著。

3. 需求行为影响因素解释

（1）教育程度（X_3）统计变量 Sig. 值（显著性水平）为 0.000，说明在统计显著性水平为 1%，B 值（回归系数）为 7.199，符号为正，与预期的行为方向相符。说明农户的受教育程度对农地经营权抵押贷款行为有着正向影响，学历越高意味着见识越广，对新生事物的接受能力更强，勇于变革，敢于创新，更加容易接受农地经营权抵押贷款作法，因此更容易产生需求行为。

（2）收入主要来源（X_7）统计变量的显著性水平为 0.049，回归系数为 -1.946，说明在 5%的水平下显著，并且具有负向影响，与行为预期方向相反。这意味着到城市打工等其他工作方式并没有增加农户农地经营权抵押贷款的行为，反倒是受到农村资金供给瓶颈的影响，在农村务农的农户的资金需求强烈，以种植、养殖等农业收入为主的农户更加容易产生抵押贷款行为。除此之外，由于经商的农户经常产生资金融通，对资金需求较为迫切，也比较容易产生农地经营权抵押贷款行为。

（3）支出水平（X_8）指标的显著性水平为 0.085，满足在 10%显著性水平下的检验，回归系数为 0.012，符号为正，与预期方向相符，但是由于回归系数绝对值非常小，因此正向影响不大。支出水平越高的家庭往往是近几年有婚丧嫁娶和疾病等原因导致家庭负担较重，或者是由于农业生产规模大、经商等原因造成资金支出较大，对于这一部分农户更容易产生农地经营权抵押贷款的行为。

（4）贷款经历（X_{10}）统计量显著性水平为 0.074，通过 10%显著性水平下的检验，回归系数为 1.928，方向为正向，与预期行为方向吻合，说明贷款经历是非常重要的一项指标，具有贷款经历的人更倾向于产生农地经营权抵押贷款行为。调查发现，很多农户对正规金融机构的贷款预期非常消极，认为贷款的程序过于繁杂，人情关系较重，贷款成本高昂，从而对贷款望而生畏，即使有资金需求也不会去银行或信用社贷款。未在金融机构贷款的农户受到信息成本和交易成本的影响，多数成为有借贷需求的非借贷者。具有正规金融机构贷款经历的农户，对银行和信用社贷款的期限、利率、额度和手续方面，能有一个比较客观的评价，这也有助于农户从正面认识正规金融机构，树立贷款信心。因此具有贷款经历的农户，产生农地经营权抵押贷款行为的倾向性更强。

（5）社会关系（X_{11}）统计量显著性水平值为 0.021，说明在 5% 的水平下显著，回归系数值为 2.646，符号为正值，与预期的需求行为方向相符，说明土地规模是非常重要的一项影响因素。模型分析结果表明，具有社会关系的农户更容易产生抵押行为。家庭中有担任村干部或者亲属有在政府机关或金融机构任职的农户，由于特殊社会关系的作用，能够更加容易地在金融机构获得贷款，这也为这些农户在获得农地经营权抵押贷款时提供了便利。相比没有社会关系的农户，具有社会关系的农户在农地经营权抵押贷款上表现更为活跃。

（6）土地规模（X_{13}）的统计量显著性水平值为 0.090，说明在 10% 的水平下显著，回归系数值为 0.495，符号为正值，与预期的需求行为方向相符，说明土地规模是比较重要的一项影响因素。模型分析结果表明，土地规模大的农户更容易产生抵押行为预期。拥有土地资源较多的农户资金投入量往往比较大，需要更多的周转资金以供农业生产经营，同时土地资源较多的农户，在抵押部分土地后，手中仍然保有一定数量的土地，能够满足最基本的生存和生活需要，不必担心失去农地经营权风险或者彻底失地的风险。

（7）利率水平（X_{17}）在预期设置时将高利率定义为"0"，将低利率定义为"4"，即利率越低，得分越高，因此是一个正向指标。模型运行的统计变量 Sig. 值是 0.032，B 的值是 0.560，说明通过了 5% 显著性水平的检验，并且方向为正，与需求行为预期方向吻合。农户认为农地经营权抵押贷款的融资成本和风险要远高于其他贷款模式和途径，因此只有当利率水平在贷款者接受的范围之内，才会产生农地抵押的需求行为。同时由于 B 值较小，可以分析出这种利率的正向影响并不是很明显，也印证了农户由于缺少贷款渠道，更关心如何贷到款。

（四）结论与政策建议

结论得出受教育程度、收入主要来源、支出水平、贷款经历、社会关系、土地规模和利率水平 7 个变量对农户的农地经营权抵押贷款需求行为的影响较大。具体而言，农户的受教育程度对农地经营权抵押贷款行为有着正向影响，受教育程度越高，越容易接受农地经营权抵押贷款作法，因此更容易产生需求行为。以农业收入为主和经商收入为主的农户，由于急需农业生产和周转资金，更倾向于农地经营权抵押。支出水平高、具有贷款经历和社会关系、土地规模较大的农户更容易产生农地经营权抵押贷款行为。农地经营权抵押贷款的利率越低，农户越倾向于农地经营权抵押贷款。

结合实证分析结论，从农地经营权抵押贷款农户需求行为角度，提出促使农户获取抵押贷款的政策建议：

（1）适当扩大试点的数量和规模。土地规模是重要的影响因素之一，土地规模越大的农户越容易产生抵押行为。黑龙江省人均土地规模较大，这为试点工作的顺利推行奠定了基础，可考虑在黑龙江适当扩大试点的数量和贷款规模，切实解决农户生产资金不足的问题。试点选择和扩大应首先考虑以种植和养殖等农业收入为主的地区，农地经营权抵押贷款更容易被农户接受。试点初期，应该依据土地规模、家庭收入、支出等指标逐步建立农户的农地经营权抵押贷款信息档案，对农户进行分类管理。

（2）制定合理的贷款利率。实证发现利率是影响农地经营权抵押贷款行为的重要因素，中央和地方两级政府可考虑对金融机构进行财政补贴或者税费减免的方式，激励金融机构以较低利率水平，微利地开展农地经营权贷款业务。除了利率的制定外，还包括农地经营权定价等诸多问题，这些需要金融机构、财政部门、农业部门、资产评估部门通力配合，坚持以惠农为宗旨，才能有效向农户提供必要的生产资金贷款，改善农户农业生产资金不足的现状，促进当地农业发展。

（3）简化贷款手续。通过加强农地经营权抵押贷款政策的宣传力度和简化贷款手续等手段，让缺乏贷款经历和社会关系的农户也能够如愿获得农业生产资金贷款。根据党中央提出的"三权分置"思想，需要尽快完成农村土地的确权工作，将现有的农村土地承包经营权证进行分离，分离出的农村土地经营权证可以在农户的土地经营权流转过程中使用，该证赋予了持证人的土地经营权抵押和流转权能。在"依法、有偿、自愿"的原则下，农户可以对土地经营权抵押和流转，土地经营权流入方持有土地经营权证，进行农地经营权抵押贷款时，可以向负责贷款发放的金融机构直接抵押土地经营权证，从而减少贷款环节。

（4）提高社会保障水平。很多农户一直把农地当做最基本的农业生产资料和社会保障资源，降低了农户获得农地经营权抵押贷款的行为预期。只有不断完善农村社会保障制度，提高农民的社会保障水平，消除农民生活的后顾之忧，才会彻底将农地的社会保障属性弱化。政府应着力解决城乡发展差距过大的问题，积极推进城乡社会保障一体化战略，建立统一的城乡社会保障机制，从供给侧增加农村社会保障产品的规模和质量。实现城乡社会保障均等化，打破城乡社会保障制度的不平衡，积极致力于农村社会养老保险制度和农村社会医疗保险制度的完善，解决农民社会保障的安全需要。在农地经营权抵押贷款发展成熟的地区可以进一步效仿城市"以房养老"的思路，探索农村"以地养老"的农地经营权抵押养老模式，有序推动农地规模经营，最大程度发挥农地权能的经济价值和社会效益。

五、加快发展现代化大农业、争当农业现代化建设排头兵

争当农业现代化建设排头兵，是习近平总书记寄予黑龙江省的重要嘱托和殷切期望，是党中央赋予黑龙江省的重大任务和历史使命。首先，保障国家粮食安全，迫切地需要黑龙江省成为全国农业现代化建设排头兵。粮食安全是国家安全的重要基础，黑龙江省作为粮食主产区，长期以来为国家粮食安全作出了突出贡献，是维护国家粮食安全的一块"压舱石"。维护国家粮食安全是黑龙江省不可推卸、义不容辞的政治责任。其次，实现全面振兴发展，内在地需要黑龙江省争当农业现代化建设排头兵。黑龙江省作为老工业基地，要实现全面振兴，要坚持把发展现代农业作为重要内容。因为，振兴老工业基地不是一个产业振兴概念，而是一个区域振兴概念；要振兴的不仅仅是工业，还有老工业基地区域内整体经济和社会发展事业，其中理应包含现代农业的发展。最后，黑龙江省的农业地位、贡献、基础和资源、环境优势，决定了黑龙江省最有条件成为农业现代化建设的排头兵，既可能又应该起到排头兵的作用。

（一）构建现代农业产业体系、生产体系、经营体系

现代农业是包含产业体系、生产体系、经营体系在内的有机整体。因此，加快发展现代农业、争当农业现代化建设排头兵，首先要加快构建现代农业"三大体系"。一要加快构建现代农业产业体系。现代农业产业体系是由农业内部不同层次产业部门和环节构成的产业系统，要完备农业产业体系，提高农业产业化程度，丰富农业功能，使农业产业横向拓展，纵向延伸。二要加快构建现代农业生产体系。现代农业生产体系是由各种农业生产要素有机集合而形成的生产系统，要用现代物质装备武装农业，用现代科学技术提升农业，进一步提高农业机械化和科技化水平。三要加快构建现代农业经营体系。现代农业经营体系是由各种农业经营主体和经营方式构成的经营系统，要在适度规模经营

的基础上，培育新型的规模化经营主体，发展多元化的农业经营方式，提高现代农业组织化程度。

（二）推进农业供给侧结构性改革

推进农业供给侧结构性改革，是当前现代农业发展的迫切需要，是提高农业发展质量效益和竞争力的必然选择。推进黑龙江省农业供给侧结构性改革，应坚持市场导向、区域比较优势、效益最大化、外向化等原则，抓住两个关键词作为切入点。首先，应以供给侧为切入点推进改革，减少低效和无效供给，扩大有效供给，提高农业供给质量和效率，更好地满足消费者的多样化需求。其次，应以农业结构为切入点进行改革，多层次地调整优化农业生产和农村产业结构，更好地适应市场需求的变化。一要调整和优化农产品结构，重点是优化农产品品种和品质结构，进一步增加绿色优质安全和特色农产品供给，提高农产品优质化率；二要调整和优化农业生产结构，推进农林牧渔结合；三要调整和优化种植业内部结构，推动粮经饲统筹，同时调整和优化畜牧业内部结构；四要调整和优化农村产业结构，大力发展农村新产业新业态。

（三）推进农村一二三产业深度融合

当前情况下发展现代农业的另一条根本途径是推进农村一二三产业融合发展，这是拓宽农民增收渠道、构建现代农业产业体系的重要举措，是加快转变农业发展方式、探索中国特色农业现代化道路的必然要求。推进农村一二三产业融合发展，关键是要准确把握其内涵实质。农村三产融合，不是一般意义的农村第一、第二、第三产业的简单相加，其实质是在农产品生产即第一产业发展的基础上，进一步发展以农产品加工为主的第二产业和以农产品及其加工品销售为主的第三产业，使农村第一、第二、第三产业在同一农业经营主体下交叉融合，实现农产品产加销、农工贸一体化，推进农业延长产业链，融入供应链，提升价值链，最终让农民更多地分享二三产业创造的价值增值和收益分配。

（四）提高农业综合生产能力

加快发展现代农业、争当农业现代化建设排头兵，必须以保障国家粮食安全为首要任务，努力提高农业综合生产能力。农业是安天下稳民心的产业，粮食是关系国计民生的特殊商品。解决好全国14亿人口的吃饭问题，始终是治国安邦的头等大事。在发展现代农业过程中，要不断增强农业综合生产能力，确保谷物基本自给、口粮绝对安全，把14亿中国人的饭碗牢牢端在自己手中，自己的饭碗主要装自己生产的粮食。黑龙江省作为农业大省和国家重要商品粮基地，是我国 21 世纪粮食增产和粮食供给能力潜力最大的地区，维护国家粮食安全是黑龙江省义不容辞的责任。今后，要进一步发挥黑龙江省农业生产优势，按照国务院《关于建立粮食生产功能区和重要农产品生产保护区的指导意见》，积极创建国家水稻、玉米生产功能区和大豆生产保护区。一要进一步发挥黑龙江省农业生产优势，要稳定发展水稻生产，叫响龙江大米品牌，使中国人的饭碗装更多的龙江米；二要扩大大豆种植面积，提高大豆市场竞争力和占有率；三要积极发展绿色食品产业，培育壮大绿色生态农产品知名品牌和龙头企业，推行绿色生产方式，深入实施"三减"行动，扩大中高端绿色有机农产品供给，推动黑龙江成为全国的绿色粮仓。

（五）促进农民持续增收

增加农民收入是"三农"工作的中心任务。加快发展现代农业、争当农业现代化建设排头兵，必须以促进农民持续增收为目标，争取提前实现农民收入翻一番，并进一步缩小城乡居民收入差距，特别是要努力降低城乡居民收入绝对数差距扩大的程度。一要扩大农业合作化、组织化、规模化经营程度，通过降本增效、优质优价等方式增加农民经营性收入。二要促进农民充分就业，增加农民工资性收入。一方面，进一步推进农村富余劳动力转移就业，加快农村转移人口市民化进程；另一方面，对于农村务农人员，帮助其充分利用剩余劳动时间，特别是在北方农产品主产区较长农闲时期，创造更多的就地或就近就业机会。三要推进农村土地制度、宅基地制度、集体产权制度改革，增加农民财产性收入。四要加大农业补贴力度，完善农村社会保障制度，增加农民转移性收入。五要加快发展政策性农业保险，积极探索实施农产品目标价格补贴，防范、减轻农民因自然灾害和市场风险而对收入的不利影响。

（六）深化现代农业与农村改革

加快发展现代农业、争当农业现代化建设排头兵，必须坚持创新发展理念，充分发挥创新引领现代农业发展的第一动力作用。针对现代农业发展中存在的主要问题和矛盾，应从改革体制、完善机制、调整政策、健全体系、理顺关系、优化模式、修改法律等方面进行深化改革和制度创新。

一要推进农村集体产权制度创新，核心是探索农村集体所有制经济的有效组织形式和实现方式，重点是进行土地制度改革。要改革农村土地征收和集体经营性建设用地制度，完善土地增值收益的合理分配机制；改革农村宅基地制度，完善农民住房保障机制，探索宅基地有偿使用与自愿退出机制和农民住房财产权抵押、担保、转让的有效途径；改革耕地保护制度，完善基本农田保护补偿机制；探索实行耕地轮作休耕制度；改革创新农村集体资产和水利、林业等管理体制。

二要推进农业经营制度创新。一方面，改革农业生产经营组织形式，加快培育新型农业经营主体，构建新型农业经营体系；另一方面，创新农业社会化服务机制，大力培育多种形式的农业经营性服务组织，健全新型农业社会化服务体系。

三要推进农业支持保护制度创新，加大农业支持保护力度，完善农业生产激励机制。要完善财政支农政策，建立农业投入稳定增长机制；改革主要农产品收购收储政策，完善农产品价格形成机制；改进农产品市场调控制度，创新农产品流通方式；改革农业补贴制度，提高农业补贴政策效能；完善粮食主产区利益补偿机制，调动主产区政府抓粮积极性；创新农村金融制度，建立现代农村金融体系，提升农村金融服务水平；创新农业保险品种，完善农业保险制度，提高保障水平。

四要推进管理创新，更好地发挥政府的主导作用。适应市场经济和新常态下现代农业运行与发展变化，为更好地发挥政府的作用，在管理目标上，要在保障主要农产品有效供给的基础上更加注重增加农民收入、促进农民充分就业、优化农业结构、提高农业生产效率、促进农业可持续发展；在管理职能上，主要是科学制定农业发展战略和中长期农业发展规划，调整、优化农业结构与布局，完善农产品市场体系，规范市场行为与秩序，完善农产品质量和食品安全体系；在管理方式上，应以宏观间接调控为主，创新调控思路与政策工具，采取相机调控、精准调控措施，加大定向调控力度，适时预调微调；在管理手段上，应以经济手段和法律手段为主，注重宏观经济政策之间的协调配合，增强宏观调控的针对性和协调性，并及时修改不适应现代农业发展的法律法规，研究制定新的法律法规。

项目负责人：郭翔宇
主要参加人：乔金友、刘永悦、刘雨欣、付兆刚、胡月、张一豪、姜天瑞、杜旭等

基于粮食安全的东北地区养殖业与粮食生产良性竞协发展机制研究*

李翠霞　王刚毅　张立迎　钱　巍等

粮食是一种关系国家安全的非普通商品，粮食自给率是出于国家粮食安全和供给保障而不可忽视的指标，这一指标常常导致市场均衡价格与粮食价格的背离。因此，将粮食主产区利益补偿机制这一课题提上日程并进行深入研究，对于完善粮食支持政策、提高粮农种粮积极性和收入水平、加快粮食主产区发展、促进粮食主产区利益补偿机制的合理建立，从而维护国家粮食安全，均具有长远的意义。2019 年中央 1 号文件明确指出“完善粮食主产区利益补偿机制”，建立产粮大县奖励机制、政策性补偿、发展性补偿为主体的粮食主产区利益补偿体系，以振兴产粮大县的经济活力与实力。2020 年中央 1 号文件再次聚焦粮食安全问题，并进一步强调对粮食主产区利益补偿制度，加大对产粮大县的奖励力度，进一步完善农业补贴政策。中共中央、国务院印发的《乡村振兴战略规划（2018—2022 年）》提出，“建立以绿色生态为导向的农业补贴制度，提高农业补贴政策的指向性和精准性”。2020 年初发布的《中共中央、国务院关于抓好“三农”领域重点工作确保如期实现全面小康的意见》也对“进一步完善农业补贴政策”提出了明确的要求。粮食主产区的建设具有显著的经济效益和社会效益。文章阐述了粮食主产区建立利益补偿机制在促进农业现代化和保障国家粮食安全方面的积极意义，并在总结粮食主产区利益补偿机制的主要特征基础上提出了我国粮食主产区利益补偿的制度困境，最终为解决该问题从多个层面提出了路径选择。

黑龙江省是我国重要的商品粮基地，在粮食安全框架下，以我国东北“三省一区”粮食主产区为例，以产业结构演变趋势理论、博弈理论、社会选择理论为指导，以促进资源有效配置、优化综合效益为目的，运用层次分析法、类

* 国家自然科学基金面上项目“基于粮食安全的东北地区养殖业与粮食生产良性竞协发展机制研究”（项目编号：71173035）。

项目负责人为李翠霞教授，主要参加人员有王刚毅、张立迎、钱巍、杨志武、杨雪等。

变量分析法、信号传递-因果循环反馈分析法等方法，基于产业结构理论的创新，为构建我国东北"三省一区"养殖业与粮食生产良性竞协发展机制提供理论依据和方法支撑，对解决东北"三省一区"养殖业与粮食生产之间简单盲目竞替、产业布局失衡、资源配置失调与综合效益偏低、农业生态环境污染与相关主体利益减损等提出建议。

一、中国粮食主产区利益补偿的制度困境与路径选择[①]

(一) 中国粮食主产区利益补偿机制的现状与主要特征

1. 中国粮食主产区利益补偿机制的现状

进入 21 世纪以来，粮食主产区利益补偿机制问题日益成为农业经济领域的研究重点和热点，理论界的研究热情不断增长，相关研究成果日益增多。陈锡文（2013）指出，建立现代农业至少有四大环节不可回避，其中就包括国家对农业的支持保护体系，尤其是补偿机制问题。余航（2011）认为，粮食补贴政策应该有利于补偿粮食生产的外部性，特别是要能够补偿其机会成本，可以通过市场和税收调节等措施积极加以解决；侯明利（2013）认为，应该仿效日本关于粮食补贴的政策，构建综合粮食补贴政策，加大农业基础设施投入，加快粮食补贴的规范化和法制化，从而提高粮食补贴的效率；王立勇、高伟（2014）认为，对农业的补偿机制应通过非货币化形式，如就业培训、工作安置、社会保障、置换补偿、异地移民安置、土地使用权入股等形式，从而提高农民的满意度；沈琼（2014）对粮食主产区利益补偿政策的目标、对象和模式提出了改进措施；张扬（2014）认为，从长远看，必须建立粮食主产区内生性补偿机制，做到"硬投入"与"软投入"补偿并重、政策公平与效率并举、体制机制与市场机制补偿相结合；辛岭、蒋和平（2014）对现有的粮食补贴政策作了检验，认为国家对粮食主产区的支持政策对于我国的粮食生产、农民收入和促进经济社会发展起到了积极的作用，但政策仍有完善空间。关于粮食主产区补偿机制的研究较多，但也有些不足。一是缺乏对建立粮食主产区利益补偿机制关键问题和突出矛盾的研究，比如，没有实质性的机制构建构想；二是很多研究停留在机制合理性研究层面，缺少对机制运行的研究，也缺少成功运作模式；三是较多研究关注于粮农积极性，缺少对主产区政府积极性的研究。这些问题的解决都有赖于对粮食主产区利益补偿机制内涵与特征的把握。

---

① 原载于《求是学刊》2015 年第 5 期，作者为张立迎、李翠霞。

2. 中国粮食主产区利益补偿机制的主要特征

基于改善粮食生产环境、调整粮食生产相关主体经济利益和降低粮食安全成本而建立起来的利益补偿机制是一种充分考虑机会成本原则、具有协调和补偿经济利益分配关系的激励机制特征的有效制度，是一种在当前情况下不断完善和长期持续实施的补偿制度。粮食主产区的利益补偿机制涉及的利益群体包括政府、社会组织、国外政府与机构等补偿主体和粮食农户、粮食研究单位与粮食企业等补偿客体。在坚持外部监督和内部约束相结合、纵向和横向补偿相结合、政府主导和市场调节相结合等原则的基础上，利益补偿机制主要采取专项阶梯补贴、财力性补偿金、财政转移支付、粮食保证金、赠款、最低保护价和提供智力补偿等分区、分层的补偿方式，不管采取何种补偿方式，在调动生产者积极性、稳定粮食产量、保障农民增产增收的同时，都要以提高粮食主产区的可持续发展能力为最终目的。

粮食主产区所具有的独有特征表现在以下几个方面。一是政府主导性。在经济活动中，无论是经济增长方式转变、地区与城乡的协调发展、收入分配差距的合理调节、政治体制改革、法律和经济制度建设、先进文化的形成、正确价值导向的确立，还是环境保护的投入，政府都应该起到主导作用。市场经济作为一种竞争经济形态，在具有灵活配置经济资源优势的同时，在价格机制形成中又具有市场失灵的可能性，特别是对于公共产品而言。作为关系国计民生的粮食，就是一种典型的准公共产品，也面临着无法通过市场机制本身来协调耕地赤字区和盈余区的利益关系，因此，必然依靠政府作为制度设计者、制度执行者和利益分享者的多重身份干预和实现彼此的利益均衡。二是市场辅助性。市场机制是通过自由竞争与自由交换来实现配置的机制，本身也是价值规律的实现形式。在粮食生产、销售和流通过程中要充分发挥市场机制内在价格机制、竞争机制、风险机制和供求机制的联系与作用机理，当然，前提是要保障对粮食安全和粮食生产的调控。通过市场机制建立起竞争、有序、统一和开放的粮食大市场，在为粮食生产者提供充足和有价值信息的同时，不仅能够实现各地区粮食供需的平衡，而且能够逐步实现农业生产结构的调整和粮食产业链条的延长。三是利益协调性。利益问题永远是个非常棘手和难以解决而又不得不去协调和平衡的问题。在粮食生产过程中，每一个利益相关者都扮演着不同的角色和发挥着不同的作用，并在特定时期和特定环境中存在着出于个体理性和集体理性以及集体理性之间的矛盾和冲突，因此，要使各自应有的作用得到充分发挥，彼此矛盾得到化解，从而激发各个利益相关者的主动性和积极性，就必须进行制度创新和制度安排，从相对利益协调的源头完善利益补偿机制。四是权利保障性。各个利益相关者都是自我最大经济利益的追求者，相关利益者没有充分的理性在利益的获取和分配过程中顺利达成一致，天生的"贪财"心理会使得每一个人在利益分享问题上喋喋不休，除非有一个强有力的第三方协调或者强迫他们同意，因此，构建有效的制度约束平衡各个利益相关者的经济权利和经济利益是非常有效的途径。权利的实现是良好经济秩序的保障，特别是对粮食主产区相关利益者经济权利和政治权利的保障。前者主要包括劳动者的劳动权、休息权、财产权等，是特定主体实现基本权利和享受特定物质利益的保障；后者主要是指监督和约束职能的发挥。

（二）中国粮食主产区利益补偿的制度困境[①]

从对粮食主产区利益补偿机制的特征研究中发现，中国粮食主产区利益补偿在制度设计上存在如下问题：

1. 政府层面

（1）粮食主产区农业基础设施防范自然灾害的能力缺失。近年来，国家制定了一系列保证粮食主产区农业基础设施建设和发展的政策措施，不仅有效规避了粮食生产过程中的市场风险和自然风险，而且也降低了粮食主产区粮食的生产成本，从而逐步实现了粮食主产区粮食生产的规模化、市场化、专业化和产业化。但是，仍然面临着一些迫切需要解决的问题。农业生产在一定程度上具有"靠天吃饭"的特点，粮食主产区作为农业生产的主要地带，近几年由于薄弱的农业基础设施受到频繁自然灾害的极大威胁。实际上，粮食主产区农业基础设施薄弱是由来已久的，特别是北方的一些地区，例如，农田基本设施长期缺乏资金投入而年久失修和严重老化，主产区农民公共积累不足，农户组织化程度低而无法承担有效的农业基本设施建设。因此，种种有关农业基础设施的局限严重阻碍了粮食主产区粮食的高产稳产。

（2）粮食主产区农业基础设施管理体制缺失。一方面，在很多主产区农业基础设施管理不作为和不到位，缺乏损害赔偿责任制度的制定和日常维护、维修的实施；另一方面，缺乏明晰的产权制度，在产权分割和转让等过程中，要么产权主体意识不明确，要么产权归属关系不清楚。从制度经济学的角度而言，明晰的产权能够建立起有效的激励与约束机制，能够适时地排解纠纷，从而降低交易费用。在粮食主产区，由于缺少有效的产权制度，导致出现农业基础设施存量不清、管理混乱、设备闲置以及资产损失等现象。农田水利建设的主要需求主体是农户。目前，黑龙江省部分地区农民的自有资金存储量是相对可观的，政府完全可以吸收到当地公共基础设施的建设中来，但往往是由于政

---

① 原载于《求是学刊》2015 年第 5 期，作者为张立迎、李翠霞。

府管理机制混乱、产权界定不清等导致广大农民合法权益得不到保障，农民积极性不高、很难真正参与到公共基础设施的建设中。加之农田水利基础设施存在公共产品这一特殊属性，决定了在其供给过程中会不可避免地产生"搭便车"行为。

（3）粮食主产区农业基础设施建设投资缺失。农业基础设施建设投资是保障粮食主产区正常粮食生产的必要条件，一方面，主产区农业基建投资严重不足，在某些地方呈现逐年下降的趋势，导致无法建立主产区粮食增产和农户增收的长效机制，投资不足已经成为制约 13 个粮食主产区发展的主要因素；另一方面，国家发展和改革委员会、水利部都参与到主产区农业基础设施建设过程中，投资的部门过多过散，不仅由于难于协调而造成重复建设和资源浪费，也由于难于形成规模经济而造成社会效益低下。另外，打工潮的出现也是造成我国部分农村农田水利基础设施老化、无人维修和供给不到位、不及时的重要原因。由于在外地打工的收入高于在家种地收入的好几倍，所以很多农民选择外出打工，导致大量农田处于闲置状态，农民也失去了兴修水利的原动力。

目前，伴随农业发展过程形成了比较完整和逐步完善的粮食主产区耕地使用、产权、管理与规划的政策体系，并由国家投资了一些旨在整理中低产田、治理盐碱渍害、推进节水灌溉和建设旱涝农田等提高耕地质量的土地开发整理项目，不仅有效巩固了主产区粮食生产的自然基础，也有效保护了粮食主产区耕地的数量和质量。

（4）粮食主产区耕地使用和保护中仍然存在一些问题。粮食主产区耕地使用和保护中存在问题主要有：一是耕地面积不断减少。随着市场经济的快速发展，我国耕地供求矛盾日益突出，生态退耕、城市面积扩张、农业结构调整、工业用地增加、灾毁耕地以及盲目投资和重复建设等导致耕地面积特别是粮田面积减少，加上土地荒漠化和中低产田改造的进程不快，耕地资源严重紧缺。二是耕地质量不断下降。在进行上述行为的过程中，造成耕地面源污染不断蔓延扩散，耕地生态环境严重破坏，严重影响了耕地土壤的环境质量和肥力状况，导致出现土地板结、病虫害频发和土壤养分失衡等现象和退化现象。同时，由于盲目和非法圈占耕地、占而未用、多占少用、未批先建等，导致不愿离开和失去土地的农民以兼业化的方式从事劳动力外流活动，耕地的大面积抛荒导致利用效率逐步下降。

2. 市场层面

（1）市场机制不完善。目前，全国十三个粮食主产区都将规模化和产业化作为其建设的必然选择，在产业化实现的过程中，逐步实现了集团企业＋农户、购销企业＋农户、加工企业＋农户等多种产业化模式以及"订单式"产业化经营的方式。但是，主产区在产业化经营方面也存在以下问题。产业化经营需要充分发挥市场机制在资源配置和信息传递中的积极作用。长期以来，农户分散经营和土地的无效转移限制了大规模和产业化的粮食生产，同时，由于农民滞后的思想意识、缺失的市场经济认识、薄弱的市场反应能力和较差的信息敏感度，使得适应和参与市场竞争的能力不足，建立完善有效的市场机制，是主产区产业化经营的必然选择。

（2）农业资源利用率不高。粮食主产区的集约化程度低和经营方式粗放是由于长期存在的市场机制缺失、市场基础薄弱、农业现代化程度不高等造成的，而这种状态又导致了环境效应和经济效应缺失的农业资源利用率低下的问题。主产区的粮食产业化实现了粮食基地的快速建设和龙头企业的发展，但是也不同程度出现了得不偿失的耕地破坏、三废的产生、生态环境的破坏以及农户的身体健康问题，严重影响了生态、社会和经济的协调可持续发展。

（3）粮食产业组织结构不完善。粮食主产区在我国存在的历史不算长，产业组织体系和中介结构等还在构建中，导致粮食一体化和专业化程度低下，农民的利益因此无法得到有效保障，并且要承担较多的风险。当前处于产业组织结构构建的探索阶段，可以充分借鉴发达国家期货市场在分散农业产业化经营中风险的经验，并需要积极进行市场化改革措施的探索。

3. 微观主体的权益层面

（1）利益补偿机制忽视了粮食主产区农业基础设施等公共产品供给不足的现状。公共产品是具有非竞争性和非排他性的由国家政府提供给经济建设的基本设施。长期以来，粮食主产区的农业基础设施供给不足、老化毁损等现象司空见惯，导致粮食生产成本居高不下，也严重动摇了粮食主产区在国民经济中的重要地位。目前，我国大多数粮食生产的基础设施都依靠财力本来就很薄弱的地方政府的投入，公共产品供给严重不足和资金投入严重不足是可想而知的结果。因此，粮食主产区的利益补偿机制应该充分考虑各个地区的公共产品供给现状。

（2）利益补偿机制忽视了粮食主产区政府的积极性。一方面，我国采取的粮食风险基金制度是中央和地方政府共同支付对其补偿的配套资金。也就是说，中央补偿多少，地方政府就要补偿多少，中央补偿越多，地方政府支付的资金也就越多，从而形成了强省更强、弱省更弱的局面，随着粮食调拨至主销区也就自然出现了"穷省"补贴"富省"的不合理转移性支付现象，使产粮大省陷入了产粮越多负担越重的尴尬境地。另一方面，国家出于保障粮食安全和耕地警戒线的目的，限制粮食主产区工业发展的程度和水平，再加上财政转移支付力度不够，带来主产区财政收支的困难。

（3）利益补偿机制实施中地区补贴标准差异大。为了调动粮食生产者的种粮积极性以充分保障国家粮食安全，我国目前采取了按粮食种植面积补贴、按农业计税面积补贴、按计税常产补贴等粮食补贴方法，尽管每种方法都有各自的适应性，但是都或多或少存在一些问题：第一种方法经常出现农民虚报种植面积的情况，实现运行难度较大；第二种方法由于长期统计方法不变，导致实际面积与计税面积的偏差，实际补贴极不合理；第三种方法简便易行，但是容易出现粮食作物和经济作物同时补贴而一部分种粮农户得不到补贴的现象，积极性难以调动。可见，这些补贴方式的旋转与国家实施补贴的初衷是大相径庭的。

（4）利益补偿机制实施行政成本过高。目前，国家对粮食主产区实施的补偿方式和种类尽管很多，但是实施过程中采用的依据、执行的标准不尽相同，不同的补贴类别和补贴职能分属不同的管理部门，很多情况下，由于深入实地调查、登记造册、汇总核实和张榜公示等复杂的操作程序，多头管理、多次发放造成人财物力资源的极大浪费，给基层带来了巨大的经费支出和工作压力，不仅增加了补偿的行政成本，而且带来了工作效率的低下。因此，只有逐步取消种种实施和操作过程中的不必要环节，才能从根本上增强主产区对国家粮食安全的保障能力。

（5）利益补偿机制运行中补偿额度过小。实际上，相对于经济作物而言，以种粮作为致富的途径长期以来都不是可取的最佳方式，尽管国家采取了一些针对农户的补贴，但是具体实施过程中，补贴标准偏低而难以弥补粮农利益，同时，种粮所需生产资料成本的不断上涨也抵消了国家的粮食补贴，因此，粮农通过国家补贴得到的实惠并不明显，从而积极性逐年下降，最佳选择要么是种植经济作物取得较好的亩均经济效益，要么外出打工。

二、基于粮食安全框架的粮食生产主体角色差异的利益分配机制

（一）基于主体角色差异的利益分配机制提出的意义作用

目前我国农业产业化经营掀起发展新高潮，各地从发展粮牧产业链的视角进一步推动农业产业化经营，但是相当多的人认为构建粮牧产业链就是实现了农业产业化，其实不然，只有多元参与主体结成了"利益共同体"，才有可能真正实现农业产业化（姚斌，2000）。多元参与主体结成"风险共担、利益共享"的经济利益共同体，是农业产业化经营系统赖以生存和发展的基础（李

谦，1998）。农业产业化经营的本质在于利益一体化，而"利益共同体"则是多元参与主体共同防范风险，合理分享加工和运销增值利益的根本保证。从各地农业产业化经营情况看，一般生产管理机制比较健全，而利益分配机制发育相对滞后，分配形式不尽合理。

从经济学角度看，产业链各参与主体对一体化系统的投入（劳动、资金、产品、知识、技术）和他们在其中的资产产权得到承认，得到可以接受的回报和收益，是激励其积极性和创造性的动力源。通过利益共同体与市场关系相结合的利益调节机制和高效率运作达成一体化系统的共同目标和各参与主体的个别目标，实现这两类目标的最佳结合和交易利益的合理分配，是农业产业化经营健康发展的一个规律。一体化系统内"非市场安排"与系统外市场机制相结合，是一种特殊的资源配置方式，也是经济利益共同体最基本的运营特点。农业产业化经营系统内的非市场安排是共同体内的特殊服务机制，也是龙头企业与签约农户之间的特殊利益关系，其内容包括资金支持、无偿或低偿服务、低价供应或赊销生产资料、保护价格、风险基金制度等（姚斌，2000）。

制度经济学认为，制度创新的动因，在于新的制度能带来更多的收益或减少成本。农业产业化经营的兴起和蓬勃发展，正是根源于各参与主体对产业的投入能得到相应的回报或收益。合理利益分配是农业产业化经营所追求的目标。广义地说，实施农业产业化的目的是：①提高农业地比较效益，增强农业地自我发展能力。②平衡市场供需，抑制市场波动。③实现平均利润，达到对农户地利润返还和农业劳动与非农业劳动收益大体均衡。狭义地说，在农业产业化经营系统内部，产业链地各个环节和各经营主体都需要获得平均利润。更具体地说，不仅龙头企业要获得经济效益，更重要的是它所带动地农户也能增加收益。

现阶段由于农户家庭经营的交易特性，交易成本最小的制度安排则是粮牧产业链一体化或联盟。粮牧产业链发展的初始动因和最终目的都是为节约交易费用而必然发生的诱致性制度变迁。因而对粮牧产业链一体化或联盟的认识要基于以下几点：①粮牧产业链是各利益主体的联合，要把由交易成本节约而形成的生产者剩余保留在农业内部，各利益主体都能分享产业效率提高的利益，必须形成合理的利益分配关系。②合理的利益分配关系不能简单地用"让农户分享加工、经销环节的利润"来定性。市场经济最重要的基础是等价交换关系，分工与合作关系也必须是利益组合关系，各利益主体都应获得正常合理的利润。农户在加工、经销等环节流失的利益，很大程度上源自于不合理的农工关系与市场发育程度低，本应由政府制度承担的强制性成本如果内在化为组织成本，则会影响到农业产业化经营的制度变迁。③粮牧产业链一体化或联盟可起到节约交易成本的作用，但其建立与运行要付出相应的组织成本。如果组织内部边际交易成本高于外部市场边际交易成本，则各利益主体会退出组织，转而分别独立地进入市场交易。

粮牧产业链利益合理分配具有以下意义：①有利于维持产业链的稳定。现实中，由于产业链利益分配不均，尤其是养殖户利益得不到保障而导致产业链断裂的现象十分普遍。②有利于壮大粮牧产业。我国农业要从目前的弱质产业变成具有国际竞争力的强大产业，就必须尽快走出比较效益低的尴尬境地，以较高的收益率来吸引外部生产要素的流入。③有利于保护农民的生产积极性。调动农民积极性的根本途径，便是增加农民的收益。④有利于公平。粮牧产业链各环节主体的收益率相差过大，就会失于公平。⑤符合马克思的平均利润理论。马克思认为，利润平均化是市场经济的必然规律，只有形成平均利润，才能形成合理的产业结构。

（二）利益分配机制遵循的原则

1. 木桶原理

西方经济学"木桶原理"认为，组成木桶的木板如果长短不一，那么木桶的盛水量不是取决于最长的那块木板，而是取决于最短的那块木板。所以，调换和接长最短的木板是增加木桶盛水量的关键。这形象地说明了克服和解决薄弱环节与全局之间的辩证统一关系，符合系统论的观点。用逆向思维来思考，这种鞭策后进的方法，在一定程度上可能更直接、更有效。粮牧产业链利益分配也需要遵循这一普适性原则，从利益分配的薄弱环节切入。

2. 效率优先、兼顾公平原则

在利益分配问题上，应首先遵循效率原则，从产业链整体出发，使整个系统创造的效益最大化。目前，我国正处于粮牧产业链发展的初级阶段，既要默认收益分配差距的明显存在，又要适当维护市场竞争弱者（农户）的利益，即在保证组织制度效率的基础上，兼顾公平。农户参与产业链合作，其收入无疑会比从前提高且具有稳定性，这基本上可以认为是公平的。

3. 增加积累、壮大龙头企业的原则

龙头企业是粮牧产业链系统中的一个关键环节，它决定着农业产业化经营的水平和层次。龙头企业必须具有较强的生产能力和带动能力，有开拓市场、引导生产、加工转化和销售能力。为此，就必须注重增加龙头企业的积累，不断壮大龙头企业的实力。目前的当务之急是如何尽快增加产业链组织的整体收益，迅速壮大龙头企业的实力，以便使"龙头"带动更多的"龙身、龙尾"（农户），这是维护农户利益的根本大计。粮牧产业链初创和发展的起步阶段，

在利益分配上既要确保产业群体内部都有利可图以增强凝聚力，又要适当向龙头企业倾斜以增强龙头企业的经济实力，从而形成以龙头企业为核心，由内到外的多层次的利益分配梯度。

4. 互惠互利原则

所谓的互惠互利是指在粮牧产业链各企业合作过程中，要保证每个成员企业都能从成功后的联盟中获取相应的利益，否则将会损害成员企业的积极性。在博弈论中已经证明，要保证联盟的稳定性，必须保证加入联盟后企业从联盟中获取的利益要大于不加入联盟的利益，否则成员企业就不会选择加盟。

5. 科学分配原则

制定利益分配方案应以科学的合作利益分配理论为基础，而不是完全凭主观判断。粮牧产业链利益分配方案的公平合理性是其存在的基础。以科学的理论为基础制定的利益分配方案才能让链上企业接受。

6. 风险补偿原则

优势互补，风险分担，收益共享的网络组织在制定利益分配方案时，要考虑成员企业所承担的风险大小。一般来讲，成员企业所承担的风险越大，所得的收益也应增加。如果不考虑企业的风险与利益相关性，那么成员企业将不会有足够的积极性来承担有风险的子任务，而是会回避风险。

（三）利益合理分配实现途径分析

1. 非均衡补贴能够改变产业链利益分配系数、优化产业链主体间的合作关系

经过专家访谈和实地调研得知，我国大多数地区农业产业化发展缓慢，关键在于产业链各环节利益分配不均，导致产业链破裂。补贴的存在使主体的抗风险能力增强，在产业链主体间长期的合作中，有时会出现实际利润降低甚至小幅度亏损，如果补贴能够弥补损失，环节主体大多不会选择违约，这样产业链破裂的概率会降低。因此，政府可采取非均衡补贴的方式，促进产业链主体间关系优化，推动粮牧产业链稳定发展。

2. 补贴应向产业链微利环节偏斜，调节环节间自然利益分配不均状况

目前我国许多地区政府为了出政绩，培育和扶持所谓"见效快、带动力强、利润高"的企业，给予补贴、减税、免税等优惠政策以及业外反哺、转移支付等实惠。当龙头企业得到补贴时，虽然有让利能力，但往往不会把这份额外收入记入利润而让渡实际利润，这意味着企业将获取比其他环节高得多的利润，不利于产业链利益合理分配。为此，政府需要改变补贴方式，减小对高利环节主体的补贴，加大对微利环节主体的补贴，真正达到实施补贴的目的。

3. 政府为粮牧产业链利益合理分配创造条件，鼓励主体间建立紧密型的联结关系

政府在产业化经营中要扮演好"国家型经理人"的角色，做好支持者、宏观调控者和公共服务者，加大政策扶持力度，为产业链各组织主体的发展营造一个宽松的政策环境和市场环境，选择一批有基础、有特色、有前景、市场开拓能力强、对农户带动能力强的组织主体进行重点扶持，在扶持方式上综合运用财政、税收、金融信贷等多种形式，支持建立粮牧产业链发展风险基金和担保基金，以鼓励其他组织主体与农户之间由简单的买卖关系变成利益调节关系，形成经济利益共同体，使农民从加工和销售环节获得一部分利润。

4. 构建粮牧产业链利益共同体，为合理利益分配提供组织保障

粮牧产业链龙头企业具有多层面的优势，在贯彻"共担"与"共享"原则、合理分配产业链利益、建立有效的运行保障机制方面，可以发挥主导作用，但不能也无权利垄断利益分配。而如"木桶原理"所述，在粮牧产业链利益分配问题中，农户利益受损最为严重，可以说是最短的"木板"。鉴于龙头企业和农户在粮牧产业链中的地位和特征，需要形成由它们组成的利益共同体，防范短期行为发生、保障各自的利益。

5. 现阶段各环节均衡利益不现实也不可取，关键在于形成合理的利益连接方式

确定各利益主体的应得利益，最为关键的是找到一个最佳的利益结合点。理论上的最佳利益结合点是：当贸、工、农各利益主体的边际生产率相等时，各利益主体的资本生产率的比较效率处于均衡状态，各利益主体便实现了有效的结合。即粮牧产业链环节利益分配的理论目标是平均利润的均衡获得。但在实际经济活动中，粮牧产业链各环节利益分配受到前述多种因素的影响，急于追求平均利润均衡的实现是不适宜的。因为，我国当前的粮牧产业链发展还处于初始阶段，还很需要强势主体发挥对弱势主体的带动作用，一味要求其让利会使他们在投资方面却步。而且，事实上，产业链各环节由于种种原因确实存在着生产效率上的差异，这在短期内是很难消除的，在很大程度上这一问题的解决还需依靠政府的经济体制改革的深入和宏观调控的作用。现阶段粮牧产业链发展的任务主要是通过一定的利益连接方式使各利益主体结成利益共同体，充分发挥强势主体对弱势主体的带动作用，通过一体化合作，共同创造出更多的新增利益，将利益这块"蛋糕"做大，是各利益主体利益分配的前提和保障。

6. 运用控制力和信任形成间接的利益平衡机制，辅助直接利益平衡机制

利益均衡方式可以是直接、明显、正式的，也可以是间接、隐蔽、非正式的。直接的利益平衡机制是指通过改变一个成员可以控制的与产品流动有关的因素来平衡其他成员的利益，影响其行为，以使整个产业链达到最优。间接的利益平衡机制是指通过非常规的因素来影响有关成员的决策，以保证产业链各环节间的合作。两个最主要的间接利益平衡机制是：

第一，运用控制力实现合作。控制力通常由某一成员针对在合作中处于劣势的另一方施加。一方可能相当强势，以至于其他成员被迫采取某种行为来实现整体的利益。例如，如果卖方是唯一的一个供应商，它可能会迫使买方按照较高的数量订货。其他的控制力运用形式包括承诺未来优先、给予专家式帮助和给予某种授权等。承诺未来优先是指将买方视为未来优先交易客户，保证足量、及时交货，这样就降低了买方交易的不确定性。与此相似，某成员可以运用专家力量，例如，卖方可以通过向买方提供培训、信息或帮助解决问题，来促使买方与之合作。另一种形式是授权。如果卖方的品牌影响力很大，他可以授权买方在广告中使用，这对买方是一种间接利益，但会促使他同意供应链合作。如果这些激励措施的价值超过买方会增加的成本数，那么有理性的买方很有可能会接受按照较高的数量订货。

第二，通过信任实现合作。信任是指一方对另一方的可靠性有信心。如果双方之间充满信任，一方可能会愿意采取协调性的行动，尽管存在较高风险。一旦建立起信任感，各方会认识到，协调、共同努力的结果要好于各自为政。在供应链合作中，它是成员间可增值的伙伴关系，买方往往愿意为此付出一定代价。

7. 形成情感价值巩固产业链上下游之间的关系，形成长效的利益合理分配机制

如果龙头企业能够信守承诺，尤其当市场价格跌落时，仍然以合同价收购产品，保证农户的利益，将使农户对企业产生依赖感和感激心理，当市场价格高于合同价时，出于情感，农户也不会选择市场交易，这样就实现了产业链上下游关系的稳定，从而有利于为利益合理分配提供保障。

三、粮食主产区建立合理利益补偿机制的路径选择[①]

（一）国家制度建设层面

为了更好地解决我国粮食安全问题，粮食主产区的利益补偿机制问题就显得尤为重要，既要保证国家的稳定安全，又要让粮食主产区在粮食价格和收入不高的情况下安心种植，这就形成了一个矛盾。近期国家领导人多次视察东

---

① 原载于《求是学刊》2015 年第 5 期，作者为张立迎、李翠霞。

北，对东北的经济提出了很多希望，作为祖国的大粮仓，我们认为不应该简单地用传统的经济指标进行评价，应该从国家层面、粮食安全层面、为国家做出巨大贡献层面、为发达地区提供能源方面来给予理解和支持，因此，建立合理的粮食主产区的利益补偿机制应该从多个层面进行，路径选择不是唯一的。

随着国家粮食安全需要的变化，在集中财力办大事和重点突出原则的基础上，应该建立健全用于维护粮食市场正常流通秩序和稳定粮食市场价格的专项经济调控资金，也就是要建立健全国家粮食风险基金制度。目前，可以从以下几个方面进行改革。首先是提高对主产区农户按粮食产量进行直接补贴的标准和范围，充分调动农户种粮的积极性，保障国家粮食安全；其次，降低直至取消主产区财政配套资金，由国家财政承担此项资金，以减少地方政府的累积债务，为地方政府减压，使地方财政更多地用于其他领域；再次，逐步推进主产区粮食流通体制和流通企业的构建和改革，根据粮食市场价格和供求的变化，适时确定和调整粮食的收购价格，使流通体制成为国家用于粮食调控的真正载体，发挥市场机制配置资源和传递信息的作用；最后，加大中央政府的财政转移支付，对粮食主产区的税收等进行减免和退税，增加粮食主产区政府的财政收入，使其有能力进行公共设施建设，进而达到留人、用人可持续发展的目的。

（二）粮食主产区层面

1. 健全国家粮食主产区粮食补贴政策

"惠普型"农业补贴方式实施多年来取得了不错的效果，但是仍需要不断地探索和完善，不论是补贴标准、补贴规模和补贴范围都要进行调整，以便在更大程度上激励农户种粮的积极性。农业补贴应该以农户外出务工或者种植经济作物所取得的收益为底线，因此，重要的不仅仅是外在的补贴数量，更为重要的是补贴方式的选择。增加农资补贴，政府应该通过监督农资质量、规范农资市场、调控农资价格来保证粮食的低成本和高效率生产；完善直接补贴方式，取消按计税面积直补的方式而采取土地面积和农户售粮数量相结合进行补贴的方式，真正调动种粮农户的积极性；尽量减少补贴过程中的不必要环节，避免出现克扣补贴金、多次发放以及补贴信息不畅等不良现象的发生，尽可能减少补贴的成本；借鉴发达国家支持和保护农业发展的做法，基于国家粮食安全和农民增收，对重点粮食品种采取农产品价格支持政策，按照保护价进行收购。

2. 健全粮食主产区财政投入机制

重点加大对粮食主产区以下几方面的财政投入力度：加快推动主产区在科学养殖、栽培、良种培育与农机具发明等方面科技自主创新的步伐；加大国家财政对于主产区高标准农田、农业水利设施以及中低产田改造等基础设施建设的扶持力度；逐步取消主产区粮食风险基金配套制度，基于技术、政策和资金的合力作用，加大中央财政的转移支付力度以提供更多用于充分调动主产区粮食生产积极性的公共产品。一方面可以建立用于农民补贴的粮食调节基金，另一方面也可以建立中央财政纵向的粮食直补资金。

3. 实行粮食主产区严格的耕地保护政策

耕地保护不仅仅表现在运用法律、经济和行政等手段保障耕地的数量，而且要保障耕地的质量，鼓励主产区农户进行技术改造和创新以改善耕地质量。政府一方面可以建立用于补偿主产区农民和政府耕地保护的耕地保护基金，另一方面可以建立有效的奖惩制度，对土地使用进行严格的论证、听证以及及时批报和布划，严格限制非法占用。在耕地保护政策的具体实施过程中，还要处理好经济作物与粮食作物的关系、非农用地与农业用地之间的关系。

4. 完善粮食主产区政策性农业保险机制

粮食生产受政策保障能力、自然灾害防范能力和耕地保护能力等多种因素的影响，面临着多种不确定的市场风险和自然风险，因此，必须建立粮食主产区政策性农业保险机制，保护作为弱质产业的农业和粮食生产，在提高降低风险能力的同时，更为重要的是要调动农户从事农业生产的积极性。在明确粮食保险供给数量和方向的基础上，建立政策性粮食保险发展模式，同时建立粮食巨灾风险分散再保险制度，逐步建立农业风险有效转移机制；通过保险费补贴等手段，在不断扩大保险范围的过程中逐步加大国家对农业保险的扶持力度；通过国家财政补贴和减免税费等手段，逐步增加农村保险市场中商业性保险机构的比重；通过委托代理方式，积极加大商业性保险机构对农业再保险的支持力度。

（三）金融政策层面

建立健全农村金融体制，加快完善普惠型农村金融制度，加大对主产区金融扶植力度：通过积极发展金融和相关配套服务企业，促进农业发展的产业化、集约化和规模化，促进农民的增收；在规范农村新型金融机构的基础上，放松和放宽对农村金融的管制和准入标准，充分调动服务于农业和粮食生产的民间借贷资金的使用积极性；基于金融支农的职能和责任，鼓励农村资金互助社、小额贷款服务公司和村镇银行等适合农村特点与需要的新型农村金融机构的发展。

（四）流通体系层面

粮食主产区粮食流通体系的建立和完善，不仅有利于主产区和主销区的长期合作、国家粮食安全，而且能够实现区域粮食资源的良好配置和优势互补。完善国家粮食储备和管理体系，尽量降低粮储成本；积极引进粮食物流技术，构建粮食储运系统，完善粮食运输网络，保障粮食物流信息系统的平稳运行；通过减免税费、招商引资等手段积极发展粮食主产区的粮食加工产业，不仅在粮食加工和转化过程中实现增值，提高粮食主产区比较利益优势，而且可以促进一部分闲置劳动力的再利用。而2015年提出的"互联网＋"计划为粮食主产区粮食流通体系的建立提供了新的视角。互联网技术的使用，使得粮食主产区粮食流通体系实现智能化、系统化。

粮食主产区是保障我国粮食安全的核心区域，起到"压舱石"和"稳压器"的作用，为了切实保障国家粮食安全，保证粮食主产区可持续发展能力，粮食主产区应根据自身的发展需要建立粮食利益补偿机制，以实现对粮食主产区粮食生产的补偿。以粮食安全为背景，基于我国东北地区养殖业与粮食生产之间的共生、竞争、替代、协作与互促关系，提出二者良性竞协发展机制的系统分析框架，解决战略目标设置、产业价值提升、主体利益保障、信息协作共享和科学理性决策等关键问题，在产业结构理论领域具有创新价值。通过构建我国东北地区养殖业与粮食生产良性竞协发展的目标体系及其实现程度的测度指标体系，解决了我国东北地区养殖业与粮食生产良性竞协发展机制建立及其实现路径的目标设计依据和评价问题。基于目标、价值、利益、信息、决策五个方面，提出东北地区养殖业与粮食生产良性竞协发展机制体系，丰富了机制设计理论的内容。构建的良性竞协机制也适用于其他区域同类产业之间的关系协调和产业结构调整研究。根据我国东北地区养殖业与粮食生产良性竞协发展机制及其传递-反馈机理与流程的相关主体合作博弈模型，解决了养殖业与粮食生产良性竞协发展机制设计的方法支撑问题。总之，健全粮食主产区利益补偿机制，对于我国农业经济发展乃至于整体国民经济发展来说具有非常重要的价值。为实现我国粮食主产区粮食生产的平稳发展，各级政府、粮食主产区以及主销区等要协同一致，共同构建起更加稳定、更为有效的可持续利益补偿新机制，确保农业经济能够得到更好的发展。

项目负责人：李翠霞

主要参加人：王刚毅、张立迎、钱巍、杨志武、杨雪等

东北地区农业现代化与新型
城镇化协调发展研究[*]

刘畅　邓铭　冉春红

　　中国是个农业大国，农业长期占据主导地位、农民占人口绝大多数、农村数量多而分布广。经历 40 年的改革开放，中国的农业与农村已经发生了深刻变化。人口城镇化率由 1978 年的 17.9％增长至 2017 年的 58.5％，第一产业就业比重由 70.5％减少至 27.0％，第一产业增加值比重由 27.7％减少至 7.9％。农民居住城市化、就业非农化、生计多样化，通过工业反哺农业、城市支持乡村，为解决中国"三农"问题提供了广阔空间。中国的城镇化是 21 世纪世界重大事件之一，党的十九大确定了我国 21 世纪现代化路线图，中国将在 2020 年实现全面建成小康社会目标，在 2035 年基本实现现代化，在 2050 年建成现代化强国。城镇化是一个国家现代化显著指标，伴随农村人口大量向城镇迁移，城镇人口越来越多，农村人口越来越少，这是城镇化的一个必然趋势。但是，从我国国情来看，由于农村人口庞大，"乡土中国"是现代化进程中的必然现象，是城镇化的终极结果。也就是说，即便基本实现现代化和建成现代化强国，城市与乡村也是同等重要的，因为那时还将有近 4 亿人口生活在农村。由此，对中国农民永久性迁入城镇要有足够的历史耐心。党的十八届五中全会，2016 年中央 1 号文件和国家"十三五"规划纲要都提出，要维护进城落户农民土地承包经营权、宅基地使用权、集体收益分配权，支持引导进城落户农民依法自愿有偿转让上述权益。2018 年 12 月 29 日第十三届全国人民代表大会常务委员会第七次会议做出的《关于修改〈中华人民共和国农村土地承包法〉的决定》对《中华人民共和国农村土地承包法》作如下修改：将第二十六条改为第二十七条，第二款、第三款修改为："国家保护进城农户

　　* 国家社会科学基金一般项目（课题编号：17BJY099）。
　　项目负责人为刘畅教授，主要参加人员有王思怡、高凤洁、张馨予、齐瑞娟、李赫、郭一迪。
　　摘自《乡村振兴背景下农民工返乡创业研究》第 9 章 9.1 和 9.3，中国农业出版社，作者：刘畅等。

的土地承包经营权。不得以退出土地承包经营权作为农户进城落户的条件。""承包期内，承包农户进城落户的，引导支持其按照自愿有偿原则依法在本集体经济组织内转让土地承包经营权或者将承包地交回发包方，也可以鼓励其流转土地经营权。"

新型城镇化指在传统城镇化的基础上，更加注重城乡统筹化、城乡一体化，不以牺牲农业与粮食、生态与环境为代价，加快经济社会的可持续发展与共同富裕的步伐；农业现代化指由传统农业转变为现代农业的过程与手段，实现农业机械化、农业产业化、农业信息化、农业发展可持续化及生产技术的科学化；城镇化与农业现代化的协调发展分别是十七大报告中"三化"与十八大报告中"四化"发展战略的重要组成部分，新型城镇化与农业现代化的协调发展对于开创中国城乡经济社会发展一体化的新格局至关重要。

新型城镇化建设是"人"的城镇化建设，不是"土地"城镇化，要更重视进城落户农民生活质量的提高。目前进城落户农民有"四种困境"，一是就业不稳定，受经济下行压力和经济转型升级影响，农民工在城镇就业处于不稳定状态，表现在岗位不稳定、工资不稳定、就业能力不稳定，他们因此难以安心在城镇生活；二是居住成本上升，城镇购买住房成本和房租成本都在不断上升中，生活成本也在不断增加，进城落户农民受到生活成本瓶颈制约，对移居城镇产生畏惧心理；三是子女教育问题，这是进城落户农民最关注的问题。农民工子女能否享受到与城里人一样的教育，事关进城农民社会待遇问题，也关系到国家未来发展问题。当前进城落户农民子女教育问题还存在不公平，享受不到优质教育等现实问题；四是医疗和养老保险问题，进城农民之所以"带地"进城，主要是顾及社会保险问题。受各地财力限制，城镇社会保险很难覆盖全体进城农民，难以做到让进城农民享受与城市居民同等社会养老保险待遇。因此进城落户农民"带地"进城成为城市"二等"公民。实行"三权分置"后，土地经营权权利内涵确定，便于进城落户农民转让土地经营权。通过转让土地经营权，进城落户农民可以得到租金、股份和集体分红，多渠道增加农民收入，增加了进城资本，促进了农民市民化进城。同时在目前经济条件下，保留农村土地又为农民返回农村留有了余地。总体上看我国农民并不富裕，还不具备大规模进城落户的条件，即便带地进城落户，还面临"二等"公民、子女教育、就业不稳定等一系列问题，部分农民有可能重新回到农村，农村承包地就成为他们生存的最后"港湾"。在此情况下，他们可以收回土地经营权，重新在农村就业，缓解经济周期带来的失业，有利于农村和国家社会的稳定。

目前学术界关于城镇化与农业现代化的研究颇多，汪晓文与李静基于隶属度的模糊综合评价与协调度模型考量中国十多年城镇化和农业现代化协调发展程度；辛冲冲、谢天成与胡晓群分别采用改进熵值法、空间描述法及耦合协调模型评价新疆、昆山市及重庆功能区的城镇化与农业现代化协调发展关系，提出其发展路径；新型城镇化与农业现代化研究，韩国明结合耦合协调度测算中国 31 个省新型城镇化与农业现代化协调度，指出"两化"协调格局呈现"东部高、中部低、西部最低"的逆地势阶梯分布，曹俊杰认为我国"两化"还存在土地与人口城镇化不同步、政府与市场主导的城镇化矛盾、城镇化和农业现代化非持续等问题，张勇民基于 DEA 探讨中国 8 个民族地区农业现代化与新型城镇化的协调发展程度；工业化、城镇化与农业现代化的"三化"协调研究，曾福生与夏春萍运用 SBM-HR-Regoprobit 和 VAR 模型阐述中国农业现代化、工业化和城镇化的协调发展，三者间存在明显互相促进效用，但地域内部发展失衡严重；陈江龙与雒海潮分别以江苏和海南省为例，探讨两省"三化"协调发展的内涵、机制与对策等；"四化"协调研究，董梅生、徐维祥与王新利分别借助 VAR 模型、PLS 通径模型和协调度模型测算中国、黑龙江农垦的农业现代化、城镇化、工业化与信息化协调性的发展水平与依赖程度。

综上，多数学者将研究基调定在"三化""四化"等协调性研究上，城镇化与农业现代化的研究也相对较多，而新型城镇化与农业现代化作为"三化""四化"乃至"五化"战略的重要核心内容，其相关的研究相对较少；以往研究尺度跨越性相对较大，中国、地区、省域、市域、城市功能区的地域尺度均有涉及，东北地区为新中国的建设做出历史性的突出贡献，是东北亚最先进的工业基地，黑吉辽均为中国农业大省，随着东北老工业基地振兴战略的实施，黑龙江"两大平原"现代农业改革试验方案的颁布，哈尔滨、长春、吉林、齐齐哈尔、牡丹江等成为中国首批新型城镇化试点，但目前以东北地区为研究对象探讨其新型城镇化与农业现代化的协调发展研究尚属空白；基于此，本文以东北地区黑吉辽三省的 34 个地级城市为研究对象，分别构建其农业现代化与新型城镇化的评价体系，结合熵值赋权与变异系数的综合确权法计算指标权重，基于耦合协调度模型探讨其耦合度与协调发展程度，这必将为未来东北三省新型城镇化与农业现代化的高效、协调、可持续发展提供指导，明晰目前哪些城市处于不协调状态，同时也为全国其他区域类似的相关研究提供参考与借鉴。

一、评价体系与研究方法

（一）东北地区新型城镇化与农业现代化的评价体系

借鉴已有新型城镇化与农业现代化研究成果的指标体系，在深入掌握与理解新型城镇化与农业现代化的理论与内涵基础上，考虑到科学性、可操作性、系统性、独立性、可比性、概括性、前瞻性及数据可获取性原则，构建适用于东北地区城市新型城镇化与农业现代化的综合评价体系（表 1），新型城镇化涵盖人口、经济、土地、社会、生态等城镇化，以表征东北地区城镇化以人为本、城乡统筹与可持续发展；农业现代化从农业生产投入、农业综合产出、农村社会经济与农业可持续发展等维度出发，反映其与新型城镇化的相辅相成；指标层则对应准则层的特征与内涵共选取 32 项指标，数据来源于中国经济社会发展统计数据库。

表 1　东北地区城市新型城镇化与农业现代化评价指标体系及权重

目标层	准则层	指标层（单位）	属性	熵值权重	变异系数权重	最终权重
东北地区新型城镇化水平	人口城镇化	第二、第三产业从业人员数所占比重(%)	＋	0.003	0.013	0.006
		人口密度（人/平方千米）	－	0.034	0.045	0.039
		人均 GDP（元）	＋	0.024	0.039	0.030
	经济城镇化	第二、第三产业增加值（亿元）	＋	0.081	0.080	0.080
		城镇居民家庭人均可支配收入（元）	＋	0.003	0.012	0.006
		社会消费品零售总额（万元）	＋	0.086	0.084	0.085
	土地城镇化	城市建设用地占市区面积比重（%）	＋	0.067	0.068	0.068
		建成区绿化覆盖率（%）	＋	0.003	0.012	0.006
		房地产开发投资（万元）	＋	0.140	0.117	0.128
	社会城镇化	普通高等学校（所）	＋	0.147	0.117	0.131
		医院、卫生院床位数（张）	＋	0.045	0.059	0.052
		公共图书馆图书总藏量（万册）	＋	0.183	0.134	0.157
		年末实有城市道路面积（万平方米）	＋	0.085	0.084	0.085
	生态城镇化	一般工业固体废物综合利用率（%）	＋	0.007	0.018	0.011
		工业废水排放量（万吨）	－	0.057	0.067	0.062
		工业二氧化硫排放量（吨）	－	0.036	0.048	0.042
东北地区农业现代化水平	农业生产投入	农用化肥施用量（万吨）	－	0.071	0.071	0.071
		乡村户数（户）	＋	0.033	0.044	0.038
		农业机械总动力（万千瓦）	＋	0.039	0.049	0.044
		农作物总播种面积（千公顷）	＋	0.054	0.059	0.056
		粮食播种面积（公顷）	＋	0.059	0.063	0.061
	农业综合产出	粮食产量（吨）	＋	0.070	0.070	0.070
		蔬菜、水果产量（吨）	＋	0.061	0.062	0.062

（续）

目标层	准则层	指标层（单位）	属性	熵值权重	变异系数权重	最终权重
东北地区农业现代化水平	农业综合产出	油料产量（吨）	＋	0.183	0.131	0.155
		禽蛋、奶类产量（吨）	＋	0.094	0.083	0.088
		肉类总产量（吨）	＋	0.048	0.052	0.050
	农村社会经济	农民人均纯收入（元）	＋	0.004	0.015	0.007
		第一产业增加值（亿元）	＋	0.027	0.041	0.033
		农林牧渔业单位从业人员（万人）	＋	0.123	0.103	0.113
		城乡居民储蓄存款余额（万元）	＋	0.059	0.069	0.064
	农业可持续发展	绿地面积（公顷）	＋	0.071	0.076	0.073
		生活垃圾无害化处理率（%）	＋	0.003	0.012	0.006

（二）指标确权方法

为避免主观赋权的非客观性与随意性，选取两种客观赋权法——熵值赋权、变异系数赋权，消除单一客观赋权的误差与偏颇，更具科学性与准确性；由于指标数量级差异较大且单位均不同，导致其很难直接比较，需对各指标进行标准化处理，消除其量纲，设 x_{ij} 为第 i 个城市第 j 项指标的原始实际值，$i=1$，2，3，…，m（34），$j=1$，2，3，…，n（32），Z_{ij} 为指标的标准化值，公式为：

$Z_{ij} = (x_{ij} - \min x_j) / (\max x_j - \min x_j)$（指标属性为正向）

$Z_{ij} = (\max x_j - x_{ij}) / (\max x_j - \min x_j)$（指标属性为正向）

熵值赋权法的步骤如下：

（1）求解指标同度量化的比重：$P_{ij} = x_{ij} / \sum_{i=1}^{m} x_{ij}$；

（2）求解信息熵：$e_j = -(1/\ln m \sum_{i=1}^{m} P_{ij} \ln P_{ij})$；

（3）求解指标熵权：$w_j = (1 - e_j) / \sum_{j=1}^{n} (1 - j)$；

（4）求解城市发展指数：$U_i = \sum_{j=1}^{n} (w_j \cdot Z_{ij})$；

变异系数赋权法的步骤如下：

（1）求解指标平均值：$\overline{x_j} = \frac{1}{m} \sum_{i=1}^{m} x_{ij}$；

（2）求解指标标准差：$S_j = \sqrt{\dfrac{1}{m}\sum_{i=1}^{m}(x_{ij}-\overline{x_j})^2}$；

（3）求解指标变异系数：$CV_j = S_j / \overline{x_j}$；

（4）求解指标变异权重：$\lambda_j = CV_j / \sum_{j=1}^{n} CV_j$；

（5）求解城市发展指数：$W_i = \sum_{j=1}^{n}(\lambda_j \cdot Z_{ij})$；

采用熵权与变异权重的几何平均值 $\sqrt{w_j \cdot \lambda_j}$ 作为第 j 项指标的最终权重，结合熵权与变异的城市发展指数几何平均值 $\sqrt{U_i \cdot W_i}$ 作为第 i 个城市新型城镇化与农业现代化综合发展水平得分。

（三）东北地区新型城镇化与农业现代化的耦合协调度测算方法

构建适用于东北地区城市新型城镇化与农业现代化的耦合度与协调发展度模型，新型城镇化与农业现代化两个系统内部各指标要素通过不断调整与磨合，以期达到最佳状态；设 U_1 与 U_2 分别为城市新型城镇化与农业现代化的综合水平，定义二者耦合度 C 为：

$$C = \left[\frac{U_1 \cdot U_2}{(U_1 + U_2)^2}\right]^{1/2}$$

式中：C 为耦合度，表征新型城镇化与农业现代化的相互作用强度及整体耦合协同效应，C 取值 [0，1]，C 越接近于 0 代表两系统耦合、适应过程缓慢，C 越接近于 1 代表两系统良性共生耦合态势加强，产生最大耦合效益。

为弥补城市新型城镇化与农业现代化水平均较低，但耦合度较高的缺陷，引入协调发展度更好地反映二者真实协调发展水平，协调发展度 D 的公式为：

$$D = (C \cdot T)^{1/2} \qquad T = \alpha U_1 + \beta U_2$$

式中：D 为协调发展度，取值 [0，1]，D 越接近 0 表征两系统协调互动影响弱，D 越接近 1 表征两系统趋于良好协调发展态势；T 为综合协调指数；α 和 β 分别为新型城镇化与农业现代化的贡献系数且二者相加为 1，研究认为东北地区城市新型城镇化与农业现代化均处于同等重要地位，其相互促进、相互影响，$\alpha = \beta = 0.5$，其耦合阶段与协调类型的划分见表 2、表 3。

表 2　东北地区城市新型城镇化与农业现代化耦合阶段划分

耦合区间	耦合等级	含义	耦合区间	耦合等级	含义
0~0.3	1	低水平耦合	0.5~0.8	3	磨合耦合
0.3~0.5	2	拮抗耦合	0.8~1.0	4	高水平耦合

表3　东北地区城市新型城镇化与农业现代化协调类型划分

协调发展区间	协调阶段	含义	协调发展区间	协调阶段	含义
0～0.1	1	极度失调	0.5～0.6	6	勉强协调
0.1～0.2	2	高度失调	0.6～0.7	7	初级协调
0.2～0.3	3	中度失调	0.7～0.8	8	中级协调
0.3～0.4	4	轻度失调	0.8～0.9	9	良好协调
0.4～0.5	5	濒临失调	0.9～1.0	10	优质协调

二、东北地区城市新型城镇化与农业现代化综合测度

　　新型城镇化发展水平排序为：辽宁＞吉林＞黑龙江，农业现代化排序为：黑龙江＞辽宁＞吉林，目前辽宁与吉林两省的新型城镇化发展均超前于农业现代化，黑龙江省的农业现代化超前于新型城镇化；东北三省 34 个地级城市，新型城镇化超前于农业现代化的城市比重为 55.88%，农业现代化超前于新型城镇化的城市比重为 44.12%，二者相对持衡（表3）；2013 年 4 月，李克强总理部署黑龙江省先行开展两大平原现代农业综合配套改革试验方案，黑龙江省从创新农业生产经营体制、建立现代农业产业体系、创新农村金融服务与涉农资金管理、推进水利建设、完善粮食主产区利益补偿、深化土地制度改革等多种手段大力推进农业现代化发展；辽宁省"十三五"推进新型城镇化规划方案确立了到 2020 年城镇化率增长至 72%，推进 500 万存量的农业转移人口市民化、300 万人棚户区与城中村的改造问题，从提升新区城镇发展效率、改善老城基础设施质量、推进农村土地产权制度改革、构建多渠道城镇化投融资制度大力提升新型城镇化品质；吉林省也确定从人口管理、土地管理、城镇住房、资金保障、生态环境保护等制度改革入手，率先推进大城市郊区城乡一体化，构建中部城市群、打造三个城镇组团、发展两轴一环发展轴带，壮大新兴产业、完善特色产业园区、健全中小企业体系，大力促进新型城镇化建设。

　　沈阳、大连、哈尔滨、长春新型城镇化居于东北三省前列，介于 0.5～0.8，大庆、吉林、鞍山介于 0.25～0.4，其余地级市均低于 0.25，伊春、七台河、黑河与葫芦岛相对最低；哈尔滨、沈阳的农业现代化水平最高，齐齐哈尔、绥化次之，大连、长春、大庆、阜新介于 0.35～0.4，其余城市均低于 0.35，本溪、七台河、白山、辽源的农业现代化水平相对最低（表4）；新型城镇化的高值区分布在以哈尔滨为核心的黑龙江西南、以长春为核心的吉林中部、以沈阳为中心的辽宁中部及以大连为中心的辽宁南端，且哈尔滨与长春的波及地域范围相对较广，低值区则大块分布于黑龙江省的东北部；农业现代化

的高值区分布在以哈尔滨-大庆-齐齐哈尔-绥化等哈大齐城市密集区沿线，得益于松嫩平原得天独厚的地理优势，加之近年响应振兴东北战略的政策举措，专项治理与重新利用盐碱地及部分废旧老矿区、出台禁牧规定、创新耕地保护机制、提升农业科技创新能力、培育壮大新型农业经营主体等均促使其农业现代化优势不断增强（图 1）。

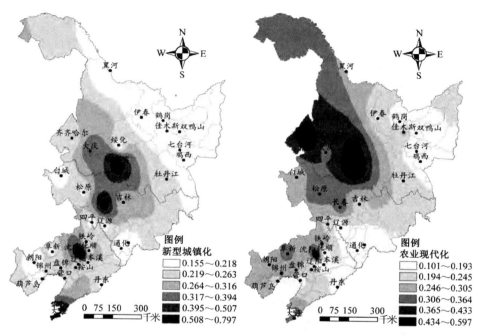

图 1 东北地区城市新型城镇化与农业现代化空间分布的高低值区

三、东北地区城市新型城镇化与农业现代化的耦合协调性测度

（一）新型城镇化与农业现代化的耦合度分析

34 个地级市的新型城镇化与农业现代化耦合度均介于 0.45～0.5，其均隶属于拮抗耦合，但不同城市的拮抗耦合等级仍存在显著的差异，将其进一步划分为：①高强度拮抗耦合（0.49～0.5）；②中高强度拮抗耦合（0.48～0.49）；③中强度拮抗耦合（0.47～0.48）；④中低强度拮抗耦合（0.46～0.47）；⑤低强度拮抗耦合（0.45～0.46）；据表 3，其中新型城镇化与农业现代化耦合度排序为：辽宁省（0.490）＞黑龙江省（0.489）＞吉林省（0.488）；辽宁省高、中高、中强度拮抗耦合的城市比重分别为 57.1%、35.7%、7.1%，吉林

省高、中高、中强度拮抗耦合的城市比重分别为 50％、37.5％、12.5％，黑龙江省高、中高、中、中低、低强度拮抗耦合的比重分别为 66.7％、8.3％、8.3％、8.3％、8.3％，多数城市处于高强度与中高强度拮抗耦合，中低强度与低强度拮抗耦合相对较少。

据图 2，东北三省新型城镇化与农业现代化耦合度高值区位于黑龙江省东北部三江平原、辽宁省沿海经济带处，三江平原农业生产规模巨大、农业机械化与现代化程度发达，为国家重要商品粮基地，粮食加工转化能力和综合效益大幅提升，在牧区半牧区县建立防护林投入机制，监管湿地、沼泽等自然生态保护区，还积极探索土地适度规模经营与耕地保护补偿的长效机制，辽宁沿海经济带提出加速农业现代化步伐、增强新型城镇化内生与外部动力，发挥东北地区对外开放门户的作用、全面提高航运服务能力和水平、统筹城乡发展、形成以先进制造业为主的现代产业体系，在创新机制体制、深化重点领域改革的基础上为农民进城提供保障，最终提升与拓展新型城镇化建设与农业现代化可持续发展的融合空间。

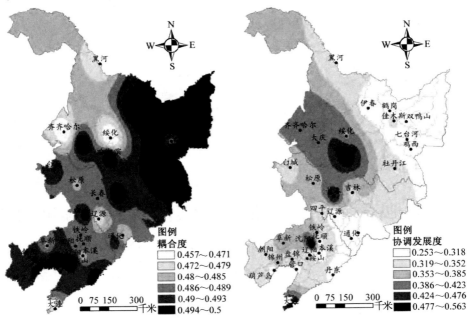

图 2　东北地区城市新型城镇化与农业现代化耦合度与协调发展度空间分布高低值区

（二）新型城镇化与农业现代化的协调发展度分析

新型城镇化与农业现代化的协调发展度的排序为：辽宁省（0.355）＞黑

龙江省（0.349）＞吉林省（0.330），与耦合度大小排序一致，其整体均处于轻度失调阶段；辽宁省内部，沈阳勉强协调，大连处于濒临失调阶段，本溪、辽阳、葫芦岛处于中度失调阶段，其余城市均为轻度失调；吉林省内部，长春濒临失调，辽源、通化、白山为中度失调，其余地级市为轻度失调；黑龙江省内部，哈尔滨勉强协调，齐齐哈尔与大庆濒临失调，佳木斯、牡丹江、黑河、绥化为轻度失调，鸡西、鹤岗、双鸭山、伊春、七台河处于中度失调；多数城市的新型城镇化与农业现代化处于轻度失调与中度失调阶段，二者的城市比重高达 82.4%（表 4）。

表 4 东北地区新型城镇化与农业现代化评价得分及其耦合协调度

省份	城市	新型城镇化			农业现代化			T	C	耦合阶段	D	协调类型
		熵权得分	变异得分	综合得分	熵权得分	变异得分	综合得分					
辽宁	沈阳	0.827	0.788	0.807	0.496	0.533	0.514	0.661	0.488	中高强度拮抗	0.568	勉强协调
	大连	0.679	0.652	0.665	0.335	0.392	0.362	0.514	0.478	中强度拮抗	0.495	濒临失调
	鞍山	0.248	0.275	0.262	0.219	0.247	0.232	0.247	0.499	高强度拮抗	0.351	轻度失调
	抚顺	0.210	0.252	0.230	0.133	0.152	0.142	0.186	0.496	中高强度拮抗	0.301	轻度失调
	本溪	0.180	0.226	0.202	0.108	0.126	0.116	0.159	0.482	中高强度拮抗	0.277	中度失调
	丹东	0.186	0.236	0.209	0.161	0.186	0.173	0.191	0.498	高强度拮抗	0.309	轻度失调
	锦州	0.211	0.253	0.231	0.311	0.324	0.317	0.274	0.494	高强度拮抗	0.368	轻度失调
	营口	0.204	0.249	0.225	0.142	0.165	0.153	0.189	0.491	高强度拮抗	0.305	轻度失调
	阜新	0.191	0.232	0.210	0.367	0.336	0.351	0.281	0.484	中高强度拮抗	0.369	轻度失调
	辽阳	0.175	0.217	0.195	0.130	0.150	0.140	0.167	0.493	高强度拮抗	0.287	中度失调
	盘锦	0.209	0.262	0.234	0.253	0.255	0.254	0.244	0.500	高强度拮抗	0.349	轻度失调
	铁岭	0.178	0.224	0.200	0.309	0.325	0.317	0.258	0.487	中高强度拮抗	0.355	轻度失调
	朝阳	0.161	0.205	0.182	0.257	0.283	0.270	0.226	0.491	高强度拮抗	0.333	轻度失调
	葫芦岛	0.135	0.176	0.154	0.199	0.214	0.207	0.180	0.495	高强度拮抗	0.299	中度失调
	平均值	0.271	0.303	0.286	0.244	0.263	0.253	0.270	0.490	高强度拮抗	0.355	轻度失调
吉林	长春	0.576	0.581	0.579	0.336	0.382	0.359	0.469	0.486	中高强度拮抗	0.477	濒临失调
	吉林	0.242	0.289	0.264	0.206	0.231	0.218	0.241	0.498	高强度拮抗	0.346	轻度失调
	四平	0.169	0.221	0.193	0.231	0.245	0.238	0.216	0.497	高强度拮抗	0.328	轻度失调
	辽源	0.169	0.231	0.198	0.096	0.106	0.101	0.149	0.473	中高强度拮抗	0.266	中度失调
	通化	0.148	0.203	0.174	0.112	0.130	0.121	0.147	0.492	高强度拮抗	0.269	中度失调

（续）

省份	城市	新型城镇化			农业现代化			T	C	耦合阶段	D	协调类型
		熵权得分	变异得分	综合得分	熵权得分	变异得分	综合得分					
吉林	白山	0.153	0.207	0.178	0.098	0.104	0.101	0.140	0.481	中高强度拮抗	0.259	中度失调
	松原	0.179	0.240	0.207	0.350	0.343	0.346	0.277	0.484	中高强度拮抗	0.366	轻度失调
	白城	0.156	0.211	0.181	0.264	0.246	0.255	0.218	0.493	高强度拮抗	0.328	轻度失调
	平均值	0.224	0.273	0.247	0.212	0.224	0.217	0.232	0.488	中高强度拮抗	0.330	轻度失调
黑龙江	哈尔滨	0.632	0.635	0.633	0.573	0.622	0.597	0.615	0.500	高强度拮抗	0.554	勉强协调
	齐齐哈尔	0.204	0.249	0.225	0.492	0.510	0.501	0.363	0.463	中低强度拮抗	0.410	濒临失调
	鸡西	0.154	0.209	0.179	0.157	0.175	0.166	0.172	0.500	高强度拮抗	0.294	中度失调
	鹤岗	0.153	0.199	0.174	0.139	0.147	0.143	0.159	0.498	高强度拮抗	0.281	中度失调
	双鸭山	0.146	0.201	0.172	0.143	0.162	0.152	0.162	0.499	高强度拮抗	0.284	中度失调
	大庆	0.325	0.387	0.354	0.343	0.360	0.351	0.353	0.500	高强度拮抗	0.420	濒临失调
	伊春	0.149	0.189	0.168	0.189	0.192	0.190	0.179	0.499	高强度拮抗	0.299	中度失调
	佳木斯	0.174	0.228	0.200	0.247	0.273	0.260	0.230	0.496	高强度拮抗	0.337	轻度失调
	七台河	0.135	0.188	0.159	0.096	0.108	0.102	0.131	0.488	中高强度拮抗	0.252	中度失调
	牡丹江	0.207	0.260	0.232	0.232	0.246	0.239	0.235	0.500	高强度拮抗	0.343	轻度失调
	黑河	0.134	0.181	0.156	0.302	0.306	0.304	0.230	0.473	中强度拮抗	0.330	轻度失调
	绥化	0.165	0.216	0.189	0.434	0.464	0.449	0.319	0.457	低强度拮抗	0.382	轻度失调
	平均值	0.215	0.262	0.237	0.279	0.297	0.288	0.262	0.489	中高强度拮抗	0.349	轻度失调

东北三省新型城镇化与农业现代化的协调发展度空间格局同农业现代化空间格局类似，新型城镇化与农业现代化协调发展度高值区同样分布于黑龙江省西南松嫩平原处，及以长春、沈阳和大连为核心的小范围圈层区域（图 2）；松嫩平原的新型城镇化与农业现代化的发展水平均较高，国家针对黑龙江省的首批新型城镇化试点就选在农垦区、产量大市（哈尔滨、齐齐哈尔），在新型城镇化试点与"两大平原"改革相叠加的基础上，松嫩平原夯实现代农业质量、实现农业大型机械化运作、粮食产量稳定增长、农民增收带来城乡消费结构升级、农业生产结构及农场城镇化的布局调整均推进了其农业现代化与新型城镇化的协调发展。

四、全面推进农村农业现代化——以日本农业综合开发为例

20 世纪 50 年代后期至 70 年代中期是日本城市大发展时期，农村人口大量涌向城市，形成东京、大阪、名古屋三大都市圈。20 世纪 70 年代的中后期日本开始加强小城镇建设，在小城镇建设中，特别重视主导产业的开发。一方面，政府为本地的发展搞规划，找特色，大搞特色旅游和旅游农业，开发自然旅游资源，吸引城里人来度假。另一方面，吸引城市工商业到农村发展。日本政府适时地制定了一系列开发计划与法律，如自 20 世纪 60 年代以来制定了《新全国综合开发计划》《农村地区引进工业促进法》与《工业重新配制促进法》等，促使工业和居民由大都市向地方城市和农村转移，农村地区涌现出了许多大企业的卫星工厂或分厂，出现了"逆城市化"现象。现代农业和非农产业大发展，稳定了职业农民队伍，提高了职业农民的收入，职业农民收入与城市工人收入基本持平，有的地方还高于城镇居民收入。农民的富裕带动了农村强大的购买力，扩大了内需，形成了日本经济发展的新的强大动力。

（一）日本现代农业制度构建

耕地适度集中，有利于职业农民机械化生产、有利于提高土地利用效率，是世界农业发展的必然趋势，也是农业现代化的基本方向。但耕地集中不是现代农业发展的终结，在耕地适度集中的基础上，让农业成为自立产业，同时增加适度规模经营者收入，才是耕地适度集中的最终目的。日本是亚洲第一个实现农业现代化的国家，其以农户为农业经营主体，通过制度建设实现农业现代化的进程，对中国正在推进的农业现代化、工业化、城镇化具有重要的参考价值。1952 年日本制订了《农地法》，《农地法》限制地主土地拥有规模和租种地的面积，然而到 1955—1973 年，由于日本进入经济高速成长期，伴随工业经济快速增长和农业劳动人口急剧老龄化，离农人口越来越多，1980 年日本制定了《增进农用地利用法》，立法宗旨就是为了促进土地的流转，日本由此进入"农业土地管制"和"农业土地流转"并存时代。80 年代后半期日本农业土地出现了大规模的流转，到 90 年代初期，农业经营者通过租赁和购买耕地，耕地经营规模开始不断扩大。90 年代中期以后，由于日元升值，日本经济进入调整期，农业政策的重点则由促进土地流转转向强化农业生产经营基础。

21 世纪初以来，北海道札幌市南幌町（以下简称南幌町）在土地适度规模集中基础上，废止了个人生产经营，以经营共同体方式从事农业生产经营，截至 2016 年 4 月，南幌町 27％的耕地由 11 个农业生产法人耕种。11 个农业

生产法人富有创新精神，树立了绿色、安全、有机和放心的农产品生产理念；调整了农业结构、拓展了农业功能；按照现代农业制度要求，加强了生产经营成本核算，制定了农业生产经营计划，形成了经济核算台账制度；健全农业信息发布网络，为农民提供及时、准确、实用的农业信息。由于加强了土地适度规模后的生产经营核算，并严格监督执行，南幌町 11 个农业生产法人全部实现了赢利，农民收入也稳定增长，农业真正成为可持续发展的自立产业。

1. 创新农业组织形式和经济管理模式

制度是涉及全局性、总体性和根本性的影响因素。新制度经济学的有关理论强调，制度创新是当事人对外部利润的响应，一种效益高的制度将替代效益低的制度，根本原因在于效益高的制度会将潜在利润内部化。道格拉斯·诺斯和温格特普指出，某一事件的发生将促成新的制度安排的出现。为了增加农民收入和农业经济效益，土地适度规模经营出现了。土地规模经营的发展必将引起现代农业制度的变迁，从而形成新的农业生产模式。

农业生产模式，是指农业生产目标、重点、政策措施等，是特定的农村生产力水平和社会结构下的选择，它受制于农业的体制机制的制约。因此创新农业生产模式，首要的是要创新农业体制机制，用现代农业体制机制促进现代农业模式的形成。南幌町已经废止了个体农户，组建了农业法人，以股份有限公司和有限责任公司形式开展土地适度规模经营，截至 2016 年 6 月，总计形成 11 个充满活力、富有个性的农业生产法人（表5）。

表5　2016 年北海道札幌市南幌町农业生产法人基本情况概览

法人名称	法人性质	成立时间	经营面积（公顷）	生产户数（户）	户均经营面积（公顷/户）	生产人员（名）
动感	有限公司	2001 年 5 月 26 日	112	4	28	11
丰梦	有限公司	2004 年 4 月 1 日	147	4	36.75	8
齐惠	有限公司	2002 年 2 月 5 日	237	12	19.75	30
NOAH	有限公司	2004 年 4 月 1 日	127	5	25.4	13
生命	有限公司	2003 年 2 月 5 日	135	5	27	15
风藏	有限公司	2004 年 4 月 1 日	69	2	34.5	7
野乐	有限公司	2006 年 3 月 3 日	55	2	27.5	7
音	股份有限公司	2003 年 2 月 17 日	127	5	25.4	7
花	有限公司	2004 年 4 月 1 日	63	3	21	9
目标	有限公司	2006 年 3 月 5 日	181	7	25.86	12
醇香	股份有限公司	2007 年 2 月 5 日	119	4	29.75	7

资料来源：根据 2016 年 6 月日本北海道田野调查数据整理。

土地适度规模经营后，农业生产主体由个体农户转向农业生产法人是有深刻的社会、法律和经济原因的。

第一，土地适度规模集中，突破了个体农户生产能力。从表4可以看出，户均25.89公顷土地，最少户也达到户均19.75公顷，最大户甚至达到户均36.75公顷。众所周知，伴随日本经济高速增长和离农青年劳动力越来越多，日本农业劳动力老龄化问题日趋严重，单个高龄户承担大规模土地面积生产是不可想象的事情，因此组建农业法人，以经营共同体形式从事农业生产是必然的现实选择。

第二，成立农业生产法人，有利于明确责任，防范农业风险。个体农户从事农业生产，对诸如贷款事项承担的是无限责任。在土地规模扩大情况下，利用土地抵押取得的贷款也越来越多，债务风险累积也越来越大，如果不改变农业组织形式，一旦农业生产出现亏损，不但会给农业生产带来影响，甚至会给农民生活带来严重的影响，进而影响农村社会乃至全社会的稳定。但是实施农业法人制度就不一样了，根据法人制度，权利和责任是清楚的，经营农业一旦出现亏损导致破产，仅仅赔付公司财产就可以了，不需要动用农户生活费用，这样做，较好地保护了农户基本生活，维护了农民基本生存利益，有利于农村社会稳定。同时农业法人的建立，有利于保护经营者投资种植业的积极性，有利于分解农业投资风险，是现代农业制度变迁的一个重要方向。

第三，农业法人制度有利于加强内部生产经营管理，促进管理科学化。种植业要有效率，内部分工非常重要，分工带来专业化、精细化和熟练化。成立农业生产法人，与之相对应，形成了分工明确、相互制约、财务清楚的内部科学生产经营管理制度，克服了传统农业没有分工、不讲成本、缺乏效益的弊病，有利于催生节本提质增效的现代农业生产模式。

与传统农户相比，适度规模后的农业法人种植面积扩大、种植品种增加、贷款资金额度上升。为了保证农业法人的赢利，引进现代经济核算方法，以节约成本、增加经济效益。南幌町11个农业法人以营农指标和计划指导书为核心，全部建立了经济财务台账以加强经济核算。农业计划指导书批准后，原则上是不能超支的，也不能进行计划外的投资。如果有收入不入账，将停止生产资金的供给。实际运行中如果出现收支达不到农业计划指导书的要求，由具有丰富经验的农业顾问提出改进建议。以水稻经营计划书中的成本效益指标为例，从中可以看出日本农业法人的精细化经营核算管理，测算结果是：销售收入（10公亩[①]），合计86 011.8日元；生产成本（10公亩），合计54 535日元；

---

① 公亩为非法定计量单位，1公亩＝100平方米。——编者注

利润（10公亩），合计 31 465 日元。

2. 稳定粮食生产和农业种植业结构的优化调整

由于粮价低迷、农业种植效益低，因此土地适度规模经营后，在经济效益的驱使下容易出现不种植粮食作物，也就是耕地"非粮化"问题。"非粮化"影响了国家粮食安全，尤其是对人口众多的中国而言，这是个不容忽视的新问题。粮食生产是稳天下的战略产业，现代农业生产要走出一条稳定粮食生产、积极调整种植业结构的新路子。

日本人口多，土地少，实质性耕地更少，因此政府一直重视国家粮食安全。日本是工业大国，同时也是农业小国，是世界上净进口粮食的主要国家之一，因此保障国内粮食安全成为历届日本政府优先考虑的事项和中心工作之一。截至二战前，粮食基本能达到自给水平。二战后，由于工业的迅速成长，加之农业人口的老龄化，日本开始从国外进口粮食。但是即便如此，日本也始终认为把粮食安全掌握在自己手里最为可靠。政府不断加大粮食生产补助资金支持，80 年代后半期土地大规模流转后，粮田面积在种植面积中仍然占据最重要地位（表6）。

表6　日本北海道札幌市南幌町农业生产法人粮食生产比重

单位：公顷

法人名称	水稻	小麦	大豆	合计	占总耕地面积（%）
动感	53	34	12	99	88.39
丰梦	58	38	19	115	78.23
齐惠	176	31	4	211	89.03
NOAH	54	40	7	101	79.53
生命	54	46	13	113	83.70
风藏	40	9		49	71.01
野乐	27	12	7	46	83.64
音	53	31	14	98	77.17
花	27	13	13	53	84.13
目标	82	52	14	148	81.77
醇香	31	29	26	86	72.27

资料来源：根据 2016 年 6 月日本北海道田野调查数据整理。

日本高温多雨气候条件是非常适合种植水稻的，土地适度规模集中后，水稻面积仍然占据首要位置，在粮食作物中位居第一。日本生活方式西方化后消耗面包量较大，同时日本拉面世界有名，所以小麦生产面积也较大，在作物种植面积中仅次于水稻。日本水稻和小麦在经历了过剩和低价格时代后,不再追求单产数量的增长,而是注重品质的提高,施用有机肥,低量化施用农药,保持稻米和面粉美味的口感。值得注意的是,在 11 户农业法人中保留了较多的大豆种植面积,这是与人们生活品质上升,对豆类品需求上升密切相关。而玉米种植面积下降较快,在 11 个农业法人中只有 3 个农业法人保留了较少的玉米面积,其中目标公司为 7 公顷,野乐公司为 4 公顷,风藏公司为 6 公顷。表明随着人们消费水平提高,下调玉米播种面积是必然趋势。这几家种植玉米的公司也在不断探索新的玉米品种,以适合现代人新的口味。有的公司就探索出了水果玉米,深受人们的好评。

3. 农业增收渠道的拓展与多元化

多方面增加农民收入渠道,是增加农民收入的有力举措。日本土地适度规模经营为开辟农民收入新渠道提供了新机遇。农民可以充分利用集聚效应,开展作业委托业务,从而增加农民收入。另外,在土地适度规模经营后,国家要集中有限的农业补助资金,向经营体倾斜,确保事关粮食安全的命脉掌握在对种植粮食有热情、有能力的人手上,这也为粮食种植大户提供了增加收入的机会。

农业生产法人规模大,业务量多,为了减轻工作量,需要把部分农业作业委托出去。同时农业生产法人本身又拥有大量农业机械和更多的农业设备,接受作业委托也是增加经营者收入一个重要方面。开展好农业生产社会化服务,有利于降成本、增效益。作业费用由委托方和受托方双方代表协商制定。这其中,作业费用可根据燃料变化情况进行及时调整,出租费用则固定不变。作业费用表是标准作业委托和受托表,双方可以根据这个指导价格具体协商费用。这个表也是制定营农计划表的重要根据,是作为判断是否更新机械设备和选择委托方的一个重要材料。

农业受自然风险和市场风险影响较大成为弱质产业,需要政府扶持发展。在 WTO(世界贸易组织)背景下,一国农产品往往受到外国比较优势农产品进口的冲击,部分农产品价格出现低迷的不利情况。农业种植收益下降,会影响农民种粮的积极性,进而影响国家粮食安全。因此日本国从农地具有公共属性、农业具有公共福利性和农民工作具有部分公共事业性的鲜明特点出发,不断加大对农业财政资金支持力度。南幌町 11 个农业法人农业补助主要包括水田补助金、旱田补助金和收入减少补助金等多个部分。对大米的补助,以遵守大米产量农业者为补助对象。为了缓和农业收入减少对农业经营者的影响,如果大米、小麦和大豆等当年销售收入低于标准收入,政府补助收入下降差额的90%。其中标准收入是指近 5 年排除最高收入和最低收入年份的剩余 3 年收入的平均值。由农业经营者承担剩余 10％ 的损失。

五、结论与建议

（一）结论

（1）辽宁新型城镇化发展水平高于吉林，黑龙江较低；黑龙江农业现代化发展优势强于辽宁，吉林稍弱；辽宁与吉林新型城镇化发展超前于农业现代化，仅黑龙江新型城镇化滞后于农业现代化；东北三省新型城镇化超前于农业现代化的城市比重与农业现代化超前于新型城镇化的城市比重相对持衡。

（2）新型城镇化高值区分布在以哈尔滨为核心的黑龙江西南、以长春为核心的吉林中部、以沈阳为中心的辽宁中部及以大连为中心的辽宁南端，农业现代化高值区分布在哈尔滨-大庆-齐齐哈尔-绥化等哈大齐松嫩平原处；沈阳、大连、哈尔滨、长春新型城镇化发展水平居于东北三省前列，哈尔滨、沈阳、齐齐哈尔、绥化农业现代化水平位于东北三省首位。

（3）辽宁新型城镇化与农业现代化耦合度略强于黑龙江，吉林略低，其中多数城市处于高强度与中高强度拮抗耦合，中低强度与低强度拮抗耦合相对较少；东北三省新型城镇化与农业现代化耦合度高值区位于黑龙江东北部三江平原、辽宁沿海经济带处。

（4）辽宁新型城镇化与农业现代化的协调发展度高于黑龙江，吉林最低；仅哈尔滨与沈阳新型城镇化与农业现代化处于勉强协调，其余城市均为失调，不同城市失调程度的差距不同，多数处于轻度失调与中度失调阶段。东北三省新型城镇化与农业现代化的协调发展高值区分布于黑龙江西南松嫩平原处，及以长春、沈阳和大连为核心的小范围圈层区域。

（二）政策建议

（1）针对辽宁与吉林新型城镇化超前于农业现代化，应以农业经济效益为中心，将农业现代信息技术加深渗透到农业经济、社会与生态各个环节，提升农业生产效率与农业劳动生产率，以信息化的方式尽快摆脱传统农业的束缚，确保新型城镇化的外溢波及效应反哺到农业现代化进程中；辽宁争取到 2017 年年底基本完成土地承包经营确权登记颁证，到 2020 年，实现土地流转率60％ 以上，设施农业面积 1 000 万亩左右，建成 2 292 万亩高标准农田，农作物综合机械化水平达到 80％，每年培育高素质农民 2 万人，建设 3 个国家级与 10 个区域级农产品产地市场；而吉林省争取到 2020 年建设集中连片、旱涝保收的高标准农田 1 000 万亩，有效灌溉耕地面积达 3 000 万亩，基本实现农民家庭粮食的生产机械化，特色园艺产业总产值达 2 500 亿元，到 2025 年力争实现粮食综合生产能力 3 750 万吨的阶段性水平。

（2）针对黑龙江农业现代化超前于新型城镇化，下一步应多注重城乡统筹与协调发展，加快城乡基础设施建设、提升公共服务均等化、合理优化新城镇布局，在农业现代化的指引下，落实国家"精准扶贫"政策，引导新型城镇化更加集约、绿色、生态、低碳。力争到 2020 年实现常住人口城镇化率 63％左右，人均城市建设用地控制在 115 平方米，城镇建成区绿化覆盖率 36.8％，将进城落户农民工完全纳入城镇住房保障体系，常住人口保障性住房覆盖率达 30％以上。各县级政府加大财政资金投入与整合力度，提供优质公共设施与公共服务品，实施农民集中居住。农民集中后是否幸福，往往取决于基础设施建设和公共服务水平。根据经济学理论，人口集中居住后，能够降低人均公共设施成本，提高基础设施和服务设施效率。按此标准，如果农民集中居住后，能够享受到更多更优的公共资源，会显著提升农民幸福指数和获得感。集中的本质在于提供优质的公共服务，县级政府要承担起集中居住点的公共设施建设责任，以基础设施建设和服务设施建设为着力点和突破口，持续提高农民集中居住后公共设施建设水平，用良好的公共服务留住人、引进人、集聚人。新的居住区要做到水、电、路、有线电视、通讯网络"五通"和道路硬化、路灯亮化、居住绿化、环境洁化、整体美化"五化"标准。

一是基础设施要不断完善。持续开展交通重点工程，确保重点率先完成农村公路桥梁的新建和提档升级任务。新建桥梁、涵闸、清淤大中型沟塘，栽植绿化树木，建设篱笆墙。二是要加快完善集中区农村供水、垃圾及污水收运处理设施，区域集中供水通村达户，实现城乡供水一体化全覆盖。实施河道整治行动，打造成美丽生态的河道景观带。全面清除露天粪坑、彻底清除乱堆乱放，建成"组保洁、村收集、镇运转、区处理"的生活垃圾收运处置体系。三是不断提升农村教育、医疗等公共服务水平，提档升级村卫生室，全面提升医疗条件水平，实现农村社会保障一体化，开通养老、医疗、惠农补贴、低保、水电费、电话费、有线电视费，存取汇款等一系列便民"一卡通"服务。四是农村社会治理创新要加强。设立党群服务中心、村便民服务中心、社区服务中心，逐步建立信息网络，为村民提供文化娱乐、人口计生、体育健身、社会救助、法律援助等综合服务。五是完善农村环境整治的投入机制。在新社区环境建设中，应建立国家、企业、个人、外资等多元投资机制，多渠道筹措资金，把大多数环境基础建设引向市场，把环境基础设施作为新社区基础产业开发。省、市政府要投入一定的农村新社区环境基础建设资金，发挥政府投资对农村环境发展的拉动作用，乡镇政府集中财力投资建设新社区区内的道路、公共场所的照明、环境治理等公用设施项目。大部分环境基础设施要按照"谁投资谁经营谁受益"的原则进行建设,鼓励外商、企业、个人参与环境基础项目建设。六是完善村庄环境长效管理机制,做到有制度、有标准、有队伍、有经费、有督查,确保集中居住区环境常美常新,发挥自身资源、产业、文化等禀赋优势,彰显人文特色,打造集中居住区生态宜居村庄名片。

(3)针对东北三省多数城市的新型城镇化与农业现代化仍处于拮抗耦合与轻、中度失调阶段,产业转型与结构升级、劳动力就业结构的转型与升级将使其农业现代化与新型城镇化进入多元化的格局;工业型城市,以工助农,向农业输入工业企业等生产要素和规模经营的理念,鼓励资本向农村投入与建设,向农村延长其产业生产链条,形成城乡产业联动的合作体系;综合型城市,改革城乡二元体制,缩短城乡差距,建设"工业园区""农业园区""新型农村社区",为农业现代化提供相对充裕的土地资源,同时也为新型城镇化提供良好的生态环境。

(4)农村城镇化道路有两种,一种是农民进城的城镇化,另一种是农民不进城就地就近城镇化。农民就近就地城镇化,是指在工业化、城市化进程中,部分农民不向城市转移,在农村地区就近就地实现了生产方式和生活方式的根本性转变,在农村地区通过经营农业生产过上了跟城里人一样的生活。一要让农民拥有更多的土地财产权利。土地是财富之母,农村土地是农民最重要的资产,要想缩小农村和城市差距让农民过上现代城镇生活,让农民拥有更多的土地权利是关键。实践表明,农民从土地流转中得到实惠,进而改变了生产和生活方式,是农民就地城镇化的快捷通道。二要让农民居住空间趋向集中居住。集中居住,能够产生规模效应,一方面,农民集中居住,可以腾出大片土地,增加农村有限土地的供给,另一方面,农民集中居住,非常有利于农村道路、自来水、电力、电视和网络等农村基础设施和农村公用设施的统一建设,既节约建设成本,又方便了农民生活。三要让农民所从事的农业生产变成一种职业。农业现代化下,农业生产会为农民带来更高的收入,职业农民收入会与工人收入等值,社会形成平等的工人阶层和农民阶层,二者只有职业的不同,不再有身份地位的不同。四要让农民生活质量因农村地区的振兴得到提升。农民是否过上现代城镇生活,核心问题是农民生活质量是否与城市基本一致。要努力做到农业现代化与城市现代化同步发展、乡城经济实现共同繁荣、乡城居民社会地位平等、乡城居民生活质量等值。

(5)从发达国家农村城镇化规律看,农村城镇化不仅仅是一个自然历史过程,在关键时期离不开政府的主导作用,即政府在规划、基础设施建设、公共服务布局、绩效奖励等方面的领导作用。其一,要高起点规划。集中居住是一项系统工程，必须坚持高起点规划，从空间布局、建筑风格、产业发展、社会事业、服务配套等进行系统全面的规划，使规划更具备科学性、前瞻性、合理性和可操作性。其二，要做好各类规划之间的有机衔接，与村庄建设、农田保护、生态涵养、基础设施、产业发展等空间布局紧密结合，做到"多规合一"。其三，集中居住区规划要坚持因地制宜、彰显特色，立足经济基础、文化底蕴、民俗传统等实际，融入现代元素，发挥自身资源、产业、文化等禀赋优势，彰显人文特色，打造集中居住区生态宜居村庄名片。其四，要广泛听取群众的意见，调动农民参加集中居住的积极性、主动性、创造性。实现集中居住，要在党员干部的带动下，充分相信和依靠广大的人民群众，发挥他们的聪明才智，不断增强群众的创业意识、创新意识、生态意识、环保意识、文明意识，形成全社会关心、支持，积极参与推进富民强村的良好氛围。同时从维护群众的利益出发，建立健全村民民主议事决策和机制，只有充分相信群众，依靠群众，集中居住才能扎实有效地推进。其五，要防止过度重视规划中专家的主导作用，忽视农民主体作用倾向。制定农民集中居住规划，要避免过度依靠专家，防止"规划规划，墙上挂挂"尴尬局面。

项目负责人：刘畅
主要参加人：王思怡、高凤洁、张馨予、齐瑞娟、李赫、郭一迪

土地规模化流转背景下农业生产
组织方式创新研究*

王颜齐　　林宣佐　　史修艺等

　　农业生产组织方式通常强调在一定的所有制关系下，围绕经营主体而产生的农业生产资料的投入、组建和运行方式，包括生产资料的产权结构、农业生产的基本单元、农业生产方式等三要素。农业生产组织方式是各要素的组织和结合方式，主要反映特定时期的农业生产力水平下人们在生产中的相互关系和地位。农业生产组织方式的演化和创新是适应农业现代化发展趋势的一种调整，是对我国农业经营体系的完善和农村基本经营制度的丰富与发展。中国农业生产组织方式正由单一分散的农户完全持有土地经营权且自耕为主要特征的小农经营向大规模家庭农场经营、合作和联合经营、租赁经营和雇佣经营等方向演变。

一、土地规模化流转与农业生产组织方式：
逻辑、历史与现状

（一）土地规模化流转与农业生产组织方式的逻辑关系

　　历史和实践均表明，围绕土地关系的制度变迁是农业生产组织方式演化的重要诱因。作为农业社生产过程中最重要的资源投入，土地及其相关制度是资源配置与经济运行的核心，同时也是认识中国农业经营制度及其变迁的基础与根本。家庭联产承包责任制时期，我国高度紧张的人地关系以及自给自足的生产方式，阻碍了资本向农业领域的渗透，使农业生产方式主要以劳动密集型为主。土地流转和农村剩余劳动力转移有效地缓解了这一局面：20世纪 80 年代，农业存在大量剩余劳动力，不存在资本对劳动力的大规模替代。农村剩余劳动力转移带来的非农收入增加了化肥、农药、良种等流动资

---

　　*　国家社会科学基金项目（项目编号：16CJY053）。

　　项目负责人为王颜齐教授，主要参加人员有林宣佐、史修艺、李玉琴、李松泽、班立国等。

本，提高了农业产出。进入 20 世纪 90 年代，青壮年的外流带来的非农收入转化为农业投资，弥补了劳动力的不足。进入 21 世纪，在农村剩余劳动力转移趋势平稳以及土地规模化流转背景下，资本开始在促进农业技术进步，科技更为先进的设备得以广泛使用。促进农业生产要素的逐步流动、重组，形成新的农业生产单元、新的农业生产方式，促进农业生产组织方式的逐步演进。

目前我国土地规模化流转已有十年之余。一方面是通过农地的流转集中，以改善土地经营的规模性，着力降低农业生产成本，提高生产效率；另一方面是通过农业的组织化，以推进农业的社会化服务，着力降低交易成本，提高组织效率。现阶段中国的土地制度，已经从人民公社的所有权经营权高度集中的两权合一到家庭联产承包责任制的集体所有、家庭承包经营的"两权分离"，发展到农村土地所有权、承包权、经营权"三权分置"。两权分离解决的是公平问题，三权分置解决的是效率问题。土地规模化流转促成了传统农户和新型农业经营主体混合并存的基本局面，改变了农业生产基本单元的构成：我国农业生产的基本构成已经由家庭联产承包制所创造的小农家庭为唯一生产单元的格局逐渐向多元化转变，农业大户、家庭农场、农民专业合作社等新型农业经营主体和普通农户并存成为客观事实。新兴的农业生产单元较普通农户在生产与市场两方面都具有更大的优势，农业生产方式也由原本的自耕、互助式合作逐渐演变为现在的合作、合作联合、雇佣等。与此同时，随着我国社会化服务组织逐步完善和农业生产性服务业加快发展，各类服务组织蓬勃兴起，数量超过 115 万个，服务领域涵盖种植业、畜牧业、渔业等各个产业，涌现出租赁经营、全程托管、代耕代种等多种服务方式，改变着传统农户的生产作业方式。

（二）农业生产组织方式演化的历史阶段与现状

新中国成立初期的土地合作化到改革开放之初的家庭联产承包责任制，再到现阶段的"三权分置"，土地制度改革一直带动着我国农业生产组织方式的演化并深深影响着我国经济的发展。从新中国成立土改时期土地私有产权制度框架下农户持有土地及其他生产资料完整产权，以传统小农自耕的方式生产经营到农业合作化时期土地集体所有产权制度框架下农户持有除土地外少部分生产资料私有权，以合作方式进行集体生产经营，再到家庭承包制时期土地集体所有产权制度、土地"三权分置"框架下的普通农户和新型农业经营主体共存，以多种方式进行生产经营的格局（表 1），我国农业生产组织方式的诸构成要素均在发生不同程度的改变。

表 1　不同时期农业生产组织方式特征

阶段	产权结构	基本单元	生产方式	特点
新中国成立土改时期（1949—1950 年）	土地私有产权制度＋农户持有土地及其他生产资料完整产权	传统小农、中农为主	自耕为主	单一方式生产
农业合作化时期（1951—1955 年）	土地私有产权制度＋农户持有土地及其他生产资料产权＋受限的土地入股	农户家庭	自耕、阶段性合作	单一方式生产
农业合作化时期（1956—1978 年）	土地集体所有产权制度＋农户持有除土地外少部分生产资料私有权	高级社、人民公社	合作经营	单一方式生产
家庭承包制时期（1979—1991 年）	土地集体所有产权制度＋农户持有土地承包权＋土地"两权分置"	农户家庭	自耕为主	单一方式生产
家庭承包制时期（1992—2006 年）	土地集体所有产权制度＋农户持有土地承包权＋部分释放经营权	农户家庭	自耕、合作、雇佣、租佃经营	多元化方式生产
家庭承包制时期（2007 年至今）	土地集体所有产权制度＋农户持有土地承包权＋土地"三权分置"	普通农户、新型农业经营主体	自耕、合作、合作联合、雇佣、租佃经营、产业化联合体等	现代农业生产

　　我国农村土地承包经营权流转自 20 世纪 80 年代初开始出现，并逐步从沿海向内地扩展。在较长时期内，我国土地流转的规模是稳定的，一般占家庭承包耕地面积的 4.5％左右。近几年，随着社会经济的不断发展和改革开放力度的不断加大，城市化进程加快，农民收入结构、农业生产经营方式、农作物种植模式等发生了一系列变化。土地作为基本的生产资料，流转现象日益普遍，流转规模逐渐加大。2016 年 10 月，中共中央办公厅、国务院办公厅印发的《关于完善农村土地所有权承包权经营权分置办法的意见》明确提出："现阶段深化农村土地制度改革，顺应农民保留土地承包权、流转土地经营权的意愿，将土地承包经营权分为承包权和经营权，实行所有权、承包权、经营权分置并行，着力推进农业现代化。"这是继 20 世纪 70 年代末至 80 年代初推行农村土地承包责任制之后，我国农村掀起又一轮伟大的土地制度改

革的标志。

二、土地规模化流转背景下农业生产组织方式演化的规律与趋势分析

（一）农业生产组织方式演化的规律性

农业生产组织方式演化通常是在一定的市场环境下，依托农业生产个体或经济组织方式的各项生产资源的组建方式从低层次、低水平、小规模向高层次、高水平、规模化方向变迁的过程，是在一定的经济环境、政策环境和人文环境作用下的协调结果，同时也是遵循分工、交易费用和技术约束条件下的择优选择。农业生产组织方式的演化实质是一种制度变迁。农业生产组织方式变迁的动力机制包括内在机制和外在机制，二者互为条件，相互影响。从内在机制看，随着市场分工程度不断加深，市场规模不断扩大，以及农业科技水平的不断提高，农产品的生产特性和交易特性开始发生变化，使得新的农业生产组织方式替代传统的农户经济组织方式成为可能。外在机制主要从制度需求和制度供给两个方面对农业组织方式的制度变迁进行综合分析，得出了我国农业组织方式变迁需要发挥政府的主导性作用的结论。

（二）农业生产组织方式演化的驱动性

随着我国农村改革的深入和市场经济体制的逐步完善，家庭式小规模分散生产经营日益暴露出许多弊端，特别是小生产与大市场难于对接、交易成本较高等。农业生产经营向组织化、规模化、产业化和现代化发展的内在诉求和人口增长、技术革新、市场环境改变等外在条件的综合作用，基于对交易成本和生产费用降低的基本诉求，促成各种组织形式的涌现，如农民协会、农业产业组织、"公司＋农户"组织、合作社、社区合作等。这些组织模式，对实现我国农业组织化进行了有益探索，推进了我国农业组织化的发展。主要体现为：第一，人口增长和消费方式改变促进农产品市场改变，诱使农业专业化和分工水平提升；第二，产品和要素相对价格的长期变动促进农业经营主体分化并攫取市场潜在利益；第三，技术进步和规模化经营促进农业经营主体改变经营方式实现经济效益提升的诉求。农业生产组织方式演化的内在动力主要来自农产品生产本身的技术特性和市场交易特性引起的生产成本和交易成本结构的改变，二者直接决定了农业生产经营组织形式的选择和变动。

（三）农业生产组织方式演化的特征表现

1. 农业经营集约化

农业集约化通常强调在同一面积投入较多的生产资料和劳动进行精耕细作，用提高单位面积产量的方法来增加产品总量的经营方式。集约是相对粗放而言，集约化经营是以社会效益和经济效益为基本诉求对诸投入要素进行重组，从而实现以最小的成本投入获得最大的投资回报。农业集约化经营是农业集约化发展的基础，农业集约化水平的提升是农业集约化发展的主要表现。当前，我国农业生产组织方式集约化经营的主要表现特征是：农业生产技术装备的升级应用、农业生产资料投入科学化、设施农业发展更加快速、农业生产环节分工进一步细化等。

2. 农业生产专业化

当前，我国农业生产组织方式表现出明显的专业化生产特性。首先，农业经营主体专业化。当前，我国农业经营主体的专业化特征是基于农业组织多元化格局为前提的，农户家庭内部分工形式有农业大户、家庭农场、老年型妇女型农业雇工、兼业农户等。其次，农业工艺（作业）专业化。随着农业科技的进步，农产品的附加值不断提高，农产品价值链上的增值环节越来越多，由此带来了农产品价值链分工越来越细化。最后，农业区域专业化。农业自然区位布局是农业区域专业化的起点，随着市场经济的发展，自给自足型的农业开始向商品性农产品生产转变，农业的专业化、规模化生产更多依赖于农业科技和农业产业化组织的推动。

3. 农业主体组织化

我国农业经营主体逐渐由改革开放初期的农民家庭为基本主体，向农民家庭为主要主体与多种形式经营主体并存发展。目前，作为农业组织化发展基础的农业经营主体群逐步形成，包括：农民家庭农场、专业合作社、种养殖大户、龙头企业等。农民专业合作社是农业产业化经营的基本形式，也是改革开放后农村产生的具有法人资格的农业组织形式；种养殖大户是家庭农场的雏形，是农业走向规模经济的桥梁，是农业组织化经营的基础形式，促进土地适度规模化经营，提高农业社会化服务水平，推动农业组织化经营；龙头企业是农业产业化链条的组织核心，是实现农业产业化经营转型升级的推动力量；家庭农场作为农业产业化经营的新型组织形式，完善现代农业经营体制，成为推动土地适度规模经营的重要主体。

4. 农业服务社会化

农业服务社会化强调与农业相关的经济组织为满足农业生产发展的需要，

为直接从事农业生产的经营主体提供各种服务，是运用社会各方面的力量，使各类农业生产经营单位适应市场经济的需要，克服自身规模狭小的弊病，获得专业化分工和集约化服务规模效益的一种社会化的农业经济组织形式。当前，农业生产经营的社会化服务包括农业市场信息服务、农资供应服务、农业绿色生产技术服务、农业废弃物资源化利用服务、农机作业及维修服务、农产品初加工服务、农产品营销服务7大服务领域。随着现代农业深入推进，农业生产性服务业加快发展，各类服务组织蓬勃兴起，服务领域覆盖种植业、养殖业、渔业等多个产业，涌现出全程托管、代耕代种、联耕联种等服务方式，对培育农业农村经济新业态发挥了重要作用。

三、土地规模化流转背景下农业生产组织方式演化的影响效应分析

（一）农业生产组织方式演化与"三农"发展的互动机理

农业生产组织方式是生产关系的一项重要内容。在人类社会不同的历史时期，由于农业生产力水平不同，农业生产中人与人之间的社会关系不一致，产业的组织形式也各不相同。农业组织具有商品性与自给性生产相结合、组织规模的灵活性、经营方式的多样性等特性。农业生产组织方式创新是生产力和生产关系矛盾运动的结果，是组织内部各成员职责权利关系的重新调整，它是各组织成员追求利润、达成进一步共识的结果。

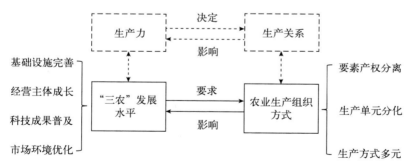

图 1　农业生产组织方式演化与"三农"发展的互动关系

农业生产组织方式演化与"三农"发展两者之间存在如同生产关系与生产力之间辩证关系的互动特性（图 1）：一方面，农业生产组织演化和创新过程推动农业农村经济发展、农民增收致富。农业发展离不开制度变迁和组织创新。现代农业组织创新是适应农业生产力向现代化水平发展的需要。制度变迁

通过激励机制促进组织创新，提升了农业生产效率，不仅能为传统农业向现代农业转变创造物质条件，而且也提供了制度保障和组织主体。在实践中，制度变迁、组织创新的过程也是农业现代化发展进程，三者具有同步性、目的同一性。制度变迁的发生、新的农业组织方式的出现，必然带来农业生产资料占有方式的变化，引起农业生产组织方式和分配方式的变化，推动农业发展向高效率方向转变，制度变迁、组织创新的产生和发展动因在于对利益的追逐与实现，而发展农业现代化也必然是追求高效益。另一方面，农村经济社会发展对农业生产组织方式的演化提出更高的约束和要求。在集约化发展方面，未来我国农业发展的关键要点是提高集约型农业的收益和降低粗放型农业的成本，提高土地、水、化肥、农药等农业生产要素的利用效率。

（二）农业生产组织方式演化的影响效应实证

1. 研究方法

本文采用工具变量法来研究土地规模化流转背景下农业生产组织方式演化的影响效应。基于农业经营制度和政策的影响，运用工具变量将其量化处理，而后将量化后的工具变量与所选择的效应指标进行相关性分析，最后得出相应的结论。

（1）工具变量的设定。 在结合农业制度、政策相关文献的基础上，将经营管理成本（C）、适度规模程度（S）、农业合作的发展程度（R）和农业技术发展程度（M）设置为农业制度政策工具变量，如表2所示。并设置工具变量值为 V，用以综合反映不同时期的农业制度政策状况。具体的计算公式如式（1）所示，其中各项工具变量的取值由有关专家学者按照表2的取值原则进行取值。

$$V_i = C_i \cdot S_i \cdot R_i \cdot M_i \qquad (1)$$

其中，V_i 表示第 i 年农业制度政策的工具变量值；S_i 表示第 i 年的农业适度规模程度各取值的均值；R_i 表示第 i 年农业合作的发展程度的各取值的均值；M_i 表示第 i 年农业技术发展程度各取值的均值。

表2　工具变量的含义与取值原则

解释变量	含义	取值
C	经营管理成本	从一般到最适取1～5中的整数；最不适取0
S	适度规模程度	从一般到最适取1～5中的整数；最不适取0
R	农业合作的发展程度	从一般到最高取1～5中的整数；最差取0
M	农业技术发展程度	从一般到最高取1～5中的整数；最差取0

（2）效应指标的设定及解释。对农业生产组织方式影响效应的准确研究必须基于有效选取效应指标上。农业生产组织方式的演变是为了适应经济环境的变化，提升粮食生产效率。因此，考虑到生产粮食作物和提高农业生产效率的重要任务，选取粮食作物年产量（P，单位：亿吨）和年农业全要素生产率（T）作为本文的效应指标。

本文选择使用随机前沿生产函数的方法对各个期间的农业全要素生产率（T）进行测量，基于恰当的农业投入产出指标，本文将模型设定如下式：

$$y_{it} = f(x_{it}, \beta) \exp(v_{it} - u_{it}), \quad i = 1, 2, \cdots, n; \quad t = 1, 2, \cdots, n \quad (2)$$

$$\text{s. t.} \qquad v_{it} \sim N(0, \sigma_v^2)$$

其中，y_{it} 表示第 t 个时期第 i 个省份的农业产出水平，x_{it} 表示第 t 个时期第 i 个省份的农业投入水平，β 表示待估参数，v_{it} 表示第 t 个时期第 i 个省份的系统随机误差项，用于度量样本观测误差及其他随机扰动误差，服从正态分布 $N(0, \sigma_v^2)$，u_{it} 表示第 t 个时期第 i 个省份的农业技术效率损失项，服从均值为零的半正态分布，与 v_{it} 相互独立。

因此，可以根据随机前沿生产函数的一般形式推算出农业技术效率的表达形式，如式（3）所示：

$$TE_{it} = \frac{f(x_{it}, \beta) \exp(v_{it} - u_{it})}{f(x_{it}, \beta) \exp(v_{it})} = \exp(-u_{it}) \qquad (3)$$

其中，TE_{it} 表示第 t 个时期第 i 个省份的农业技术效率，即农业全要素生产率（T）。综上所述，本文选择基于柯布-道格拉斯生产函数形式，将具体的随机前沿生产函数形式设定如下：

$$\ln(y_{it}) = \beta_0 + \beta_1 \ln(X_{1it}) + \beta_2 \ln(X_{2it}) + \beta_3 \ln(X_{3it}) + (v_{it} - u_{it})$$
$$(4)$$

其中，y 表示第一产业的年生产总值，X_1 表示第一产业年劳动力人数，X_2 表示年土地经营面积（公顷），X_3 表示年化肥施用量（万吨）。β_i 表示具体待估参数（$i = 1, 2, 3$），假设随机误差项 v_{it} 服从正态分布 $N(0, \sigma_v^2)$，u_{it} 服从均值为零的半正态分布，与 v_{it} 相互独立。

在估算出随机前沿生产函数后，可以得到不同经营主体的农业技术效率损失项 u_{it}，而后可利用式（4）得出各省份的农业技术效率 TE_{it}，以及全国的平均农业技术效率，即农业全要素生产率（T）（表3）。

2. 数据来源

本文所使用的数据主要来源于各个年份的《中国统计年鉴》《中国人口和就业统计年鉴》《中国农村统计年鉴》《中国农业统计资料》以及《新中国农业60年统计资料》，在计算过程中所使用的工具变量、效应指标及其单位在后文进行定义和解释。

表 3　农业投入产出变量的选择和解释

	变量	单位
产出变量	第一产业的年总产值（y）	亿元
	第一产业年就业人数（X_1）	万人
投入变量	年农作物播种面积（X_2）	千公顷
	年化肥施用量（X_3）	万吨

3. 实证分析

（1）农业制度政策工具变量分析。 通过本文上述研究方法，本文将 1949 年到 2016 年农业制度政策工具变量 V 的测量区间划分为 1949—1952 年、1953—1957 年、1958—1978 年、1979—1992 年、1993—2006 年和 2007—2016 年这 6 个时间段。为了便于直观地展现数据的变化，本文将农业制度政策变量 V 做了自然对数运算。在 1949—1952 年，新中国刚刚成立，土地改革运动在农村地区得到了广泛的开展，但尚未完成，农业经营规模、农业技术水平、农业合作水平极为低下，lnV 值仅有 −0.462 0；之后的 1953—1957 年，也是第一个五年计划期间，这段时期土地改革已经完成，因为农用工具、资金水平的匮乏，在农民之间对互助合作农业有了普遍的需求，也正是在这段时期农业互助组、初级合作社、高级合作社得以迅速出现。因此 lnV 值达到了 1.717 3；1958—1978 年，正是实行人民公社体制期间，人民公社有别于之前的农业互助合作组织，要求全体农民必须入社，生产资料全部归集体所有，极大地打击了农户的生产积极性，因此这段时期的农业合作的发展程度（R）极低，最后导致 lnV 值为 0.270 3；1979—1992 年，随着家庭联产承包责任制的出现和确定，农民生产积极性大幅度提高，同时伴随着改革开放，经营管理水平、农业生产技术也有了一定的发展，lnV 值达到 3.479 9；这之后 lnV 值迅速增加，原因是我国的现代化水平、农业技术水平、农业合作经济水平等有了较大程度的发展，2006 年我国取消了农业税收制度，走上了"反哺农业"的道路，从此，我国的农业生产组织方式得到了不断的优化。

（2）效应指标分析。 对效应指标的分析，具体分为对粮食作物年产量（P）的分析和对农业全要素生产率（T）的分析，如下：

① 粮食作物年产量（P）分析。粮食作物年产量是衡量我国农业生产的重要效益指标之一，粮食作物产量的保证也是我国长治久安的重要保障。我国粮食作物年产量从 1949 年的 1.131 8 亿吨，增长到了 2016 年的 6.604 4 亿吨，总增幅达到了 484%。另外，还应关注几个重要的时间区段，1959—1961 年的

三年饥荒，这三年粮食作物产量剧烈下降，1957 年的粮食作物年产量为 1.950 5 亿吨，而 1962 年的粮食作物年产量仅有 1.544 1 亿吨，降幅达 20.83%；1998—2003 年粮食作物年产量也产生了较大幅度的降低，但随后立即进入了快速的增长状态，到 2015 年达到了 6.606 0 亿吨。

② 农业全要素生产率（T）分析。依据本文上述研究方法，利用 Stata15.0 软件，本文测算出 1949—2016 年我国农业全要素生产率。从测量结果可知，我国 1949—2016 年，农业全要素生产率呈现出先下降后上升的变化特点，1980 年处于最低点，仅有 8.1%，随后我国农业全要素生产率快速增加。其中在 1980 年之前的 1949—1955 年、1961—1964 年有短暂的增加，1980 年之后的 1992—1995 年、2006—2016 年出现了较大幅度的增长趋势，其他时期的增长或下降幅度平稳。

（3）农业制度政策工具变量与效应指标的相关性分析。基于本文上述研究方法，本文利用 Stata15.0 软件，将农业制度政策工具变量值分别与年粮食作物产量和年农业全要素生产率进行皮尔逊相关性分析，分析结果如表 4 所示。

表 4 皮尔逊相关性分析结果

工具变量	效应指标	分析年份区间					
		1949—2016 年		1949—1978 年		1979—2016 年	
		P	T	P	T	P	T
V	皮尔逊相关系数	0.905 3**	0.920 8***	0.220 0	0.806 3	0.999 7**	0.991 5*
	显著性水平	0.013 0	0.009 2	0.858 8	0.403 0	0.016 6	0.083 3

注：*、**、***分别表示在 10%、5%和 1%的显著水平上通过假设检验。

从表 4 中可知，1949—2016 年的农业制度政策工具变量值与粮食作物产量的皮尔逊相关系数为 0.905 3，且通过了 5%水平的显著性检验，1949—2016 年的农业制度政策工具变量值与农业全要素生产率的皮尔逊相关系数为 0.920 8，且通过了 1%水平的显著性检验，说明农业制度政策发展和生产组织方式演变确实会对我国粮食作物产量和农业全要素生产率产生显著性的影响，且影响方向为正向；而分年份区间后，1949—1978 年的农业制度政策工具变量值与粮食作物产量的皮尔逊相关系数为 0.220 0，未通过显著性检验，1949—1978 年的农业制度政策工具变量值与农业全要素生产率的皮尔逊相关系数为 0.806 3，未通过显著性检验，1979—2016 年的农业制度政策工具变量值与粮食作物产量的皮尔逊相关系数为 0.999 7，且通过了 5%水平的显著性检验，1979—2016 年的农业制度政策工具变量值与农业全要素生产率的皮尔逊相关系数为 0.991 5，且通过了 10%水平的显著性检验。说明 1949—1978

年，我国国情的复杂性、农业制度政策演变的复杂性、农业生产组织方式的复杂性使得其对我国粮食作物产量和农业全要素生产率的影响不显著。而1979—2016 年，我国实行了改革开放，确立了家庭联产承包责任制以及其他多种经营模式的发展，另外由于先进机械技术的发展、资源利用效率的提高，使得中国农业的生产经营效率水平得以大幅提升。

四、土地规模化流转背景下农业生产组织方式创新的障碍性因素分析

（一）传统农户向新型农业经营主体转化的意愿及影响因素分析

1. 研究方法及数据来源

（1）研究方法。本文选取传统农户向新型农业经营主体转化意愿为被解释变量，即当传统农户选择转为新型农业经营主体时取值为 1，当传统农户不选择转为新型农业经营主体时取值为 0，这是典型的二分类变量，选取二元 Logistic 回归模型对传统农户向新型农业经营主体转化意愿进行分析。其模型基本形式如下：

$$P_i = F(\alpha + \sum_{i=1}^{n}\beta_i X_i) = 1/(1 + \exp[-(\alpha + \sum_{i=1}^{n}\beta_i X_i)]) \quad (5)$$

式（5）中，P_i 为传统农户 i 选择转为新型农业经营主体的概率，F 为逻辑分布函数，β_i 是估计参数，X_i 为自变量。

又有，传统农户 i 选择转为新型农业经营主体的概率为：

$$p_i = \frac{e^{\alpha + \sum_{i=1}^{n}\beta_i X_i}}{1 + e^{\alpha + \sum_{i=1}^{n}\beta_i X_i}} \quad (6)$$

不选择转为新型农业经营主体的概率为：

$$1 - p_i = \frac{1}{1 + e^{\alpha + \sum_{i=1}^{n}\beta_i X_i}} \quad (7)$$

由此可得出传统农户转为新型农业经营主体的发生比率为：

$$\frac{p_i}{1 - p_i} = e^{\alpha + \sum_{i=1}^{n}\beta_i X_i} \quad (8)$$

将式（8）进行自然对数转换，得出下面的函数形式：

$$\ln\left(\frac{p_i}{1 - p_i}\right) = \alpha + \beta_1 x_1 + \beta_2 x_2 + \cdots + \beta_i x_i + \varepsilon \quad (9)$$

式（9）中，α 为回归截距，x_1，x_2，…，x_i 为自变量，β_1，β_2，…，β_i 是

相对应自变量的系数，ε 为随机扰动项。

（2）变量选择。本文从 4 个维度来分析传统农户向新型农业经营主体转化的意愿及其影响因素：一是户主属性，包括户主年龄、性别和受教育水平；二是家庭属性，包括农业经营面积、家庭农业劳动力比重和农业经营收入占家庭总收入比重；三是生产条件，包括土地细碎化程度、机械化程度、交通情况和用水用电便利程度；四是外部环境，包括农产品销售渠道、市场信息的获取难度、农产品补贴政策执行情况、农业社会化服务组织。具体解释变量的定义及赋值如表 5 所示。

表 5　解释变量的定义、赋值及统计数据特征

变量类型	变量名称	符号	含义及取值	均值	标准差	预期方向
被解释变量	传统农户向新型农业经营主体转化意愿	Y	无意愿＝0，有意愿＝1	0.67	0.47	
户主属性	年龄（岁）	X_1	连续变量	47.86	15.32	—
	性别	X_2	0～1，女＝0，男＝1	0.62	0.49	不确定
	受教育水平	X_3	1～5，小学以下＝1，小学＝2，初中＝3，高中或中专＝4，大学或大专及以上＝5	2.94	1.01	＋
家庭属性	农业经营面积（公顷）	X_4	连续变量	4.18	3.16	＋
	家庭农业劳动力比重（%）	X_5	连续变量	65.13	16.14	＋
	农业经营收入占家庭总收入比重（%）	X_6	连续变量	50.06	20.94	＋
生产条件	土地细碎化程度	X_7	1～5，很差＝1，较差＝2，一般＝3，较好＝4，很好＝5	2.71	1.00	＋
	机械化程度	X_8	1～5，很低＝1，较低＝2，一般＝3，较高＝4，很高＝5	3.04	0.96	＋
	交通情况	X_9	1～5，很差＝1，较差＝2，一般＝3，较好＝4，很好＝5	3.22	1.01	＋
	用水用电便利程度	X_{10}	1～5，很低＝1，较低＝2，一般＝3，较高＝4，很高＝5	3.31	1.02	＋

（续）

变量类型	变量名称	符号	含义及取值	均值	标准差	预期方向
	农产品销售渠道	X_{11}	1～5，很少＝1，较少＝2，一般＝3，较多＝4，很多＝5	3.26	0.97	＋
	市场信息的获取难度	X_{12}	1～5，很低＝1，较低＝2，一般＝3，较高＝4，很高＝5	2.89	1.06	－
外部环境	农产品补贴政策执行情况	X_{13}	1～5，很差＝1，较差＝2，一般＝3，较好＝4，很好＝5	2.78	0.99	＋
	农业社会化服务组织	X_{14}	1～5，很少＝1，较少＝2，一般＝3，较多＝4，很多＝5	2.85	1.18	＋

（3）数据来源。本文所使用的数据来自于 2015—2017 年对黑龙江省、吉林省、辽宁省、内蒙古自治区、河北省和山东省的部分县（市）的实地走访调查。本文根据相应的需求对调查数据进行了整理和筛选，选取部分的实地调研中发放的问卷 600 份，收回有效问卷 502 份，有效率为 83.67%。

2. 传统农户向新型农业经营主体转化的意愿及影响因素分析

本文运用 SPSS22.0 统计软件进行 Logistic 回归分析，基于传统农户向新型农业经营主体转化意愿这一被解释变量，将解释变量均进入回归模型，运行结果如表 6、表 7 所示。模型回归结果显示，Cox&Snell R^2 值和 Nagelkerke R^2 值分别是 0.451 和 0.554，对数似然值为 326.258。说明模型的整体拟合和预测效果较好，可以通过回归结果来分析和判断自变量的作用方向和大小。

表 6 Logistic 回归模型总体检验

指标	数值
－2loglikelihood	326.258
Cox&Snell R^2	0.451
Nagelkerke R^2	0.554

模型总体估计结果显示：进入回归模型的 14 个变量有 8 个通过了 10% 显著性水平检验（表 7），其他解释变量未通过显著性检验，表明它们并未对传统农户向新型农业经营主体转化意愿产生显著影响。受教育水平、农业经营面

积、家庭农业劳动力比重、土地细碎化程度、机械化程度、农产品补贴政策执行情况和农业社会化服务组织对传统农户向新型农业经营主体转化意愿的有正向影响；市场信息的获取难度对传统农户向新型农业经营主体转化意愿呈明显的负向效应。

表 7　Logistic 回归模型参数估计值

变量	回归系数（B）	标准误差（S. E）	沃尔德值（Wald）	发生比率 Exp（B）
X_1	−0.014	0.026	0.290	0.986
X_2	0.067	0.428	0.025	1.069
X_3	0.168**	0.097	3.000	1.183
X_4	0.317*	0.192	2.726	1.373
X_5	0.094**	0.047	4.000	1.099
X_6	0.051	0.308	0.027	1.052
X_7	0.136***	0.051	7.111	1.146
X_8	0.046***	0.017	7.322	1.047
X_9	−0.008	0.088	0.008	0.992
X_{10}	0.428	0.377	1.289	1.534
X_{11}	−0.029	0.187	0.024	0.971
X_{12}	−0.302***	0.079	14.614	0.739
X_{13}	0.346*	0.203	2.905	1.413
X_{14}	0.374***	0.136	7.563	1.454
常数项	3.484	2.074	2.822	

注：*、**、***分别表示在10%、5%和1%的显著水平上通过假设检验。

（1） 从户主属性方面看，受教育水平通过显著性检验，并且系数符号为正，说明其对传统农户向新型农业经营主体转化意愿有较显著的正向影响，与预期影响方向相同。这说明受教育水平越高的农户越愿意向新型农业经营主体转化。受到的教育水平较高的农户，对新型农业经营主体的了解程度较高，对市场信息、时讯动态的洞察能力也比较敏锐，更能够认识到向新型农业经营主体转化的积极作用，因此这些农户向新型农业经营主体转化意愿较高。受教育水平较低的农户对新型农业经营主体的认识不足，不能及时认识到新型农业经营模式的优势，导致他们对向新型农业经营主体转化产生排斥的现象。在调研中发现，传统农户的受教育水平普遍不高，这也是制约传统农户向新型农业经营主体转化的重要原因之一。

（2）从家庭属性方面看，①农业经营面积指标通过了显著性检验。样本农业经营面积的均值为 4.18 公顷，说明传统农户的规模化经营不明显。随着全国农业经营规模的扩大、农业投入成本的增加，农户也需要提高生产资料的利用率。例如，机械化、规模化等可进一步提高生产效率和生产质量。农业经营面积较大的农户会更愿意向新型农业经营主体转化，更能够节约单位生产成本、提高农产品的质量。因此，农业经营规模的扩大有助于农户向新型农业经营主体转化。②家庭农业劳动力比重指标通过了显著性检验，且影响方向为正向，与预期方向相同，表明家庭农业劳动力比重越大，选择向新型农业经营主体转化的概率越高。其原因是家庭农业劳动力比重较大的家庭的主要收入来自于农业经营，他们对新型农业经营模式有更深的认知，因此，此类农户更愿意向新型农业经营主体转化。

（3）从生产条件方面看，①土地细碎化程度通过了显著性检验，对传统农户的转化意愿有正向影响，与预期影响方向相同。说明土地细碎化程度越不严重，传统农户转化为新型农业经营主体的意愿越高。在土地规模化流转的背景下，对大面积连片性土地依赖程度较高，因此，具有较好土地连片性，较低土地细碎化程度的农户的转化意愿较高。②机械化程度通过了显著性检验。影响的方向为正向，与预期影响方向相同。一般情况来说，机械化程度较高的传统农户，对新型农业经营主体了解的程度较高，经营规模较大，资金也更充足，从而更愿意向新型农业经营主体转化。

（4）从外部环境方面看，①市场信息的获取难度指标通过了显著性检验，影响符号为负向，与预期影响方向相同，即市场信息的获取难度越低，传统农户向新型农业经营主体转化的意愿越强烈。市场信息主要包括生产资料的获取渠道、产品的销售渠道等方面的信息，新型农业经营主体由于其规模化、标准化而往往拥有前后双向的优质信息获取渠道，从而会取得更高的成本优惠和利润所得，因此，这一类的传统农户更倾向向新型农业经营主体转化。②农产品补贴政策执行情况对传统农户向新型农业经营主体转化意愿产生了正向的影响，与预期结果相同，并且通过了显著性检验。这说明农产品补贴政策执行情况越好，传统农户向新型农业经营主体转化意愿越高。其原因是较好的农产品补贴政策执行情况会有利于提高农户对新型农业经营主体的信赖度，农户就越会发现规模化经营的优点，并且还会帮助农户消除转化的各种阻碍，从而提高传统农户向新型农业经营主体转化意愿。③农业社会化服务组织通过了显著性检验。影响方向为正向，与预期影响方向相同。说明较好的农业社会化服务程度会提高传统农户向新型农业经营主体的转化意愿。

（二）新型农业经营主体转型升级发展过程中的效率评价及制约因素分析

1. 研究方法

本文拟运用以投入为导向的 DEA 模型对新型农业经营主体转型升级发展过程进行效率评价，计划运用基于最大似然法估计原理的 Tobit 模型分析新型农业经营主体转型升级发展过程中的制约因素。

（1）DEA 模型的构建。 本文采用规模报酬可变假定的 DEA 模型，该模型中的综合效率（TE）可以由纯技术效率（PTE）和规模效率（SE）的乘积表示，如式（10）所示：

$$TE = PTE \cdot SE \tag{10}$$

因此，可以构建如下 DEA 模型，如式（11）所示：

$$\min_{\theta, \lambda} \theta - \varepsilon \ (e's^- + e's^+)$$

$$\text{s. t.} \quad \sum_{i=1}^{n} \lambda_i y_{it} - s^+ = y_{0r}$$

$$\sum_{i=1}^{n} \lambda_i x_{ij} + s^- = \theta x_{0j} \tag{11}$$

$$\sum_{i=1}^{n} \lambda_i = 1, \ \lambda_i \geqslant 0, s^+ \geqslant 0, s^- \geqslant 0$$

其中，$i=1, 2, \cdots, n$；$j=1, 2, \cdots, m$；$r=1, 2, \cdots, s$。n 为决策单元数，m 为投入变量数，s 为产出变量数，x_{ij} 为第 i 个决策单元的第 j 个投入变量的投入要素，y_{ir} 为第 i 个决策单元的第 r 个产出变量的产出要素。

（2）Tobit 模型的构建。 鉴于新型农业经营主体转型升级发展过程中的综合效率值的取值范围为 $[0, 1]$，因此将本文的 Tobit 模型的基本形式构建如式（12）所示：

$$Y_i = \begin{cases} \sum_{i=1}^{n} \beta_i X_i + \mu, \ \sum_{i=1}^{n} \beta_i X_i + \mu > 0 \\ 0, \ \sum_{i=1}^{n} \beta_i X_i + \mu \leqslant 0 \end{cases} \tag{12}$$

其中，Y_i 表示新型农业经营主体转型升级发展过程中的综合效率评价值，X_i 表示每一个制约因素所对应的解释变量，β_i 表示每一个解释变量的回归分析系数，μ 为系统随机扰动项，并服从于均值为 0 的正态分布。

（3）指标及变量选择。 ①DEA 模型中投入产出指标。新型农业经营主体作为新型农业经营主体的重要组成之一，同传统的农业经营主体一样以土地、劳动力、资本为三大基本投入要素。因此，投入产出指标的选取如表 8 所示。

在投入指标方面，本文考虑将新型农业经营主体的土地经营规模（N）、生产性资本投入（K）和生产性劳动力投入（L）三项作为投入衡量指标。其中，土地经营规模（N）是指实质性从事农业生产经营部分的土地面积，这部分土地包括通过农业经营主体承包、承租转入、合作入股等方式获得经营权的土地，因此，选择这部分的土地面积作为计量土地投入的衡量指标，并以公顷作为计量单位；生产性资本投入（K）是指农业经营主体为使农业生产经营活动顺利进行而必须投入的除土地和劳动力之外的资本，包括种子、化肥、农药等，因此，选择这部分资本作为计量指标，并以万元作为计量单位，并将资金统一以 2015 年的价格指数换算；生产性劳动力投入（L）按照天数计算，即每一个人的每 10 个小时记为 1 天。在产出指标方面，本文选择农产品年销售收入（统一以 2015 年的价格指数换算）来表示产出指标，以万元为计量单位。

表 8　投入产出指标的选择

	变量	衡量指标	单位
投入指标	土地经营规模（N）	农业生产经营土地面积	公顷
	生产性资本投入（K）	年农业经营投资金额	万元
	生产性劳动力投（L）	年劳动力投入天数	天
产出指标	农业产出（y）	农产品年销售收入	万元

资料来源：作者整理编制。

② Tobit 分析中解释变量的选择。根据新型农业经营主体转型升级发展过程中的特点，并结合笔者讨论需要，本文将以下因素作为讨论新型农业经营主体转型升级发展过程中综合效率制约因素的解释变量，如表 9 所示。

表 9　新型农业经营主体综合经营效率的制约因素及部分统计数据

变量类型	变量名称	符号	含义及取值	均值	标准差	预期方向
被解释变量	农业主体综合效率	Y	连续变量	0.67	0.18	
户主属性	年龄（岁）	X_1	连续变量	49.62	11.31	—
	性别	X_2	0~1，女=0，男=1	0.73	0.64	不确定
	受教育程度	X_3	1~5，小学以下=1，小学=2，初中=3，高中或中专=4，大专及以上=5	3.12	0.82	＋
家庭属性	农业生产经营土地面积（公顷）	X_4	连续变量	13.24	23.35	＋
	家庭农业劳动力比重（%）	X_5	连续变量	64.24	18.26	＋
	农业经营成本（万元/公顷）	X_6	连续变量	3.14	0.96	—

（续）

变量类型	变量名称	符号	含义及取值	均值	标准差	预期方向
生产条件	土壤肥力	X_7	1～5，很差＝1，较差＝2，一般＝3，较好＝4，很好＝5	3.21	1.14	＋
	机械化程度	X_8	1～5，很低＝1，较低＝2，一般＝3，较高＝4，很高＝5	3.09	0.87	＋
	交通情况	X_9	1～5，很差＝1，较差＝2，一般＝3，较好＝4，很好＝5	3.27	0.92	＋
	用水用电便利程度	X_{10}	1～5，很低＝1，较低＝2，一般＝3，较高＝4，很高＝5	3.32	1.08	＋
市场环境	农产品的销售渠道	X_{11}	1～5，很少＝1，较少＝2，一般＝3，较多＝4，多＝5	3.25	0.96	＋
	农产品价格的稳定程度	X_{12}	1～5，很差＝1，较差＝2，一般＝3，较好＝4，很好＝5	3.11	0.95	＋
	市场信息的获取难度	X_{13}	1～5，很低＝1，较低＝2，一般＝3，较高＝4，很高＝5	2.87	1.31	－
外部政策	农业补贴政策执行情况	X_{14}	1～5，很差＝1，较差＝2，一般＝3，较好＝4，很好＝5	2.81	1.19	＋
	农业技术推广培训情况	X_{15}	1～5，很差＝1，较差＝2，一般＝3，较好＝4，很好＝5	2.62	0.98	＋

2. 数据来源

本文所使用的数据来自于 2015—2017 年对黑龙江省、吉林省、辽宁省、内蒙古自治区、河北省和山东省的部分县（市）的实地走访调查。本文根据相应的需求对调查数据进行了整理和筛选，选取部分的实地调研中发放的问卷 800 份，收回有效问卷 652 份，有效率为 81.50％。

3. 新型农业经营主体转型升级发展过程中的效率评价

在对调研所得数据进行整理和归纳后，基于数据包络分析模型（DEA 模型），利用 DEAP2.1 软件，对新型农业经营主体的综合经营效率进行了分析和测算，并得出对应的纯技术效率和规模效率，结果如表 10 所示。

表 10　新型农业经营主体综合经营效率 DEA 分析结果

效率值的区间	综合效率			纯技术效率			规模效率		
	平均效率	观测数	比例（％）	平均效率	观测数	比例（％）	平均效率	观测数	比例（％）
严重无效率（$E<0.4$）	0.228	47	7.21	0.221	42	6.44	0.211	22	3.38
中等无效率（$0.4{\leqslant}E<0.7$）	0.539	336	51.53	0.576	305	46.78	0.626	59	9.05
轻微无效率（$0.7{\leqslant}E<0.99$）	0.825	205	31.44	0.802	221	33.90	0.879	374	57.36
有效率（$0.99{\leqslant}E$）	1.000	64	9.82	1.000	84	12.88	1.000	197	30.21
平均值	0.618			0.680			0.872		

数据来源：计算整理得。

农业经营主体的效率表示在给定投入的基础上，所能获得产出的高低。本文对新型农业经营主体的效率评价结果如表 10 所示，通过 DEA 模型的测算可知，样本中新型农业经营主体的综合效率平均值为 0.618，纯技术效率的平均值为 0.680，而规模效率的平均值为 0.872。总体来看，三种效率均大于50%，表明样本农业经营主体的效率较高，并且新型农业经营主体在转型升级发展过程中，受规模效益的影响较大，这也强调了土地适度规模经营的重要意义。

综合效率测评中，达到有效率的新型农业经营主体仅有 64 个，占比9.82%，由此可知在新型农业经营主体转型升级发展过程中，综合效率仍有待得到进一步提高，这不仅仅包括资源利用量的提高，更需要提高资源配置率。严重无效率的新型农业经营主体有 47 个，占比 7.21%，中等无效的新型农业经营主体有 336 个，占比 51.53%，轻微无效的新型农业经营主体有 205 个，占比 31.44%。由此可知，存在无效率现象的新型农业经营主体占比较多，找出无效率产生原因，提高经营的综合效率至关重要。

再从纯技术效率和规模效率两方面来看，纯技术效率的严重无效率单位有42 个，占比 6.44%，中等无效率单位有 305 个，占比 46.78%，轻微无效率单位有 221 个，占比 33.90%，有效率的单位仅有 84 个，占比 12.88%；规模效率的严重无效率单位有 22 个，占比 3.38%，中等无效率单位有 59 个，占比 9.05%，轻微无效率单位有 374 个，占比 57.36%，有效率的单位仅有 197 个，占比 30.21%。从整体上看，新型农业经营主体的纯技术效率偏低，而规模效率更加符合最优状态，因此，在选择合适的经营规模基础上，提高技术的使用效率，增强农药、化肥、农业机械、经营管理水平等是提高新型农业经营主体综合效率的关键。

4. 新型农业经营主体转型升级发展过程中的制约因素分析

基于上述利用 DEA 模型测算出的新型农业经营主体综合经营效率，并将其设定为被解释变量，利用 Stata15.0 软件对各个解释变量进行 Tobit 回归分析，并将全因素回归分析中的显著解释变量提取出来，进行稳健性回归分析，所得结果如表 11 所示。

表 11　Tobit 回归分析结果

制约因素	全因素回归		稳健性回归	
	系数	值	系数	值
X_1	−0.011	0.524		
X_2	0.268	0.491		
X_3	0.008*	0.071	0.012**	0.046
X_4	0.193***	0.000	0.191***	0.000
X_5	0.077	0.716		
X_6	−0.082	0.181		
X_7	0.021	0.612		
X_8	0.182***	0.001	0.176***	0.000
X_9	−0.004	0.703		
X_{10}	0.062	0.296		
X_{11}	0.141**	0.042	0.149**	0.048
X_{12}	−0.107*	0.057	−0.102**	0.038
X_{13}	−0.014***	0.000	−0.021***	0.000
X_{14}	−0.007*	0.080	−0.011**	0.025
X_{15}	0.220	0.188		
常数	0.621		0.511	
R^2	0.328		0.308	
Adjusted R^2	0.281		0.269	

注：*、**、***分别表示在 10%、5%和 1%的显著水平上显著。

据 Tobit 回归分析结果显示：进入回归模型的 15 个变量有 7 个通过了

10％显著性水平检验（表11），其他解释变量未通过显著性检验，表明它们并未对新型农业经营主体综合效率产生显著影响。受教育程度、农业生产经营土地面积、机械化程度、农产品的销售渠道对新型农业经营主体综合效率产生正向影响，农产品价格的稳定程度、市场信息的获取难度、农业补贴政策的执行情况对新型农业经营主体综合效率产生负向影响。

（1）在户主属性方面，年龄和性别两个变量未通过显著性检验，而户主的受教育程度通过了显著性水平检验，且回归系数为正值，与预期影响方向相同，说明农户受教育水平越高越有利于提高新型农业经营主体的综合效率。样本中受教育程度变量的均值为3.12，表明样本中户主的受教育程度不高，这是制约新型农业经营主体转型升级发展中的重要因素。

（2）在家庭属性方面，只有农业生产经营土地面积一项解释变量通过了显著性检验，并且其回归系数为正值，与预期影响方面相同。这表明农业生产经营土地面积越高的农户在新型农业经营主体转型升级发展中有着更高的综合效率。本文样本的农业生产经营土地面积均值约为13.24公顷，样本经营土地面积处于中等程度，可以通过鼓励土地流转等方式提升新型农业经营主体的综合效率。

（3）在生产条件方面，新型农业经营主体的机械化程度变量通过了显著性检验，该解释变量回归系数为正数，与预期影响方向相同，表明机械化程度越高的新型农业经营主体的综合效率越高，而样本中机械化程度解释变量的均值为3.09，并未显现出明显的高机械程度优势，因此，机械化规模、机械工具的合理配置等均是制约新型农业经营主体提高综合效率的重要因素。

（4）在市场环境方面，农产品的销售渠道、农产品价格的稳定程度和市场信息的获取难度均通过了显著性检验。其中农产品的销售渠道的回归系数为正值，与预期影响方向相同，说明农产品销售渠道会同方向制约新型农业经营主体的综合效率，样本农产品的销售渠道变量均值为3.25，因此，合理挖掘有效农产品销售渠道有益于综合效率的提高；农产品价格的稳定程度的回归系数为负值，与预期影响方向不同，可能的原因是农产品价格的稳定程度受主观影响较大，加之调研所采集的各地区数据有限且情况各异，因此农产品价格的稳定程度对综合效益的影响并不明显；市场信息的获取难度为负值，与预期影响方向相同，说明市场信息的获取难度对新型农业经营主体转型升级发展中的综合效益有制约作用，样本市场信息的获取难度均值为2.87，因此，建立市场信息传播平台、促进农业信息交流是提高综合效率的重要方式。

（5）在外部政策方面，农业补贴政策执行情况通过了显著性检验，回归系数为负值，与预期影响方向相反。可能的原因是农业补贴政策受到农产品的销售价格的一定影响，因此当农户认为农业补贴政策执行情况较好时，可能是同期的农产品销售价格较低，因此产生了这样的结果。

五、土地规模化流转背景下农业生产
组织方式创新的对策建议

（一）农业生产组织方式创新的目标模式

从创新目标来看，农业生产组织创新的最终目标是通过创造新的组织形态以激活组织这种内生变量的活力，改变农业增长或发展函数的自变量，并以此来建立一个高效的农业生产组织体系，最大程度挖掘农业潜在增长率并使农业更有质量、更有效率地发展。创新目标可作如下具体分解：一是通过组织创新适度扩大生产经营规模、深化社会分工，促进农业增长从规模速度型向质量效率型转变；二是通过组织创新促进农业增长从依靠化肥、农药等传统要素投入转向依靠科技、人才支撑以及制度改革；三是通过组织创新使农业资源配置从政府主导、市场起基础性作用向农业生产要素自由流动和市场化配置方向转变；四是通过适当的新组织形式将个体农户及其他农业生产组织进行现代化改造，提高组织化程度、延伸产业链进而促进农业持续增效和农民持续增收。值得注意的是，从事农业生产是中国农民几千年来形成的生活方式，不能因创新农业生产组织就试图消灭传统农户。恰恰相反，农业生产组织创新的逻辑起点和重要目标正是农民利益保障和福利改进。综上所述，农业生产组织创新目标与经济发展新常态的内在要求具有高度的契合性。

从创新路径来看，中国农业生产组织创新的具体路径是通过股份制、合作化、建立业务联盟等路径把个体农户、种养大户、家庭农场、农民专业合作社、农业龙头企业和其他涉农生产组织中的一种或几种进行整合，形成新的农业生产组织（研究中将这种新组织称为创新主体）。从创新的具体模式来看，当前中国农业生产组织创新主要有工商资本带动模式、供应链核心企业带动模式、特色产业带动模式、科技带动模式等。如，种养大户以土地和其他生产资料折股与下乡工商资本联合成立农产品加工销售综合型企业，以及家庭农场与旅游企业合作成立旅游型新主体，都属工商资本带动的创新模式；个体农户围绕供应链核心企业（电商平台、大型批发市场、大型连锁超市等）进行农产品的规模化、标准化种养以及定点直供直销而成立的农民合作经济组织属于供应链核心企业带动模式；传统农户以合作社形式组织起来，结合本地资源禀赋进行特色农产品生产就属特色产业带动模式；旨在促进科学技术与园区产业结合、加速农业科技成果转化应用的农业科技园区模式就属科技带动模式。因中国幅员辽阔，不同地区自然条件和社会经济条件差异明显，其资源禀赋和政策环境也具有较强的异质性，在农业生产组织的创新实践中，不同地区可能演绎出多元化的不同形态，这事实上是特定自然和社会经济条件以及农业资源赋和制度环境共同作用的结果。因此，不同区域对农业生产组织创新都应遵循因地制宜、因时制宜、因势利导的原则，尊重市场选择法则，没有必要为农业生产组织创新人框定固定模式。

（二）农业生产组织方式创新的配套措施

1. 切实保护农民土地财产权益

第一，要对农户土地进行经营权证的确认，向农户颁发法律认可的土地经营承包权证，保证农民的合法利益，坚决杜绝以村集体的名义将农民经营耕种的土地进行回收和转移。第二，要建立健全农村土地交易市场，为了实现农民土地的财产性收益，在市场价格机制的基础上实现土地承包经营权的流转或入股。第三，要确保农村土地承包经营权能够进行抵押或担保，达到农村土地承包经营权价值稳步增长。在构建新型农业体系的过程中，不论是何种经营方式，凡是牵扯到农村土地所有权的流转的情况，必须保证农民土地的财产权益，可以采取入股、抵押或者担保的形式。必须形成价格形成机制，在土地进行流转的过程中必须保证依法和公平，保证土地承包人员能够获得相应的土地赔偿金或者其他的财产权益。在对农村土地质押或者担保的过程中，相关机构要精简手续，提高服务质量，同时做好监督工作，确保在交易的过程中承包人员的权益不受损。

2. 科学引导工商资本下乡

应该认识到，西方发达国家的工业化和农业现代化基本上是同步进行的，工业化为农业现代化提供了强大的物质基础和技术支撑。而我国的农业现代化进程严重滞后于工业化，要实现农业现代化，必然要进行大规模的农业投资，这单靠我国数以亿计的小农是无法实现的，必然要依赖工商资本的进入，这也符合世界农业发展的趋势。关键是要正确处理好政府与市场的关系，充分发挥市场的作用，加快现代农业市场体系建设，让种田大户、家庭农场、合作社、农业企业等各类农业经营主体在市场中充分竞争与合作，充分迸发活力。政府主要起到支持、引导的作用，要加大农业技术推广，增强农业公共服务能力，深化农村土地制度改革，建立产权明晰的农村土地产权制度，制定鼓励扶持家庭农场、合作社等新型农业经营主体发展的政策措施，特别要注重保护农民利益，坚决制止工商企业违法"圈地"和土地"非农化"的行为。

3. 强化农业组织监督管理

首先，政府要加大支持力度，投入资金和技术，增强各种组织的力量。建立外部监督管理系统，防范风险。组织内部也要积极建立起完善的内部监督管理机制，加强内部的合作性，发挥示范带头作用。外部监督包括系统监督和社会监督，其中系统监督是指主管部门对新型农业经营组织的监督检查，社会监督是会计师事务所、审计机构等对财务经营状况的审查。内部监督主要是通过建立组织内部的监督机制，发挥其相互规范的作用，重大决策通知通告全体社员，资金收支透明化等方式规范组织运行。其次要建立利益保护机制。对于带头人的任免可以建立社员代表大会，投票表决，重大事项要由全体社员共同决定，并通过建立风险基金、利润返还等方式保护社员的经济利益。对于种养大户、家庭农场等类型的，政府在支持其发展壮大的同时规范其租地合同或雇工合同的签订执行，发挥好监督指导作用。

4. 加大政府支持力度

加大新型农业经营主体发展支持力度，针对不同主体，综合采用直接补贴、政府购买服务、定向委托、以奖代补等方式，增强补贴政策的针对性、实效性。农机具购置补贴等政策要向新型农业经营主体倾斜。支持新型农业经营主体发展加工流通、直供直销、休闲农业等，实现农村一二三产业融合发展。扩大政府购买农业公益性服务机制创新试点，支持符合条件的经营性服务组织开展公益性服务，建立健全规范程序和监督管理机制。鼓励有条件的地方通过政府购买服务，支持社会化服务组织开展农林牧渔和水利等生产性服务。支持新型农业经营主体打造服务平台，为周边农户提供公共服务。鼓励龙头企业加大研发投入，支持符合条件的龙头企业创建农业高新技术企业。支持地方扩大农产品加工企业进项税额核定扣除试点行业范围，完善农产品初加工所得税优惠目录。

项目负责人：王颜齐
主要参加人：林宣佐、刘雨欣、刘从敏、黄凤、李松泽、史修艺、李玉琴、班立国

中国生猪市场整合研究[*]

潘方卉　李翠霞　赵丽娟

市场整合（Market Integration）可以理解为商品及价格信息跨地区流通和传导的情况。市场整合的程度与"一价定律"的实现水平直接相关。完全整合的市场是指在有贸易发生或贸易可以自由发生的情形下，某种商品在不同市场上减去交易成本后以同一货币表示的价格相等，市场是否完全整合即是否实现了"一价定律"的预期，而完全分割的市场则意味着无贸易条件下的自给自足状态（韩胜飞，2007）。市场整合是反映市场运行效率的重要指标，市场整合可以改善资源配置效率，降低社会成本，最大化社会福利，而市场分割会不同程度地影响市场健康发展，同时给社会带来无谓损失，降低整体经济效益。因此，市场整合研究一直是各国政府、学者关注的焦点与热点问题（Barrett，1996）。

一、生猪市场整合的动态演进研究

中国自 1985 年开始实施生猪价格市场化改革，随着改革的不断深入以及信息和商品流通成本的逐步降低，中国生猪市场整合水平在不断提升（孙赫、任金政，2014），不同省（市、区）的生猪价格表现出大体同向且同幅的变动，即"价格共移"。但是，有些省（市、区）生猪市场起到更加重要的作用，会对价格施加更多的影响，因而具有较强的市场势力，这些市场则为"价格制定者"；相反，有些省（市、区）生猪市场的影响力较弱，在市场定价上缺乏话语权，这些市场则为"价格追随者"。而且，不同省（市、区）生猪市场的地

---

　*　国家自然基金青年项目（项目编号：71503036）。

　项目负责人为潘方卉副教授，主要参加人员有赵丽娟、王洋、胡畔等。

　摘自潘方卉、李翠霞和赵丽娟的著作《中国生猪市场整合及非对称价格传导机制研究》（2020 年由中国农业出版社出版）以及潘方卉和李翠霞发表的学术论文《生猪产销市场整合、决定因素与地理距离——基于省级数据的面板门槛模型》（2016 年发表于《中国农村经济》）。

位与关联结构会随着经济和政策环境的变动而发生转变，那么，中国生猪市场整合的动态演变过程如何？哪些省（市、区）的生猪市场更有影响力？在现有的文献中，这些问题还很少涉及，有待于进一步的深入研究。

（一）研究方法与数据说明

1. 研究方法

（1）最小生成树方法（Minimal Spanning Tree，MST）。本节以各个省（市、区）生猪市场作为节点，不同省（市、区）生猪市场之间的关联性作为边，通过最小生成树方法构建全国生猪市场网络。

首先，计算生猪价格增长率（$r_{i,t}$）。各省生猪价格增长率的计算公式如下：

$$r_{i,t} = \ln(P_i(t)) - \ln(P_i(t-1)) \tag{1}$$

（1）式中，$P_i(t)$ 是第 i 省（市、区）在 t 时刻的生猪价格。

其次，计算相关系数（ρ_{ij}^T）。不同省（市、区）生猪价格增长率之间相关系数的计算方法如下：

$$\rho_{ij}^T = \frac{\sum\limits_{t=1}^{T}(r_{i,t}-\overline{r_i})(r_{j,t}-\overline{r_j})}{\sqrt{\sum\limits_{t=1}^{T}(r_{i,t}-\overline{r_i})^2 \sum\limits_{t=1}^{T}(r_{j,t}-\overline{r_j})^2}} \tag{2}$$

（2）式中，$\overline{r_i}$ 和 $\overline{r_j}$ 是第 i 和第 j 个省（市、区）的平均生猪价格增长率，T 是样本总数。

然后，计算欧几里得距离（d_{ij}）。由于相关系数 ρ_{ij}^T 不满足欧几里德距离的三个条件：①有且仅有当 $i=j$ 时，$d_{ij}=0$；②$d_{ij}=d_{ji}$；③$d_{ij} \leqslant d_{ik}+d_{kj}$，因此，不能直接作为欧氏距离 d_{ij}（Gower，1966）。为了解决上述问题，本节将每个相关系数转化为欧氏距离，转化公式如下：

$$d_{ij} = \sqrt{2(1-\rho_{ij}^T)} \tag{3}$$

（3）式中，d_{ij} 表示第 i 和第 j 省（市、区）生猪市场之间的距离，该值越小，就表明 i 和 j 两省（市、区）生猪市场之间的关联越密切。

最后，构建最小生成树（Minimal Spanning Tree，简称"MST"）。最小生成树是图论中的经典树形，它的基本原理是贪心法（Greedy），即在一个系统中 N 个节点形成的拥有 $N-1$ 条边的树结构，边集合为权重最小的边组合并保证不形成回路。对于 N 个市场，不同市场之间的关系有 $N(N-1)/2$，然而，最小生成树可以选择 $N-1$ 个最强的关系，从而构建出覆盖所有节点的最短路径生成树，因此，最小生成树方法可以呈现出不同地区市场之间的关联结构图，从而有助于获得市场之间的重要关系和关键信息。正因如此，最小生成树方法被广泛应用于金融市场领域（黄飞雪等，2010；庄宵威，金秀，2015）。本节采用 Kruskal 算法构建最小生成树网络（Kruskal，1956）。

（2）基于最小生成树的网络拓扑指标。 为了检验不同省（市、区）生猪市场的地位，本节采用节点的度和中介中心性两个指标来测度各个省（市、区）生猪市场势力。

① 节点的度。第 i 节点的度是指在最小生成树中，第 i 省（市、区）生猪市场直接相关联的其他生猪市场数量，具体公式如下：

$$D(i) = \sum_{j=1}^{N} a_{ij} \tag{4}$$

（4）式中，$D(i)$ 是第 i 个省（市、区）生猪市场的度，如果第 i 个省（市、区）生猪市场与第 j 个省（市、区）生猪市场在最小生成树中有一个边，那么 $a_{ij}=1$，否则，$a_{ij}=0$，N 是指生猪市场的数量。

② 中介中心性。中介中心性是测度市场集中度的重要指标（Sieczka and Holyst，2009），中介程度最大的点即为中心节点。具体形式如下：

$$B(i) = \frac{2}{N(N-1)} \sum_{(j,l)} \frac{\sigma_{jl(i)}}{\sigma_{jl}}, j \neq i \neq l \tag{5}$$

（5）式中，$B(i)$ 是第 i 个省（市、区）生猪市场的中介中心性，$\sigma_{jl(i)}$ 是从第 j 个生猪市场通过第 i 个生猪市场到第 l 个生猪市场最短路径中边的个数。本节是基于构建的最小生成树来计算中介中心性，由于在最小生成树中，任意两个节点之间的最短路径都是唯一的，因此，当第 j 个节点到第 l 个节点的最短路径通过第 i 个节点，那么 $\sigma_{jl(i)}/\sigma_{jl}=1$，否则，当第 j 个节点到第 l 个节点的最短路径没有通过第 i 个节点，那么 $\sigma_{jl(i)}/\sigma_{jl}=0$。因此，$B(i)$ 反应的是其他市场依赖于第 i 个生猪市场的程度，也就是说，$B(i)$ 值越大，第 i 个市场的中介程度就越高。

（3）生猪市场整合水平的时变特征分析方法。 本研究采用滚动时间窗口方法测度全国生猪市场整合的时变特征，具体方法如下：

① 时变相关分布。全国各省（市、区）生猪价格之间的相关系数矩阵是本节研究的基础，它的动态变化决定了不同省（市、区）生猪价格之间关系的变动情况，因此，为了进一步研究全国生猪市场的动态稳定性，本节引入时变相关分布的各种相关统计量，具体形式如下：

$$\overline{\rho(t)} = \frac{2}{N(N-1)} \sum_{(i,j)} \rho_{ij}^{T_1}(t) \tag{6}$$

$$\lambda_2(t) = \frac{2}{N(N-1)} \sum_{(i,j)} [\rho_{ij}^{T_1}(t) - \overline{\rho^{T_1}(t)}]^2 \tag{7}$$

$$\lambda_3(t) = \frac{2}{N(N-1)} \sum_{(i,j)} [\rho_{ij}^{T_1}(t) - \overline{\rho^{T_1}(t)}]^3 / \lambda_2^{3/2}(t) \tag{8}$$

$$\lambda_4(t) = \frac{2}{N(N-1)} \sum_{(i,j)} [\rho_{ij}^{T_1}(t) - \overline{\rho^{T_1}(t)}]^4 / \lambda_2^2(t) \tag{9}$$

（6）～（9）式中，$\overline{\rho}(t)$ 是相关系数的时变均值，$\rho_{ij}^{T_1}(t)$ 是在时间窗口 $[t, t+T_1]$ 上第 i 个省（市、区）与第 j 个省（市、区）生猪价格之间的相关系数，T_1 为时间窗口长度。$\lambda_2(t)$、$\lambda_3(t)$ 和 $\lambda_4(t)$ 分别是相关系数的时变方差、时变偏度和时变峰度。

② 时变标准化树长。标准化树长是测度市场整合水平的重要指标，为了反应全国生猪市场整合水平的时变特征，本节依据 Onnela 等（2003）的做法将标准化树长设定为时间的函数，具体形式如下：

$$L(t) = \frac{1}{N-1} \sum_{e_{ij} \in MST} e_{ij} \tag{10}$$

（10）式中，$L(t)$ 是标准化树长，$N-1$ 是边的个数，e_{ij} 是边的距离。如果 $L(t)$ 值随着时间的推移，逐步变小，则意味着全国的生猪市场整合水平在不断地提升，不同省（市、区）生猪市场价格趋同能力在增强。

2. 数据说明和基本统计量描述

本节选取 20 个省（区、市）的生猪价格序列作为研究对象，样本区间为 2000 年 1 月到 2016 年 6 月，样本数据均来源于中国畜牧业信息网。

选取的 20 个省（区、市）包括 13 个生猪主产地和 7 个生猪主销地，主要分布在中国的华东、华南、华中、西南、华北和东北六个地区。其中，生猪主产地是指人均猪肉产量高于人均猪肉消费量的省（区），具体包括：黑龙江、吉林、辽宁、安徽、山东、河北、河南、四川、江西、湖北、湖南、广西、海南，这些省（区）均是中国的养猪大省，几乎涵盖中国生猪出栏量排名前十的全部省份。生猪主销地是指人均猪肉产量低于人均消费量的省（市），具体包括：北京、上海、天津、江苏、浙江、福建、广东，这些省（市）均是经济发展较快的地区，人口密度大，因此对猪肉的需求量极大。为了增加样本的可比性，本节使用各省（市、区）的消费价格指数剔除生猪价格序列中的通货膨胀因素，得到了各省的实际生猪价格。

表 1 给出了各省（市、区）实际生猪价格的基本统计量，具体分析如下：

首先，从均值指标可以看出，广东省的平均实际生猪价格最高，四川省的平均实际生猪价格最低，分析其原因在于广东省人口数量密集，人均收入较高，对生猪需求量很大，因此价格偏高，而四川省虽然人口众多，但是人均收入水平和广东相比较低，并且四川省一直是中国生猪出栏量最高的省份，生猪供给量充足，因此生猪价格整体偏低；从地区性实际生猪价格来看，华南、华东和华北地区的平均生猪价格（9.670 4元/千克、9.403 4元/千克和9.369 7元/千克）偏高，东北和华中地区的平均生猪价格（8.784 5元/千克和9.014 8元/千克）偏低，而且主销区的平均生猪价格（9.697 0元/千克）明显高于主产区的平均生猪价格（8.956 4元/千克），正因为利差的存在才能推动不同地区之间生猪的流通和调转。

其次，从标准差指标来看，各省（市、区）的实际生猪价格波动幅度差异不大，相比之下，仅海南省表现出较低波动水平，且海南省平均实际生猪价格较高（仅次于广东和上海），说明海南省实际生猪价格常年保持在相对较高的水平上。

最后，JB统计量及其p值表明各省（市、区）的生猪价格均不服从正态分布。从偏度指标来看，和正态分布相比，各省（市、区）生猪价格序列呈现出右偏分布，即处于均值左侧的数据量较多；从峰度指标来看，各省（市、区）生猪价格序列的峰度值介于均匀分布的峰度值（1.8）和正态分布的峰度值（3）之间，说明生猪价格序列中不存在影响较大的极端值，因此本节基于各省（市、区）实际生猪价格序列的实证分析结果不会受到极端值的影响，研究结论具有一定的稳健性。

表1　各省（市、区）实际生猪价格的基本统计量

地区	省（市、区）	均值	标准差	最大值	最小值	偏度	峰度	JB统计量	p值
	山东	8.891 1	2.674 8	14.442 1	4.986 3	0.220 5	2.021 9	9.497 9	0.008 7
	江苏	8.559 0	2.538 2	14.225 9	4.705 3	0.296 4	2.156 0	8.776 6	0.012 4
华东	安徽	9.233 5	2.639 8	15.068 6	4.951 3	0.241 4	2.044 7	9.452 0	0.008 9
	浙江	9.702 3	2.700 8	16.119 2	5.610 6	0.241 8	2.053 7	9.317 5	0.009 5
	福建	9.944 1	2.539 7	16.203 4	5.684 1	0.399 9	2.301 0	9.307 5	0.009 5
	上海	10.090 6	2.613 1	16.026 4	6.188 1	0.303 7	2.162 3	8.834 0	0.012 1
	广东	10.325 0	2.597 3	16.647 9	6.761 9	0.393 3	2.231 8	9.974 1	0.006 8
华南	广西	8.658 8	2.429 9	14.461 5	5.200 7	0.345 2	2.057 4	11.262 8	0.003 6
	海南	10.027 5	2.060 5	15.724 9	7.053 1	0.583 0	2.600 8	12.531 9	0.001 9
	四川	8.358 0	2.729 8	14.537 5	4.400 0	0.296 1	1.827 9	14.227 4	0.000 8
西南	湖北	8.769 4	2.507 2	14.555 8	4.841 6	0.272 8	2.009 7	10.546 7	0.005 1
	湖南	9.153 6	2.591 7	15.131 0	5.504 0	0.349 5	2.083 0	10.968 7	0.004 2
华中	河南	8.569 9	2.464 9	13.877 7	4.866 8	0.231 3	2.052 7	9.168 6	0.010 2

（续）

地区	省（市、区）	均值	标准差	最大值	最小值	偏度	峰度	JB 统计量	p 值
华中	江西	9.566 2	2.668 6	15.609 3	5.430 9	0.249	2.036 4	9.706 5	0.007 8
华北	北京	9.856 2	2.819 8	16.388 7	5.517 8	0.262 9	2.016 8	10.256 2	0.005 9
	天津	9.401 9	2.733 7	15.257 8	5.221 3	0.281	2.028 8	10.385 9	0.005 6
	河北	8.851 0	2.629 6	14.564 3	4.775 7	0.241 1	2.018 5	9.864 7	0.007 2
东北	黑龙江	8.564 1	2.582	14.194 4	4.000 0	0.259	2.090 7	9.034 7	0.010 9
	吉林	8.767 1	2.682 6	14.709 9	4.420 0	0.301 1	2.039 2	10.607 8	0.005 0
	辽宁	9.022 4	2.813 4	15.020 3	4.470 0	0.243 6	1.974 3	10.637 7	0.004 9

（二）实证结果

为了识别中国生猪市场的复杂关联结构，探究不同省（市、区）生猪市场的定价权，揭示全国生猪市场整合的动态演进过程，本节应用最小生成树方法来构建全国生猪市场的关联网络图，并基于此，应用网络拓扑指数测度各个省（市、区）的生猪市场势力，然后应用滚动时间窗口方法分析全国生猪市场整合的动态演变过程。

1. 地区市场整合与"中心市场"分析

本节应用 Kruskal 算法，基于欧氏距离矩阵和最小生成树方法，构造了反应不同省（市、区）生猪市场之间关系的网络拓扑图（图 1）。从图 1 中可以看，地理距离是影响地区内部和地区之间生猪市场整合的重要因素，中国生猪市场表现出较高的地理地区聚集效应。首先，中国生猪市场的地区内部整合程度较高。除华中地区外，各个地区内部的生猪市场均表现出较高的相关关系。其中，华南三省生猪市场之间的关联最为紧密，广西壮族自治区和海南省均与广东省相连，说明在华南地区，广东省生猪市场占据重要地位。

其次，从地区之间生猪市场整合情况来看，东北地区与华北地区紧密相连，西南市场与华中地区紧密相连，而华北地区、华南地区和华中地区又均与华东地区密切相关。由此可见，华东地区可以说是中国生猪市场的关键地区。再者，就华东地区来看，除福建和上海与湖南关联外，其余三省均聚集在山东省周围，由此可以推断，山东省可能是全国生猪市场的"中心市场"，华东地区（尤其是山东省）生猪价格的变动会反映出全国生猪市场价格的大体走势。

为了检验上述结论，表 2 给出了基于最小生成树的网络拓扑指标，这些指标可以反映每个省（市、区）生猪市场在全国生猪市场中的地位。第一个指标是度指标，该指标是测度以特定市场关联的边的数量。从表 2 中可以看出仅有

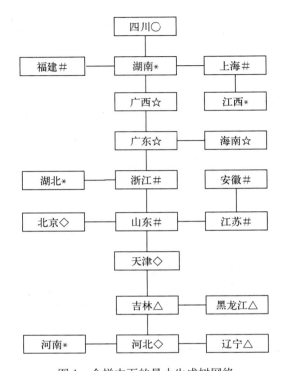

图 1　全样本下的最小生成树网络

说明：按照省份所属地区的不同，使用不同的符号表示，具体如下：华东（♯），

华南（☆），华中（＊），西南（○），华北（◇），东北（△）。

山东和湖南两省生猪市场的度最大，均有四个省（市）的生猪市场与之直接关联，其次是广东、浙江、河北和吉林四省的生猪市场，这些市场的度均为 3。第二个指标是中介中心性指标，该指标可以很好地反映市场的集中程度，其中，山东省排名第一位，其次是浙江和广东。基于上述两个指标可以进一步表明山东省在全国生猪市场中确实占据非常重要的地位，是"价格制定者"，具有较强的市场势力和话语权。

　　值得一提的是，四川是中国第一大生猪产地，但其市场的度仅有 1，中介中心性为 0，处于最小生成树的边缘上，说明四川生猪市场的市场势力十分微弱，完全没有定价权，是一个"价格追随者"。而山东是中国第四大生猪产地，但是市场影响力却排名第一。分析其原因可能在于：一方面从生猪规模化养殖程度来看，四川省生猪规模化养殖度远远低于山东省。根据《中国畜牧兽医年鉴 2015》中的数据可知，四川省的生猪养殖场（户）数量和猪肉产量均排名全国第一，分别占到全国的 15.49% 和 9.30%，但是年出栏量 500 头以上的规模化养殖场（户）仅占全省的 0.22%，规模化生产水平在 20 个省份中排名最低。相比之下，山东省的生猪养殖场（户）的总数约为四川省的 1/7，但是年出栏量 500 头以上的规模化养殖场（户）数量却比四川省多 11 688 户，规模化养殖程度高出 70%。另一方面，就地理位置来说，山东省的地理优势明显大于四川省。虽然四川省与七个省（市、区）相连，但由于其地处西南，与其接壤的主要是西北地区和西南地区的省（市、区），这些地区不是生猪主产和主销区，且人均收入水平较低，很难产生较大的生猪需求量。相比之下，山东省地处华东地区，是中国经济最为发达的地区，与其接壤的省（市）不是生猪主产区，就是生猪主销区。由此可见，一个省（市、区）生猪市场在全国的地位不是完全取决于生猪养殖户数量和生猪供给量，还取决于生猪养殖的规模化水平、地理位置、人均收入等众多因素。

表 2　各省（市、区）生猪市场的网络拓扑指标

地区	省（市、区）	度	中介中心性	地区	省（市、区）	度	中介中心性
华东	山东	4	0.578 9	华中	湖北	1	0.000 0
	江苏	2	0.094 7		湖南	4	0.342 1
	安徽	1	0.000 0		河南	1	0.000 0
	浙江	3	0.515 8		江西	1	0.000 0
	福建	1	0.000 0	华北	北京	1	0.000 0
	上海	2	0.094 7		天津	2	0.368 4
华南	广东	3	0.473 7		河北	3	0.184 2
	广西	2	0.368 4	东北	黑龙江	1	0.000 0
	海南	1	0.000 0		吉林	3	0.331 6
西南	四川	1	0.000 0		辽宁	1	0.000 0

2. 全国生猪市场整合的动态演变分析

由于受到技术、政策和环境等诸多因素的影响，全国生猪市场整合情况和不同省（市、区）生猪市场的价格影响力可能会随着时间的推移而发生变化。由于相关系数是构建最小生成树的基础，因此，本节首先应用滚动时间窗口方法，使用相关系数的时变特征来反映全国生猪市场的动态演变过程。本节设定的时间窗口长度为 24 个月，步长为 1 个月。图 2 给出了相关系数的时变均值、方差、偏度和峰度指标的动态走势图。

由图 2 可知，自 2000 年以来，相关系数的均值水平在不断提升，在 2012 年以后，稳定在 0.9 左右，达到较高水平。与此同时，相关系数的方差水平在持续下降，到 2012 年以后，达到了很低的水平，接近于 0。也就是说均值序

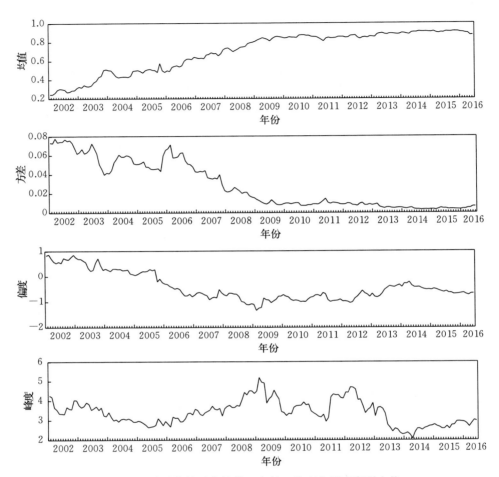

图 2　相关系数的时变均值、方差、偏度和峰度序列走势

列和方差序列之间呈现出显著的负相关关系，相关系数为 -0.978 9。与此类似，偏度序列和峰度序列之间也呈现出一定的负相关关系，相关系数为 -0.281 8。较高的均值和较低的方差意味着全国生猪市场的整合程度在不断提升，不同省（市、区）生猪市场之间的关联更加密切。

另一个动态测度指标——标准化树长也能得到同样的结论。通常情况下，标准化树长越小，意味着市场之间的关系越紧密，即市场整合水平越高。由图 3 可知，标准化树长在逐步降低，由此可见，不同的动态测度指标得到的结论是一致的，即各省（市、区）生猪市场之间的距离在缩短，市场之间的关系越发紧密，全国生猪市场的整合程度在逐步提升。

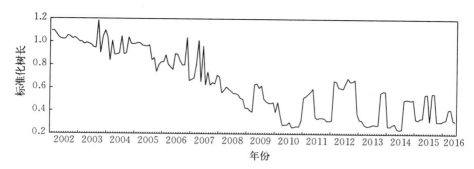

图 3　标准化树长的动态走势图

为了检验全国生猪市场整合情况是否发生结构性转变，本节应用允许结构突变的单位根检验方法（Clemente 等，1998）寻找标准化树长序列的结构性转变点，实证结果发现在 2007 年 4 月，标准化树长序列发生了显著性的结构转变。为了保障实证结果的稳健性，本节应用同样的方法检验了相关系数的时变均值和时变方差序列的结构性转变点，得到了较一致的结论。因此，本节将整个样本区间划分为两个阶段：2000 年 1 月至 2007 年 3 月和 2007 年 4 月至2016 年 6 月。

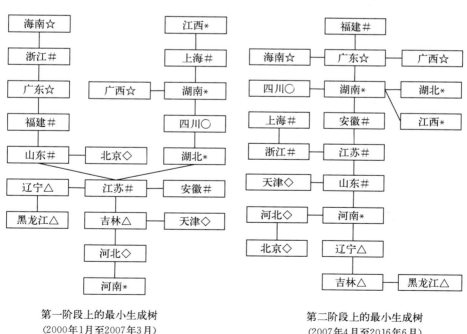

图 4　两个子样本区间下的最小生成树网络

　　为了反应不同阶段上各省（市、区）生猪市场关联结构的变动情况，本节将基于上述两个子样本区间分别构建最小生成树的网络拓扑图（图 4）及其相关的网络拓扑指标（表 3）。综合图 4 和表 3 中的信息可以看出，在第一个阶段上，地区内部各省（市、区）生猪市场呈现出不规则分布，说明在第一个阶段上全国生猪市场整合程度较低。就市场势力来看，华东地区在全国生猪市场上占据着重要的地位，中介中心性最高两个省份分别为江苏省和山东省，均属于华东地区，而华中地区的湖北省和西南地区的四川省则紧随其后。由此可见，四川省在 2007 年之前还具有一定的价格制定权，2007 以后才被逐步边缘化。

表 3　不同阶段各地区市场地位的测度指标

地区	省（市、区）	第一阶段（2000 年 1 月至 2007 年 3 月）		第二阶段（2007 年 4 月至 2016 年 6 月）	
		度	中介中心性	度	中介中心性
华东	山东	3	0.389 5	3	0.473 7
	江苏	5	0.705 3	3	0.557 9
	安徽	1	0.000 0	2	0.463 2
	浙江	2	0.094 7	2	0.094 7
	福建	2	0.252 6	1	0.000 0
	上海	2	0.094 7	1	0.000 0
华南	广东	2	0.178 9	4	0.268 4
	广西	1	0.000 0	1	0.000 0
	海南	1	0.000 0	1	0.000 0
西南	四川	2	0.315 8	1	0.000 0
	湖北	2	0.368 4	1	0.000 0
华中	湖南	3	0.263 2	5	0.521 1
	河南	1	0.000 0	3	0.400 0
	江西	1	0.000 0	1	0.000 0
华北	北京	1	0.000 0	1	0.000 0
	天津	1	0.000 0	1	0.000 0
	河北	2	0.094 7	2	0.094 7
东北	黑龙江	1	0.000 0	1	0.000 0
	吉林	3	0.263 2	2	0.094 7
	辽宁	2	0.094 7	2	0.178 9

纵观第二个阶段上的最小生成树，从上到下正好呈现出中国地理位置从南到北的分布态势，表现出极强的地理聚集效应。从地区内部整合情况来看，华南三省、东北三省内部整合度最高，广西壮族自治区、海南省以广东省为中心紧密相连，辽宁省、吉林省和黑龙江省依次紧密相连，华中四省、华北三省（市）及华东六省（市）中也均仅有一省（市）没有与地区内部其他省（市）相连，说明第二阶段上全国生猪市场地区内部整合程度较高。从地区之间整合情况来看，华南地区、西南地区均与华中地区联系密切，东北地区和华北地区也均与华中地区联系紧密，而华中地区则又与华东地区联系紧密，由此可见，第二阶段上全国生猪市场地区之间的整合水平也较高。

再者，就市场势力来看，将中介中心性指标值从高到低排列，前五名依次为江苏省、湖南省、山东省、安徽省和河南省，这些省份也正好处最小生成树网络中的中心地带，由此可见，华东地区在全国生猪市场中依然占据者重要地位，其中，江苏省生猪市场势力有所减弱，而山东省和安徽省生猪市场势力显著增强。与此同时华中地区的市场地位也大幅度提升，其中湖南省和河南省生猪市场势力也不容小觑。由图4可知，华南地区和西南地区通过湖南省与华东地区相连，东北地区和华北地区则通过河南省与华东地区相连，也就是说湖南省和河南省分别在南方市场与北方市场占据的重要地位，分析其原因，主要是由于湖南省和河南省分别是南方地区和北方地区的主要生猪饲养和外运省份。

综上所述，华南地区、华北地区和东北地区中的各省（市、区）生猪市场均处于最小生成树的边缘，说明这些地区的市场势力较差，而华东地区和华中地区处于树的中心位置，而且第二阶段的市场势力相对于第一阶段有所增强，其中华东地区在全国一直是影响力最大的地区，而山东省无论是根据全样本数据还是子样本数据均在全国生猪市场中占据的重要地位。因此，华东地区，尤其是山东省的价格变动会反映出全国生猪价格水平的变动。与此类似，刘勋（2017）的研究结果表明东部沿海地区的生猪产量与消费量是影响中国整体生猪空间流通格局的关键因素，由此可以看出华东地区（尤其是山东省）是中国生猪市场上的"中心市场"。

3. 稳健性分析

根据前面使用的滚动时间窗口方法可知，本节设定的窗口长度为24个月，由于总样本数量为197，因此会得到174个时变最小生成树，进而通过计算全样本下最小生成树中20个省（市、区）生猪市场的关联性在174个最小生成树中出现的频率来检验本节实证结果的稳健性。

本节选取了20个省（市、区）生猪市场，将这些生猪市场进行两两配对可以构造190对关系。根据测算，仅有湖北和天津之间的生猪市场不存在着任何关联，其余 189 对关系[①]均以不同频率出现在 174 个最小生成树中，其中发生频率最高的关联是河北-河南，概率为 31%，频率最低的是山东-福建，概率仅为 1%。而且，189 对关系平均出现次数为 17 次，频率仅有 10%，其中仅有 70 对关系发生的频率高于平均值，其余 119 对关系发生的频率均低于 10%。由此可见，中国 20 个省（市、区）生猪市场之间的关系稳定性不强，复杂度较高，因此找出其中最主要的关系就显得更为艰巨且重要。

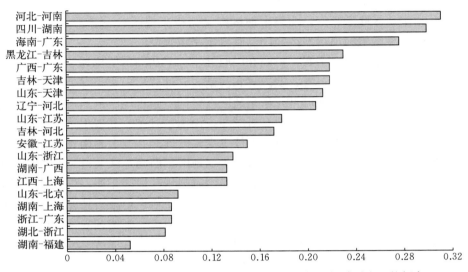

图 5　全样本最小生成树中各省（市、区）生猪市场之间关系出现的频率

图 5 以降序排列的方式，给出了全样本下的最小生成树中各省（市、区）生猪市场关系出现的频率，由此可见，不同生猪市场之间的关系随着时间的推移并非是不变的，市场之间关系的稳健性受到技术、政策、经济环境等众多因素的影响。全样本下最小生成树中给出的 19 对关系里，仅有 5 对关系发生的频率低于平均值，其余 14 对关系出现的频率均高于平均值，其中前 6 对关系，即河北-河南，四川-湖南、海南-广东、黑龙江-吉林发生频率正好是 189 对关系中发生频率最高的 6 对，由此可见，全样本下的最小生成树中给出的各省（市、区）生猪市场之间的关系具有较强的稳健性。其中，华南三省生猪市场之间的关联性是极为稳定的，而且东北地区与华北地区，西南地区与华中地区，华北地区与华东地区以及华南地区与华东地区之间的关系都相对比较稳

---

①　由于篇幅原因，此处省略了 189 对生猪市场之间关联发生频率的统计数据，如有需求，可向作者索要。

定，但是华中地区与华东地区之间关系的稳健性较弱。

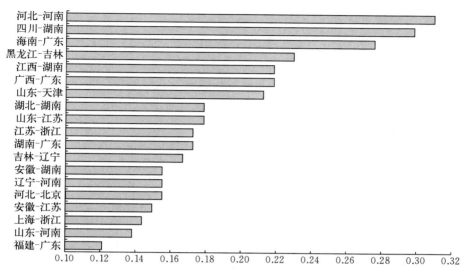

图 6　第二阶段上最小生成树中各省（市、区）生猪市场之间关系出现的频率

图 6 给出了第二阶段上最小生成树中各省（市、区）生猪市场关系出现的频率，由图可知，第二阶段上各省（市、区）生猪市场之间的关系相对于全样本下的关系变得更加稳健，19 对关系出现的频率均高于 10%，说明在中国生猪市场整合水平不断提高的同时，各省（市、区）生猪市场的关联结构也越发稳健。

（三）结论与政策性建议

本节应用最小生成树方法构建了中国各省（市、区）生猪市场的关联结构图，进而揭示了影响和反应全国生猪价格变动的"中心市场"，并应用滚动时间窗口方法研究了全国生猪市场整合的动态演进过程，主要得到如下结论：

首先，全国生猪市场整合程度在不断提升，已经达到了较高的水平。由于受到经济、政策等外部环境的影响，全国生猪市场整合情况在 2007 年 4 月发生了结构性转变，在 2007 年 4 月之前，全国生猪市场整合程度较弱，各个地区内部和地区之间的生猪市场整合水平均较低，在此之后，全国生猪整合程度明显提升，地区地理聚集效应显著。

其次，无论是基于全样本数据还是子样本数据的分析结果都表明，华东地区尤其是山东省是全国生猪市场中"价格制定者"，即"中心市场"，同时华中地区的湖南省和河南省的生猪市场影响力也大幅度提升，成为其他地区与华东地区相关联的重要媒介。

最后，稳健性检验结果表明全样本数据下的最小生成树中各省（市、区）生猪市场之间关系较为稳健，其中，华南三省（区）之间关系最为稳定，而且，地区市场之间的关系（除华中地区与华东地区外）也均较为稳定。同时，相比于上述全样本数据的分析结果，在第二阶段上最小生成树给出的各省（市、区）生猪市场之间的关系更加稳健，说明随着全国生猪市场整合程度的提升，各省（市、区）生猪市场的关系也越发稳定。

基于上述研究结论，本节给出如下政策性建议：

首先，国家应该重点监测华东地区（尤其是山东省）、湖南省和河南省的生猪出栏量、能繁母猪存栏量等影响价格走势的关键性信息，并及时予以公布，这样有利于全国各地区掌握生猪价格的未来走势，同时各省（市、区）养殖户还应该重点关注与其密切关联地区的生猪价格变动情况，从而确定合理的养殖规模，降低养殖的市场风险。

其次，猪肉收储等价格调控政策的重点实施地可以首选华东地区，重点在山东省，这样政策效果会较快地从华东地区影响到全国其他地区，从而降低在不同地区重复制定和实施政策的成本。

最后，较高的市场整合程度表明不同省（市、区）生猪市场之间的联动性增强，全国生猪市场发生系统性风险的可能性大幅度提升，极易出现价格同涨同跌的现象。因此，各省（市、区）之间应该加强合作，调剂有无，将政策调控与市场调控相结合，防止生猪价格出现过度波动，从而保障养殖户的收入，促进生猪产业健康且持续发展。

二、生猪市场整合的影响因素分析

鉴于上述生猪市场整合研究的重要性，本节将以省际地理距离作为门槛变量，应用面板门槛模型分析生猪产销市场整合的决定因素，进而提出推进生猪产销市场整合的有效途径和提升生猪市场调控政策有效性的具体措施，为相关管理部门制定生猪产业政策提供决策依据。

（一）计量模型和数据说明

1. 计量模型

（1）JJ 协整检验方法。 JJ 协整检验是 Johansen and Juselius（1990）提出来的，可以用来检验变量之间是否存在长期均衡关系。经济理论表明，如果某些经济变量之间存在长期均衡关系，那么就意味着经济系统不存在破坏均衡关系的内在机制，如果变量在某时期受到外界干扰后偏离其长期均衡点，则均衡机制将会在下一期进行调整以使其重新回到均衡状态。假设 A 地区和 B 地区的生猪市场是整合的，那么，A 地区和 B 地区的生猪价格序列 p_{At} 和 p_{Bt} 之间就应该存在着这种稳定的长期均衡关系，即：

$$p_{At} = \alpha_0 + \alpha_1 p_{Bt} + \mu_t \qquad (11)$$

其中，α_0 和 α_1 为回归系数，μ_t 为随机干扰项。为了检验这种均衡关系是否成立，Johansen and Juselius（1990）构建了迹统计量，具体形式如下：

$$\eta_r = -n \sum_{i=r+1}^{k} \ln(1 - \lambda_i) \qquad (12)$$

（12）式中，η_r 是迹统计量，r 为协整向量的个数，λ_i 是按大小排列的第 i 个特征值，n 是样本容量。该统计量服从 Johansen 分布，当迹统计量高于临界值时，则认为 A 和 B 两地的价格序列之间具有共同的长期趋势，特征根迹统计量越高，价格序列之间的协整关系就越显著，A 和 B 两地的市场整合水平就越高。因此，本节应用迹统计量作为生猪产销市场整合水平的测度值。

（2）面板门槛模型。本节依据 Ifejirika 等（2013）和 Varela 等（2013）的研究成果，并结合中国生猪市场的特点，构建出分析生猪产销市场整合决定因素的面板数据线性回归模型：

$$MI_{it} = c_0 + c_1 pro_{it} + c_2 inc_{it} + c_3 scal_{it} + c_4 road_{it} + c_5 dis_i + \varepsilon_{it} \qquad (13)$$

（13）式中，i 是个体变量（$i=1, \cdots, N$，共 N 对生猪产销市场），t 是时间变量（$t=1, \cdots, T$，共 T 个时间段）。被解释变量 MI_{it} 为生猪产销市场整合水平。解释变量如下：pro_{it} 为人均猪肉产量变量，代表生猪供给能力或者市场发育程度；inc_{it} 为人均收入水平变量，代表当地的经济发展状况；$scal_{it}$ 为生猪规模化养殖程度变量，代表市场势力强度；$road_{it}$ 为公路密度变量，代表基础设施水平；dis_i 为生猪产销市场之间的地理距离，简称省际地理距离；$c_1, \cdots, c_5$ 为回归系数，代表各决定因素对生猪市场整合的影响程度；ε_{it} 为随机干扰项，且服从 $N(0, \sigma^2)$ 分布。

根据上文的分析，在不同的地理距离上，各个解释变量对生猪产销市场整合水平的影响系数可能存在显著差异，因此本节采用 Hansen（1999）所提出的面板门槛模型，并根据数据本身的特点来内生地划分不同的地理距离，进而准确分析各个解释变量与生猪产销市场整合水平之间的非线性关系。此处，假设 x 是 pro、inc、$scal$ 和 $road$ 中任意一个解释变量，z 是其他剩余的解释变量，称为控制变量，则单一门槛模型形式设定如下：

$$MI_{it} = \gamma_0 + \gamma_1 x_{it} I(dis \leq \theta) + \gamma_1' x_{it} I(dis > \theta) + \gamma z_{it} + \varepsilon_{it} \qquad (14)$$

（14）式中，I（·）为指示函数，当括号内的条件满足时，I（·）＝1，否则 I（·）＝0。省际地理距离变量 dis 为门槛变量，θ 为特定的门槛值。当假定 x 为 pro 时，上述单一门槛模型可以具体表示如下：

$$MI_{it}=\beta_0+\beta_1 pro_{it}I（dis\leq\theta）+\beta_1' pro_{it}I（dis>\theta）+\beta_2 inc_{it}+\beta_3 scal_{it}+\beta_4 road_{it}+\varepsilon_{it} \tag{15}$$

当 $dis\leq\theta$，pro_{it} 的回归系数为 β_1；当 $dis>\theta$ 时，pro_{it} 的回归系数为 β_1'，即解释变量 pro_{it} 对 MI_{it} 的影响系数取决于门槛变量 dis。同理，也可以得出其他解释变量基于省际地理距离的单一门槛模型。

对于面板门槛模型来说，有两个问题是需要解决的。首先是模型的估计，为了得到参数的估计量，需要先从每个观察值中减去其组内平均值以消除个体效应，然后对所有观察值进行类叠，最后采用矩阵形式将（15）式表示为：

$$MI^*=X^*（\theta）\beta+\xi^* \tag{16}$$

对于给定的门槛值 θ，可以采用 OLS 估计（16）式以得到 β 的估计值：

$$\hat{\beta}（\theta）=[X^*（\theta）'X^*（\theta）]^{-1}X^*（\theta）'MI^* \tag{17}$$

相应的残差平方和为：

$$S_1（\theta）=\hat{e}^*（\theta）'\hat{e}^*（\theta） \tag{18}$$

（18）式中，$e^*（\theta）=MI^*-X^*（\theta）\hat{\beta}（\theta）$ 的残差向量。然后，可以通过最小化（18）式中对应的残差平方和 $S_1（\theta）$ 来获得门槛值 θ 的估计值：

$$\hat{\theta}=\arg\min S_1(\theta) \tag{19}$$

最终可以得到系数估计值 $\hat{\beta}（\theta）$、残差向量 $\hat{e}^*（\theta）$ 和残差平方和 $\hat{\sigma}^2$。

其次是模型的检验，一是门槛效果是否显著，二是门槛的估计值是否等于其真实值。

第一个检验的原假设为 H_0：$\beta_1=\beta_1'$，对应的备选假设为 H_1：$\beta_1\neq\beta_1'$，检验统计量为：

$$F=\frac{S_0-S_1（\theta）}{\hat{\sigma}^2} \tag{20}$$

（20）式中，S_0 为在原假设 H_0 下得到的残差平方和。在原假设 H_0 下，门槛值 θ 是无法识别的，因此 F 统计量的分布是非标准的。Hansen 建议采用自举法（bootstrap）来获得其渐进分布，继而构造其 p 值。

第二个检验的原假设为 H_0：$\hat{\theta}=\theta_0$，对应的备选假设为 H_1：$\hat{\theta}\neq\theta_0$，检验统计量为：

$$LR（\theta）=\frac{S_1（\theta）-S_1（\hat{\theta}）}{\hat{\sigma}^2} \tag{21}$$

LR 统计量的分布也是非标准的，Hansen 给出了一个计算非拒绝域的简单公式，即 $LR(\theta_0) \leqslant l(\alpha)$ [其中，$l(\alpha) = -2\ln(1-\sqrt{1-\alpha})$，$\alpha$ 为显著水平] 时，不能拒绝原假设。

从计量的角度来看，有时可能存在多门槛模型，下面简单介绍一下可能存在的双门槛模型，多门槛模型可以在此模型上进行简单的扩展。

$$MI_{it} = \varphi_0 + \varphi_1^1 x_{it} I(dis \leqslant \theta_1) + \varphi_1^2 x_{it} I(\theta_1 < dis \leqslant \theta_2) + \varphi_1^3 x_{it} I(dis > \theta_2) + \varphi z_{it} + \varepsilon_{it} \tag{22}$$

（22）式中，θ_1 和 θ_2 是两个门槛值，当假定 x 为 pro 时，上述双门槛模型可以具体表示为（23）式，其他解释变量的双门槛模型可以类推。

$$MI_{it} = \phi_0 + \phi_1^1 pro_{it} I(dis \leqslant \theta_1) + \phi_1^2 pro_{it} I(\theta_1 < dis \leqslant \theta_2) + \phi_1^3 pro_{it} I(dis > \theta_2) + \phi_2 inc_{it} + \phi_3 scal_{it} + \phi_4 road_{it} + \varepsilon_{it} \tag{23}$$

估计方法是先假设单一门槛模型中估计出的 $\hat{\theta}_1$ 为已知，再进行 $\hat{\theta}_2$ 的搜索，然后再固定 $\hat{\theta}_2$ 对 $\hat{\theta}_1$ 进行再次搜索，从而得到优化后的一致估计量 $\hat{\theta}_1$，多重门槛模型的假设检验与单一门槛情况下相似，这里不再详述。

2. 数据说明

本节主要研究中国生猪产销市场整合水平及其决定因素，依据研究内容，首先需要测度生猪市场整合水平，第二步将第一步得到的生猪市场整合水平作为被解释变量，构建以地理距离为门槛变量的面板门槛模型，进而分析生猪产销市场整合的决定因素。本节选取的样本区间为 2004—2013 年，样本数据处理说明如下：

（1）生猪主产区与主销区的确定。本节依据 2013 年各省（区、市）的人均猪肉消费量和人均猪肉产量数据之间的关系来确定生猪主产区和主销区。具体而言，当某省（区、市）的人均猪肉消费量高于人均猪肉产量时，就意味着该省（区、市）需要从其他地区调入生猪，以满足本地消费需求，因而可以看做是生猪主销区。相反，如果人均猪肉消费量低于人均猪肉产量时，则该省（区、市）为生猪主产区。

按照上述方法，本节在全国选取了 7 个生猪主销区（北京、天津、上海、江苏、浙江、福建和广东）和 13 个生猪主产区（黑龙江、吉林、辽宁、安徽、山东、河北、河南、四川、江西、湖北、湖南、广西和海南）。其中，生猪主销区主要集中于华北、华东和华南地区，这些地区人口密度大，经济发展较快，人均收入水平较高，是猪肉的主要消费地区；生猪主产区主要集中在东北、华东、华中和华南地区，几乎涵盖了全国生猪出栏量最高的前 10 个省份，13 个主产区的生猪出栏量占到全国生猪出栏总量的 68%，是猪肉的主要供给地区。由此可见，本节对生猪产销区的选取是客观、全面且符合实际的。

(2) 被解释变量。为了构建生猪产销市场整合水平变量（MI_{it}）的面板数据，本节首先将样本划分为 5 个子样本区间，分别为 2004—2005 年、2006—2007 年、2008—2009 年、2010—2011 年和 2012—2013 年，然后基于每个子样本区间，对 13 个生猪主产区与 7 个生猪主销区的生猪价格月度数据（共计 24 个月）依次配对进行协整检验，共得到 91 个迹统计量，进而构造了一个长达 5 期，每期 91 个样本值的面板数据，共计 455 个样本。

在数据处理上，为了保障生猪价格序列的可比性，本节使用各省（区、市）的月度居民消费物价指数（以 2004 年 1 月为基期）剔除生猪价格序列中的通胀因素，得到实际生猪价格序列。同时，为了降低异方差性，对各省（区、市）的实际生猪价格进行取对数处理。上述生猪价格数据和居民消费物价指数数据分别来源于中国畜牧业信息网和 Wind 数据库。

(3) 解释变量。首先，计算得到所选 20 个省（区、市）的人均猪肉产量、实际人均收入、公路密度和生猪规模化养殖程度数据。具体方法如下：

人均猪肉产量＝猪肉产量/总人口数；

实际人均收入＝名义人均收入/居民消费物价指数（以 2004 年为基期）；

公路密度＝公路总里程数量/总面积；

生猪规模化养殖程度＝50 头以上的养殖户数量/总养殖户数量。

上述所有样本数据均为年度数据，分别来自于 Wind 数据库和《中国畜牧业年鉴》（2005—2013 年）以及《中国畜牧兽医年鉴 2014》。

其次，为了保证解释变量和被解释变量在时间上的一致性，基于上述 5 个子样本区间计算出 20 个省（区、市）人均猪肉产量、实际人均收入、公路密度和饲养规模化程度变量在各个时间段上的样本平均值，作为各期（$t=1$，…，5）的样本数据。

最后，将 13 个生猪主产区和 7 个生猪主销区依次配对，计算出各个变量在每对生猪主产区和主销区上的样本数据之和，从而得到包含 5 期，每期 91 个个体的生猪产销市场整体发展指标，包括：代表生猪供给能力的人均猪肉产量变量 pro_{it}（单位：千克/人），代表经济发展状况的人均收入水平变量 inc_{it}（单位：元/人），代表市场势力强度的生猪规模化养殖程度变量 $scal_{it}$（单位：%），代表基础设施水平的公路密度变量 $road_{it}$（单位：千米/每万平方千米）。

(4) 门槛变量。门槛变量 dis_i 是根据经纬度算出来的生猪主产区与主销区省会城市之间的直线距离，简称省际地理距离（单位：千米）。

为了降低异方差性，本节对上述被解释变量、解释变量和门槛变量数据均进行了取对数处理。

（二）实证结果分析

1. 生猪产销市场整合水平测度研究

本节应用 JJ 协整检验方法对 2004—2013 年的中国生猪产销市场整合水平进行了测度，本节的检验结果均是使用 Statall.0 计量软件计算得出。为了清楚地分析各个阶段生猪产销市场整合水平的情况，表 4 给出了各阶段生猪产销市场分割、适度整合和高度整合的数量及其比重。

表 4   生猪市场整合情况统计表

整合水平	第一阶段		第二阶段		第三阶段		第四阶段		第五阶段		总样本	
	数量	比重	数量	比重	数量	比重	数量	比重	数量	比重	数量	比重
分割	57	62.64%	50	54.94%	51	56.04%	16	17.58%	4	5.49%	3	3.30%
适度整合	16	17.58%	19	20.88%	20	21.98%	32	35.17%	31	34.07%	6	6.59%
高度整合	18	19.78%	22	24.18%	20	21.98%	43	47.25%	56	61.54%	82	90.11%

注：分割是指迹统计量在 5% 的水平上不显著，适度整合是指统计量在 5% 的水平上显著，高度整合是指迹统计量在 1% 的水平上显著。

从表 4 中可以看出，在各个阶段，91 对生猪产销市场中分割的数量在逐步下降，而适度整合和高度整合的数量都呈现出上升趋势，说明中国生猪产销市场整合水平在不断提高。尤其是 2012—2013 年，91 对生猪产销市场中整合的数量已达到 87 对，占比高达 95.61%。另外，基于总样本的协整检验结果表明，仅有三对生猪产销市场（山东省和广东省、山东省和福建省以及吉林省和北京市）之间是分割的。由此可见，无论是分阶段还是从全样本期来看，中国生猪市场化改革效果都是十分显著的，生猪产销市场整合已经达到较高的水平。

表 5   整合程度最高的地区统计表

地区	所属区域	整合程度最大的地区	所属区域
辽宁	东北	天津	华北
黑龙江	东北	天津	华北
吉林	东北	天津	华北
河北	华北	江苏	华东
北京	华北	黑龙江	东北
天津	华北	辽宁	东北
江西	华东	浙江	华东

（续）

地区	所属区域	整合程度最大的地区	所属区域
安徽	华东	江苏	华东
山东	华东	江苏	华东
上海	华东	河南	华中
江苏	华东	河南	华中
浙江	华东	河南	华中
福建	华东	河南	华中
河南	华中	福建	华东
湖南	华中	浙江	华东
湖北	华中	天津	华北
海南	华南	福建	华东
广西	华南	福建	华东
广东	华南	河南	华中
四川	西南	天津	华北

注：以辽宁省和天津市为例，与辽宁省整合程度最高的省份是指7个生猪主销区与辽宁省的JJ协整检验结果中迹统计量值最大的省份，与天津市整合程度最高的省份是指13个生猪主产区与天津市的JJ协整检验结果中迹统计量值最大的省份。该表的统计依据全样本数据得到的迹统计量值。

表5给出了与各省（区、市）生猪市场整合水平最高的地区及其所属区域。从区域整合程度来看，东北区与华北区、华东区和华中区的生猪产销市场整合水平较高，说明这些区域上的生猪价格变动会在时间和幅度上表现出更强的同步性和一致性，而华南区和西南区的生猪价格则更倾向于依赖上述区域的生猪价格变动情况。

2. 生猪产销市场整合的决定因素分析

本节将以省际地理距离 *dis* 作为门槛变量，依次构建出人均猪肉产量 *pro*、人均收入水平 *inc*、生猪规模化养殖程度 *scal* 以及公路密度 *road* 基于 *dis* 的4个门槛效应模型，门槛模型的具体检验和估计过程如下：

（1）门槛效应检验。根据前文给出的计量模型和检验方法，首先进行门槛效应检验，具体检验结果见表6。从表6可以看出，以省际地理距离作为门槛变量时，解释变量 *pro*、*inc* 和 *road* 的单门槛效应通过了显著性检验，双门槛和三门槛效应均没有通过显著性检验；决定变量 *scal* 的双门槛效应通过了显著性检验，三门槛效应则没有通过显著性检验，这充分说明各个解释变量对生猪产销市场整合的影响确实存在着基于省际地理距离的门槛效应，其中，解释

变量 *pro*、*inc* 和 *road* 对生猪产销市场整合水平存在着单门槛效应，*scal* 则存在着双门槛效应。

表 6　门槛效应检验结果

变量	门槛数量	F 值	p 值	1%显著水平	5%显著水平	10%显著水平
	单门槛	14.400***	0.007	12.108	8.122	5.197
pro	双门槛	1.527	0.320	11.103	6.010	4.280
	三门槛	4.560	0.107	11.912	7.193	4.682
	单门槛	7.988*	0.053	14.456	8.557	5.592
inc	双门槛	1.674	0.417	17.649	7.528	6.005
	三门槛	0.102	0.850	9.961	6.389	4.893
	单门槛	19.692***	0.000	12.700	7.348	5.635
scal	双门槛	7.425*	0.063	13.373	7.641	5.553
	三门槛	3.781	0.183	16.591	8.392	6.226
	单门槛	20.959***	0.000	15.408	9.289	6.294
road	双门槛	3.870	0.193	14.359	8.193	6.041
	三门槛	2.303	0.313	19.481	8.603	6.329

注：*、**和***分别表示在 10%、5% 和 1% 的水平上显著。

（2）门槛值估计与检验。 门槛效应检验之后，需要对门槛值进行估计和检验，表 7 列出了四个门槛效应模型中的门槛估计值、95% 的置信区间以及门槛估计值的反对数值。根据表 7 的结果可知，解释变量 *pro* 所对应的门槛变量估计值为 6.461，处于原假设接受域内，表明在解释变量 *pro* 的门槛效应模型中，门槛值与实际估计值相等。同理，在解释变量 *inc*、*scal* 和 *road* 的门槛效应模型中，仍然可以得出门槛值与实际估计值相等的结论。

表 7　门槛估计值及其置信区间

变量	门槛值一			门槛值二		
	估计值	95%置信区间	估计值的反对数值	估计值	95%置信区间	估计值的反对数值
pro	6.461	[6.461, 6.716]	639.700	—	—	—
inc	7.065	[6.180, 7.292]	1 170.282	—	—	—
scal	7.233	[7.060, 7.233]	1 384.369	7.341	[6.180, 7.472]	1 542.254
road	7.182	[7.034, 7.288]	1 315.537	—	—	—

（3）面板门槛模型估计结果与分析。 本节以省际地理距离 *dis* 作为门槛变

量，依次对各个解释变量的面板门槛模型进行估计，具体估计结果见表 8 至表 11。

表 8　人均猪肉产量 *pro* 的面板门槛效应模型估计结果

变量	系数	标准误	T 统计量	p 值	5% 的置信区间
inc	1.168	0.171	6.820	0.000	[0.831, 1.504]
scal	−0.178	0.076	−2.340	0.020	[−0.328, −0.029]
road	−0.095	0.140	−0.680	0.497	[−0.370, 0.180]
proI (*dis*≤6.461)	2.044	0.470	4.350	0.000	[1.120, 2.969]
proI (*dis*>6.461)	0.102	0.360	0.280	0.777	[−0.606, 0.811]
常数项	−10.235	1.677	−6.100	0.000	[−13.534, −6.937]

注：该模型估计得到的 F 统计量及其伴随概率分别为 30.990 和 0.000，组内 R^2 为 0.302。

从表 8 中可以看出，当省际地理距离低于门槛值（6.461）时，人均猪肉产量 *pro* 对生猪产销市场整合水平 *MI* 的影响系数为 2.044，且通过了 1% 的显著性水平检验，说明 *pro* 对 *MI* 具有显著的正向影响，人均猪肉产量每提升 1%，生猪产销市场整合水平会提升 2%；当省际地理距离高于门槛值时，*pro* 的回归系数为 0.102，且不显著。由此可见，人均猪肉产量对生猪产销市场整合的影响系数依赖于省际地理距离，仅有当生猪主产区与主销区之间的地理距离小于门槛值时，人均猪肉产量才会对生猪产销市场整合起到促进作用。这种正向作用产生的原因可能是由于人均猪肉产量越多，表明生猪供给能力越强，生猪市场发育程度越高，因而生猪饲养者在价格信息收集和成本控制等方面具有更多的经验和优势，使得生猪产销市场之间的价格信息和生猪流通更为顺畅，从而促进了市场整合水平的提升。

表 9　人均收入水平变量 *inc* 的面板门槛效应模型估计结果

变量	系数	标准误	T 统计量	p 值	5% 的置信区间
pro	0.670	0.300	2.230	0.026	[0.079, 1.261]
scal	−0.170	0.077	−2.220	0.027	[−0.321, −0.020]
road	−0.065	0.140	−0.460	0.643	[−0.341, 0.211]
incI (*dis*≤7.065)	0.928	0.178	5.210	0.000	[0.578, 1.278]
incI (*dis*>7.065)	1.304	0.195	6.700	0.000	[0.921, 1.686]
常数项	−10.146	1.692	−6.000	0.000	[−13.474, −6.819]

注：该模型估计得到的 F 统计量及其伴随概率分别为 30.11 和 0.000，组内 R^2 为 0.296。

从表9中可以看出，当省际地理距离低于门槛值（7.065）时，人均收入水平变量 inc 对生猪产销市场整合水平 MI 具有显著的正向影响，影响系数为0.928；当实际地理距离高于门槛值时，inc 的回归系数为1.304，在1%的水平上显著，说明 inc 对 MI 的正向影响在跨越了门槛值后变得更强。由此可见，人均收入水平对生猪产销市场整合的影响能力可以突破省际地理距离的限制，原因在于人均收入水平高的地区往往经济发展较快，基础设施更为完善，交通更为便利，而且信息传播的途径更多，速度更快。因此，交易成本会倾向于降低，从而有利于市场整合（Varela 等，2013）。另一方面，尽管随着生猪产销地区之间地理距离的加大，交易成本会不断的提升，但是只要收入水平足够高，可以完全覆盖交易成本，那么交易依然会发生，价格信号依然会传导，从而摆脱了省际地理距离的限制。

表10　生猪规模化水平变量 scal 的门槛效应模型估计结果

变量	系数	标准误	T 统计量	p 值	5%的置信区间
pro	0.721	0.292	2.470	0.014	[0.148, 1.295]
inc	1.075	0.166	6.460	0.000	[0.748, 1.403]
road	−0.053	0.138	−0.380	0.704	[−0.324, 0.219]
scalI (dis≤7.233)	−0.284	0.081	−3.490	0.001	[−0.444, −0.124]
scalI (7.233<dis≤7.341)	0.222	0.119	1.870	0.062	[−0.012, 0.455]
scalI (dis>7.341)	−0.095	0.105	−0.910	0.365	[−0.301, 0.111]
常数项	−10.299	1.657	−6.220	0.000	[−13.557, −7.041]

注：该模型估计得到的 F 统计量及其伴随概率分别为28.58和0.000，组内 R^2 为0.324。

从表10中可以看出，当省际地理距离低于第一个门槛值（7.233）时，生猪规模化养殖程度 scal 对生猪产销市场整合水平 MI 的影响系数为−0.284，且通过了1%显著性水平的检验；当省际地理距离介于第一个门槛值与第二个门槛值之间时，scal 的回归系数为0.222，在10%的水平上显著；当省际地理距离高于第二个门槛值（7.341）时，scal 对 MI 的影响系数变得不显著，说明 scal 对 MI 的影响能力受制于省际地理距离，只有当生猪产销地区之间的省际地理距离小于第二个门槛值时，scal 才会对 MI 有显著的影响，但是影响程度和作用方向会依据省际地理距离而发生转变。

这是因为规模化养殖对市场整合具有双重效应，一方面市场规模化水平高，不同市场之间的交易和信息收集成本会倾向于降低，从而有利于市场整合（Goodwin and Schroeder，1991），这是"正面效应"；另一方面市场规模化程度越高，市场参与者的市场势力会越强，因而对价格的干预能力和对市场的占有能力就会越大，从而阻碍市场整合（Ward，1988），这是"负面效应"。当 $dis \leqslant 7.233$ 时，可能"负面效应"作用更大，因此 $scal$ 对 MI 的影响是负的；当 $7.233 < dis \leqslant 7.341$ 时，"正面效应"变得更为显著，因此 $scal$ 对 MI 又产生了正向影响。

表11　公路密度变量 $road$ 的面板门槛效应模型估计结果

变量	系数	标准误	T 统计量	p 值	5%的置信区间
pro	0.646	0.294	2.200	0.029	[0.068, 1.224]
inc	1.057	0.167	6.320	0.000	[0.728, 1.386]
$scal$	−0.166	0.076	−2.200	0.028	[−0.315, −0.018]
$roadI$ ($dis \leqslant 7.182$)	−0.239	0.145	−1.650	0.099	[−0.524, 0.045]
$roadI$ ($dis > 7.182$)	0.389	0.179	2.180	0.030	[0.038, 0.740]
常数项	−10.158	1.666	−6.100	0.000	[−13.434, −6.882]

注：该模型估计得到的 F 统计量及其伴随概率分别为 32.960 和 0.000，组内 R^2 为 0.315。

从表11中可以看出，当省际地理距离低于门槛值（7.182）时，公路密度变量 $road$ 对生猪产销市场整合水平 MI 的影响系数为−0.239，且在 10% 的水平上显著；当省际地理距离高于门槛值时，$road$ 的回归系数变为 0.389，在 1% 的水平上显著，这就说明 $road$ 对 MI 影响在跨越了门槛之后在显著水平和作用方向上均发生了明显的变化。首先，$road$ 对 MI 影响的显著水平所有提升，说明公路基础设施的建设对于促进省际地理距离较远的生猪产销市场整合作用明显。其次，$road$ 对 MI 的影响关系由负向作用变为正向作用，说明在考虑了省际地理距离的作用后，本节并不完全支持以往研究（Goletti 等，1995；Varela 等，2013）得到的结论，即公路等基础设施的完善对市场整合存在着正向作用。分析其原因可能是，当省际地理距离较近时，公路基础设施建设带来的成本（例如：过路费）可能会超过运输便利后带来的收益，因此公路基础设施的完善仅会促进省际地理距离大于门槛值的生猪产销市场整合。这就意味着可以通过加大公路基础设施建设，来有效地解决地理距离较远给生猪产销市场整合带来的负面作用。

综合表8至表11的估计结果可以看出，各个解释变量的门槛效应模型估计结果中组内 R^2 统计量均大于面板数据线性回归模型中的组内 R^2，而且各个决定变量在充当控制变量时的估计值、符号和显著水平几乎一致，估计结果表现出较强的稳健性。由此可见，解释变量 pro、inc、$scal$ 和 $road$ 是生猪产销市场整合的决定因素，且对生猪产销市场整合的影响都存在着基于省际地理距离的门槛效应，但是门槛效应在不同决定因素间存在着一定差异。

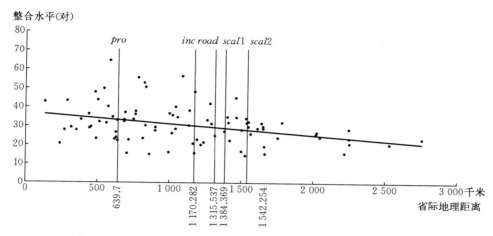

图 7　生猪产销市场整合水平、决定因素以及地理距离之间的关系图

图 7 是生猪产销市场整合水平、决定因素和省际地理距离之间的关系图。五条竖线分别标识出人均猪肉产量（*pro*）、人均收入水平（*inc*）、公路密度（*road*）以及生猪规模化养殖程度（*scal*）所对应门槛效应模型中的门槛值。由生猪产销市场整合水平与省际地理距离之间关系的散点图及其趋势线可以看出，*MI* 与 *dis* 之间存在着显著的负相关关系，这种负相关关系主要是由于随着省际地理距离的增长，生猪产销市场之间的交易成本将不断提升，然而促进生猪市场整合水平提高的决定因素却在逐步减少。具体而言，变量 *pro* 和 *scal* 对生猪产销市场整合水平的正向影响受到省际地理距离的限制，其中，*pro* 仅对省际地理距离小于 639.7 千米的 24 对生猪产销市场整合起到了推动作用，*scal* 仅对省际地理距离介于 1 384.369 千米和 1 542.254 千米之间的 9 对生猪产销市场整合具有正向影响。尽管如此，当省际地距离超过 1 542.254 千米后，21 对生猪产销市场仍然是整合的，其原因在于决定变量 *inc* 和 *road* 对生猪产销市场整合的正向影响可以打破省际地理距离的限制。其中，*road* 对省际地理距离超过 1 315.537 千米的 40 对生猪产销市场整合水平起到促进作用。而 *inc* 与 91 对生猪产销市场整合水平之间均存在显著的正相关关系，并且这种正相关关系在省际地理距离超过 1 170.282 千米之后还有所增强。

因此，为了进一步提升中国生猪产销市场整合水平，并充分发挥中心市场作用，降低政策实施成本，政府应该大力推进各个生猪主产区和主销区与中心市场之间的整合程度。具体可以从以下几个方面入手，对于距离中心市场——河南省和辽宁省小于 639.7 千米的北京市、天津市和江苏省以及距离中心市场——天津市和福建省小于 639.7 千米的辽宁省、山东省、河北省、河南省和江西省，可以通过提高其生猪供给能力来增加其与中心市场的整合程度；距离中心市场——河南省和辽宁省大于 1 315.537 千米的广东省和福建省以及距离中心市场——天津市、福建省大于 1 315.537 千米的东北三省和四川省，则应该着重通过加大公路等基础设施建设来提升其与中心市场的整合程度；距离中心市场大于 1 315.257 千米且小于 1 384.369 千米的河北省，则也可以选择提升生猪规模化养殖程度来加大与中心市场的整合水平；最后，对全部生猪产销区来说，在积极推动经济健康持续发展的过程中，通过人均收入水平的提高也可以显著促进其与中心市场的整合水平。

（三）主要结论与政策启示

首先，本节应用 JJ 协整检验方法对中国生猪产销市场整合水平进行测度，从分阶段的测度结果可以看出，中国生猪产销市场整合水平在不断提高；从基于总样本的测度结果来看，91 对生猪产销市场中仅有 3 对市场是分割的，说明目前中国生猪产销市场整合已经达到了较高的水平，由此可见，中国生猪市场化改革效果十分明显，生猪产销市场整体运行效率较高。

其次，应用面板门槛模型分析生猪产销市场整合的决定因素，研究发现人均猪肉产量、人均收入水平、生猪规模化养殖程度和公路密度是生猪产销市场整合水平的决定因素，并且各个决定因素对生猪产销市场整合的影响均存在着基于省际地理距离的门槛效应，具体如下：

当省际地理距离低于 639.7 千米时，人均猪肉产量与生猪产销市场整合水平之间存在着显著的正相关关系，但是这种正相关关系在省际地理距离超过 639.7 千米后会变得不显著；人均收入水平对生猪产销市场整合具有显著的正向作用，而且这种正向作用在省际地理距离超过 1 170.282 千米后会增强；规模化养殖程度对生猪产销市场整合水平的影响系数在省际地理距离低于 1 384.369 千米时显著为负，在省际地理距离处于 1 384.369 千米和 1 542.254 千米之间时则显著为正，在省际地理距离超过 1 542.254 千米后会变得不显著；公路密度对生猪产销市场整合水平的影响系数在省际地理距离低于 1 315.537 千米时是显著为负的，在省际地理距离超过门槛值时是正的。

基于上述研究结论，本文认为在制定生猪产销市场整合水平的提升政策时，政府可以依据生猪产销区的省际地理距离来采取科学且合理的措施。对于省际地理距离在 639.7 千米以内的 24 对生猪产销市场，应当积极开展供给侧改革，提升生猪供给能力，通过增加猪肉产量来推进生猪产销市场整合；对于省际地理距离介于 1 315.257 千米和 1 384.369 千米之间的 9 对生猪产销市场，应该重点实施鼓励生猪规模化养殖政策，通过提升生猪养殖规模化水平来促进生猪产销市场整合；对于省际地理距离在 1 542.254 千米以上的 21 对生猪产销市场，应当加大公路基础设施建设力度，通过改善运输条件来提高生猪产销市场整合水平；除此之外，所有 91 对生猪产销市场都可以通过拉动内需、加大投资等措施来发展经济，促进人均收入水平的提高，进而推进生猪产销市场整合。

　　项目负责人：潘方卉

　　主要参加人：赵丽娟、王洋、胡畔、刘晓丽、高颖、姜冰、杨志武、杨辉等

提高规模化养殖场奶牛福利的
经济效应研究*

姜 冰 潘方卉 樊 斌 李 想等

奶牛福利是与生产效益、奶牛健康密切相关的概念，奶牛福利下降引致的奶牛生产效率的降低将直接制约奶牛养殖业的效益，而奶牛福利的改善对奶牛养殖环境、原料乳增产提质和养殖场增收等经济要素均产生积极影响，奶牛福利已成为保障原料乳质量安全和养殖场持续获得理想预期收益的重要影响因素，也是奶牛养殖业可持续发展所必须考虑的重要课题。我国乳业已经进入调整结构和转型升级的重要阶段。发展高福利的奶牛养殖业，是确保原料乳质量安全、稳定原料乳供应以及保障奶农利益的有效手段，也是政府倡导健康养殖的重点实现路径。2008年以来，在政府扶持和市场引导下，我国奶牛养殖方式从粗放型的散养为主的模式，快速步入以规模化、集约化和标准化养殖为主导的新阶段。生产方式的先进性并不代表其合理性，在人为控制下进行的集约化、高效化的生产活动以及"利益最大化"目标驱动下的掠夺式经营方式，会导致奶牛平均福利下降，对奶牛遗传生产力、生产性疾病防控和奶牛利用年限等方面产生消极影响，制约了规模化奶牛养殖业整体的经济效益。如何提高奶牛福利水平是我国奶牛养殖业应侧重考虑的要素之一。

一、规模化养殖场奶牛福利评价模型

（一）模型结构

本研究遵循英国农场动物福利委员会（FAWC）（1997）倡导的动物福利评价"5F"基准，以世界动物卫生组织（OIE）（2011）界定的动物福利标准，以中国兽医协会（2015）提出的动物福利标准制定的基本要求为依据，以科学性、集成性、实用性、可操作性、可量化为原则，建立规模化养殖场奶牛福利

　＊ 国家自然基金应急管理项目（项目编号：71640017）。

　项目负责人为姜冰副教授，主要参加人员有潘方卉、樊斌、李想等。

问题分解结构，将规模化养殖场奶牛福利评价研究的预定目标和理想结果作为目标层（A），根据福利功能将复杂的系统分解成为生理福利、环境福利、卫生福利、心理福利与行为福利五个子系统作为原则层（$B_1 \sim B_5$），将在奶牛饲喂、畜舍环境、疫病防控、行为表达和人畜关系等各环节反映的奶牛福利特征的具体分类作为标准层（$B_{11} \sim B_{53}$），并为标准层每个因素设置具体的评价指标。基于规模化养殖场奶牛福利评价体系构建原则，借鉴国内外大量的文献资料和研究成果，以泌乳牛存栏量 500 头以上的规模化养殖场为研究对象，结合 20 位专家评议、10 家规模化奶牛养殖场的场长与兽医，最终确定了 5 个层面的 24 个指标的评价体系，构建了规模化养殖场奶牛福利评价指标体系的总体框架（图 1）。

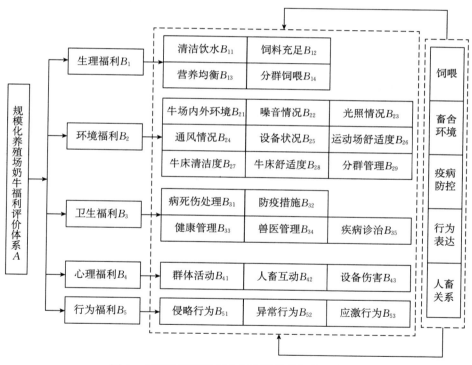

图 1　规模化养殖场奶牛福利评价指标体系框架

（二）权重确定

1. 权重确定过程

依据规模化养殖场奶牛福利评价指标体系，设计涵盖全部评价指标的描述性问题，信息收集方法为实地调研和问卷调查，调查对象为黑龙江省泌乳牛存栏量 500 头以上 150 家养殖场的经营者以及 30 位兽医领域的专家。

本文采用德尔菲法和模糊综合评价相结合的方法确定规模化养殖场奶牛福利评价各指标的权重。首先建立综合评价指标因素的优先集合，然后采用两因素重要性比值代替专家打分，构筑判断矩阵，通过软件应用算法计算得到评价指标的权重。

(1) 建立综合评价指标因素的优先集合。本文将指标体系分为两个层级，第一层级评价指标记为 $B = \{B_1, B_2, B_3, B_4, B_5\} = \{$生理福利，环境福利，卫生福利，心理福利，行为福利$\}$，第二层级为子指标级记为 $B = \{B_{i1}, B_{i2}, \cdots, B_{ij}\}$，其中 $i = 1, 2, \cdots, 5$，B_{ij} 表示 B_i 的第 j 个二级指标，$j = 1, 2, \cdots, k_i$，$k_i \leqslant 9$。

$B_1 = \{B_{11}, B_{12}, B_{13}, B_{14}\} = \{$清洁饮水，饲料充足，营养均衡，分群饲喂$\}$，

$B_2 = \{B_{21}, B_{22}, B_{23}, B_{24}, B_{25}, B_{26}, B_{27}, B_{28}, B_{29}\} = \{$牛场内外环境，噪音情况，光照情况，通风情况，设备状况，运动场舒适度，牛床清洁度，牛床舒适度，分群管理$\}$，

$B_3 = \{B_{31}, B_{32}, B_{33}, B_{34}, B_{35}\} = \{$病死伤处理，防疫措施，健康管理，兽医管理，疾病诊治$\}$，

$B_4 = \{B_{41}, B_{42}, B_{43}\} = \{$群体活动，人畜互动，设备伤害$\}$，

$B_5 = \{B_{51}, B_{52}, B_{53}\} = \{$侵略行为，异常行为，应激行为$\}$。

表 1　比例标度法含义

标度值	含义
1	B_{i1} 和 B_{in} 重要性相同
3	B_{i1} 比 B_{in} 稍微重要
5	B_{i1} 比 B_{in} 明显重要
7	B_{i1} 比 B_{in} 强烈重要
9	B_{i1} 比 B_{in} 绝对重要
2、4、6、8	介于上述 2 个相邻判断尺度之间

(2) 构建比较判断矩阵。基于规模化养殖场奶牛福利评价指标层次结构体系，对递阶层次结构进行两两比较，采用 1～9 标度法比较两个指标，将定性的比较结果转化为定量的判断数据，形成判断矩阵。即判断矩阵是在 B_i 层的要求下，对下一层 B_{ij} 层元素 B_{i1}，B_{i2}，$\cdots$，B_{in} 进行相互比较，用具体的数值表示 B_{i1} 到 B_{in} 对 B_i 的重要性，若二者重要程度相同，尺度设定为 1；若前者比后者稍微重要，尺度设定为 3；若前者比后者明显重要，尺度设定为 5；若

前者比后者非常重要，尺度设定为 7；若前者比后者极其重要，尺度设定为 9；而尺度值 2、4、6、8 则表示为两个指标的重要程度之比在上述两个相邻等级之间，从而构建判断矩阵 A。

（3）确定各指标权重。 将比较判断矩阵写入软件，计算判断矩阵的最大特征值（λ_{max}）和特征向量矩阵（W^*），然后把特征向量 W^* 化为 W，则 $W = (w_1, w_2, \cdots, w_n)^T$，$W_i$ 即各指标权重。

（4）一致性检验。 鉴于专家的主观经验知识不同，对指标体系的各项指标进行相对重要性判断时可能存在一定的误差，因此需要对判断矩阵进行一致性检验。具体方法：

$$CR = \frac{CI}{RI}, \quad CI = \frac{\lambda_{max} - n}{n - 1}$$

RI 为随机指数，λ_{max} 为判断矩阵的最大特征根，n 为判断矩阵的阶数。

当一致性 $CR < 0.1$ 时，认为判断矩阵的结果可以接受，反之，判断矩阵的结果无法接受，需要进行反复调查论证，直到具有满意的一致性为止。对于层次总排序的检验方法：

$$CR^n = \frac{CI^n}{RI^n}, \quad CI^n = (CI_1^{(n-1)}, CI_2^{(n-1)}, \cdots, CI_n^{(n-1)}) W^{(n-1)}$$

$$RI^n = (RI_1^{(n-1)}, RI_2^{(n-1)}, \cdots, RI_n^{(n-1)}) W^{(n-1)}$$

当 $CR^n < 0.1$ 时，认为 n 层次总排序的一致性可以接受。

2. 权重结果与分析

（1）原则层目标评价模型及权重分析。 原则层 B_i 包括生理福利、环境福利、卫生福利、心理福利和行为福利五个维度，原则层 B_i 对目标 A 的判断矩阵及全部结果见表 2。在规模化养殖场奶牛福利的五个评价维度中，对于奶牛而言，首先，生理福利比重达 40.34%，说明保证清洁饮水和饲料充足的基本生理需求及营养均衡、分群饲喂的科学饲养方式，确保奶牛健康和精力充沛，是最基本最重要的福利维度；其次，环境福利比重达 22.35%，说明分群管理、自然环境、牛舍内外环境、设备状况等环境因素是影响规模化养殖场奶牛福利水平的关键福利维度；再次，卫生福利和行为福利比重分别为 18.16% 和 14.43%，说明奶牛健康体态、疾病诊治、病死伤处理、防疫措施和兽医管理等卫生福利要素及侵略、异常和应激等行为福利要素对奶牛免受疾病困扰和充分表达天性行为的权利有积极作用，一定程度上影响规模化养殖场奶牛福利总体水平；最后，心理福利比重为 4.71%，说明设备伤害、人畜互动、群体活动等要素构成的心理福利维度相对于其他四个维度而言，对规模化养殖场奶牛福利水平影响稍小。但是，五个维度均为评价规模化养殖场奶牛福利水平的重要组成部分。

表 2 B_i 对 A 比较判断矩阵

A	B_1	B_2	B_3	B_4	B_5	W_i
B_1	1.000 0	2.000 0	2.250 0	8.000 0	2.666 7	0.403 4
B_2	0.500 0	1.000 0	1.250 0	5.000 0	1.600 0	0.223 5
B_3	0.444 4	0.800 0	1.000 0	4.000 0	1.250 0	0.181 6
B_4	0.125 0	0.200 0	0.250 0	1.000 0	0.333 3	0.047 1
B_5	0.375 0	0.625 0	0.800 0	3.000 0	1.000 0	0.144 3

注：$CR=0.001\ 0$，$\lambda_{max}=5.004\ 7$。

（2）生理福利评价子模型及权重分析。 生理福利为原则层 B_1，清洁饮水 B_{11}，饲料充足 B_{12}，营养均衡 B_{13}，分群饲喂 B_{14} 为标准层，标准层指标 B_{1i} 对原则层 B_1 的判断矩阵及全部结果见表 3。生理福利是指动物应享有免受饥渴的自由，是动物生存的基本要求。影响规模化养殖场奶牛生理福利的主要指标有清洁饮水、饲料充足、营养均衡和分群饲喂，生理福利指标较易量化、获取和接受。清洁饮水是保障牛体健康的首要条件，有助于活化细胞及内脏，加速代谢，增强机体免疫力和抵抗力，流动的地下水、清洁的水槽、充足的饮水器是确保水质安全和水量充足的基础；饲料充足是满足奶牛生存又一基本要求，高品质饲料，充足的饲料槽，自由采食空间是确保饲料质量安全和摄食充分的基础；营养均衡是衡量奶牛采食营养全面与否的重要指标，不断丰富和补充奶牛身体所需的营养物质并进行科学配比是确保高品质原料奶的基础；分群饲喂是依据泌乳牛不同的产奶量区间及所处不同的泌乳阶段进行合理的饲喂管理，保证原料奶产量和奶牛机体功能。在影响生理福利的四项指标中，饲料充足和营养均衡的比重分别为 41.21% 和 33.31%，是保障奶牛不受饥饿之苦的重要因素，是影响奶牛生理福利的重要因素，清洁饮水比重为 18.87%，是保障奶牛免受饥渴之苦的重要因素，分群饲喂比重为 6.61%，相对于摄食和饮水而言，该指标权重较低。

表 3 B_{1i} 对 B_1 比较判断矩阵

B_1	B_{11}	B_{12}	B_{13}	B_{14}	W_i
B_{11}	1.000 0	0.444 4	0.555 6	3.000 0	0.188 7
B_{12}	2.250 0	1.000 0	1.250 0	6.000 0	0.412 1
B_{13}	1.800 0	0.800 0	1.000 0	5.000 0	0.333 1
B_{14}	0.333 3	0.166 7	0.200 0	1.000 0	0.066 1

注：$CR=0.000\ 5$，对 "A" 的权重 $=0.403\ 4$，$\lambda_{max}=4.001\ 3$。

（3）环境福利评价子模型及权重分析。环境福利为原则层 B_2，牛场内外环境 B_{21}，噪音情况 B_{22}，光照情况 B_{23}，通风情况 B_{24}，设备状况 B_{25}，运动场舒适度 B_{26}，牛床清洁度 B_{27}，牛床舒适度 B_{28}，分群管理 B_{29} 为标准层，标准层指标 B_{2i} 对原则层 B_2 的判断矩阵及全部结果见表 4。环境福利是指动物应享有免受不舒适环境的自由，是动物生活的基本条件。影响规模化养殖场奶牛环境福利的主要指标有物理类环境因素，即噪音情况、光照情况、通风情况；畜舍设施类环境因素，即牛场内外环境、设备状况、运动场舒适度、牛床清洁度、牛床舒适度；管理类环境因素，即分群管理，环境福利指标较易观察和获得。物理类环境因素是保证奶牛舒适生活的自然要素，牛舍应具备良好的通风条件，控制有害气体的浓度；具备充足的光照，满足奶牛采食行为；具备安静的氛围，保证奶牛的充足休息。畜舍设施类环境因素是保证奶牛舒适生活的功能要素，牛场内外适当的绿化和灭蝇灭鼠，净化环境，防止疫病传播；拥有运动场且构造合理，满足奶牛日常活动需求；牛床清洁舒适，大小适宜，使躯体舒服；料槽、饮水器、风扇、喷水系统、TMR（全混合日粮）和挤奶机等设备清洁且功能正常，是奶牛饲喂与原料奶供应的有效保障。合理的牛群结构，促使泌乳牛管理更为精细化。在影响环境福利的九项指标中，牛床舒适度和牛床清洁度的比重分别为 39.14% 和 21.46%，说明奶牛趴卧环境是影响奶牛环境福利的重要因素；通风情况的比重为 14.66%，说明牛舍空气质量直接影响奶牛环境福利，此外，其他六项指标比重均小于 10%，权重相对较低。

表 4 B_{2i} 对 B_2 的比较判断矩阵

B_2	B_{21}	B_{22}	B_{23}	B_{24}	B_{25}	B_{26}	B_{27}	B_{28}	B_{29}	W_i
B_{21}	1.000 0	1.800 0	1.500 0	0.333 3	1.000 0	1.400 0	0.250 0	0.111 1	1.200 0	0.050 4
B_{22}	0.555 6	1.000 0	0.800 0	0.200 0	0.500 0	0.750 0	0.142 9	0.111 1	0.600 0	0.029 7
B_{23}	0.666 7	1.250 0	1.000 0	0.222 2	0.600 0	0.888 9	0.125 0	0.111 1	0.800 0	0.034 1
B_{24}	3.000 0	5.000 0	4.500 0	1.000 0	2.666 7	4.000 0	0.750 0	0.333 3	3.500 0	0.146 6
B_{25}	1.000 0	2.000 0	1.666 7	0.375 0	1.000 0	1.400 0	0.250 0	0.111 1	1.200 0	0.052 4
B_{26}	0.714 3	1.333 3	1.125 0	0.250 0	0.714 3	1.000 0	0.125 0	0.111 1	0.800 0	0.036 6
B_{27}	4.000 0	7.000 0	8.000 0	1.333 3	4.000 0	8.000 0	1.000 0	0.400 0	4.500 0	0.214 6
B_{28}	9.000 0	9.000 0	9.000 0	3.000 0	9.000 0	9.000 0	2.500 0	1.000 0	9.000 0	0.391 4
B_{29}	0.833 3	1.666 7	1.250 0	0.285 7	0.833 3	1.250 0	0.222 2	0.111 1	1.000 0	0.044 2

注：$CR=0.006\,2$，对"A"的权重 $=0.223\,5$，$\lambda_{max}=9.072\,6$。

（4）卫生福利评价子模型及权重分析。卫生福利为原则层 B_3，病死伤处理 B_{31}，防疫措施 B_{32}，健康管理 B_{33}，兽医管理 B_{34}，疾病诊治 B_{35} 为标准层，

标准层指标 B_{3i} 对原则层 B_3 的判断矩阵及全部结果见表 5。卫生福利是指动物应享有免受疾病、疼痛和伤害的自由，是维持动物身体健康的重要条件。影响规模化养殖场奶牛卫生福利的主要指标有病死伤处理、防疫措施、健康管理、兽医管理和疾病诊治。卫生福利指标较易观察和获得。奶牛病死伤处理应采取无害化处理方式，可以有效控制疫病传播；卫生防疫工作应在建立疫病防控程序的基础上，配备隔离设备、隔离带、消毒设施，按照国家规定注射疫苗，防止疫情扩散；健康管理可以有效预防奶牛患病，通过观察牛体状况和体检记录，明确奶牛卫生健康状况；兽医工作是疾病预防和治疗的技术保障，养殖场应设有兽医室，配备专业兽医器具，并由具备专业知识和技能的人员实施诊治；疾病诊治工作是衡量养殖场卫生管理水平的关键因素，降低各类疾病的发病率和死亡率，及时救护，抑制疼痛，有效延长奶牛寿命。在影响卫生福利的五项指标中，健康管理和疾病诊治的比重分别为 39.61% 和 20.49%，防疫措施和兽医管理的比重分别为 15.60% 和 15.40%，病死伤处理的比重仅为 8.9%，权重相对较低。

表 5　B_{3i} 对 B_3 的比较判断矩阵

B_3	B_{31}	B_{32}	B_{33}	B_{34}	B_{35}	W_i
B_{31}	1.000 0	0.600 0	0.200 0	0.600 0	0.444 4	0.089 0
B_{32}	1.666 7	1.000 0	0.400 0	1.000 0	0.800 0	0.156 0
B_{33}	5.000 0	2.500 0	1.000 0	2.500 0	1.800 0	0.396 1
B_{34}	1.666 7	1.000 0	0.400 0	1.000 0	0.750 0	0.154 0
B_{35}	2.250 0	1.250 0	0.555 6	1.333 3	1.000 0	0.204 9

注：$CR = 0.001\,2$，对"A"的权重 $= 0.181\,6$，$\lambda_{max} = 5.005\,4$。

(5) 心理福利评价子模型及权重分析。心理福利为原则层 B_4，群体活动时间 B_{41}，人畜互动 B_{42}，设备伤害 B_{43} 为标准层，标准层指标 B_{4i} 对原则层 B_4 的判断矩阵及全部结果见表 6。心理福利是指动物应享有免受精神上的恐惧和压抑的自由，是维持动物精神健康的重要条件。对于奶牛是否具有主观感受和心理意识尚存争议，所以在评价奶牛福利时是否应该考虑奶牛感受很难达成共识。按照当前知识体系很难界定动物心理福利全部内涵，尤其在国内动物福利意识普遍不高的情况下，评价心理更为困难。然而，使奶牛有心理上的安乐，不惧怕、不紧张、不枯燥、无压抑感等都是奶牛心理福利的重要方面。影响规模化养殖场奶牛心理福利的主要指标有群体活动时间、人畜互动和设备伤害。设备伤害、暴力驱赶、独自活动等均会增加奶牛害怕程度和压抑不适感。在三项指标中，设备伤害的比重高达 73.98%，人畜互动的比重为 17.11%，群体活动时间的比重仅为 8.9%，权重相对较低。

表 6 B_{4i} 对 B_4 的比较判断矩阵

B_4	B_{41}	B_{42}	B_{43}	W_i
B_{41}	1.000 0	0.500 0	0.125 0	0.089 0
B_{42}	2.000 0	1.000 0	0.222 2	0.171 1
B_{43}	8.000 0	4.500 0	1.000 0	0.739 8

注：$CR=0.001\ 5$，对"A"的权重$=0.047\ 1$，$\lambda_{max}=3.001\ 5$。

（6）行为福利评价子模型及权重分析。 行为福利为原则层 B_5，侵略行为 B_{51}，异常行为 B_{52}，应激行为 B_{53} 为标准层，标准层指标 B_{5i} 对原则层 B_5 的判断矩阵及全部结果见表 7。行为福利是指动物应享有表达自然行为的自由，是动物进化的动机条件。由于目前的科学手段很难准确测量动物行为福利状态，我们仅能通过观察进行主观判断，归纳影响规模化养殖场奶牛心理福利的主要指标有侵略行为、异常行为和应激行为。异常行为主要表现为狂躁，以啃咬护栏、来回走动、拒绝饮食为表现形式；刻板，以踱步、旋转、甩头、头部上下伸缩、呕吐重咽、身体摇摆不稳为表现形式；自我伤害，以身体摩擦物品、皮肤伤害为表现形式。应激行为主要表现为由于饲养密度、条件骤变等要素变化引起的呼吸急促、运动量减少、免疫力降低、生长缓慢等表现形式。侵略行为主要表现为自我保护式的攻击。在三项指标中，应激行为的比重高达 55.16%，异常行为的比重为 32.26%，侵略行为的比重仅为 12.58%，权重相对较低。

表 7 B_{5i} 对 B_5 的比较判断矩阵

B_5	B_{51}	B_{52}	B_{53}	W_i
B_{51}	1.000 0	0.400 0	0.222 2	0.125 8
B_{52}	2.500 0	1.000 0	0.600 0	0.322 6
B_{53}	4.500 0	1.666 7	1.000 0	0.551 6

注：$CR=0.000\ 6$，对"A"的权重$=0.144\ 3$，$\lambda_{max}=3.000\ 7$。

（7）权重总排序。 层次总排序是各标准层对于目标层的权重，计算结果见表 8。生理福利维度中的饲料充足与营养均衡的比重分别为 16.62% 和 13.44%，对奶牛福利影响最大；生理福利维度中的清洁饮水、分群饲喂，环境福利维度的牛床舒适度、牛床清洁度、通风情况、设备状况和牛场内外环境，卫生福利维度的所有标准层指标，心理福利维度的设备伤害，行为福利维度的所有标准层指标的比重在 1%～10%；其他指标比重均低于 1%。

表8 规模化养殖场奶牛福利评价指标权重

目标层	原则层		标准层			总权重
	类别	权重	类别	描述指标	权重	
规模化养殖场奶牛福利评价体系 A	生理福利 B_1	0.403 4	清洁饮水 B_{11}	来源、充足	0.188 7	0.076 1
			饲料充足 B_{12}	异物、自由采食	0.412 1	0.166 2
			营养均衡 B_{13}	饲料配比	0.333 1	0.134 4
			分群饲喂 B_{14}	产奶量、泌乳阶段	0.066 1	0.026 7
	环境福利 B_2	0.223 5	牛场内外环境 B_{21}	绿化、灭鼠灭蝇	0.050 4	0.011 3
			噪音情况 B_{22}	来源、大小	0.029 7	0.006 6
			光照情况 B_{23}	方式、强度	0.034 1	0.007 6
			通风情况 B_{24}	气味、温度	0.146 6	0.032 8
			设备状况 B_{25}	清洁、故障	0.052 4	0.011 7
			运动场舒适度 B_{26}	构造、清洁	0.036 6	0.008 2
			牛床清洁度 B_{27}	清洁频次、地面湿滑	0.214 6	0.048 0
			牛床舒适度 B_{28}	数量、清洁、尺寸	0.391 4	0.087 5
			分群管理 B_{29}	牛群结构	0.044 2	0.009 8
	卫生福利 B_3	0.181 6	病死伤处理 B_{31}	无害化、处理方式	0.089 0	0.016 2
			防疫措施 B_{32}	防控程序、设备设施	0.156 0	0.028 3
			健康管理 B_{33}	牛体整洁、体检记录	0.396 1	0.071 9
			兽医管理 B_{34}	资质、器具、态度	0.154 0	0.028 0
			疾病诊治 B_{35}	发病率、诊疗方式	0.204 9	0.037 2
	心理福利 B_4	0.047 1	群体活动时间 B_{41}	聚集	0.089 1	0.004 2
			人畜互动 B_{42}	暴力	0.171 1	0.008 1
			设备伤害 B_{43}	牛舍、奶厅	0.739 8	0.034 8
	行为福利 B_5	0.144 3	侵略行为 B_{51}	攻击	0.125 8	0.018 2
			异常行为 B_{52}	刻板、狂躁、自我伤害	0.322 6	0.046 6
			应激行为 B_{53}	饲养密度、条件骤变	0.551 6	0.079 6

（三）规模化养殖场奶牛福利水平测度

规模化养殖场奶牛福利评价体系采用1~10分打分制，对黑龙江省150家泌乳牛存栏量500头以上的规模养殖场的奶牛福利进行评价，各类评价结果见表9。在生理福利方面，指标均值均超过6，生理保障良好；在环境福利方面，光照和运动场两项指标得分低于5，分群管理和通风情况得分最高；在卫生福利方面,疾病诊治得分最高,防疫措施有待完善;在心理福利方面,群体活动和人畜互动得分略低,设备伤害较小;在行为福利方面,异常行为和应激行为的控制相对于侵略行为较好。受访规模化养殖场奶牛福利平均水平 7.838 9、生理福利平均水平为 8.529 4、环境福利平均水平 7.417 9、卫生福利平均水平 6.605 4、心理福利平均水平 6.684 5、行为福利平均水平 6.899 7。可见,规模化养殖场奶牛生理福利和环境福利的平均水平较高,卫生福利需要亟待提升。

表 9　受访规模化养殖场奶牛福利水平

目标层	原则层		类别	指标均值	分类		总类	
	类别	权重			分类权重	得分	总权重	得分
规模化养殖场奶牛福利评价体系 A	生理福利 B_1	0.403 4	清洁饮水 B_{11}	9.26	0.188 7	1.747 4	0.076 1	0.704 7
			饲料充足 B_{12}	8.35	0.412 1	3.441 0	0.166 2	1.387 8
			营养均衡 B_{13}	8.75	0.333 1	2.914 6	0.134 4	1.176 0
			分群饲喂 B_{14}	6.45	0.066 1	0.426 3	0.026 7	0.172 2
	环境福利 B_2	0.223 5	牛场内外环境 B_{21}	5.94	0.050 4	0.299 4	0.011 3	0.067 1
			噪音情况 B_{22}	8.54	0.029 7	0.253 6	0.006 6	0.056 4
			光照情况 B_{23}	2.45	0.034 1	0.083 5	0.007 6	0.018 6
			通风情况 B_{24}	9.35	0.146 6	1.370 7	0.032 8	0.306 7
			设备状况 B_{25}	6.87	0.052 4	0.360 0	0.011 7	0.080 4
			运动场舒适度 B_{26}	4.55	0.036 6	0.166 5	0.008 2	0.037 3
			牛床清洁度 B_{27}	7.75	0.214 6	1.663 2	0.048 0	0.372 0
			牛床舒适度 B_{28}	7.10	0.391 4	2.778 9	0.087 5	0.621 3
			分群管理 B_{29}	10.00	0.044 2	0.442 0	0.009 8	0.098 0
	卫生福利 B_3	0.181 6	病死伤处理 B_{31}	6.55	0.089 0	0.583 0	0.016 2	0.106 1
			防疫措施 B_{32}	4.56	0.156 0	0.711 4	0.028 3	0.129 0
			健康管理 B_{33}	6.05	0.396 1	2.396 4	0.071 9	0.435 0
			兽医管理 B_{34}	7.95	0.154 0	1.224 3	0.028 0	0.222 6
			疾病诊治 B_{35}	8.25	0.204 9	1.690 4	0.037 2	0.306 9
	心理福利 B_4	0.047 1	群体活动时间 B_{41}	3.35	0.089 1	0.298 5	0.004 2	0.014 1
			人畜互动 B_{42}	5.50	0.171 1	0.941 1	0.008 1	0.044 6
			设备伤害 B_{43}	7.36	0.739 8	5.444 9	0.034 8	0.256 1
	行为福利 B_5	0.144 3	侵略行为 B_{51}	3.15	0.125 8	0.396 3	0.018 2	0.057 3
			异常行为 B_{52}	7.25	0.322 6	2.338 9	0.046 6	0.337 9
			应激行为 B_{53}	7.55	0.551 6	4.164 6	0.079 6	0.601 0

二、规模化养殖场奶牛福利经济效应研究

（一）分析框架

1. 逻辑框架

现有研究主要从动物医学、动物营养学和动物行为学等动物学科的角度研究动物福利问题，从经济学的角度研究动物福利与经济效益关系的文献相对较少，研究内容主要集中在动物福利与成本和收入的关系研究以及动物福利与贸易关系的研究。研究方法主要通过实地调研、非结构化访谈和文献分析的方式搜集数据，运用理论推断、数据包络分析、线性回归分析、显著性检验、净收益计算、线性规划和动态规划等定性和定量的方法进行分析。而关于奶牛福利与经济效益关系的实证研究较为鲜见。

现有关于动物福利与收入关系的研究主要从两个视角出发。视角一：收入的增长对动物福利的影响。Fagerberg（1994）认为国民收入的增长在很大程度上是由生产技术驱动的，技术进步对动物福利的影响有利有弊，体外实验技术有助于提高动物福利，而密集动物农业技术和基因改造技术可能会减少动物福利。Nibert（2002）认为资本主义不可避免地与大规模的动物剥削相关，未来的经济增长可能来自动物福利下降所节约的成本。欧洲委员会（2007）和 Morris（2013）指出人均收入较高的国家或个人通常对动物福利的关心程度更高。关于收入对动物福利的影响，Frank（2008）的研究较为深入，他认为收入增加对动物福利的影响是双向的，存在"动物福利库兹涅茨曲线（AWKC）"，表现为伤害动物程度随着经济的增长而加剧，当经济收入达到一个峰值后，人们开始善待动物，动物福利水平提升，他的研究结论是通过经验分析法得到了相应的结论，缺乏实证分析的检验；视角二：实施动物福利会提高农场的盈利能力。Leone（2008）和 Stott（2012）认为改善肉鸡和绵羊环境福利（繁殖环境与羊群规模）会产生福利收益。在奶牛福利方面，Mulligan（2008）和 Bruijnis（2013）认为改善奶牛卫生福利（关注常见病的患病率和发病率）可以最大限度地确保奶牛的健康，实现长期的经济利益。Allendorf（2015）指出改善奶牛福利，能够提高奶牛养殖的技术效率，而技术效率与收益变量呈正相关。

在我国，受到经济发展水平、社会文化认知的影响，公众对动物福利的理解还不够，学者们的研究范围相对狭窄（王常伟，2014）。现有文献中，动物福利的研究的主要集中在三方面：第一，从动物科学角度研究动物福利的描述性指标（第一部分已阐述，此处不赘述）；第二，从社会学角度研究动物福利

的法理和伦理（杨德孝，2006；骆剑明，2007；杨兴，2008；林利明，2009；曹明德，2010；崔栓林，2012；黎歌，2013；黄静，2014；王海燕，2015）；第三，从经济学的角度研究如何应对西方动物福利贸易壁垒，以经验推断为主（翁鸣，2003；姚敏，2004；唐凌，2005；杨蕾，2006；段辉娜，2007；张振华，2009；刘亚玲，2010；麦文伟，2012；刘卿卿，2013）。

由此可知，国内现有文献的研究均是探讨动物福利与贸易之间的关系。尚并未查询到探讨规模化养殖场动物福利（奶牛福利）与经济效益关系的文献，国外学者是通过实证分析或理论推断的方法探讨动物（奶牛）福利的某一构成要素与收入的关系，未见对农场动物福利总体水平与经济效益关系的实证分析，鉴于本部分重点实证分析规模化养殖场奶牛福利水平与经济效益的关系，是对上述研究成果必要的完善和拓展。

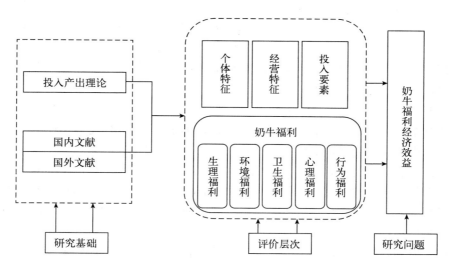

图2　规模化养殖场奶牛福利经济效益逻辑框架

本部分构建嵌入奶牛福利指数的规模化奶牛养殖场收入函数，运用投入产出理论，通过实地调研和非结构化访谈的方式搜集数据，将奶牛福利水平作为影响规模化奶牛养殖场经济效益的自变量，构建计量模型检验奶牛福利水平等解释变量对规模化奶牛养殖场经济效益的影响程度。依据经典的 Cobb-Douglas 生产函数，构建基于奶牛福利指数介入下的影响规模化奶牛养殖场原料奶收入的 Tobit 回归模型。被解释变量为规模化奶牛养殖场原料奶收入；解释变量为规模化奶牛养殖场生产者特征类因素、家庭经营特征类因素、生产投入类要素、外部制度类因素和奶牛福利指数，假设上述自变量对规模化养殖场原料奶收入的高低和方向存在显著性差异，进而验证奶牛福利水平等解释变量对规模化奶牛养殖场经济效益的影响程度。

2. 研究假说

经营者个体特征变量包括性别、年龄和受教育程度。经营者个体特征显像于经营决策进而影响规模化养殖场收入。鉴于传统文化影响，男性参与生产经营的机会相对较多，对收入可能正向影响；经营者年龄越大，其养殖经历和市场经验越丰富，对收入可能正向影响；经营者受教育程度越高，其学习能力越强和经营能力越易提升，对收入可能正向影响。

生产经营特征变量包括养殖规模、从业年限。养殖规模越大，成本分摊越小，规模效益越显著，对收入可能正向影响；从业年限越久，积累的经营能力、社会资本和货币资本越多，抗风险能力越强，对收入可能正向影响。

投入要素特征变量主要指饲料成本。依据《全国农产品成本收益资料汇编》，奶牛养殖总成本主要由生产成本和土地成本构成，生产成本包括物质和服务费用与人工成本，其中，物质和服务费用占总成本比重近 90%，在物质和服务费用中，精饲料费和青粗饲料费的比重达 75%，占总成本比重近 70%。本部分选择比重最大的饲料成本作为解释变量，饲料投入越多，泌乳牛产奶量越高，对收入可能正向影响。

奶牛福利特征变量包括生理福利水平、环境福利水平、卫生福利水平、心理福利水平、行为福利水平。生理福利水平越高，表明规模化养殖场保证奶牛免受饥饿的能力越强，泌乳牛产奶量越高，对收入可能正向影响；环境福利水平越高，表明规模化养殖场保证奶牛生活的舒适度越高，奶牛得到充分的休息，有助于机体达到最好状态，增加产奶量，对收入可能正向影响；卫生福利水平越高，表明规模化养殖场保证奶牛健康的能力越强，奶牛病死伤率降低，产奶量增加，对收入可能正向影响；心理福利水平越高，表明规模化养殖场奶牛的恐惧和悲伤的精神状态出现得越少，奶牛体机能越好，产奶量越高，对收入可能正向影响；行为福利水平越高，表明规模化养殖场奶牛天性表达越自由，异常、应激和侵略行为相对较少，奶牛体机能越好，产奶量越高，对收入可能正向影响。

（二）数据来源与模型估计

1. 数据来源

为了深入地研究规模化养殖场奶牛福利经济效应，笔者及调研团队于 2017 年 3～5 月完成了《规模化养殖场奶牛福利对经济效应的影响》调研问卷的设计和预调研，修改完善问卷，2017 年 5～8 月对黑龙江省 150 家泌乳牛存栏量大于 500 头的规模化奶牛养殖场进行实地调研，获得数据。

2. 模型构建与估计

（1）模型构建。 根据研究目标。本部分以规模化养殖场原料奶收入作为被解释变量，同时采用对数形式建立模型。将数据进行对数化处理，既有利于序列中异方差的有效消除，也可以有效降低调查数据的波动性，将模型转化为线性模型进行分析研究。通过对原料奶收入和饲料成本取对数，建立多元线性回归模型，具体模型为：

$$\ln(income_i) = \alpha_1 + \alpha_2 \ln(cot_i) + \alpha_3 Edu + \alpha_4 Age + \alpha_5 Male + \alpha_6 Scale + \alpha_7 Year + \alpha_8 \ln(Phy) + \alpha_9 \ln(Env) + \alpha_{10} \ln(Hea) + \alpha_{11} \ln(Psy) + \alpha_{12} \ln(Beh) + \varepsilon$$

其中：α_1 为待估常数项，$\alpha_2 \sim \alpha_{12}$ 为待估系数，ε 为随机误差。

（2）变量设置。 鉴于上述研究，本文在构建规模化养殖场奶牛福利经济效益的计量经济模型时，选择了 4 类共 12 个变量。变量的名称、解释及其预期影响方向详见表 10。

表 10　模型变量示意说明

变量		定义变量	均值	标准差	预期方向
解释变量	个体特征 性别	女＝0，男＝1	0.920	0.271	＋
	年龄	30 岁及以下＝1，31～40 岁＝2，41～50 岁＝3，51～60 岁＝4	2.453	0.906	＋
	受教育程度	初中及以下＝1，中专＝2，高中＝3，大专及以上＝4	3.073	0.909	＋
	生产经营特征 养殖规模	500～650 头＝1，651～800 头＝2，801～950 头＝3，950 头及以上＝4	2.230	0.867	＋
	从业年限	1～3 年＝1，4～6 年＝2，7～9 年＝3，10 年及以上＝4	2.320	0.975	＋
	投入要素特征 饲料投入	饲料投入（万元）自然对数	7.151	7.159	＋
	奶牛福利	连续变量（1～10）自然对数	2.059	0.814	＋
	动物福利特征 生理福利	连续变量（1～10）自然对数	2.144	0.976	＋
	环境福利	连续变量（1～10）自然对数	2.004	0.806	＋
	卫生福利	连续变量（1～10）自然对数	1.888	0.914	＋
	心理福利	连续变量（1～10）自然对数	1.899	0.812	＋
	行为福利	连续变量（1～10）自然对数	1.931	0.826	＋
被解释变量 经济效益变量	原料奶收入	收入（万元）自然对数	8.079	7.913	

注：饲料成本＝产奶期（305 天）·日消耗量·泌乳牛存栏量，其中，日消耗量为泌乳期饲料食用均值。实地调研中，每头泌乳牛日饲料成本处于 50～64 元。

(3) 模型估计分析。本部分采用 SPSS 计量经济分析软件对 150 家规模化养殖场的数据进行向前筛选策略的多元线性回归处理，得到了规模化养殖场奶牛福利经济效益影响的估计结果。最终模型如表 11 和表 12 所示。调整的 R^2 ＝0.856，说明方程的拟合优度较好；回归方程显著性检验的概率 p 值＝0.000，说明被解释变量与解释变量间的线性关系显著。

首先，在个体特征因素中，受教育程度对规模化养殖场原料奶收入有显著影响，且在显著性水平 α＝0.05 上有显著影响，受教育水平每上升一个等级，收入平均增长 16.8%，与假设一致。在个体特征因素中，性别和年龄对规模化养殖场原料奶收入没有显著影响，这两个变量的回归系数显著性 t 检验的概率 p 值均大于 0.1，其中，性别对收入没有显著影响的可能原因是女性参与牧场管理的比例不断加大，其社会关系网络建立、资金筹措能力和经营能力不断提升，性别在生产经营中的作用不断弱化；年龄对收入没有显著影响可能是因为奶牛养殖业属于过腹增值的畜牧产业，随着消费者对乳制品质量安全的需求日益增加，技术创新和管理创新是大规模奶牛养殖场必须具备的核心竞争力，势必要求有管理技能和技术技能的生产决策者，年龄越大，养殖经验丰富，并不意味着技术和管理的先进。

其次，在生产经营特征因素中，养殖规模对规模化养殖场原料奶收入有显著影响，且在显著性水平 α＝0.01 上有显著影响，养殖规模每扩大一个等级，收入平均增长 14.6%，与假设一致。在生产经营特征因素中，从业年限对规模化养殖场原料奶收入没有显著影响，回归系数显著性 t 检验的概率 p 值均大于 0.1，可能原因是奶牛养殖业被誉为朝阳产业，近年来，在国家政策支持下，大规模养殖场不断涌出，与从业年限的经验相比较而言，专业化的管理者和规模化、系统化、精细化的管理方式更为重要。

再次，在投入要素特征因素中，饲料投入对规模化养殖场原料奶收入有显著影响，且在显著性水平 α＝0.01 上有显著影响，饲料投入每增加 1%，收入平均增长 0.987%，与假设一致。

最后，在动物福利特征要素中，奶牛福利总体水平、生理福利水平、环境福利水平、卫生福利水平和行为福利水平对规模化养殖场原料奶收入有显著影响，与假设一致。其中，生理福利水平、环境福利水平在显著性水平 α＝0.01 上有显著影响，生理福利水平和环境福利水平每增加 1%，收入平均增长分别为 0.473% 和 0.327%，奶牛福利总体水平、卫生福利水平和行为福利水平在显著性水平 α＝0.05 上有显著影响，奶牛福利总体水平、卫生福利水平和行为福利水平每增加 1%，收入平均增长分别为 0.194%、0.436% 和 0.143%。生理福利和卫生福利影响程度较大。心理福利水平对规模化养殖场原料奶收入没有显著影响，回归系数显著性 t 检验的概率 p 值均大于 0.1，原因可能是受访者对动物心理福利认知度低，在科学测量上与其他四种福利相比较而言，难度较大。

表 11　规模化养殖场奶牛福利经济效益影响的最终模型

变量类型		非标准化系数		标准系数	t	Sig.
		系数 B	标准误差	试用版		
个体特征	受教育程度	0.168**	0.078	0.067	1.764	0.026
生产经营特征	养殖规模	0.146***	0.056	0.059	1.386	0.000
投入要素特征	饲料成本	0.987***	0.045	0.736	9.742	0.000
	奶牛福利	0.194**	0.089	0.088	2.025	0.024
	生理福利	0.473***	0.155	0.146	3.354	0.000
动物福利特征	环境福利	0.327***	0.046	0.131	4.127	0.000
	卫生福利	0.436**	0.227	0.097	1.965	0.040
	行为福利	0.143**	0.074	0.094	2.687	0.012
常量		0.625	0.459		2.742	0.006

调整的 $R^2 = 0.856$

显著性检验概率 p 值 $= 0.000$

注：*、**、***分别表示 10%、5% 和 1% 的显著水平上通过假设检验。

表 12　已从模型中排除的变量

变量类型		标准系数 试用版	t	Sig.	偏相关	共线性统 计量容差
个体特征	性别	0.006	0.124	0.745	0.009	0.842
	年龄	0.053	1.351	0.216	0.072	0.953
生产经营特征	从业年限	0.047	0.752	0.426	0.059	0.837
动物福利特征	心理福利	0.065	0.731	0.486	0.055	0.735

三、提高规模化养殖场奶牛福利水平的决策建议

（一）完善动物福利相关法律法规

由于受社会经济文化发展水平的制约，我国企业和社会民众对动物福利的认知，相对欧盟成员国而言均存在较大差距。短期内，实现完全符合欧盟动物福利标准的确存在较大困难。当务之急，我国政府部门要密切关注欧盟动物福

利计划，跟踪研究欧盟有关动物福利的新法规、新法令，结合中国动物福利实际情况，借鉴、参考欧盟动物福利标准，逐步完善动物福利法规，制定符合中国社会经济发展实际的动物福利标准，缩小我国与发达国家在动物福利水平方面的差距，促进社会文明发展。对企业而言，必须严格遵守国家颁布的各种动物福利法规、法令，努力提高对动物福利的认知水平，促使各环节生产经营活动符合动物福利标准。

（二）建立有效的引导激励制度

奶牛的福利事关乳制品质量安全与民众身体健康，从长远来看，切实提高奶牛福利至关重要。努力激励奶牛规模化、标准化生产，提升奶牛福利，保障乳产品质量安全。奶牛福利的实施必将导致生产成本上升，养殖场保障并提高奶牛福利的利益驱动倾向被严重抑制，因此，政府部门应当优先鼓励、引导养殖场尽快建立现代化奶牛生产机制，走生态化、规模化、标准化发展道路，在资金、税收、信贷、技术和用地等方面制定优惠与扶持政策，鼓励养殖场适度扩大养殖规模，同时通过税收、信贷等措施激励企业遵循奶牛福利标准，不断完善奶牛福利相关措施与手段。

（三）提升新型农业经营主体对动物福利的认知水平

通过函授、电大、夜大、自考和培训等多种形式，努力提高养殖场决策者的科学文化素质，利用广播、电视、网络、报刊和宣传栏等媒体加强宣传教育，努力提高养殖场负责人对于动物福利的认知水平，不断改善养殖场负责人的行为态度。地方政府部门可以选择文化程度高、养殖收入高、奶牛福利意识强、受过相关技术指导的年轻养殖场负责人起模范带头作用，引导奶牛养殖业健康发展；同时，政府应该加大奶牛福利宣传力度，加强相关养殖技术的专业化培训，提高养殖场负责人的科学发展理念，将奶牛福利思想逐步深入人心并转化为现实的生产力。逐步建立健全奶牛福利协会等组织，在广泛开展调查研究的基础上，从饲料选择、饲养环境卫生等全过程，指导养殖场保证奶牛福利标准的实施。

（四）强化消费者对动物福利的关注与推广

乳制品消费者是一个非常复杂的多元化群体，尽管其处于社会的各个层面，有着不尽相同的消费体验和消费意识，但是随着时代的发展，消费者对乳制品的要求有着共同的特点，比如对乳制品消费的目的更加细化，享受消费文化和体现人文关怀等。相对于欧盟和美国等发达国家和地区，中国居民对奶牛福利认知程度较低，也间接导致了城镇居民对其支付意愿较低。随着消费者教育水平和素质的提高，消费行为逐步体现出人文关怀，同时作为奶牛自身的一种权利，未来更多地关注奶牛福利也是经济社会发展的必然趋势。因此，政府及相关企业应该更多地关注奶牛福利等质量安全属性，尽可能将这类标准付诸在生产实践中，逐步向消费者推广，把握和引导未来消费趋势，发掘需求潜力，实现产品市场价值的同时更体现健康和文明消费。

项目负责人：姜冰
主要参加人：潘方卉、樊斌、杨辉、杨志武、李想、王禹

金融科技创新服务黑龙江省
乡村振兴战略研究[*]

张启文　高铭泽　李　鹤　雄　鹰

　　2017 年党的十九大提出乡村振兴战略，为农民、农村、农业发展注入强大动力，也为金融服务"三农"领域提出更高要求。2018 年中央 1 号文件在金融支持乡村振兴战略中提出要坚持农村金融改革发展的正确方向，健全适合农业农村特点的农村金融体系，推动农村金融机构回归本源，将更多金融资源配置到农村经济社会发展的重点领域和薄弱环节，满足乡村振兴多样化金融需求，广大金融服务部门根据自身定位、积极推进农村"两权"抵押贷款、加快服务网点布局，提供政策性贷款，为乡村振兴引入金融活水。实施乡村振兴战略，需逐步扩大农村金融服务规模和覆盖面，加快建立多层次、广覆盖、可持续、适度竞争、风险可控的现代农村金融体系，金融业应不断创新、积极助力，解决乡村振兴"钱袋子"问题。目前黑龙江省农业农村发展仍相对滞后、城乡居民收入和生活水平差距较大，亟须通过金融改革创新激发金融活力，运用现代金融工具，基于大数据、云计算、人工智能、区块链等新金融科技创新，对支付、结算、存取、借贷、保险等的传统业务进行改造，拓宽融资需求，推动黑龙江省乡村振兴发展。

一、金融科技与乡村振兴战略概念与内涵

（一）金融科技

　　目前，新兴技术的发展催生并推动金融模式、商业模式的创新与变革，随着技术的发展与渗透，技术与金融、金融与非金融之间的边界逐渐淡化。一方面，技术驱动模式创新。第四次工业革命大幅提升数据处理能力，其在金融业的应用不仅增强交互性、提升便捷度，更重新定义了金融生态。大数据、云计

　　* 黑龙江省新型智库研究项目（项目编号：18ZK068）。

　　项目负责人为张启文教授，主要参加人员有李鹤、高铭泽、雄鹰、于秋月、金子涵。

算、区块链、人工智能等技术成为新一轮科技革命的主要代表，成为金融发展的驱动力量。另一方面，技术驱动行业变革。各领域日益深入探索分析关键技术，尝试将技术与商业模式、金融服务、监管措施有效结合，以期实现效益与风险的动态平衡。2019 年 5 月 26 日，清华五道口全球金融论坛"金融供给侧改革与开发"，天津大学教授张维指出，技术对金融运营模式和创新提供了思路和工具，形成了金融科技，技术驱动的金融创新在客户触达、风险识别及控制等方面提高金融运行效率。由此可知，金融科技强调金融与技术有机结合，通过科技创新，提升金融服务效率，并规避风险。20 世纪 90 年代，金融科技由花旗银行提出，原指创新技术推动金融服务的初创公司，而今其范畴已拓展至全部金融领域。由表 1 可知，各主权国家和国际组织均对金融科技做出定义，表述不尽相同，但存在共性。金融科技的核心即技术驱动的金融创新，包括产品、业务、组织以及商业模式创新。综上，金融科技是运用科技手段提高金融生产力的创新活动。具体可理解为：利用包括互联网、大数据、云计算、区块链、人工智能等技术，改善金融产品、提质金融服务、治理金融机构以及提效金融市场而产生的金融创新。随着理论与实践不断进步，金融科技的概念将不断完善丰富。

表 1　金融科技定义

	机构	定义
国际组织	国际证监会组织（IOSCO）	具有改变金融服务业能力的商业模式创新和技术创新
	金融稳定理事会（FSB）	通过技术手段推动金融创新，形成对金融市场、机构及服务产生重大影响的业务模式、技术应用及流程和产品
	中国人民银行（PBC）	技术驱动的金融创新，为金融发展注入活力，也为金融安全带来新挑战
	国际货币基金组织（IMF）	不限于各项技术，涵盖互联网、云计算、分布式账簿计划、区块链及加密货币等系统，包括人工智能、大数据、生物统计数据、API 及移动通信等科技
主权国家	英国金融行为监管局（FCA）	通过技术创新对金融服务公司去中介化
	美国国家经济委员会（NEC）	通过技术创新影响各类金融活动
	新加坡金融管理局（MAS）	通过科技创新设计新的金融服务和产品

（二）乡村振兴战略

乡村振兴战略是习近平总书记 2017 年 10 月 18 日在党的十九大报告中提出的：农业农村农民问题是关系国计民生的根本性问题，必须始终把解决好"三农"问题作为全党工作重中之重，实施乡村振兴战略。2018 年 2 月 4 日，公布了 2018 年中央 1 号文件，即《中共中央国务院关于实施乡村振兴战略的意见》。2018 年 3 月 5 日，国务院总理李克强在作政府工作报告时说，大力实施乡村振兴战略。实施乡村振兴战略，要坚持党管农村工作，坚持农业农村优先发展，坚持农民主体地位，坚持乡村全面振兴，坚持城乡融合发展，坚持人与自然和谐共生，坚持因地制宜、循序渐进。实施乡村振兴战略的目标任务是，到 2020 年，乡村振兴取得重要进展，制度框架和政策体系基本形成；到 2035 年，乡村振兴取得决定性进展，农业农村现代化基本实现；到 2050 年，乡村全面振兴，农业强、农村美、农民富全面实现。乡村振兴的最终目标，就是要不断提高村民在产业发展中的参与度和受益面，彻底解决农村产业和农民就业问题，确保当地群众长期稳定增收、安居乐业。

二、金融科技服务黑龙江省乡村振兴战略的状况

（一）黑龙江省乡村振兴发展现状

黑龙江省连续 7 年粮食总产量、商品量、库存量、绿色食品产量、净调出量均居全国首位，是维护国家粮食安全的"压舱石"，黑龙江省坚持将乡村振兴战略作为龙江全面振兴发展的战略机遇、战略途径和战略举措。黑龙江省在实施乡村振兴战略过程中，全面贯彻落实"产业兴旺、生态宜居、乡村文明、治理有效、生活富裕"的总体要求，并依据自身客观条件和发展特征，突出自身领域，探索出一条具有龙江特色的乡村振兴之路。但应对黑龙江省"三农"发展阶段性特征和实施乡村振兴战略现状具有客观的认识和把握。

1. 农业体量大但质量低

黑龙江省农业发展取得成就的同时也存在问题。一是粮食种植结构调整空间收紧。增产水稻、扩展玉米、稳定大豆和其他作物的产量是黑龙江省农业种植结构调整的趋势和发展方向，但是在结构的调整过程中不能盲目地、无限制地调整，应根据黑龙江省农业发展的实际情况和实际需要进行有规划地、有步骤地结构性调整，把握好粮食种植结构的布局是黑龙江省农业发展过程中一个重要的研究课题与实际问题。二是粮食持续增产的难度加大。种植面积和单产水平决定了农业增产的产量，目前黑龙江省虽然有一定数量的待开发、待复

耕、待整理的土地资源，但是与持续增产的目标相比较难度加大。从单产的水平看，黑龙江省粮食种植水平已经较高，在农业技术应用及农业科技成果转化、农业科学技术研发等方面促进单产水平增加的难度加大。三是农业基础设施相对落后，黑龙江省农业经过持续的投入，农业基础设施、农业装备以及农业机械等方面较之过去都有了很大的改善，但是与现代化农业发展的整体要求还不能够完全相适应，还有诸多不足的工作任务需要完善和改进，只有持续不断地加大农业基础设施投入才能够进一步提高黑龙江农业发展的水平。四是农业科技推广工作还有待于提高。农业科技推广是促进农业快速发展的有效途径，在目前黑龙江省农业科技推广从业人员数量有限，并且专业技术能力与农业、农村、农民发展的实际需要存在一定差距。同时，农业科技研发能力也需要进一步提高和加强，要针对农业、农村、农民经济收益和社会收益发展的实际进行热点、难点、重点研究，真正使农业科技为黑龙江农业发展助力和服务。五是农业品牌影响力不足，市场占有份额十分有限。黑龙江省农业发展过程中有诸多信誉度高、质量好、价格低的农业产品，但是在包装、宣传、市场营销等方面还存在不足，导致黑龙江农业品牌影响力不足，附加值低，难以充分占有市场份额，从而影响农业产品的生产和销售。

2. 实施乡村振兴支撑能力不足

一是农业整体竞争力不强。在消费需求升级不断加快的背景下农产品供求失衡问题仍然突出，优质农产品供给不足和农产品质量安全保障压力加大成为同时并存的突出矛盾，受生产成本"地板"和农产品价格"天花板"双向挤压，农业增收日益困难，市场竞争力下降的问题趋于尖锐。二是产业同构化蕴藏较大风险。农业产业发展中盲目的规模化偏好十分突出，既缺乏特色优势又缺乏地域适应性，不仅各类经济作物的产业同构现象十分严重，且乡村旅游、康养民宿的同质化也快速发展，由于许多地方产业同构化的过度扩张是行政力量强力推进结果，背离市场供求关系的基本约束，存在巨大潜在风险。三是现有农业经营方式不适应现代农业发展需求。由于主要受人口单向外部流动影响，黑龙江省农村劳动力老龄化矛盾日趋加剧，直接导致农业兼业化和粗放化不断发展，"谁来种地"成为普遍性突出矛盾，致使分散化小农户经营模式不可避免地趋于弱化和衰落，如何创新农业经营方式，尽快将小农生产融入现代农业体系，已成为一项紧迫改革任务。从总体上看，乡村振兴中产业振兴是关键性支撑。当前需要破解的基本难题是资源错配、供需脱节和市场扭曲，其核心任务是创新农业经营方式，优化农业资源配置，减少无效供给，解决农业结构调整难和农民增收难困境。因此，产业振兴就是要通过制度创新和政策优化化解农业基础性矛盾，以需求为基本导向保障农产品的供给质量，实现农业从数量型发展向质量型发展的根本转型。

3. 县域经济和集体经济发展滞后

黑龙江省县域经济和村集体经济发展滞后，近半数以上的村集体经济负债过高，难以承担起乡村振兴的重任。随着市场化步伐日益加快，农村经济社会发生深刻变化，许多村集体经济发展滞后，出现大量"无钱办事"集体经济"空壳村"，直接影响农业农村现代化建设和乡村治理体系的构建。一是总量低。2015 年黑龙江省县域实现地区生产总值 6 476.8 亿元，占黑龙江省 GDP 的 43%；县域工业增加值实现 2 063.1 亿元，占全省工业经济的 3.5%。二是财力弱。2015 年公共财政收入占地区生产总值比重的 3.6%，县域财政收入仅为吉林省的 70%、不足辽宁省的 60%。三是经济外向度不足。2015 年黑龙江省县域进出口总额 79 亿美元，仅占黑龙江省进出口总额的 53.6%，黑龙江省县域外贸依存度仅为 19.2%，与全国平均水平近 45.3%相比差距巨大，反映出黑龙江省县域经济发展一直处于国际、国内经济循环和产业分工之外。四是发展阶段滞后。2015 年，黑龙江省县域城镇化率为 38.1%，刚进入加速期的门槛；黑龙江省县域工业化率为 28.1%，正处在工业化初期阶段。要壮大集体经济，增强农业农村发展活力，就要推进农村集体产权制度改革，完善集体资产权能，探索赋予农民更多财产权利。在明晰产权归属的基础上，管好用好集体资产，激活农村各类生产要素潜能，促进资产保值增值，建立符合市场经济要求的农村集体经济运营新机制。但不能将集体经济改弱、改小、改垮，不能将农民财产权利改虚、改少。党的十九大报告明确提出实施乡村振兴战略要"深化农村集体产权制度改革，保障农民财产权益，壮大集体经济"。推进农村集体产权制度改革，将集体资产确权到户，赋予农民一家一户相应的集体资产权利，集体收益按股份或按份额分红，让农民真正分享集体资产的收益。

（二）黑龙江省金融科技创新服务乡村振兴战略成效

1. 银行业坚持科技化支撑助推乡村振兴

黑龙江银监局积极引导银行业加强科技系统建设，将农村各地区基本信息、农民生产生活服务基础信息以及信贷需求动态信息纳入科技系统管理，截至 2018 年末，已为 351.5 万户农户建立基础信息数据库，实现农户信息网格化、电子化、便捷化、动态化管理。在风险可控前提下，引导银行业研发易于农民理解的线上金融产品，大力发展线上金融业务。如哈尔滨银行为农村客户定制移动金融产品——小易手机银行，打破农民对手机银行"不会用、用不好"的传统观念，其中"丰收 e 贷"系列线上农贷产品已服务客户 3.1 万户，交易金额达 4.7 亿元；农信社"微 E 贷""E 贷通"等新产品使农户通过扫码即可进行贷款预约和贷款归还，与"支付宝""百付宝""网银在线"等 6 家公司合作开展"第三方支付"功能，让偏远地区农民可在互联网上购物、缴费，享受城乡一致的金融服务。此外，线上平台拓宽了农民销售渠道。银行业积极利用总行电子商城、微信商城、电邮平台、电话坐席等渠道销售特色农产品，为黑龙江绿色品牌推广作贡献。如省工行在 2015—2017 年利用总行融 e 购平台开展"米香中国""养生山货节"等营销活动，帮助销售优质大米 1.1 万吨，销售收入达 1.2 亿元。

2. 北大荒区块链激活乡村振兴主题

江苏中南建设集团股份有限公司联合黑龙江北大荒农业股份有限公司成立"善粮味道"，打造全球首个区块链大农场，基于全球领先的农业物联网、农业大数据及区块链技术，依托北大荒大规模集约化土地资源及高度的组织化管理模式，提出"平台＋基地＋农户"的标准化管理模式，建立从原产地到餐桌的封闭自治农业组织，打造农产品领域的高附加价值产品电商平台。两大企业与世界顶级大数据、云计算、区块链、物联网、人工智能专家共同研究解决食品安全问题的科技方案。中南建设在北大荒原高度组织化的"基地＋农户"经营模式上，引入区块链技术。将北大荒 1 296 万亩黑土地，覆盖超过 3 万户农户、超过 40 万名种植工人、9 种 IOT（物联网）采集标准、112 个电子表单、63 个种植标准、23 个风险点阈值、1 639 个细节字段、55 个关键节点的农业大数据与区块链结合，激活北大荒农业大数据价值与乡村振兴战略主题。其中，善粮金融是基于北大荒农业大数据提出的普惠金融服务平台，以提升农产品质量与价值为基础，为农民、农业、农村引入多方金融机构，利用互联网技术，为农业经营主体提供小额贷款、支付结算、农业保险等新金融服务，主要辐射传统金融机构无法覆盖服务的地方个体农户及中小型农业经营主体，强调"普惠新金融"，打造放心粮金融引擎。善粮味道与善粮金融的发布，是农业电商与农村金融的完美结合。一方面，以增加农民收入为主要目标，以提高农业供给质量为主攻方向，以体制改革和机制创新为根本途径，建立全程可追溯、互联共享的追溯监管综合服务平台；另一方面，利用互联网技术加快农村金融创新，积极推动金融机构为农民、农业、农村服务，支持乡村振兴战略发展。

3. 黑龙江恒远投资集团互联网金融助力乡村振兴

2017 年 11 月，黑龙江恒远投资集团股份有限公司与黑龙江北联中融节能环保服务有限公司举行战略投资签约，双方共同将北方节能环保科技大厦打造为黑龙江省地区农业特产产品交易中心，构建地区农特产品展销中心新生态圈，助力黑龙江省农业发展转型升级，提升金融精准扶贫效率和普惠金融水平。恒远投资集团作为龙江地区龙头投资机构，以扎根服务龙江，振兴龙江经济为己任，通过投资服务实体经济改创龙江经济发展新常态，带动黑龙江省农业产业、金融产业、信息咨询、商务服务、物流仓储、流通加工等在内的现代服务业发展，形成黑龙江省经济发展的中坚力量。同时结合龙江地区农业产业优势，形成以北方节能环保科技大厦为实践平台，紧扣农业产业短板，多维度整合资源，积极探索模式新、效果好、带动示范作用强的"互联网＋农业＋金融"的新模式，助力黑龙江省乡村振兴战略发展。

三、金融科技创新服务黑龙江省乡村振兴战略的实现机制

（一）金融科技创新推进农村金融供给侧结构性改革

信用是金融活动的基础，而农村信用体系建设不完善是导致农村金融供给侧结构性问题的主要根源。优化农村金融生态环境，可有效解决金融业服务乡村振兴的内生动力问题。因此，应通过政府搭建信用信息数据交换平台，以此实现各类征信活动在平台内的有效对接和数据共享，统一、规范的基础征信数据库的建立，可实现金融、公共以及商业征信在内的"数据库＋服务网"融资对接和数据共享，加强与农村物流、电商及产业基金平台的合作。加快"数字乡村"建设，为数字普惠金融发展提供硬件条件；协同金融机构及金融科技企业等，推进乡村信用体系建设，为数字普惠金融发展提供软件环境。应重点推进农村地区低收入群体和小微企业的基础信息收集、处理和评估工作，应借助于政府的大数据等技术，并依托于农业农村信用体系建设，建立跨机构、地区、行业和部门的信息共享、交换和交易机制，在确保数据安全与隐私保护的前提下，完善农村地区用户信息和基础数据共享，降低农村普惠金融供给主体数据获取难度和成本，并引导通过消费行为模拟评测贫困户、中小微企业信用，进一步创新金融科技信贷产品。

（二）金融科技创新提升"三农"金融服务质量

金融科技创新为农村地区金融发展困境提供解决思路。云计算、大数据、区块链等技术的运用，可突破传统信用识别和授信方式，有助于降低交易成本和缓解信息不对称问题。通过科技赋能金融创新，农村地区可享受更便捷的金融服务，线上功能可提高金融服务效率，同时减少和避免不良信用问题，有助于向农村居民普及金融知识，提高其履约意识。随着线上金融服务门槛降低，金融机构服务效率将大幅提升，覆盖面更广，降低农村居民对营业网点的依赖程度。金融科技将极大优化业务审批流程，提高信贷投放效率，服务更多农村

居民。此外，在拓宽农村地区和小微企业融资渠道的过程中，银行及互联网金融机构借助于科技成果，提高金融机构运行效率，为农村普惠金融发展注入生命力。金融科技企业在此过程中也发挥重要作用，其以提高金融服务效率为宗旨，可消化金融交易复杂性及互联网技术的专业性，使金融关键要素标准化，关键要素涵盖数据、风控、资金、产品、流量以及场景等，为金融机构打造解决方案。银行业及各类金融机构通过对科技成果及创新技术的应用，可迅速对接交易场景，金融产品可更快捷触达用户，数据监测体系也更加完善，进而提高金融机构获客和运行效率，最终金融机构以较低价格提供更优质的金融服务，有效解决农村居民融资难题。

（三）金融科技促进农村普惠金融发展

金融科技的快速发展，则为农村普惠金融的发展提供新的生命力。一方面，金融科技推动普惠金融的数字化发展，为农村地区居民及小微企业提供新的融资方式，金融机构借助数字技术推出手机银行和直销银行等，在农村地区实现普惠金融业务线上申请、审批和发放贷款等，将逐渐打破时间和区域限制，提高农村普惠金融服务群体覆盖面，将显著提高农村金融服务效率和质量。同时，技术驱动型金融创新有助于防范和化解金融风险，部分金融机构通过金融科技构建风险模型，通过大数据、云计算、人工智能等新型数字技术赋能于金融，分类定位、分类管理农村地区客户，通过全流程监控，既有利于金融机构提升自身服务能力，还可同时实现内外风险把控和提前预警。另一方面，金融科技创新将为农村普惠金融打造更良好的外部发展环境。如农村地区存在信用体系建设不健全的问题，缺乏信用信息收集渠道，普惠金融服务主体无法获取规范的财务数据，供需双方信息不对称程度较高，上述问题均可借助数字技术解决。通过建立普惠金融信用信息体系，在农村地区完善包括户籍居住地、违法犯罪记录、税收登记等在内的各项信息，将不断推动政府信息和金融信息互联互通。借助数字技术，农村普惠金融发展的外部环境将不断优化，未来农村数字普惠金融市场空间巨大，将为乡村振兴提供动力支持。

四、金融科技创新服务黑龙江省乡村振兴战略的政策建议

（一）优化农村金融生态环境

目前，黑龙江省农村相关金融法律法规不完善，行政干预较多，缺乏健全的信用登记制度和信息共享机制，诚信意识不强，信用环境有待改善。立法缺

陷导致农村信用环境整治难度较大，贷款诉讼执行难，对逃废债行为缺乏有力治理手段，金融债券未得到有效维护。优化信用环境是一项系统工程，需要政府、司法部门、金融机构、农村企业和农户相互配合推进。

一是围绕产业兴旺，加大支持力度，充分发挥农村金融主力军作用。乡村振兴、经济发展、农民致富，是优化农村金融环境、加强信用体系建设的外部条件。首先，应大力支持新型农业经营主体的发展。突出支持专业大户、家庭农场、农民合作社、社会化服务组织、龙头企业等新型农业经营主体，支持大型农产品批发市场、优质农产品仓储流通企业发展。其次，应大力支持龙头企业上下游客户发展。围绕农业龙头企业的上下游农户、商户、小微企业等，依托家庭银行商业模式，采取农户、商户、小微企业主家庭成员担保，以及追加小微企业股东家庭成员和财产担保等措施，加大贷款支持力度，促进小农户和现代农业发展有机衔接。再次，应大力支持新产业新业态发展。发挥"智 e 购商城"服务优势，大力支持新产业新业态发展，积极与现代农业产业园、科技园、创业园、农业产业化联合体和农村产业融合发展示范园开展合作，吸引现代农业、休闲旅游、田园社区等入驻智 e 购商城。拓展拥有"三品一标"使用标志的商户和化肥、种子、农用机具等农资生产企业入驻，推动实现"农副产品进城、农用物资下乡"。最后，应大力支持各类高端人才发展。运用家庭银行商业模式，结合"信 e 贷"信息采集，采取移动办贷方式，提供免担保、利率优惠、额度增加、流程优化、高效优质的信贷服务。

二是围绕乡风文明，创新新型产品，助力农村信用环境提档升级。乡风文明，诚信引领，是促进农村信用体系建设的精神动力所在。首先，应支持模范人物引领乡村社会新风尚；其次，应紧盯美丽乡村建设示范工程，通过发放"基础设施配套项目贷"，积极支持有一定经营现金流的农村供水、污水和垃圾处理等 PPP（政府和社会资本合作）类和投贷联动类农村基础设施建设项目；再次，应以网格化管理为抓手，坚持批量采集与走访采集相结合，全面完善客户信息，建立家庭客户信息档案，借助家庭银行营销管理系统，进行整理分析，全面了解客户家庭金融服务需求，为精准营销和"信 e 贷"发放奠定基础；最后，应深入推进信用户、信用村、信用社区、信用乡镇评定工作，实行"集中评定、批量获客、整体授信"，持续扩大信用评定和授信覆盖面，向符合贷款条件的村民提供家庭综合授信，并根据村民信用状况按年进行动态调整，提供差异化授信。

三是围绕渠道建设，强化科技支撑，夯实农村金融设施建设基础。畅通渠道、减少环节、便捷服务，是提升农村信用体系建设的有效途径。首先，应畅通农村支付结算服务渠道，打通农村支付结算"最后一公里"。其次，应全力做好农户信贷服务。以推广家庭银行商业模式为抓手，以"职业农民贷"为切入点，根据农业生产的季节特点、贷款项目生产周期和综合还款能力等，灵活确定贷款期限，采取"'信 e 贷'＋福农卡"模式，"一次授信、随借随还、循环使用"全面推行移动办贷，满足生产经营合理需求，促进农民增收。再次，应全力开展金融精准扶贫。积极推广"富民农户贷""富民生产贷"，对符合贷款条件建档立卡的贫困户的小额贷款需求能贷尽贷。最后，应以客户为中心，实施多元化市场营销机制，抓住农商银行点多面广、服务灵活优势，在做好通讯、水电等便民服务代收费的同时，试办代客理财、咨询等业务，采取上门服务、预约服务，实施存货交叉营销，多种业务组合营销，改善营业服务环境，培植稳定的新客户群体。

（二）完善农村数字普惠金融体系

一是发挥财税激励引导作用。加强财政、税收和金融政策的多方位、一体化协调融合，落实国家支持科技创新与应用的税收政策，降低金融科技创新的税收负担。探索引导性资金支持方式，对乡村地区需求明确的金融创新活动，充分发挥市场配置资源的决定性作用、金融机构金融科技创新主体作用以及财税杠杆作用。应建立和完善以激励为导向的金融政策体系，明确农村地区融资风险补偿机制政策支持重点，发挥好财政和金融双向作用，完善乡村振兴财政支持体系和担保体系，政府应通过承担部分融资风险以适当激励金融机构不断创新和服务"三农"的意识。

二是引导商业性金融机构发挥主力作用。政府应支持和鼓励商业性金融机构在农村数字普惠金融发展发挥主力作用。虽然民间金融机构对新型数字信息技术的应用较充分，但商业性金融机构基于资金实力、法人治理、管理经验以及风控能力，仍为不可取代的农村金融供给主体。政府部门应引导金融机构进行战略调整，主动承担起发展农村数字普惠金融和服务乡村振兴战略的时代使命，推进技术驱动型金融创新，服务农村地区长尾客户，深度挖掘长尾市场，使乡村地区精准化、差异化的获客和授信成本不断降低，通过持续创新金融产品和服务，加速推广农村数字普惠金融可持续发展。

三是引导金融科技企业创新先导作用。金融科技企业是金融科技创新、投入和发展的先行军，其借助于相对宽松的监管环境，通过大数据、云计算、区块链以及人工智能等技术获取巨量数据，有效打破普惠金融发展的障碍，同时降低交易成本和人工成本，并提升工作效率和风控能力。但随着社会内外部形势不断变化，金融科技企业的城市零售业务不断触及市场和客户增长的"天花板"，发展初期由宽松政策环境带来的较低合规成本逐渐消失。而乡村振兴战略中的数字乡村建设，为金融科技企业提供了新的场景，推动其将工作重点向农村金融市场转移，有助于加速黑龙江省农村数字普惠金融发展进程。因此，政府相关职能部门应在管控金融风险的前提下，对金融科技企业服务农村普惠金融坚持包容审慎监管原则，应加大对金融科技企业开发业务及金融产品创新的支持力度，鼓励其与具备网点和资金优势的邮储银行、农村信用社等金融机构合作，通过优势互补共同服务于农村数字普惠金融发展。

（三）发挥科技与人才合力作用

一是加大金融科技投入。以信息科技发展为契机，积极打造智慧银行发展新模式，配备前沿科技设备，在传统存取款、转账功能基础上，实现自助开户、申请银行卡等。运用移动互联网、云计算等信息技术，打通物理网点、自助设备、网上银行、手机银行等服务渠道，打造网贷平台，推动线上线下无缝对接，营造优质用户体验，带动流量快速增加。二是构建多元化跨界合作渠道。与金融科技公司、电商平台、第三方支付平台等外部机构开展战略合作，实现联合创新和客户资源共享，围绕客户精准画像、精准营销、客户信用评价、人工智能等业务场景开展合作创新，借助外部力量提升金融科技创新效率，搭乘金融科技发展顺风车。三是健全人才培养机制。有针对性地分层次、分重点制定人才培养计划，培训专业的产品经理、IT 开发、市场拓展及互联网平台运营人才以提高基本业务素养、培养合规意识为重点，对于高管以开阔视野、提升战略布局能力为重点。完善绩效考核管理体系和薪酬管理体系，提高金融科技业务指标权重，满足科技人才对薪酬及福利待遇的诉求，激发科技人才创新能动性。

（四）构建金融科技监管体系

金融与科技融合发展是金融业的发展趋势，现阶段，黑龙江省金融科技正处于不断发展、成熟的过程中，其特征主要为金融供给主体多样化、客户群体长尾效应、多重风险交叉以及跨界融合复杂，而农村地区与城镇地区还存在较大差距，技术驱动型金融创新在服务乡村振兴的同时更面临巨大的挑战。面对技术驱动金融创新所带来的一系列新机遇和新挑战，政府部门应高度重视、深入思考，充分运用现代治理理念，采取有效措施，按照国家治理体系和治理能力现代化的总体要求，展开多层次治理。应严格法律约束，按照业务实质、法律关系以及实质重于形式的原则，将技术驱动型金融创新纳入相匹配的法律制度框架，减少合法与非法之间的灰色地带；应强化行政监管，贯彻落实将所用农村金融业务军纳入监管的基本要求，加强金融监管部门统筹协调，实施穿透性监管，推动审慎监管和行为监管协同发力，形成技术驱动金融创新风险全覆盖的监管长效机制；应加强行业自律，建立具有市场约束力的自律惩戒机制，配合和支持行政监管，推进农村地区金融监管基础设施建设；应做好机构内控，督促金融机构筑牢金融风险防火墙，提升风险防范意识；应深化社会监督，鼓励和支持法律、会计、评级等专业机构开展监督，调动社会参与金融风险治理的积极性，同时加强对农村居民金融知识的宣传。

项目负责人：张启文
主要参加人：李鹤、高铭泽、雄鹰、于秋月、金子涵、曹建超

黑龙江省新型城镇化中的农民工市民化机制与相关利益主体协调发展研究[*]

张立迎、相 征、刘 生、张俊霞等

十八届三中全会给新型城镇化指明了发展路径，鲜明地提出要推进农业转移人口市民化。2013 年中央城镇化工作会议把推进农业转移人口市民化作为首要任务。2014 年中央 1 号文件进一步具体指出，促进有能力在城镇合法稳定就业和生活的常住人口有序实现市民化。2016 年在国务院《推动 1 亿非户籍人口在城市落户方案》指出：促进有能力在城镇稳定就业和生活的农业转移人口举家进城落户，是全面建成小康社会惠及更多人口的内在要求，是推进新型城镇化建设的首要任务，是扩大内需改善民生的重要举措。十九大报告中又进一步关注农民工的发展，在报告中提出促进农民工多渠道就业创业。2018 年 12 月 19～21 日在中央经济工作会议中党中央进一步指出要把稳就业摆在突出位置，重点解决好高校毕业生、农民工、退役军人等群体就业。

一、黑龙江省城镇化中的农民工市民化历史沿革与现状

（一）黑龙江省城镇化建设的发展历程^①

在经济转型过程中，中国的经济结构调整及城镇化发展是在政府作用下发生的。在不同的经济发展阶段，政府根据各个地方的不同资源状态，采取不同的经济支持计划，导致了不同时期、不同省份的产业结构及城镇化发展的不同。在考察中国经济改革的历程中我们发现，中国政府对经济干预是通过政策来实施的，而中国的政策又因为其特殊的政治、经济结构展现出不同的方式。从 1949 年新中国成立以来，黑龙江省城镇化的发展进入新的时期，主要包括

---

　*　黑龙江省哲学社会科学研究规划一般项目（项目编号：15SHB05）。
　　项目负责人为张立迎副教授，主要参加人员有相征、刘生、张俊霞、李玉等。
　①　原载于《忻州师范学院学报》2017 年第 2 期，作者为刘生。

以下几个发展时期，分别是：

1. 城镇化起步阶段：1952—1958 年

在 1952—1957 年，与经济发展因素（人均 GDP 水平）相对应的自然城镇化率仅为 1%～3%，而这段时期内的实际城镇化率却高达 30% 多（平均值），两组数据的差即城镇化制度变迁程度数值较高。回顾这段时期的历史可知，外来资本支持及计划经济时代国家投入是带动人口增长、推进黑龙江省城镇化高速发展的重要原因。从 1898 年至新中国成立这段时期，苏联、日本为掠夺黑龙江省丰富的资源注入了大量资本，用于修筑铁路，促进了以资源开发为主的经济增长，形成了哈尔滨、齐齐哈尔、牡丹江、鹤岗等许多规模较大的城市，促进了黑龙江省人口和城镇化的快速发展，导致了黑龙江省的城镇化水平始终处于全国领先的地位。新中国成立后，国家为建设东北工业基地和商品粮基地，在黑龙江省建设了一大批重点工业项目和国营农场、林场，也使黑龙江省的城镇化水平从一开始就有了一个比较高的起点。

2. 城镇化波动和停滞阶段：1958—1978 年

这一发展时期，黑龙江省人口城镇化水平同中国城镇化发展相一致，黑龙江省城镇化发展也经历了城镇化波动阶段（1958—1969 年）和城镇化停滞阶段（1969—1978 年）两个时期，自然城镇化率始终在 6% 左右徘徊，非经济因素影响的城镇化率稳定在 30% 水平上。总体上看，在相当长的时期内黑龙江省城镇化水平停滞不前。1958 年"大跃进运动"吸引了大量农村人口向城市迁移，短时间内迅速提升了黑龙江省城镇化水平。而后，由于经济的不可持续性及"三年自然灾害"，政府调整了政策以稳定经济，并实施了严格的户籍管理制度，还动员迁移城镇的农村人口回到农村，导致了城镇对劳动力人口吸纳能力下降，使得非经济因素影响的城镇化水平下降。到 1962 年经济得到恢复时，黑龙江省自然城镇化水平又开始新一轮的上升势头。但由于此时政府仍然实行严格的户籍管理制度，极大地限制了农村人口转移，使得黑龙江省实际城镇化水平始终处于下降趋势，由此导致黑龙江省实际城镇化水平的波动。之后，虽然在 1969—1978 年国民经济有缓慢增长的势头，但终究是制度及政策的因素起到了决定性作用，导致了黑龙江省实际城镇化水平呈下降趋势。

3. 城镇化恢复展阶段：1978—1995 年

这一发展时期，黑龙江省人口城镇化的主要推动力来自农村城镇化。由于 1978 年中国经济改革推动了经济快速发展，黑龙江省自然城镇化水平得到迅速提高，从 1978 年的 9% 上升到 1995 年的 24%，城镇化率平均为 16%，增长速度为 0.8%，增长速度较快。实际城镇化水平从 35% 上升到 53%，而此时期非经济因素影响的城镇化率保持平稳，虽然对城镇化有一定的拉动作用，但效果不明显。主要原因是 80 年代中期市场经济时代的开启，国家经济增长方式逐渐向沿海开放地区劳动密集型产业拉动为主的方式转变，减少了对资金密集型产业，特别是重工业、采掘业的依赖和投入，与此同时，黑龙江省老工业基地和资源型城市的主导产业步入衰退期，加之长期缺乏必要的积累，这些地区的经济和城镇化发展呈现停滞甚至衰退的态势。城镇户籍制度虽有所松动，但管理人口的政策没有根本性的改革，限制了农村人口的迁移。

4. 城镇化加速阶段：1995 年至今

这一发展时期，黑龙江省人口城镇化进程加快，相应地表现为制度作用逐渐减弱的趋势。但从整体来看，与其他省份相比增长幅度在减慢，这是黑龙江省城镇化水平的又一显著特征。从 1995 年开始，黑龙江省城镇化水平迅速提高，自然城镇化率从 1995 年的 23.7% 上升到 2012 年的 48%，城镇化率平均为 35%，增长速度为 1.35%，属于高速发展阶段。但是这一时期的实际城镇化率增长并不显著，城镇化率平均为 54%，增长速度为 0.17%。主要原因在于非经济因素影响的减弱，从 1995 年开始非经济因素对黑龙江省城镇化的影响呈现规律性的下降趋势，从 1995 年的 30% 一直下降到 2012 年的 8.8%，下降速度高达 1.18%。可以预见的是，非经济因素对城镇化影响将逐步消失，经济因素逐步占据主导地位，黑龙江省城镇化也将实现健康稳定的发展。但是最近几年由于黑龙江省经济在全国排名靠后，将极大地限制黑龙江省城镇化发展。

(二) 黑龙江省城镇化建设中的农民工市民化现状

近几年，中央文件对农民工市民化逐渐重视，黑龙江省也提高了对农民工市民化的推进力度，尤其在促进农民工市民化和就业方面取得了显著成就。

1. 对农民工市民化的重视程度逐渐加大

2017 年黑龙江省农民工数量已经超过 490 万人，其中，在黑龙江省内务工的有 248 万人，到外省务工的有 128.8 万人，外省来黑龙江省务工者约有115 万人。黑龙江省委、省政府高度重视，出台了做好农民工服务工作的实施意见，大力发展服务业，将农民工纳入创业政策扶持范围。

2. 市民化的农民工就业规模不断扩大[①]

农民工的就业规模取决于产业规模，产业规模大小决定着农民工就业规模的大小，产业结构优化升级，其所能提供的就业岗位和就业规模也在不断扩张。在以往农村，农民农业生产的主要资源是土地，因此，往往拥有土地的多

---

① 原载于《社会科学辑刊》2014 年第 2 期，作者：相征、赵鑫。

少就表示着拥有多大的农业发展规模和就业规模。但是，随着土地流转的不断加大，农民拥有土地量越来越少，据现代农业经济理论认为，每征用一亩地，将伴随着 1.5 个农民失业。而且由于我国农业生产技术落后，土地耕种获得的收入远远小于进城务工，因此农村就业规模一度被限制。如今产业结构升级，土地不再是产业发展的主要制约因素，工业的蓬勃发展，使人们不再对土地产生极大依赖，同时，工业化进程的不断加快，大量工业企业快速发展，产生更多为农民工准备的就业岗位。在产业发展的更高阶段，第三产业创造了远远超过农业和工业的就业岗位，被誉为劳动力的蓄水池。随着产业不断发展，最终绝大多数的劳动力将会被高度发展的第三产业所吸纳。

二、黑龙江省农民工市民化相关利益主体影响因素研究[①]

（一）黑龙江省农民工市民化相关利益主体存在的主要问题

1. 农民工市民化机制

农民工市民化的实行机制和推进力主要有两个因素，一个是外部因素，另一个是农民工的自身因素。①外部因素。自改革开放以来，城市飞速发展，人们的生活方式和生活理念逐渐改变，城市人口的劳动力多集中于金融、科技等方面，体力劳动者逐渐减少。而城市的发展需要大量劳动力，这就使乡村的大量劳动力涌入城市，形成农民工群体参与城市建设，所以城市化发展可以推动农民工市民化的进程。由于城乡差距逐渐拉大，为缩小这种差距，推行农民工市民化是最有效的措施之一，这是我国国情也是城市发展建设的必然趋势。在乡村没有大量劳动力的需求时，乡村劳动力过剩，农民只能跟随大流逐渐进入城市，逐渐实现乡村人口向城市人口的转移，从而推动了农民工市民化进程。②农民工自身的因素。由于城市发展迅速，农村人口得不到城市里的待遇，农民抱着对城市的向往自然就朝着城市方向转移，成为最基本的劳动力融入城市。农民进入城市后，接受了城市的理念，希望通过自己的努力摆脱"农民"身份，这就促使了农民工市民化的发展。还有一个关键的原因是，新生代农民工受教育程度普遍有所提高，他们希望实现更高的人生价值，在城市中寻找更多的发展机会，所以这也推动了农民工市民化的发展。

2. 农民工市民化的利益关系

在农民工市民化转型过程中，农民工的利益向来是国家和社会关心的主

---

① 原载于《山西农经》2018 年第 21 期，作者：张立迎、相征。

体。据观察，实现农民工市民化需要城乡资源合理分配和组合，这就需要实行户籍制度。实行户籍制度要求乡村有更好的发展和更多的福利支撑农民工这个群体。发展城镇化，要求人们的收入、心理素质有所提高，生活方式有所改善，这同样要求更多地进行乡村城镇建设，提供乡镇基础设施建设拓展福利范围，增设公共服务项目，让他们不用背井离乡就可以在户籍所在地创造出同样的价值。同时，在农民工市民化转型过程中，应该妥善处理农民工的个人资产，以确保在转型过程中没有后顾之忧。在农民工自身方面，应当正视城镇发展的进程，尽力提升个人素质和能力，从自身出发，提高自身的价值，用自己的能力创造未来。

（二）黑龙江省农民工市民化对经济增长拉动效应的分析

通过农民工在城市就业扩大内需，促进经济增长，是我国目前经济工作的重点。对于城市化是否会影响经济增长这一问题，许多学者都进行了研究，主要从两个角度进行，一是直接研究城市化与经济增长的关系，但并未得出统一的结论；二是通过引入第三方变量研究城市化对经济增长的作用机制。Muhammad Shahbz & Hooi Lean（2012）指出城镇化是影响经济增长的重要变量。本研究与前期文献的差别就在于运用包含时间和个体不可观测效应影响的异质性随机边界分析方法，该方法的优点就在于考察了影响经济增长的要素的贡献度的同时，又定量估算了城市化水平的滞后在多大程度上影响实际产出与最优产出的偏离以及考察城市化水平对偏离不确定的影响。相对于前期文献仅仅探讨城市化是否影响经济增长这一问题，本文研究的是，它在多大程度上影响经济增长，目前的城市化又是如何影响经济增长的。对这些问题进行分析将为城市化、农民工市民化进程的加快提供相应的决策依据。

1. 模型设定与数据说明

（1）模型设定。传统的 C-D 生产函数表明，在生产效率达到 100% 的完美假设条件下，产出仅取决于要素投入，但在实际生产中，生产效率很难达到 100%，受到一系列因素的影响，往往存在效率损失。此外，由于非人为因素（天气、运气等）的影响，预期的理论上最优产出可能略微偏大或偏小，即存在随机性。采用随机边界分析的优点之一是能够测算效率。效率的测算分为两步，首先要确定模型的形式，模型的选取采用似然比检定；其次在明确何模型为优之后，测算效率。本文将随机边界模型设为：

$$\ln Y_{it} = \beta_0 + \beta_1 \ln K_{it} + \beta_2 \ln L_{it} + v_{it} - u_{it} \qquad (1)$$

其中，将影响理论上最大产出的要素设定为资本投入和劳动力投入；u 反映无效率的干扰项且要求 $u \geq 0$，需要设定为单边分布；v_{it} 是一般意义上的随机干扰项，且 $v_{it} \sim N^+ (0, \delta_v^2)$。文献中最为广泛使用的单边分布是半正态分布或截断半正态分布，具体设定为何种分布形式，决定于数据的特征和推导的难度。本文中假设 u_{it} 服从截断半正态分布，u_{it} 的异质性设定如下：

$$w_{it} = \exp(a_0 + urban_{it}\delta) \qquad \sigma_{it}^2 = \exp(a_1 + urban_{it}\gamma) \qquad (2)$$

其中，a_0、a_1 为常数项，$urban_{it}$ 是衡量城市化水平的变量。为保证 w_{it}、δ_{it} 均大于 0，所以对其取指数形式。w_{it} 衡量的是由于城市化约束效应，与理论上最优产出之间的偏离程度，而 σ_{it}^2 衡量的是城市化约束效应的不确定性。

(2) 变量说明和数据来源。根据上述建立的异质性随机边界模型（1）和（2），实证分析需要的变量有经济增长、资本投入、劳动力投入以及衡量城市化水平。鉴于数据的可得性，本文实证分析的时间范围为 2010—2017 年。

① 经济增长指标：我们选用 GDP 作为经济增长的衡量指标。为剔除价格因素的影响，本文对该指标以 2010 年为基期的消费价格指数进行了平减，获得实际 GDP 值，计算所需的数据均来源于历年《黑龙江省统计年鉴》。

②劳动力投入指标：采用黑龙江省历年从业人员数衡量，单位为万人。数据来源于各年《黑龙江省统计年鉴》及历年《黑龙江省人口和就业统计年鉴》。

③资本存量指标：资本存量的估算方法借鉴中国经济增长与宏观稳定课题组（2010）的做法，计算公式为 $K_{it}^k = (1-\delta) K_{it-1}^k + I_{it}$，其中 i 表示省份；t 表示年份；$t-1$ 代表前期；I_{it} 为第 i 省第 t 年的新增固定资产投资；δ 表示第 t 年资本折旧率。

④城市化水平变量：比较通用的衡量城市化水平的指标有城镇人口比重指标法和非农业人口比重指标法。但城镇人口指标法所需的城镇人口占总人口比重这一指标只能获得部分年份数据，样本太小。所以，本文借鉴姜爱林（2002）提出的调整系数法，估算出更接近真实的城市化水平。计算公式如下：

$$urban_{it} = (non\_agr / proportion) + weight \cdot non\_agr \qquad (3)$$

其中，non_agr 表示县辖镇非农业人口、$proportion$ 代表县辖镇非农业人口所占比例、$weight$ 代表流动人口占常住人口的比例系数（通常取 1/10）。计算该变量所需数据来源于历年《中国人口统计年鉴》。由于 2005 年以后的中国人口统计年鉴中县辖镇非农业人口和县辖镇非农业人口所占比例指标缺失，所以本文的时间范围选为 2010—2017 年。

2. 实证检验及结果说明

(1) 异质性随机前沿模型估计结果。多种假设条件下的估计结果见表 1。表 1 中（1）是最完整的异质性随机前沿模型，它不对参数施加任何约束，在估计出理论上影响最优产出的要素贡献率的基础上，又能衡量城市化约束下实际产出水平与理论上最优产出的偏离程度及偏离程度的不确定性。（2）、（3）、

（4）、（5）是在（1）的基础上通过施加约束条件得到的。表1中（2）假设理论上和实际上最优产出的偏离程度在所有省份、所有年份都是常数，不具有异质性，但偏离的不确定性是异质的。表1中（3）假设在0处呈截断的半正态分布，理论上和实际上最优产出偏离的不确定性具有异质性。模型中（4）假设理论上最佳产出等于实际产出，等同于（5）的普通最小二乘法估计，之所以设定（4），是为了得到似然函数值，进行LR检验，以便验证不同模型假设下，哪个模型能够更好地解释本文的研究主题。

表1中后四行是似然比检定结果，LR_1 似然比检定的假设条件是（4）和异质性模型设定（1）（2）（3）没有显著差别，即不存在城市化约束。由检验结果可知，拒绝原假设，说明有必要设定异质性随机边界模型。LR_2 似然比检定原假设是完全异质性随机边界模型（1）与模型（2）、（3）、（4）没有统计上显著差别，即存在异质性城市化约束。由检定结果可知，拒绝原假设，表明有必要设定完全异质性随机边界模型。由 LR_1 和 LR_2 对数似然比检定可知，表1中（1）拟合效果最好，表明城市化约束及其不确定性能够显著影响经济增长。下面的分析基于（1）。

由表1可知，（1）、（2）、（3）、（4）、（5）均表明资本和劳动力投入的系数都为正，且均在1%水平上显著，这和先前的相关研究一致。这说明资本存量和劳动力投入的增加能够显著促进经济增长，另一方面也受到城市化水平的影响。此外（1）表明城市化这一变量系数在10%显著水平上有效，说明城市化水平的提高能够在一定程度上缩小理论上与实际上最优产出之间的差值。另外，城市化对偏离不确定性的影响系数也为正，且通过了显著性水平检验。这说明城市化进程的加快一方面能够显著促进经济增长，另一方面，能够显著降低偏离的不确定性。

城市化对经济增长的有效促进，主要表现在：城市化能够缩短空间距离，具有高密度、规模经济、聚集经济递增的特点，从而通过规模经济、聚集经济效应吸引工业向城市集中、促进生产者间的信息扩散、劳动力市场的有效运行、降低生产者之间及生产者和销售者之间的交易成本，这种集中又进一步地加强了聚集效应，从而促进城市化规模扩大，带来正效应；具体而言，城市化通过资源整合、促进产业升级、促进工业化、提高居民消费水平等途径促进经济增长。相关的实证研究包括闫晓红（2011）利用城市化水平内生增长模型，借助非平稳面板数据方法考察中国省际城市化水平与经济增长之间的关系。结论表明：虽然中国整体的城市化水平比较低，需要通过提高城市化水平来促进经济增长，但并不是所有省份的城市化水平提高都能促进经济增长，某些省份存在着相对于经济增长的过度城市化问题，其城市化水平的提高对经济增长起负向作用，而且过度城市化的负面效应会抵消投资所带来的效应。戴永安、张曙霄（2010）采用 2001—2008 年 266 个城市面板数据，使用随机效应面板 Tobit 模型，从人力资本积累、专业化分工和城市规模经济三方面考察人口城市化对城市经济效率演进的中介机制。结果发现，人口城市化与人力资本积累、专业化分工和城市规模经济确实存在交互作用，而且人口城市化对提升城市经济效率具有显著的正向作用。

表 1　异质性随机边界模型估计结果

	(1)	(2)	(3)	(4)	(5)
	无约束	$\delta=0$	$\omega_{it}=0$	$u_{it}=0$	OLS
main					
k	1.125***	1.154***	1.651***	1.852***	1.852***
	(38.09)	(42.59)	(17.38)	(20.23)	(19.80)
l	1.070***	0.953***	1.316***	0.681***	0.681***
	(13.19)	(19.04)	(10.61)	(9.95)	(9.74)
年度效应	控制	控制	控制	控制	控制
_ cons	6 834.916***	7 239.069***	$-1.3\mathrm{e}+03$***	-830.642***	-831.439***
	(6.23)	(5.87)	(−5.79)	(−3.26)	(−3.19)
mu					
$urban_{it}$	110.165*				
	(1.85)				
_ cons	5 982.536***	7 576.764***			
	(4.37)	(6.19)			
usigmas					
$urban_{it}$	2.338***	2.259***	4.146***		
	(9.82)	(8.90)	(5.78)		
_ cons	−16.229***	−15.197***	−40.606***		
	(−5.23)	(−4.57)	(−4.15)		
vsigmas					
_ cons	10.634***	10.671***	13.700***	14.224***	
	(33.48)	(28.63)	(99.56)	(155.81)	

（续）

N	240	240	240	240	240
对数似然函数值	−1 967.2	−1 968.9	−2 026.8	−2 047.4	−2 047.4
LR_1	160.337	156.986	41.216		
P 值	0.000	0.000	0.000		
LR_2		3.351	119.118	160.337	
P 值		0.067	0.000	0.000	

注：括号内为 z 值，*、**、***分别表示在 10%、5%和 1%的显著性水平上变量显著。LR_1 是（1）、（2）、（3）针对（4）进行的似然比检验得到的卡方值，LR_2 是（2）、（3）、（4）针对（1）进行的似然比检验得到的卡方值。

（2）产出效率分析。

随机前沿分析的一个典型优点是可以估算出各地区各年份的产出效率，它也从一定程度上间接反映中国经济增长面临的城市化约束程度。根据回归结果得知：产出效率的样本均值和标准差分别为 0.741 5、0.200 3，产出效率指数的频数呈现右偏的特征。在整个样本区间内，多数地区的效率值分布在 0.7～0.9，这说明城市化水平滞后在一定程度上制约了经济增长，使经济增长低于最优水平的 10%～30%。

根据随机前沿模型的特点，利用异质性随机前沿模型分析城市化对经济增长的影响。研究结果表明：城市化进程的加快一方面有助于降低经济系统中实际产出与理论上最有产出的偏离程度，且降低了偏离的不确定性。另一方面，城市化水平的滞后使经济系统低于最优产出 10%～30%，平均生产效率为 74.15%。

由上述分析可知，城市化应成为经济增长的重要引擎，即在实现工业化的同时，应加大城市化的发展力度，实现农村剩余劳动力尤其是农民工向市民转化，通过资源整合、促进产业升级、促进工业化、提高居民消费水平等途径促进经济增长。

三、黑龙江省农民工市民化机制与相关利益主体协调发展研究[①]

（一）黑龙江省农民工就业结构与产业结构升级相关研究

通过对黑龙江省农民工就业结构与产业结构升级的相关性分析我们可以看

---

① 原载于《山西农经》2018 年第 21 期，作者为张立迎、相征。

到，第一产业和第三产业各自的产业结构和就业结构有着显著的线形关系。黑龙江省农民工产业结构与就业结构是正相关，黑龙江省三次产业 GDP 的增加会在不同程度上影响着农民工就业比重的上升。而 1985—1994 年黑龙江省第二产业的就业结构和产业结构相关系数我们也看到，二者之间相关系数较小，这也说明黑龙江省第二产业结构对农民工就业的带动作用不明显，1995—2017年，第二产业产值比重与就业结构比重显著相关，可以看出黑龙江省产业变动对农民工就业结构变动的影响较大，但是相对于第一产业来说，第二产业并没有完全充分发挥出对农民工就业的推动作用，这是黑龙江省产业结构升级中必须关注的问题，也为黑龙江省产业结构调整指明了方向。针对农民工在第一产业就业结构和产业结构相关系数的分析我们发现，回归方程的常数项有所下降，这充分说明黑龙江省有大量的剩余劳动力急需转移到第二产业和第三产业中。而黑龙江省第三产业的回归方程系数略有下降，表明第三产业吸纳农民工就业能力有所降低。

（二）黑龙江省农民工市民化与产业结构升级的协整研究

实现产业结构的优化升级与劳动力的充分就业是一个国家经济发展追求的两个重要目标，二者相互影响，相互制约，共同致力于经济发展的全过程。产业结构变迁是经济发展过程的重要特征和解释经济增长速度和模式的本质因素，就业结构并非只是消极适应产业结构的转变，由于劳动力异质性的存在，就业结构将发挥能动的反作用。现阶段，黑龙江省正面临产业结构升级的迫切要求，劳动力市场又面临着巨大的就业压力。在这种情况下，如何权衡二者之间的关系，将是决定黑龙江省未来的宏观经济政策走势和黑龙江省经济发展能否保持可持续发展态势的关键所在。通过对黑龙江省产业结构升级与农民工城市就业结构的相关性分析，仅能判断改革开放以来对黑龙江省产业结构调整方向、速度对就业量的影响，要判断其长期趋势，需要对结论进行稳定性分析。为此，下面我们将通过协整检验进一步分析这些变量间是否存在长期稳定的关系。

1. 变量选择与数据说明

从《黑龙江统计年鉴—2017》可以得到按当年价格计算的国内生产总值（GDP）和第一、第二、第三产业的产值，各年的全社会农民工总就业人数以及第一、第二、第三产业的就业人数。鉴于数据的可得性，本文实证分析的时间范围为 1985—2017 年，将 GDP 数据用 GDP 平减指数换算成以 1985 年的不变价格计算的 GDP，各年的劳动就业人数与各产业的就业人数直接采用年鉴的统计数据。

文章采用的变量有：产业结构系数（SC），总就业人数（TM），第一产业就业人数（AE），第二产业就业人数（IE），第三产业就业人数（SE）。其中产业结构系数（SC）=（第二产业产值＋第三产业产值）/国内生产总值。

为了使模型中尽可能不出现变量序列，并引入协整关系，需要对数据进行适当的变化和再参数化。在许多的实证中，都采用自然对数作协整分析，这样做既不会改变原来的协整关系，又容易得到平稳序列，因此本文也对数据采用对数的形式。变量相应变为 lnSC，lnTM，lnAE，lnIE，lnSE，进一步一阶差分为 DlnSC，DlnTM，DlnAE，DlnIE，DlnSE。从表 2 可以发现所有变量都呈现出非平稳性，而它们的一阶差分序列图显示出平稳性，这是存在协整的典型特征。

2. 数据的单位根检验

由于大部分经济变量的时间序列是非平稳数列，因此在进行分析之前首先利用增广 ADF 方法对各变量进行单位根检验，以确保时间序列是平稳的。只有变量数据在同阶平稳条件下，才能进行协整检验，检验结果见表 2。

表 2　各变量的 ADF 单位根检验结果

Variables	ADF 值	Critical Value（5%）	Result
lnSC	−2.037 517	−2.987 5	不平稳
lnTM	−1.832 812	−2.987 5	不平稳
lnAE	−2.071 604	−2.987 5	不平稳
lnIE	−2.003 261	−2.987 5	不平稳
lnSE	−3.009 874	−2.987 5	不平稳
DlnSC	−4.770 32	−2.993 4	平稳
DlnTM	−5.460 788	−2.993 4	平稳
DlnAE	−4.339 703	−2.993 4	平稳
DlnIE	−5.768 367	−2.993 4	平稳
DlnSE	−5.904 783	−2.993 4	平稳

表 2 的数据显示，通过 ADF 检验，在 5% 的显著性水平下，接受序列 lnSC，lnTM，lnAE，lnIE，lnSE 均有单位根的假设，但拒绝这 5 个序列的一阶差分具有单位根的假设，所以序列 lnSC，lnTM，lnAE，lnIE，lnSE 都是一阶单整 I（1）序列，它们均通过单位根检验，可进一步检验他们之间是否存在长期协整关系。

3. 协整关系分析

检验协整性其实就是检验协整回归方程的残差项是否存在单位根。如果两个序列不是协整的，残差中一定存在单位根，这就是非协整性零假设。如果这两个序列是协整的，残差项将是平稳的。关于协整关系检验和估计的方法主要有 EngIe-Granger 两步法和 Johansen 极大似然法。本文采用 Johansen 极大似然法来检验 $\ln SC$，$\ln TM$，$\ln AE$，$\ln IE$，$\ln SE$ 的协整关系，检验结果见表 3。

表 3　两变量的 Johansen 检验

Variables	滞后期	特征根	迹统计量	Critical Value (5%)	结果
$\ln TM$，$\ln SC$	1	0.335 902	15.435 662	15.36	存在两个协整关系
		0.127 584	5.987 103	3.87	
$\ln AE$，$\ln SC$	2	0.391 256	16.234 382	15.36	存在两个协整关系
		0.129 377	5.780 059	3.87	
$\ln IE$，$\ln SC$	2	0.559 960	30.437 809	15.36	存在两个协整关系
		0.371 034	11.226 574	3.87	
$\ln SE$，$\ln SC$	1	0.246 195	8.667 025	15.36	不存在两个协整关系
		0.082 972	2.103 742	3.87	

由表 3 可知，$\ln SC$ 与 $\ln TM$，$\ln AE$，$\ln IE$ 具有协整关系，但与 $\ln SE$ 并不具有协整关系。这一方面验证了先前西方学者的观点，即产业结构调整与就业结构密切相关。但另一方面也说明我国产业发展的不平衡，第三产业发展滞后，与产业结构高级化的趋势脱节。

因此，从长期看，我国产业结构调整的方向和调整的速度与就业量存在长期协整关系。其中，产业结构升级的方向对于促进就业具有积极作用，而产业结构调整的速度过快对于黑龙江省就业具有抑制作用。这一结论与黑龙江省情是符合的。当前，黑龙江省仍处于工业化进程中，产业结构迅速变化是这一阶段的重要特征。然而黑龙江省的就业结构刚性特征十分明显，滞后于产业结构调整的步伐，尤其是农村剩余劳动力整体素质不高，难以适应第二、第三产业发展需要，必须要经过一段时间时滞后才能消化这部分劳动力。

四、实现黑龙江省新型城镇化中的农民工市民化机制与相关利益主体协调发展的对策[①]

（一）构建科学的新型城镇化中农民工市民化机制

1. 整合资源

各级政府要统一思想，按照合理布局、方便农民的宗旨，完善社区公共服

---

①　原载于《山西农经》2018 年第 21 期，作者为张立迎、相征。

务和文化设施，发挥社区的社会融合功能。首先，社区组织者应尽量多开展一些适宜农民工的社区文化活动，有意识地扩大业余文化生活的多样性，激发农民工的参与热情，提高他们的业余文化生活水平。同时要重视农民工的社区业余文化生活参与程度，切实将他们作为社区业余文化生活参与的主体，既要培养他们对城市的责任感和归属感，又要维护新生代农民工和城市居民共同的政治、社会权利，这样既使他们享受社区业余文化生活中的乐趣，又能使他们喜欢上社区业余文化生活，有助于农民工的城市融入。其次，充分利用工会现有教育培训资源对农民工开展培训，积极联系劳动等部门联合开展培训，主动联系驻地大中型企业开展订单式、定向式培训，充分利用工会就业培训基地开展培训，形成多措并举、合力推进的工会培训工作格局。尤其是在联系驻地大中型企业培训方面，要紧密结合各自实际，主动出击，与企业进行对接，可利用企业场地开展维权知识、法律法规等基础知识培训，由企业开展实践操作技能培训，搭好农民和驻地企业之间的桥梁，实现农民工培训、就业的一体化。最后，要精心设置培训项目。在组织开展好维权知识、综合素质、劳动法律法规等工会传统培训项目的同时，要紧密联系就业市场需求，根据农民工职业结构的不同特点对学习内容进行调整，进行按需施教、学用结合的模式，实行"模块式""订单式"等教学方式，并注重强化实践技能的训练；要积极组织好一些力所能及的电子维修、焊接技术、机电制冷、装饰装修、管道维修安装等社会需要、农民工急需的技术技能培训，增强针对性，提高就业率。同时，也要从实际出发，组织农民开展大棚菜种植、鱼类养殖、农家乐服务等技能培训，全方位、多领域提高农民工的就业技能。

2. 建立完善服务体系

为了使全社会成员更加重视和关心农民工问题，政府需要通过加大宣传力度，动员社会力量，形成一种人人关心农民工，努力帮助农民工提高职业技能的社会风气，从而提高农民工的技能水平，改变社会对农民工的歧视现象，通过形式多样的宣传教育，大大地提高农民工职业技能的学习热情；通过调查，建立提高农民工职业技能的系统，农民工能准确、及时地接收到培训信息，实现有效对接农民工与培训信息需求，还需要建立劳动力供求信息平台，不仅使单位服务范围逐渐扩大，还试图收集全面的空缺信息。与此同时，准确把握就业市场信息和技术，对工作岗位的需求，并引导农民工积极地参加培训以此来帮助他们更好地就业。要做好职业培训和就业服务，建立跟踪服务账户，保持与学生的联系，帮助他们实现就业；此外，还需要采取措施，不断地提高农民工职业技能，使其享有更高的薪资待遇。

3. 营造农民工市民化的社会环境

媒体应该起舆论的带头作用。引导消除潜在的影响，缩小农民工和当地居民之间的身份差距，应该平等地把农民工待为城市社区的成员，逐渐消除农民工和城市居民之间的精神隔阂，农民工和城市居民应平等共享公共服务网络，平等地融入和谐的社会氛围，二者共融一体。农民工往往由于较低的社会收入和底层的社会地位促使他们产生自卑、消极的心理和态度，难以真正地进入城市生活中。因此，加强农民工的精神层面建设，将消极情绪转换为积极面对社会的态度，使其更好地融入到城市生活中来。

4. 优化农民工市民化的就业环境

解决农民工的就业问题，既需要一双有形的手也需要一双无形的手。不仅是依靠市场的力量，还要充分发挥政府监管的作用，政府有不可推卸的责任。依靠政府这双有形手的调控是解决农民工就业问题的根基。政府需要加强监督和协调，为外来务工人员创造一个更好的工作环境。首先，建立和完善农民工的合法权益，健全相关的法律政策和法规政策，逐步取消农村制度性的限制；其次，关注政策的实施，加强企业非标准就业的惩罚，逐步完善劳动合同制度。随着农民工进城条件的日益成熟，可以尝试将外来务工人员子女的九年义务教育纳入教育制度中，取消分化，实现城市优质教育资源共享。当地政府可试图限制计划的比例，逐步放宽农民工定居的条件。对于那些生活在城市里的农民工，同时也具备在城市生存的条件，政府可以适当地放松入户限制。使城市家庭和农民家庭在文化、教育、卫生、社会保障等方面享受同样的待遇，促使农民工逐步进入医疗保障体系和社会保障体系中。企业为义务劳动农民工购买基本医疗保险和工伤保险，适当补贴农民工医疗保险，并逐步建立"农村居民与城市居民良好的互动关系"，这些可以减少农民工进城的成本，提高农民工进城的积极性。

（二）发挥农民工对产业结构调整的劳动力支撑作用[①]

当前我国正加快转变经济增长方式，转变经济增长方式需要从多方面出发，其中产业结构升级则是其最重要的一方面。产业结构升级包括产业间优化升级和产业内部优化升级。产业间优化升级即加快发展服务业，进一步提高第三产业在三次产业中的比重，努力促进经济增长向依靠第一、第二、第三产业协同带动转变。产业内部升级的关键是技术进步，通过提高企业研发技术，使企业转变发展方式，由劳动密集型企业发展为资本、技术密集型企业。但无论

---

① 原载于《东北师范大学博士论文》2014年6月，作者：相征。

哪方面的升级，都离不开广大农民工的劳动支持，农民工不仅是农村经济的发展者，同样是我国产业工人的一只重要力量，他们丰富了城镇的劳动力资源，为城镇产业的技术升级和第二、第三产业的发展创造了有利条件，有力推动了经济结构的调整和城乡经济的发展，对我国的城市建设和工业化发展起着巨大的作用，是社会不可或缺的一分子。

随着农业机械化的加速发展，黑龙江省作为农业机械化率全国排名第一的农业大省，大量农村富余劳动力涌入城市，成为城市建设和发展不可或缺的一个重要群体。这些农民从农业生产中转移出来，进入城市务工，这不仅对于城镇化建设、促进城乡一体化结构产生了巨大的推动作用，也使城市、农村人口结构发生了巨大变化。大量的农村剩余劳动力进入城市，可以有效地提高农民收入，解决以后养老问题和子女教育问题，还可以促进农村产业结构优化，促进农村经济发展。此外，农民工进城务工大都分布在城市内的各个行业，据劳动和社会保障部近日组织的问卷调查显示，农村外出务工人员广泛从事的行业为建筑施工业、电子电器业、制衣制鞋业、住宿餐饮业、商务服务业。这对于城市经济发展，改善城市居住环境有着非常重要的意义。因此，我们可以看出，农民工进入城市务工，在增加农村人民收入，为城市、农村创造巨大财富的同时，还促进了城市各个行业的蓬勃发展，为城市注入新的活力，同时，还有利于城市市场机制和竞争机制充分发挥它们的有效调节作用，进而为改变黑龙江省城乡二元化结构提供一份改革的力量。

现代经济发展的发展必然导致劳动力人口由第一产业向第二、第三产业的转移。自从取消农民入城务工限制以来，黑龙江省大量农民进入城市务工，他们在产业机构升级方面产生着不可估量的支撑作用。

（三）优化黑龙江省农民工市民化机制与相关利益主体的配置模式

就业是民生之本，是构造和谐社会的基础，也是农民工改变自己弱势群体处境和地位的最重要途径。但我国农民工普遍受教育程度低，文化水平不高，从而导致人力资本偏低，凭借他们自身力量来应对产业结构升级造成的种种困难很难达到理想的效果，因此需要通过借助政府和社会的力量来给予帮助和扶持。我国《宪法》明文规定："中华人民共和国公民有劳动的权利与义务。国家通过各种途径，创造劳动就业条件，加强劳动保护，改善劳动条件，并在发展生产的基础上，提高劳动报酬和福利待遇。"由此可见，我国政府作为社会资源和社会秩序的拥有者和维护者，同时作为我国经济发展政策的制定者和产业结构升级的主导者，保护农民工的正当就业权益是他们无可推卸的责任。在产业结构升级过程中，如何正确界定政府职能，发挥政府在调整结构中的推动作用，同时又要把握好农民工就业与产业结构升级相协调这一问题将对政府顶层设计能力形成严峻考验。政府必须发挥其应有的行政职能，从经济社会协调发展的宏观角度，通过实施各种制度、政策等有效措施来解决产业结构升级过程中农民工就业这一关系民生的重要问题。

促进产业结构与就业结构的良性互动，就是处理好产业结构升级和农民工就业如何相互协调的问题，就是政府如何统筹兼顾使得这两方面能够相互统一又相互促进，从而不影响我国经济发展，又不会带来太多就业问题导致的社会稳定现象。通过回顾我国改革开放以来的状况，我们可以看出，近年来，我国的经济高速增长，产业结构优化升级速度一日千里，但是与之相矛盾的是，经济增长并没有使就业岗位大幅度增加，农民工失业率居高不下。因此政府应正确处理产业结构升级与促进就业之间的关系，协调发展。在产业结构升级过程中不能一味地选择资本、技术密集的方式，而应该实行劳动密集、资本密集和技术密集相结合的方式。在引进先进技术上，需要考虑能否充分发挥我国劳动力资源丰富的比较优势。积极应用可以促进就业的适度技术，切实把就业增长作为一个重要指标，实现经济增长、产业结构调整与就业增长的良性互动。

从农民工市民化相关利益主体协调发展的角度，从政府顶层设计方面出发，综合考虑影响农民工就业和产业结构升级相协调的各个方面，提出应对产业结构化升级带来的农民工问题的几点解决建议。

1. 加强农村人力资本投资

加强农村人力资本投资、提高劳动者的素质，是农民工能否顺利适应产业结构升级带来的就业难问题的关键。黑龙江省农村劳动力基本素质偏低以及职业技能较差是抑制农民工就业的最大制约因素。产业结构升级都是以劳动力的数量和质量为基础前提的，每个行业劳动力的数量，直接影响到产业结构的质量和结构转换。在加快技术进步的条件下，劳动力的技术质量和就业结构，对产业结构的演变影响越来越重要。产业结构升级，使企业由劳动密集型转向资本、技术密集型发展，这需要大量的工作和熟练的劳动力。当前农民工短缺和技术人员短缺共存问题已经开始出现，这一现象的主要问题仍然是高技能人才的短缺，供给和需求的矛盾将继续限制经济增长。在解决农民工就业和产业结构升级的问题上如何创新，如何更好地调节就业和产业结构之间的关系，我认为我们应该改善工人的总体质量，增加人力资本投资，培养高层次、高质量、高技能的劳动力，为了适应和促进产业结构升级的需要提供必要的条件。

农民是创建社会财富的一分子，如果在提升职业技能的范围中不包含农民工，这是非常不公的。提升农民工职业技能符合公共财政支持，也属于公共福利，是农民工直接受益的最佳方式。政府应当对农民工职业技能的提升安排特殊资金，且保证充足供应。因为资金不足，导致技术规模不够大、产品质量不高和不满意等问题，中央政府应该提供金融支持，这些金融资金比例均由政府分担解决。将国家和地方资金的一部分安排用于对农民工职业技能的扶助。此外，政府应号召和聚集全社会力量，吸引社会投入资金来支持职业技能的改善项目。

加强人力资本的投入，提高农民工的质量，不仅增加了农民工的生活收入，农民工生活状况和生活状态也发生了变化。在面临劳动力过剩和结构性劳动力短缺的情况下，为了让农民工在中国的经济建设和社会发展中发挥更有力的作用，只有改善农民工的总体质量。因此，要想提高农民工的质量，政府必须增加农村人力资本投资的项目，才能使我们生产的产品含有较高的技术含量，这也是国家核心竞争力的需要。农民工在首次外出务工时，政府应该发挥协调作用，并给予农民工适量的补贴。而农民工的教育和培训要系统性投入，并规范劳动关系，努力实现农民工就业的稳定性。

政府加强人力资本投资一般体现在两个方面：一是在学院和大学，政府应该继续扩大高等教育的规模，以此提高回报率，使高等教育与产业研发方面形成对接关系。鼓励研发、促进技术创新的转型。二是依靠个企业，鼓励企业开展培训以提高劳动力质量，提高劳动力的技术熟练程度，提高劳动力应对产业转型升级带来的工作能力。

2. 鼓励各类农村教育培训机构

各级政府应该采取积极措施，聚集全社会力量，鼓励各种教育和培训机构对农民工加强职业技能培训。综合使用各种教育和培训模式，科学地开发人力资源。近年来，黑龙江省在职业培训工作方面已取得了较好成绩，下岗工人和失业工人的再就业人员总数在加速上升。因此国家应全面实施农村基础教育工程，加大对农村教育的财政投入，提高农村人口素质，采取多种措施、调动多种社会资源对农民工进行职业技能的培训。一方面，能够使农民工就业更具有竞争力，另一方面，农民工素质的提高大大降低了城市管理的难度，对于城市建设和城市品位的提升有着积极的作用。

从学习教育和培训模式的功能和特点来看，政府应明确职能分工协调发展教育和培训，针对所有类型的教育、科学投资，构建科学的人力资源开发体系，同时严格地开发各种规格的文凭、证书管理系统。具体地说，针对高等教育质量低，基础教育薄弱的问题，提出科学有效的解决方案：如开发科学有效的人力资源、综合培训系统，大力发展职业教育，培训专业的工人，同时促进基础教育发展，提高农民工的总体质量，严格遵守认证和证书管理规定。

政府通过发展职业教育和恢复生态平衡的教育体系，以促进有效的人力资源开发，培养一大批高科技产业工人，催化升级产业结构，促进经济社会协调发展。要始终坚持以就业为导向，深化教学改革，着力促进职业教育与就业岗位的"对接"，要明确职业教育办学特点，产教结合，加强校企合作，推行"订单"培养，根据农民工作和学习的特点，有针对性地采取相应办学措施，如联合办学、分阶段培养等。此外由于农民工就业教育及职能培训属于公共措施范畴，广泛存在"搭便车"现象，会给提供培训的企业和单位造成一部分经济损失，政府应当给予这些企业一定的补偿或者成立农民工教育培训基金，从社会获得教育资金，只有这样，才能积极促进社会各个单位或企业来关注农民工教育培训问题。另外，培训内容应切合实际，充分考虑农民工文化水平低、基础教育薄弱等问题，分层次分梯度地进行教育培训，这样才能整体提高农民工素质，实现教育培训的目的。

3. 提高农民工自我管理的意识

在公平对待农民工的同时，为了维护城市稳定和城市生态文明建设，也必须加强对农民工的引导和管理工作。大量的农民工走进城市，给管理工作带来了许多新的难题，由于无序的、零散的农民工打工人员具有稳定性差、流动性强等特点，这更阻碍了城市管理的顺利执行。调查表明，如何对农民工进行科学管理已经成为困扰在城市或者企业管理者头上的最大难题，对农民工进行管理，既不能单纯依靠政府的强制性管理，也不能放任自流，无论采取哪项，都会产生诸多弊端。因此，政府应采取相应措施提高农民工自我管理的意识和能力，从农民工自身心态出发，从思想上让农民工认识到自我管理的问题。让他们积极主动地进行自我管理，同时，与政府、企业、社会管理相协调。这是目前我国进行农民工管理的最有效的办法。我们鼓励农民工建立自我管理组织，建立农民工问题管理委员会，从根本上建立起能够合法控制且能考虑农民工自身要求的新型社会制度和政策体系，标本兼治、统筹兼顾，从根本上考虑农民工的合法要求，切实关注他们工作的环境和生活水平，维护他们的合法权益，照顾他们的政治诉求，切实为农民工做实事，为我国的和谐发展贡献一份力量。

推行新型城镇化中的农民工市民化是实现中国建成小康社会的关键，协调发展农民工的权益是实现农民工市民化的动力。全面推行农民工市民化不是短时间就能实现的，这需要长期的政策支持。虽然现在实现农民工市民化仍存在很多阻力，但是相信随着发展，农民工市民化是终将实现的目标。

项目负责人：张立迎

主要参加人：相征、刘生、张俊霞、李玉、郭海霞

黑龙江省现代农业综合配套改革实验区农业金融服务体系创新研究[*]

王吉恒　庞金波　于威　杨磊

在黑龙江省现代农业综合配套改革实验区隆重建立并快速发展的背景下，伴随新一轮土地制度改革的深入推进，现代农业发展初具雏形。与此同时，蓬勃发展的各类新型农业经营主体对农业金融服务的需求更趋多元化、高端化，而传统的服务已不能满足现代农业发展的需要，亟须在服务类型、制度安排、技术应用等方面创新。

党的十八大、十九大报告均将农业发展作为关键问题予以部署，通过顶层制度设计对现代农业发展进行支持。目前黑龙江省现代农业发展体系中，家庭农场、专业大户、农民合作社等新型农业经营主体已成为粮食主产区最重要的农业生产载体；相对于个体经营普通农户而言，家庭农场作为改革试验区大规模农业生产的载体，势必需要更多的资金并承担更大的市场风险。黑龙江农村金融服务体系要适应"需求主导型"变革，农村金融服务体系创新的进程必须加快。

一、黑龙江省农业金融服务创新现状

（一）黑龙江省农业金融发展的基础——农业生产分析

1. 黑龙江省农业生产的特点

黑龙江省农业生产耕地面积大且呈逐步递增状态；粮食和作物总产量高但单产不高、生产率低；有适合农业生产的气候，夏季温热且雨量充足、雨热同季，冬季漫长且寒冷干燥，冬季的降雪在较高的森林覆盖率的作用下延长消融时间，有助于农业和林业的生产；农产品资源丰富，主要生产作物包括玉米、大豆、水稻、高粱、甜菜和马铃薯等；水力资源丰富；自然灾害重，农田抗灾能力弱；农业生产机械化率高。

---

* 黑龙江省哲学社会科学研究规划项目（项目编号：14B074）
项目负责人为王吉恒教授，主要参加人员有庞金波、于威、杨磊、吴治成等。

2. 黑龙江省农业生产风险的种类

农业作为基础性产业，在生产过程当中都不可避免地面临许多风险，这是由于农业本身的弱质性以及生产过程的特殊性造成的，属于典型的风险产业。对于农业风险可以总结为以下几种特点：风险单位大、发生频率高、损失规模较大、区域效应明显。根据地理环境、气候以及市场因素，黑龙江农业生产的主要风险包括自然风险、价格风险。①自然风险。主要来源于干旱、洪涝、冰雹、大风以及低温冷害，其中易造成严重的农业损失的灾害主要为旱灾与洪涝灾害，一旦发生，受灾面积最大，据不完全统计，黑龙江省容易发生洪涝灾害的土地面积达到 6 000 万亩，多于全省耕地面积的 1/2。②价格风险。黑龙江省拥有得天独厚的黑土地作为农业发展的先决条件。农作物种类多、产量大，但是在农作物出产后进入市场的时候同样面临着严峻的市场风险。

（二）黑龙江省农村四类主要金融服务情况

1. 贷款类金融服务

在《创新农村金融服务推进方案》支持下，诸如信贷＋保险、产业链信贷、银行卡授信小额信贷、土地经营权抵押贷款、大型农机具抵押贷款、新型主体大额中长期贷款、财政资金＋信贷担保等创新服务不断问世，金融服务"三农"的能力和水平得到一定程度提升。以 2014 年为例，在央行两次"定向降准"、支农再贷款等货币政策工具引导下，全省涉农贷款新增 1 054.6 亿元，比上年多增 296.5 亿元，占全部新增贷款的 53.3%，且涉农贷款增速高于各项贷款均速 5.5 个百分点。

截至 2015 年 9 月末，全省 64 个县（市）中已有 58 个县（市）开办了承包土地经营权抵押贷款业务，囊括了国家开发银行、邮储银行以及哈尔滨银行、龙江银行、农村信用社、村镇银行等大部分涉农金融机构，贷款余额 209.7 亿元，同比增长 49.6%；其中，仅以承包土地的经营权作抵押的贷款余额就达 81.1 亿元，同比增长 73.2%。目前，已形成的"克山、桦川、肇东"模式，为全面推广承包土地经营权抵押贷款探索了方法、积累了经验。

2. 保险类金融服务

2014 年 4 月省政府出台了《关于促进农业保险发展的若干意见》，明确提出"应按照'扩面、提标、转制'的总体思路，基本形成发展规范、覆盖广泛、品种齐全、保障充足、服务优良的农业保险体系"。截至 2015 年末，全省种植业保险面积力争实现全覆盖，且已针对当年度春夏农作物生长期内经历的暴雨、冰雹等强烈气象灾害，农险机构共累计完成 90.34 万亩农作物生育期绝产的赔付，兑现理赔款 8 859.8 万元，受益农户 2.88 万户次，起到了保障农业生产、降低风险损失的作用。

目前，黑龙江省已有阳光农业相互保险、中国人民财产保险、安信农业保险、国元农业保险等多家公司具备农险经营资格。经过多年的实践和探索，各农险机构已备案并投放的农险服务，基本涵盖了水稻、玉米、小麦、大豆等区域主要农作物服务，且特色农产品如甜菜、谷类等的种植成本保险、主要农作物天气指数保险等，也有部分公司进行业务试水。

3. 期货类金融服务

自 1993 年年初成立哈尔滨商品期货交易所至今，黑龙江省期货市场已经历经 24 年风雨；截至 2015 年末，辖区共有期货公司 2 家（大通和时代），期货营业部 15 家，营业总收入已超过千万元。黑龙江省农产品期货市场依托省内现货市场的优势，一直以来都是我国最重要农产品期货交易所——大商所和郑商所的经纪业务主力，交易品种涵盖大豆、玉米、小麦、粳稻等区域主要农作物服务，交易主体大多为龙头企业、农垦部门等法人单位，辖区期货公司持仓农产品的方向和数量已经成为全国农产品交易重点参考与关注的对象。

4. 期权类金融服务

目前，黑龙江省乃至全国尚未实现农产品期权的上市，但部分安排设计已经提上日程，相关合约制度、技术系统、市场培育等基本就绪，并进行了试点测试。2015 年 3 月，大商所在发改委《关于促进东北老工业基地创新创业发展打造竞争新优势的实施意见》支持下，正式启动了豆粕期权做市商仿真交易合作测试。测试期间，交易所对市场报价、流动性、系统运行等进行了跟踪和分析，了解了农产品期权的交易特征和市场影响，并将进一步完善监管方案与指标设计。

（三）黑龙江省新一轮土地制度改革为金融产品创新提供助力

随着新一轮土地改革，土地这种过去完全缺乏流动性的资源将逐渐具有资本属性，值得各金融主体认真研究和利用。

党的十八大以来，我国全面启动了深化农村改革的一系列工作，其中以"三权分置"为核心内容的农村土地制度改革被认为是重中之重。习近平总书记就先后指出："深化农村改革，完善农村基本经营制度，要好好研究农村土地所有权、承包权、经营权三者之间的关系；""把农民土地承包经营权分为承包权和经营权，实现承包权和经营权分置并行，这是我国农村改革的又一次重大创新；""我们要在坚持农村土地集体所有的前提下，促使承包权和经营权分离，形成所有权、承包权、经营权三权分置，经营权流转的格局。"

新一轮土地制度改革，不是要改变土地的占有关系，而是要改变土地的使用关系——解决土地作为最重要生产要素在经济发展上的问题，又解决农业发展上如何提高土地资源配置效率的问题。①通过土地经营权流转形成"土地集中型规模经营"。②通过土地经营权共享形成"服务集中型规模经营"。

二、黑龙江省农业金融服务体系存在的问题

（一）农业金融服务制度的缺失

国内金融服务交易中，贷款类、保险类服务实行的是定价交易制度，期货类服务实行的是竞价交易制度，二者均存在一定的不足，阻碍了新一轮土地制度改革下金融衍生品"高低搭配"格局的形成。前者由服务供给主体进行定价，服务需求主体只能被动接受；后者由服务供需双方基于市场，按照"价格优先"的原则实现最终交易。

涉农贷款利率、农业保险费率居高不下，其中固然有信贷双方普遍存在逆向选择和道德风险的缘故，即涉农金融机构为了尽可能地规避农村信用风险以及农业自然、生产、经济风险，常常刻意提高"两率"水平或是控制涉农贷款规模和形态或是限制农业保险品种和保额，如黑龙江省农信社向农户放贷的利率最高可上浮到基准利率的230%，远高于商业银行向城市居民放贷利率的上浮标准30%～50%；如省内农险公司经营的种植业保险服务，在去除"三级补贴"后农户仍然要承担20%的费用，同样高于国际通行的2%～15%费用承担标准。涉农信贷资金使用价格即利率的形成，如不充分发挥市场的决定作用而形成基于不同借贷风险的差别定价机制和供给模式，则无论利率水平高低，都影响农村信贷资源配置效率。

农产品期货作为标准化的商品，其交易为集中式的大宗交易，除棉花期货外，其他农产品期货交易最低标准为10吨/手。我国传统的小农生产，规模小、品种杂、质量低，尤其在产量上难以达到大宗交易的要求。从黑龙江省的实际情况看，参与农产品期货市场交易的大都是农场、经销商、加工企业、投资机构及民间散户，农户、合作社直接或间接参与期货交易的比例不足30%。期货市场作用于农产品的盈余利润大部分停留在企业或资本链条上，农户作为现货的生产者未能分享到期货市场交易的利益。

（二）农业金融服务机构的制约

基于黑龙江省农业金融服务需求的主要类型，其供给方一般为提供各类信贷的涉农银行、代理农产品交易的期货公司、经营农业保险的专业公司以及围绕提供相关金融服务"链上"的辅助机构（如担保公司），上述机构在提供服

务时未能有效聚焦新一轮土地制度改革产生的金融需求新变化。

对涉农银行而言，一是机构网点、资产总额不足，支农能力有限。二是机构非农偏好明显，惜贷、选择贷款普遍。三是受农业生产经营约束，机构创新意愿不强。农业生产具有周期性特点，黑龙江省气候条件下尤为突出，涉农金融机构因此会受"农户大跨度周期性收入与支出、农产品与农资价格周期性波动"的强烈影响，比其他金融机构要承担更大的借款风险。

对农险公司而言，一是与财产保险、人身保险、医疗保险等行业平均水平相比，涉农保险的利润回报率低、赔付率高，而农险厘定的费率又采用固定模式，不允许进行动态调整。二是在竞争不充分的市场中，农险公司常常高估风险，刻意提高保险费率，形成"财政补贴间接为高费率买单、农户直接缴费难以降低"的窘境，在财政资金十分有限的前提下，县级政府只能选择性补贴大宗农产品，部分经济作物、特色农产品常常被选择性遗忘。

对期货公司而言，一是辖区内期货公司仅剩 2 家且发展规模较小，尤其在农产品期货代理业务上，与其他辖区注册的代理营业部存在过度竞争现象，一般以降低手续费的方式增强业务优势，从而导致公司盈利能力低、可持续发展欠佳，间接影响公司参与期货市场代理交易的动力和财力。

（三）农业金融服务产品的滞后

涉农贷款在农业金融服务中的重要地位不言而喻。农业产业链融资模式单一，融资能力受限。长期以来，黑龙江省农业产业链的结构以 1＋N 的形式为主。这种链式结构深刻影响着黑龙江省农户的融资能力，在这种产业链结构中核心企业或龙头企业的作用非常大，它是整个融资方案的核心所在，还是其所在农业产业链上下游成员获得融资的信用基础，一旦产业链上的核心企业或龙头企业综合实力和信用状况出现问题，就会影响整个产业链上下游客户的融资。

农村土地经营权抵押贷款较难。黑龙江省土地流转发展缓慢，流转机制不健全，缺乏较为权威的流转中介，使得银行难以处置作为抵押的土地经营权，银行开展土地经营权抵押贷款的积极性不高，土地经营权的实际价值难以评估，不利于土地的流转和土地经营抵押贷款的展开。

保险金融机构服务功能滞后。以商业保险、互助保险为主的黑龙江省农险经营模式，仍处于不稳定运行状态。一是保险服务结构不合理、针对性弱。二是种植业保险享受财政补贴不一。省内地方仅有水稻、麦类、玉米、大豆四类种植业获得农业保险贴补，而垦区除此之外也仅对向日葵、花生、马铃薯、甜菜给予补贴，财政资金补贴范围窄，农户承担保费积极性不高。三是地方财政补贴保险的能力较弱。

（四）农业金融服务效率低下

为实现城乡金融服务协调发展，提升农村金融资源配置效率，推进新一轮土地制度改革，支持农业适度规模经营，服务传统或新型农业经营主体，黑龙江省在改善农村金融支付环境、推广现代金融服务、开发金融关联衍生品等方面做出了很多努力，但鉴于省内经济发展环境不佳、金融基础设施覆盖不全等，后续建设任务仍十分艰巨。

首先，农村金融基础设施建设相对落后，农村金融支付环境有待进一步改善。至今黑龙江省部分农村地区依旧没有现代化的自动取款机、POS 机等，虽然全省农户人均持有银行卡在 1 张以上，但大部分只是开通了转账、取现等基本支付业务，与银行卡关联的其他延伸业务还需拓展。

其次，农户接受现代金融服务能力不足，农业金融服务创新的应用明显滞后。以农业银行创新研发的"银讯通"为例，服务以移动终端作为支付工具，使农户足不出村即可享受取款、汇款、转账等基本金融服务；但从实际效果看，由于农户对移动支付的安全性存在顾虑、对智能通讯工具的使用不熟练等，服务功效还有待观察，农村金融支付"最后一公里"难题仍需破解。

最后，机构对现代金融工程理论的运用不够成熟，衍生品开发尚存较大空间。

三、从供需视角对黑龙江农业金融服务创新进行分析

（一）黑龙江省农业金融服务创新的需求分析

1. 黑龙江省农业金融服务创新需求影响因素

结合黑龙江省农业金融服务创新，基于需求主体角度，本研究将"农业生产经营风险""农村土地制度变革"等划为影响需求的"外生因素"，同时将"农业产业发展""产业集约程度""农户收入水平""农户自身素质""农户消费偏好"等划为影响需求的"内生因素"。

（1）外生因素。一是生产经营风险。依据农业保护理论，农业生产经营所承受的自然、市场、价格等风险，可被视为影响农业金融服务创新需求的基础性外生因素。二是土地制度变革。新一轮土地改革，可被视为影响农业金融服务创新需求的制度性外生因素。

（2）内生因素。一是产业发展水平。农业产业发展水平直接决定了农业金融服务创新需求体量与结构。一是涉农贷款类服务需求总量、增量均较大。二是产业集约程度。农业产业集约程度对农户的农业金融服务创新需求总量、结

构、方式等产生重要影响。三是农户收入水平。农户自身收入水平对农业金融服务创新需求的影响表现在个体信贷额度、信贷可获得性等方面。四是农户文化素质。农户自身文化素质高低决定了其接受创新农业金融服务能力的高低，并表现在具体的服务选择与功能应用之上。五是农户消费偏好。农户因自身生产方式、经营规模以及市场参与程度的不同，而形成了不同的农业金融服务创新需求消费偏好。

2. 黑龙江省农业金融服务创新需求主体及服务类型

（1）服务需求主体。农业金融服务的需求主体为农村地区进行农业生产经营的农户。农户作为中国农村经济最小的单位，因新一轮土地制度改革而发生了深刻的变化，其生产经营已由单一的小规模向多种规模并存局面转变，表现出明显的层次性。本研究根据需要，将黑龙江省农业金融服务创新需求主体划分为两类：普通农户和规模农户。

普通农户。以传统承包农户为代表，以自身家庭为单位进行"个体化、小农化"的农业生产经营。此类金融需求主体所占比例较大，承担着黑龙江省耕地近一半面积的生产任务，可视为目前全省农民群体的最主要组成部分。普通农户除温饱外，还有少量空闲资金，较关注存款、贷款或理财服务，购买生产资料或资金周转是其金融需求的主要方向，可能附带一定的农业保险需求（如政府大额补贴的前提下），贷款需求呈现季节性和周期性。贷款数额不大，仅为维持现有生产（如购买农机具等），对利率不敏感，缺乏有效抵押品，还款意愿较好，但还款能力一般。

规模农户。以专业大户、家庭农场、农民合作社等为代表的新型农业经营主体，其生产经营具有"组织化、社会化、集约化、规模化"特征。此类金融需求主体所占比例较小，但却是黑龙江省实现现代农业的必然载体，承担着省内耕地过一半面积的生产任务。规模农户的经营活动是以市场为导向的专业化生产，金融需求主要集中在购买生产资料、土地流转整理、农产品买卖等方面；同样因法律限制，其最大资产土地无法抵押，信贷手段单一。

（2）主要服务类型。一是贷款类金融服务。①信用贷款。②保证贷款。小额保证贷款是指保证人为普通农户借款人履行借款合同项下的债务向贷款行提供担保，当借款人不按借款合同的约定履行债务时，保证人按保证合同约定承担连带责任而发放的贷款。③担保贷款。主要是通过订单农业贷款的方式，打破传统小额信贷中信用、保证模式产生的资金瓶颈，由农产品收购企业提供担保，经农村金融机构向从事订单农业生产的规模农户发放的贷款。④抵押贷款。主要是指土地承包经营权、农民住房财产权、生产设备所有权等权利类抵押贷款。

二是保险类金融服务。农业保险分为涵盖种植业、养殖业两大业务板块，而前者约占全国农业保险总保费收入的 3/4，已经成为农业保险中最重要的业务。以 2013 年为例，种植业保费收入全国占比排名前五位的省份分别是黑龙江、新疆、内蒙古、安徽、四川，其中黑龙江省种植险保费收入达 25.82 亿元，占比为 11.6％，排名第 1。可见，无论从全国还是全省来看，种植险均是农户需求的主力军。

三是期货类金融服务。目前，国内农产品期货市场已实现 21 个品种上市交易，其中涉及黑龙江省的农产品期货交易主要为大豆、玉米、小麦、粳稻。部分龙江特色大宗农产品（如马铃薯、甜菜、谷类等）的商品和金融双重属性，得以充分地体现在期货市场的各项功能之中，深刻地影响着省内规模农户对农产品期货市场的应用。

四是期权类金融服务。区别于期货市场对于农户在经营规模、资金实力、专业素养的高要求，期权交易门槛更低、避险方式更活、成本收益更佳；农产品期权作为农村高端金融服务，具有低风险、高收益、市场化的特点，尤其适合新一轮土地制度改革下，既渴望获得农业产业利润又具备一定知识文化水平但风险承受能力较低的新型农业经营主体等规模农户。

（二）黑龙江省农业金融服务创新的供给分析

1. 需求引致下的农业金融服务创新供给机理

引致供给理论强调的是金融需求引致金融供给，其传导机制为"经济增长→金融需求增强→金融机构扩张→金融资产多元化→金融服务多元化→金融供给增加→经济增长"。"需求引致"对当前我国正在进行的供给侧结构性改革——农村金融领域，针对新一轮土地制度改革下不同规模农户的多层次金融需求而进行多元化的金融服务创新，有着重要的现实指导意义。

新一轮土地制度改革下，普通农户、规模农户等生产经营主体，因自有资金、文化素质、生产规模、机械程度等内因点不同，对贷款额度及期限、保险费率及保额、期货市场及交易、期权上市及展望等关注点也不同，从而决定了服务供给主体——各类银行、保险公司、商品交易所等发力点亦不尽相同。

2. 黑龙江省农业金融服务创新供给影响因素

遵循新古典经济学家"改变供需均衡因素"的区分方法，结合黑龙江省农业金融服务创新，基于供给主体角度，本研究将"市场竞争因素""机制匹配因素"等划为影响供给的"外生因素"，同时将"业务发展与定位""利润预期与成长""风险回避与控制""企业经营与管理"等划为影响供给的"内生因素"。

（1）外生因素。 一是市场竞争因素。对新一轮土地制度改革下的黑龙江省农村金融市场而言，既存在部分供给主体垄断市场而形成的不充分竞争，也存在部分供给主体过度压价而形成的不规范竞争。

二是机制匹配因素。基于农业保护理论，农业风险不仅意味着损失，也蕴藏着机会和利润，如果机构可以认识、分析、预测风险并有效管理，不但可以减少损失，更可获得收益，尤其是风险分担、资产处置等配套机制建立，可有效化解机构可能面临的创新风险。

（2）内生因素。 一是业务发展与定位，黑龙江省农业金融服务市场历经多次整合与创立，目前基本形成了以农村信用社、农业银行、农业发展银行、邮政储蓄银行、地方商业银行、新型农村金融机构等组成的供给体系。

二是利润预期与成长，涉农金融机构在商业运营"高投入、高回报"的基本原则下，不愿意积极主动地投资于"高成本、低收益"的农业。

三是风险回避与控制。农业产业天然具有的"高风险"特点，决定了银行、期货、保险等涉农机构在创新及投放金融服务时，势必要考虑风险回避与控制因素；尤其在产权保护、保险补偿、征信评级等还未健全时，涉农金融机构能否建立起严密的风险防范机制，显得至关重要。

四是企业经营与管理。主要指期货公司在期货交易、信息服务、企业管理等方面的内生发展。

3. 黑龙江省农业金融服务创新供给主体及创新方向

供给侧结构性改革不仅是解决我国经济发展结构性矛盾的关键，同样也是解决我国新一轮土地制度改革下农业金融服务创新供需错位问题的关键。农业金融服务结构性调整，不仅要"创新补短板"，还要"改革去产能"，以改革与创新的手段，调减低端过剩金融服务，加大常规金融服务供给，开发高端金融衍生服务，实现供需有效匹配。以下将从供给主体的角度，探讨新一轮土地制度改革下黑龙江省涉农金融机构改革与服务创新的主要思路：

（1）服务供给主体。 农业金融服务创新的供给主体为区域内围绕农业生产经营提供创新型金融服务的机构，统称为"涉农金融机构"。伴随农村金融体制改革的深化，政策性、合作性和商业性所组成的"三元"农村金融供给体系已初步形成，但诸如贷款、保险、期货、期权等农业金融服务的"实质"供给却与"形式"表现不相符，总体上呈现"机构垄断化、服务同质化、竞争简单化"的显著特征，尤其是不能针对新一轮土地制度改革带来的金融需求新变化而创新服务与服务供给，亟须在服务功能、服务、组合、模式等方面进行全方位改革，"整合存量资金、放大财政杠杆、撬动社会资本、发挥组合效用"，从供给主体角度解决问题。

（2）主要创新方向。一是涉农贷款创新方向。黑龙江省农村金融市场以涉农银行的信贷业务为主，作为新一轮土地制度改革下最基础层面的支农金融服务，其创新与投放力度直接关系农业生产经营与农村经济增长。其作用包括：发挥涉农银行创新主体作用；加大农村金融基础设施投入；加强农业金融服务风险管理；构建农村金融市场竞争体系；完善涉农贷款抵押处置机制。

二是农业保险创新方向。新一轮土地制度改革下的农业金融服务市场，不应只限于银行信贷，保险市场作为体系完整架构的重要组成，还需进一步发力服务创新与推广，以支持黑龙江省现代农业的发展。针对种植业成本保险，要突出服务的政策性；针对新型农业经营主体，要突出服务的商业性，即主要为农业生产经营风险提供商业保障。

三是农产品期货、期权创新方向。黑龙江省辖区的期货公司或期货营业部，应本着"创新期货代理交易服务、完善市场套期保值功能、健全公司内部管理机制"的思路进行改革、创新、发展。除扩大农产品期货交易品种外，要适时推出主要粮、棉、油作物配套期权，设计不同的合约标的或服务组合，实现期货对现货保值、期权对期货保值，分散和化解农产品期货交易市场风险。

四是农村信贷担保创新方向。新一轮土地制度改革后，随着"两权"抵押贷款政策的实施，部分解决了农户借款抵押物品不足的问题，但"权利类抵押贷款受偿率低、借款方承担违约风险较大"是不争的事实，开展农村信贷服务担保可有效化解此中矛盾。

四、基于模块化构架的黑龙江省农业金融服务分析与评价

（一）黑龙江省农业金融服务差异化分析

1. 黑龙江省农业金融服务的种类简况

①黑龙江省农业金融机构网点分布不均，竞争力不足。虽然全省的总覆盖面已经达到了99％以上，但农业相关金融机构的城乡分布比例并不平衡。截至2016年年底，农村信用社、邮政储蓄银行、农业银行、农业发展银行网点覆盖率分别达到41.34％、39.6％、15.8％、2.06％。布局的差异是显而易见的。②黑龙江省农业银行和邮政储蓄银行是主要的商业性农业机构。③政策性金融主要为农业提供必要的财政公共物品，以实现具体的政策目标。④黑龙江省农户贷款的主要来源是由农村信用社提供。⑤非正规金融机构在黑龙江省占有一定的比例，非正规金融机构比正规金融机构更容易申请贷款。

2. 黑龙江省东西部农业金融服务的差异性

（1）自然环境差异。 农业产业的特殊性就在于其受自然环境的影响较大，农作物品种的分布、农产品的产量在不同的气候环境条件下呈现出明显的差异。黑龙江省东西部粮食作物种植品种基于自然环境的影响存在较大的差异。2016 年，西部地区粮食作物面积 945.26 万公顷，占黑龙江省粮食作物总量的 65.2%。黑龙江省东部粮食作物面积为 504.72 万公顷，占黑龙江省粮食作物总量的 34.8%。

（2）经济结构差异。 通过第一产业增加值差异可以显示出黑龙江省东西部地区经济环境差异，根据资料显示，黑龙江省地区第一产业产值在 2012—2016 年分别为 2 113.7 亿元、2 474.1 亿元、2 611.4 亿元、2 633.5 亿元和 2 670.5亿元，其中西部地区的占比均在 60% 以上，始终高于东部地区第一产业产值，因此可以反映出西部地区农业产业规模发展较大，对于资金需要量较高。

（3）金融环境差异。 目前黑龙江省东西部地区村镇银行数量的比值为 1：4，但整体上东部地区存贷款市场占有率高于西部地区，说明村镇银行在东部地区发展更好。同时，不良贷款率可清楚反应出地区的金融环境差异，根据 2016 年的统计数据分析得出，东部地区的不良贷款率整体低于西部地区，可以说明东部地区贷款人素质更高，较低的不良贷款率使金融机构承担的风险降低，更好地服务于农业发展。

3. 基于模块化构架的黑龙江省农业金融服务整体分析

金融体系创新的模块化是当前金融业创新的主要趋势，也是互联网和金融体系有指导作用的整合的使用方案。从模块化的角度看黑龙江省农村金融体系的组织创新机制主要体现在：一是黑龙江省农村经济体系原有的竞争模式发生了模块化变化，原有的被动竞争商业模式对市场变化的负面反应更积极主动。二是模块化推进黑龙江省农村金融体系有意识地按照模块化合作对象的选择和优化原则，通过加强协作，推动新型金融产品不断开发扩展。三是模块化提升黑龙江省农村金融体系风险管理水平，连锁风险和封闭式风险可以更好化解，提高了黑龙江省农村金融信息化和全方面传输消息的通透度，金融市场供需双方的沟通效率大大改善。上述三个效果不是独立的，而是相互影响和共同发展。

（二）基于模块化框架下的黑龙江省农业金融服务体系的系统风险分析

农村金融风险是由于不确定的因素，给农村金融机构带来损失的风险。目前农村风险主要来自于农户到期不能够及时偿还信贷机构贷款的风险。农村金融信贷违约的风险主要是由系统性金融风险和非系统性金融风险两部分组成。

农村金融的系统性风险是指能够影响农民产出的外在自然灾害,例如地震、水灾、虫灾、旱灾的发生,会减少农业生产的产出,使农户的收入减少。农户没有足够的融资渠道不能进行再生产,也会影响我国农村金融机构的顺利改革。目前造成黑龙江农业金融服务体系的系统性风险的原因包括以下方面:

(1)频繁的自然灾害导致农业保险体系缺失,损失补偿机制不健全。农业由于其"弱质性"抵御自然灾害的能力极低,影响农业的自然灾害一旦发生,导致农产品价格波动大,农业产业的产出便直接受到影响,农民的收入大幅度减少。

(2)传统抵押担保机制欠缺灵活性。目前,黑龙江省农村地区信用体系建设还不完善,没有统一的平台对农户与中小企业的征信状况进行记录,因此,金融机构为了保证贷款有效的回收,往往会要求贷款方提供足够而有效的抵押物,或者是采取第三方担保额方式,保证贷款额回收率。但现实条件下,农户和中小企业可用于抵押的资产较少,虽然农产品机器设备可用于抵押,但是金融机构会考虑抵押物折旧率高、变现难的因素而降低贷款额度或拒绝贷款。

(3)缺乏完善的风险管理数据库。我国金融市场发展起步较晚,即使已经及时对采集到的数据进行分类和整理,但缺乏有效的系统性数据库,也不能快速分散和规避风险。准确并且丰富的数据是建立农村小额贷款风险数据库的基础,也是金融机构进行风险度量的依据。

(4)农村金融市场避险产品缺乏。目前,在黑龙江农村金融市场主要以银行业服务为主,农业保险已不能完全满足农民规避风险的需求,针对农业金融服务的产品相对单一,缓解分散风险的避险手段缺乏。存贷款业务在农村金融机构的业务中占有绝大比重,项目理财、投资等现代银行业务在农村地区开展较少。

(三)黑龙江省农业金融服务创新的交易制度分析

1. 成本效用考量下的农业金融服务创新交易制度

新一轮土地制度改革下,农户承包的集体耕地被赋予了新的权能,"农地抵押、土地流转、规模经营"成为可能,大批基于此开发与设计的创新型农业金融服务应运而生,所以在研究具体服务创新时,不能忽视与服务配套的相关交易制度的创新——创新的作用在于"降低服务交易成本、提高资产流动性和减少信息不对称",创新目的在于"合理确定农业金融服务价格、增加农村金融资源总量和提升农村金融工具效用"。金融创新服务或服务组合选择何种交易制度,不仅直接影响它的功能发挥与拓展,而且间接关乎它的市场生存与发展。

农业金融服务创新交易制度的核心是定价机制及其相关配套制度的创新，前者影响农户对金融创新服务需求的品种和额度，后者影响机构对金融创新服务供给的形态和规模。与配套制度相比，定价机制的形成非常复杂，在确定交易制度类型之后，还必须考虑交易成本与工具效用的双重因素，才能制定出既符合供需主体实际，又符合区域生产特点，还能被市场主动接受的服务价格。

2. 黑龙江省农业金融服务创新交易制度影响因素

（1）信贷服务定价——利率形成。 以黑龙江省涉农金融机构为例，其利率形成基本采用以下两种模式：一是根据成本加成定价法，涉农贷款利率＝成本＋利润＝资金成本＋营运成本＋风险补偿＋目标收益＋回报调整；其中"回报调整"测定的是农户对金融机构的贡献度，即对授信农户综合回报的测算，该项数值受农户生产经营规模（产值与盈利）的深刻影响；规模农户的综合回报较高，其授信贷款的价格（利率）可适当下降；反之，普通农户的综合回报较低，其授信贷款的价格（利率）可适当上浮。二是根据价格领导定价法，涉农贷款利率＝基准利率＋风险溢价＝倍数×基准利率；其中"风险溢价"涵盖了违约风险溢价和期限风险溢价两部分，贷款具体的风险等级由金融机构认定，小额短期贷款风险较低，贷款的溢价数值就较小，大额长期贷款风险较高，贷款的溢价数值就较大。

上述传统的涉农贷款利率形成机制，并不能适应新一轮土地制度改革下黑龙江省现代农业"规模化、机械化、产业化、组织化"发展要求，最直接的表现就是农户贷款价格较高，全省涉农贷款加权平均利率高于全省全部贷款加权平均利率。

（2）保险服务定价——费率厘定。 黑龙江农业保险与国家倡导的农业保险"精细化、高效化、公平化"发展方向尚存较大差距，诸如"农险服务供给双方信息不对称导致的道德风险和逆向选择、农险服务缺乏差异化导致的保障水平低下和有效供给不足、农户承担比例下降空间有限和保费财政资金补贴效率不高、市场化运营下经办机构与保险公司利润微薄甚或亏损严重、经济新常态下农业大省与农业强县财政补贴可持续性堪忧"等问题还需进一步破解，在提高基础保险（成本、产量）保障水平、增强财政资金补贴效率的同时，增加高端保险（价格、收入、天气）市场供给、增进保险支农惠农工具效用。

（3）存款准备金制度。 以新一轮土地制度改革下黑龙江省农村信用社在县域金融市场的运营来看，当存款准备金率下降1～2个百分点时，完成涉农贷款投放考核指标的银行往往会选择涉农金融机构对两类风险客户的利率保持不变，将多余信贷资金投放于其他更具比较优势的产业，而未完成涉农贷款投放考核指标的银行常常会选择涉农金融机构可以保持低风险客户（如普通农户）利率水平，同时降低高风险客户贷款利率，前者的新增贷款投放策略在于规避农业价值劣势、获取其他产业发展超额利润，后者的新增贷款投放策略则在于完成支农考核目标、优化高风险客户融资环境。

（4）交易保证金制度。目前国内期货公司普遍按照农产品合约交易额的 $5\%\sim10\%$ 向客户收取保证金（一般在涨跌停板幅度基础上加 N 个百分点），高于国际通行的 $3\%\sim8\%$ 比例，即使最低 1% 的国内外差额就足以对客户持有的有效交易资金形成"挤占效应"，而对于原本就资金有限的规模农户或合作社造成的资金约束就更加明显。可以说保证金制度是一把"双刃剑"，在防范期货市场风险的同时，也降低了期货市场的效率，如何能在二者之间寻求平衡，才是真正打破制度瓶颈的核心内容。

3. 黑龙江省农业金融服务创新交易制度及展望

（1）定价交易制度。定价交易制度是指金融机构在某种机制条件下，将金融服务对于客户的价值通过货币的形式表现出来并实现交易，主要用于金融市场基础类服务的定价与交易，其中最能体现定价交易制度特点的便是贷款利率和保险费率。

（2）竞价交易制度。以农产品期货市场为例，竞价交易制度最主要的功能——对各类农产品期货合约市场实交易价格的确定（价格发现功能），体现了农产品期货合约供给者与需求者间对市场交易价格的竞争，进而反映了农产品期货市场对合约标的商品的供求状况。正因为竞价交易制度对市场自身流动性的较高要求，而国内部分农产品或因现货市场落后，或因产量相对较小，或因市场关注不高，导致了国内农产品期货市场交易品种目录很难进一步扩大，阻碍了与国际农产品期货市场的联系与接轨，影响了农产品期货市场对农户生产经营行为的指导作用。

（3）报价交易制度。报价交易制度又称为"做市商交易制度"，是指做市商在某个交易系统中，不断地提供金融服务买卖价格并以其自有资金和证券与投资者实现交易，目前被广泛运用于欧美金融衍生品市场（如期货、期权），其中按照做市商的数量又分成"垄断做市商制度"和"竞争做市商制度"，做市商依然可通过对合约价格的分析报出合理价格完成报价义务，投资者可根据实际需求选择是否与做市商成交。

（4）混合交易制度。除了对合约交易流动性的不同要求外，竞价交易制度与报价交易制度各有优劣，前者在成本节约性、程序透明性、交易公开性等方面更具优势，但在大额交易、市场效率等方面较为欠缺，而后者在交易时效性、价格稳定性、数额可观性等方面更为擅长，同时也存在"做市商"不易监管、报价风险难以转移等问题。逐步融合成新的金融服务交易制度——混合交易制度。

（四）黑龙江省农业金融服务创新的技术支撑分析

1. 资源配置导向下的农业金融服务创新技术支撑

伴随管理理论与科学技术的长足发展，金融服务供给主体为了降低金融交易成本、提高金融交易效率、增加金融交易资源而主观创造性地促使金融服务在交易手段、交易方法、交易条件等方面发生深刻变化与革新，我们称之为"金融服务创新的技术支撑"。基于技术改变与融合的金融服务创新，既是金融效率提高的物质保证，同时也是金融服务创新的内在动力。在现有金融制度条件下，客户调动与分配金融资源的能力存在界限，而通过金融服务技术的创新与应用，将能够拓展金融资源的可分配界限。

2. 黑龙江省农业金融服务创新技术支撑影响因素

（1）金融供需变化。 "自下而上"的诱致性制度变迁和"自上而下"的强制性制度变迁，前者也被称为"需求主导型"，后者也被称为"供给领先型"。

（2）服务研发能力。 金融服务因具有高度的可模仿、可推广属性，因而大多数创新无法申请技术专利保护，加之服务与服务独自创新的成本较高，导致自新一轮土地制度改革以来黑龙江省区域市场流通的贷款、保险等基础类金融服务同质化严重，各类金融机构涉农业务缺乏差异化竞争，尤其是与第一线生产经营农户接触更为密切的中小银行、担保公司、贷款公司、保险公司等，更乐于模仿国有大行、险资机构的服务，并在此基础上依靠低价策略占领农村市场。

（3）金融基础设施。 金融基础设施是指金融运行的硬件设施和制度安排，主要包括支付体系、结算体系、法律环境、会计准则、征信体系、监管规制等。部分基础类金融服务技术创新，如现代资金结算、大额贷款授信、农地担保抵押等，各类涉农金融机构或政府监管部门可以做的工作更多，且从企业经营或政府职责来讲，也应当承担更多的主体建设责任。

（4）服务市场推广。 现代科学技术的革新与换代较之历史任何时期都更加快速、频繁，加之银行、担保、保险、期货等金融机构为求"短期内占领市场、满足业务营销需求、壮大企业资本实力"，在服务创新的技术架构和设计环节，就必须保持全面、高速的策略，从而更多地关注服务功能的实现和研发效率的提升，而在服务市场推广与应用方面的确缺少灵活性、包容性、适用性。

3. 黑龙江省农业金融服务创新技术支撑及应用

（1）分析理论。 该理论在融合了复杂的金融数学、数据模拟等研发与设计手段之后，广泛应用于各类金融服务或衍生服务的创新，所涵盖的基本方法包括"金融服务的合成与分解、金融服务的条款转换、金融资产的证券化"，对新一轮土地制度改革下黑龙江省农业金融服务创新技术支撑的发展具有指导意义。

一是农业金融服务的合成与分解。现代金融服务日趋复杂，但追根溯源无非是在分析客户需求因素和企业供给因素的基础上，对原有金融服务的流动性、收益性和安全性中的一个或多个特性进行改变，以满足客户和企业对创新金融服务的双重偏好。

二是农业金融服务的条款转换。农业金融服务的条款转换，即对农村金融资产的合同条款进行修改，通过改变单方或双方的权利和义务，逐步衍生、派生、产生新型农业金融服务。

三是农村金融资产的证券化。一般来说，市场流动性的高低是影响金融服务市场完全性和有效性的一个重要因素。金融市场上，投资者对风险的偏好和承受各不相同，往往通过选择消费不同金融服务的方式，尽最大可能规避和重置风险，并以此提高金融服务的市场流动性。

（2）信息技术。 涉农资金的支付与结算是新一轮土地制度改革下农业金融服务供给的基础，创新其相关业务不仅有利于推进农村金融生态环境持续改善，而且有利于提升农村金融基础设施利用水平，尤其对农业大省、产粮大省更是一项重要任务。主要包括涉农银行卡类业务和涉农电子银行业务。

（五）黑龙江省农业金融服务创新发展的实证评价

1. 基于层次分析法的农业金融服务创新发展综合评价指标体系

本研究用层次分析法建立指标体系。选取以下指标分析农业金融服务及其创新，主要包含"需求、供给、交易、技术"四个层面，其各自衡量的维度又包含了多个影响因子，而通过具体指标的对比又可以间接反映出某项业务或某个领域发展的水平与不足。其中24项为定量指标、2项为定性与定量结合指标。

①农业产值；②农民人均纯收入/可支配收入；③土地规模经营面积；④农业机械总动力；⑤涉农贷款余额；⑥涉农贷款占比；⑦产业支撑力度；⑧农户贷款余额；⑨户均贷款余额；⑩农险保费收入；⑪农险赔付额度；⑫农险赔付率；⑬农业保险深度；⑭农业保险密度；⑮期货营业部数量；⑯商品期货成交金额；⑰农村金融机构营业网点数量；⑱农村金融机构资产总额；⑲优惠利率涉农贷款占比；⑳种植业保险平均费率；㉑县域农村金融机构存款准备金率；

㉒农产品期货保证金比例；㉓引致服务创新的技术门类数；㉔从业人员本科以上学历占比；㉕基础金融服务行政村覆盖率；㉖农户对创新服务的接受程度。

2. 主要结论

经过数据处理，对比分析可以得出"2006—2015 年东北三省农业金融服务创新发展综合水平排名依次为黑龙江省、辽宁省、吉林省"的数据分析结论，并且不难发现"2006—2015 年东北三省农业金融服务需求水平排名依次为黑龙江省、辽宁省、吉林省，而供给水平排名依次为辽宁省、黑龙江省、吉林省"，其蕴含的评价意义为"在东北三省区域内，从协调发展的角度，针对农业金融服务及其创新，黑龙江省需求更加旺盛（供给相对不足）、更趋向于需求主导型，辽宁省供给更加发达（需求相对不足）、更趋向于供给领先型，而吉林省则在供需两方面均呈现不足、供需均亟须改善"。此外，通过值对比，可以发现"2006—2015 年黑龙江省农业金融服务需求水平的提升，主要归因于产业集约程度以及土地规模经营面积，而辽宁省农业金融服务供给水平的优势，主要来源于农贷发展水平，部分来源于期货发展水平，小部分来源于农村金融深化"。再者，当细化到贷款、保险、期货等农业金融服务分属领域时，还会发现"黑龙江省的农业保险在区域内尚且具有较高水平，但涉农贷款、农村金融深化处于区域排名中等，而商品期货发展水平横向对比最差；吉林省的农业保险、商品期货的发展水平在区域内排名中游，而涉农贷款、农村金融深化的横向对比最差；辽宁省的涉农贷款、商品期货、农村金融深化三项水平在区域内优势明显，而农业保险的发展在区域内则较为落后"。鉴于此，黑龙江省应在保持"农业保险"发展优势基础上，在"商品期货、涉农贷款、农村金融深化"三方面着力农业金融服务创新，缩小与其他省份在分属领域的差距，解决东北三省区域金融发展不平衡问题。

利用 AHP 求值。可知 2006—2015 年黑龙江省农业金融服务创新发展的总体成长水平与供给成长水平，二者均不及需求成长水平，即相应指标在发展速度上存在不协调问题，省内农业金融服务供给水平与发展速度亟须改善，以期匹配由土地制度改革产生的金融服务新需求。

五、基于模块化构架的黑龙江省农业金融服务体系

(一) 基于模块化构架的黑龙江省农业金融服务体系整体框架

1. 黑龙江省农业金融服务体系的制度结构

针对黑龙江省农业产业化发展的金融支持实践，完善的制度建设是实现有效金融支持的基础，黑龙江省农业金融制度建设机制的实现主要通过三方面渠

道：一是融资渠道，二是金融市场渠道，三是金融服务渠道。三方面渠道的作用效果不同，缺一不可。

2. 黑龙江省农业金融服务体系的准入与退出机制

监管部门和中国保监会监管农业保险服务机构进行推动农业性金融市场的发展，保护并防止农业金融和保险市场的投资风险，努力维护投保人权益。总的来说，农业金融机构的监管应该考虑到组织结构的特殊性。适度降低农业金融市场准入标准，鼓励各类提供低成本小额信用贷款业务的机构进入农业金融市场。

3. 黑龙江省农业金融服务体系的监管

一是加快农业金融机构农业服务业绩考核体制的研究和制定。二是加快为各类农业金融机构建立差异化、科学化的公司治理准则，使中小农业金融机构能够根据实际需要建立组织结构，建立有效的劳动。三是开展有效的财务管理，积极为农业做出巨大贡献。四是研究制定逐步完善农业金融机构分类监管制度。五是有效规范民间金融。六是加快推进农村政策性金融政策将推动农村政策性金融合法化和农村政策性制度化建设。

（二）基于模块化构架的黑龙江省农业金融服务体系的金融机构

第一，符合现代经济规范的法人治理结构。公司治理制度是指股东大会和管理层对公司进行治理。各个组织之间存在较为密切的关系。在形成所有权的基础上，董事会对信用借贷机构法定代表人的高级管理人员进行管理。

第二，黑龙江省农业金融服务体系的金融机构的服务对象。以农业生产规模划分金融服务主体可以分为普通农户和规模农户。

第三，黑龙江省农业金融服务体系金融机构的风险控制。一是在农业金融体系的模块化思想下，提供金融产品和服务的所有金融机构是独立的，需要严格执行标准化的产品。二是规避自我封闭风险。农业金融体系封闭的特点来自"三农"封闭生产环境和传统的"小规模"理念。三是连锁风险。连锁风险的解决的关键在于企业的自身，农业金融服务体系是非常重要的。传统的农业金融风险管理主要忽视信用风险、市场风险和内部控制风险。

第四，黑龙江省农业金融服务体系金融机构的授信与授权。黑龙江省农业金融服务体系金融机构的授信与授权，归结于农户小额信用贷款的设计。所谓信用设计主要是指信用贷款机构（黑龙江省主要指农村信用社）对信用贷款项目实施具体规划。

（三）基于模块化构架的黑龙江省农业金融体系金融产品创新

第一，黑龙江省金融服务体系的金融产品创新机制。随着农业金融市场的开放和新型农业金融机构的迅速发展，农业已经改变了单一类型的金融机构，各类农业金融机构相互竞争。支持农村信用合作社的基层支行积极拓展其他业务，继续稳定农业基础设施建设、政府新农业建设项目等县级重点经济项目。

第二，黑龙江省农业金融服务体系的金融产品创新平台建设。推广和提高农业金融服务水平，鼓励发展自助流动性贷款，促进产业链金融模式，以满足多元化金融服务需求，创新农村和农村金融保险产品满足农村多元化需求，继续推进创新进程，丰富农村金融产品和服务的多样性，创新面向现代农业的产品服务。

第三，黑龙江省农业金融服务体系金融产品创新管理。农业金融服务机构需要顺应农村地区金融服务市场的发展方向，以满足"三农"需求为抓手，坚持金融服务创新，推行符合农村经济发展需求的金融服务产品，进一步加快农业金融服务创新步伐。

第四，黑龙江省金融服务体系传统业务创新。一是建立以社区为基础的经济补偿机制，农村信用社继续推进农村信用社贷款建设，保证适合各种专业合作社的集体权利。二是加快建立外交安全等经济补偿机制。积极发展政府主导的信用担保作用。三是实施和扩大政府对农业金融服务的政策性经济补偿，以农村市场为基础的金融服务机构应当全额减免税收、减免营业税、减免所得税。

第五，黑龙江省农业金融服务体系交易制度创新。黑龙江省金融机构要进一步完善最优贷款利率LPR（贷款市场报价利率）形成机制在涉农金融领域的应用，并且加强在中型金融机构中的影响，而小型金融机构则可以采用服务模仿、跟进策略，更加灵活地设计小额或短期信贷服务；同时，银管部门要尽快建立可以与国际金融市场接轨、适应国内经济发展特点且符合不同产业扶持方向的基础贷款利率PR形成机制，通过差别化、倾向化的信贷服务，使社会资金通过价格杠杆的调节涌向特定行业。对于农产品期货交易，黑龙江省要加快推进大宗粮油作物的现货市场建设，以及更多品类、附属服务交割库的设立，增强与期货市场联动性、提升期货服务流动性，促进农产品期货竞价交易制度的完善，形成更加合理的农产品期货价格。

六、基于模块化框架下的黑龙江省农业金融服务体系实施策略

（一）基于模块化框架下的黑龙江省农业金融服务体系的实施步骤

首先，加强涉农贷款产品创新。黑龙江省农村金融市场以涉农银行的信贷

业务为主，作为新一轮土地制度改革下最基础层面的支农金融服务，其创新与投放力度直接关系农业生产经营与农村经济增长。第一，发挥涉农银行创新主体作用。第二，加大农村金融基础设施投入。第三，加强农业金融服务风险管理。第四，构建农村金融市场竞争体系。第五，完善涉农贷款抵押处置机制。

其次，建立健全农业保险体系。现阶段必须依托"人保、阳光、平安、天安"开展农险业务经营。在政府投入不断加大的基础上，通过增加保险标的、提高保障水平、研发保险新品，扩大保费收入、提升总额占比，在尊重商业保险公司逐利的原则下，减少企业运营的固定成本、可变成本和单位成本，拓宽农险服务的盈利渠道，激发保险公司的承保意愿。

最后，拓宽农业融资渠道、创新农业信贷担保方式。新一轮土地制度改革后，随着"两权"抵押贷款政策的实施，部分解决了农户借款抵押物品不足的问题，省内信贷担保承办机构的发展，要保持政策性公司、商业性公司齐头并进的局面，相互竞争、相互补充；政策性担保公司以财政涉农资金投入为主、社会融资为辅，采用"银行＋担保＋农户"的形式，主要承担规模主体等权利类无形资产的抵押贷款担保；商业性担保公司以商业运作为原则、以企业盈利为目的，采用"银行＋担保＋龙头企业（或其他）＋农户"的形式，主要承担中小农户等财产类有形资产的抵押贷款担保。

（二）基于模块化框架下的黑龙江省农业金融服务体系的政策支持

财政支持对于农业经济发展来说是重要的支持，农村金融的发展能否可持续，取决于相关的政策支持力度。

（1）贯彻落实党中央所有关于财政金融的扶持政策。首先要建立健全支持黑龙江省农业金融服务"三农"发展的专项基金，加强农村金融机构对"三农"服务有效性的监督，在政府提供的可行的减税的税收政策支持下，不断提高对农业金融服务的积极性和主动性。

（2）完善农村机构存款准备金政策，通过实行差别的存款准备金政策，实现农村金融机构资金的有效配置，不断地增加可利用资金。加大扶持农业金融服务的力度，引导社会资金增加对"三农"的支持，促进农业金融服务的发展。

（3）提高社会保障水平。有相关研究分析得到社会保障水平越高的地区，农村的金融服务水平越高，作为我国民生福利的重要组成部分，提高农村地区社会保障水平，有助于黑龙江省农业金融服务体系的建设。

（4）扶持村镇银行、小额贷款公司和资金互助合作社。黑龙江省应进一步调整对于小额贷款公司与资金互助合作社的准入条件，增加民营资本进入小额贷款公司和资金互助合作社的途径，同时增加大型金融机构对于这些小型金融组织的资金支持。黑龙江省农民资金互助合作组织目前处于初级阶段，农民入股的条件有限，因此决定了小额贷款公司与资金互助合作社这类小型金融组织的发展需要政府的介入。

（三）基于模块化框架下的黑龙江省农业金融服务体系的法律支持

（1）建立和完善法律激励机制。设计相应的法律制度，使商业银行更多得为农村地区提供有效的金融产品与金融服务，为农村地区提供合理的融资渠道，使其融资需求得到满足。

（2）新型农村金融组织立足"三农"，创新法律制度。对于这类新兴的农村金融机构，同样需要制定具有实际操作性的具体法律制度和措施满足其支农的目的，同时给予政策支持，实行浮动利率、财税优惠待遇，提供更多更好的正向激励，以实现其支农的创建初衷。

（3）建立健全农村金融法律体系。我国目前现有的关于农村金融法律主要包括《农村政策金融法》《农村商业金融法》《合作金融法》《农业保险法》，由于国家法律具有全覆盖性质，因此黑龙江省应根据本省的实际情况与地区特点，在现有的农村金融法制体系的基础上，进行修正与探究，以适合黑龙江省农业金融服务体系的发展需求。

（4）完善农产品期货市场法律制度。期货市场对于农产品来说属于有效规避风险的产品市场，黑龙江省应在《期货交易管理条例》的基础上，对服务"三农"的期货市场进行创新，鼓励涉农企业通过期货交易方式对农产品进行套期保值，有效地帮助涉农企业盘活资产，加快资金周转。

对于权利的规定和赋予，在一定意义上是对社会价值观与道德观的反应，对于农业金融服务权利的强调和法律保护，反映了社会总体上对农民的保护，反映了当前黑龙江省对于农业金融服务体系建立于完善给予的重视。

项目负责人：王吉恒
主要参加人：庞金波、于威、杨磊、吴治成、顾福珍、张德春、孙飞霞

黑龙江省"两大平原"现代农业综合配套改革中农业保险体系创新研究[*]

李 丹　刘从敏　田佳佳　王俊凤　彦风晶

农业是国民经济的基础,农业生产关乎国家粮食安全。作为弱质产业,其高风险性使得我国农业发展一直存在着巨大的不稳定性。因此,发展农业保险、分散农业生产经营风险成为贯彻我国农业基础战略和农业现代化发展战略的必要选择。

黑龙江省两大平原(松嫩平原、三江平原)位于黑龙江省腹地,是我国黑土资源的主要分布地区。该区域农业资源富集,耕地面积 1.62 亿亩,占全省(2 亿亩)的 80% 以上,是我国重要的粮食主产区和商品粮生产基地。农业保险较好发挥了在农业保障体系和防灾减灾体系中的优势作用,为黑龙江省两大平原现代农业生产提供了有力的支撑。但由于地方经济发展的客观性,黑龙江省农业保险还存在有效供给不足,需求市场与供给市场极度不均衡的情况。政策性农业保险险种较少、保障额度不高和整体运行效率低下等问题日趋突出。

一、黑龙江省农业保险发展的历史沿革与现状

(一)黑龙江省农业保险的发展历程

1. 新中国成立初期:兴起与停办

新中国成立初期,为恢复农业生产,巩固土地改革取得的成果,中国人民保险公司于 1950 年率先在北京、山东等地开展了牲畜保险试点工作。1951 年包括黑龙江省在内,全国有 600 余家分公司承办农业保险业务。然而从 1954 年开始,由于"农村保险工作中存在强迫性命令和混乱情况,以及农村保险存在许多难以解决的矛盾,并鉴于目前农业牲畜中还不迫切需要,因此决定停办

---

* 黑龙江省哲学社会科学研究规划项目(项目编号:14B116)

项目负责人为李丹教授,主要参加人员有刘从敏、田佳佳、王俊凤、彦风晶等。

农村保险"。但为满足当时农业生产合作社对牲畜自愿参保的需求，在包括黑龙江省在内的东北局部地区保留了牲畜保险。

1956 年 11 月，包括黑龙江省在内的全国不少省份的省委为配合全国农业合作化运动，都将开展农业保险纳入其工作日程，在所属地区逐步办理农业保险业务，尤其是东北局的牲畜保费收入占到全国 98％以上。然而，这个辉煌的年代却由于当时"大跃进"运动的不断扩大，包括黑龙江省在内的各地"浮夸风"泛滥，农业产量的具体数据已经超出常理，使得农业保险业务对于农作物的承保数量无法有效地确认。同时，更有很大一部分人片面地认为在当时的"高产、高效"形势下，保险已无作用可言，1958 年末中央政府在财政会议上正式做出决定，直接要求立即停办国内保险业务。从此农业生产进入了公社化，农村公社组织集体生产劳动，农业风险由合作社集体承担，农民参保的积极性完全丧失，农业保险业务在黑龙江省也处于停滞状态。

2. 改革开放后："农村救灾合作保险"实验

1982 年，国务院批准并转发的《关于国内保险业务恢复情况和今后发展意见的通知》（以下简称《通知》）出台，停办已达 24 年之久的农业保险业务又进入了一个新的篇章。该《通知》指出："为适应农村经济发展的新形式，保险工作如何为 8 亿农民服务，是必须予以重视的一个新课题，要在调查研究的基础上，按照落实农村经济政策的需求，从各地的实际情况出发，积极创造条件，抓紧做好准备，逐步试办农村财产保险、牲畜保险等业务。"

1982—1992 年，中国人民保险公司逐步在我国 29 个省、市、自治区建立了农业保险试点，尤其是 1987 年民政部门在借鉴国内外保险业开展实践经验的基础之上，将农业保险纳入政府农业救灾领域，在包括黑龙江省牡丹江市在内的全国 9 个县、市进行试点。该试点项目以传统的农作物、大牲畜为保险业务范围，实行统筹收费，统一保障项目与保障标准，保费资金以个人支付为主，国家、集体、个人共同筹集的原则，每一个试点县设独立核算，自主经营的救灾保险办事机构，在乡镇成立代办所，在村设立协保员，形成中央、地方、农户三方面相结合的低标准保障体系，被称作"农村救灾合作保险"实验，为黑龙江省农业保险的发展做出了有益的实践。

3. 20 世纪 90 年代后：新的发展

随着农业生产的恢复和发展，进入 90 年代以后，黑龙江省在农业生产保障上新的思路、新的措施不断涌现，尤其是具有规模效益的黑龙江省垦区，在农业保险的发展道路上始终走在前列。黑龙江省垦区在 1991 年设立具有指定灾害保险性质的"风雹基金"，针对农户因"龙卷风"和"冰雹"农作物受损，由农场负责以 1 元人民币 1 亩的比例筹措提交风险基金，农垦总局、农垦分局各留存50％，并由相关农业、财务部门代管，出现灾害以后农垦总局负责组织专家评估定损。在"风雹基金"开展的两年（1991—1992年），全垦区共提缴5 800万元，全部用于受灾农户的补偿，保障农垦农户的收入，补偿受灾损失，安定农业生产。虽然在开展过程中由于承保的灾害极为单一、缺乏科学的管理统筹、定损补偿标准不够完善，造成了农户参保积极性太低、补偿的合理性不足、道德逆向选择严重等问题，但其政府推广、集体筹资、风险分担的思路是值得肯定的。

1993年黑龙江省农垦总局吸取"风险基金"模式的经验，在垦区设立了种植业风险互助活动，由相关农场作为单位风险互助人，而相应的生产队作为风险互助标的具体落实主体，风险互助金分三次交付，首次交付35％，其他两次分别于承包期间前一年的9月、11月交付35％、30％，缓解了互助人的保费交付压力。对小麦、大豆、水稻等6种传统农作物，采用强制性的统一风险互助，而对于蔬菜、瓜果、甜菜等小宗作物采用自愿性风险互助。由垦区设立的风险互助管理机构对互助模式下农作物因自然灾害造成的损失承担损失赔偿责任，同时指导风险互助人建立相应的减灾、防灾措施，发挥灾前防御、遇灾自救功能。此外，对于连续两年未发生灾害理赔的返还5％的当年实缴互助金，直至出现灾害理赔为止，每年增加5个百分点予以返还，并授权给互助人可以运用返还互助金修建防灾基础设施的权利，较大程度上鼓励了互助人的减灾防灾积极性。该阶段为后来黑龙江省农业保险业务的推进做了有益的铺垫，尤其是在该模式推广的第三年，全垦区就达到90％的参加率。但由于风险互助本质上还是农民的自救模式，在没有国家补贴的情况下，风险金交付过多容易打消农民参加的积极性，而过低容易造成赔付率过高，互助模式难以维系，如1994年由于严重自然灾害的出现，当年的赔付率达到146％，造成严重的赔付资金不足。同时单纯依靠垦区总局及各分局设立管理机构，一方面人员配备不足，不利于风险互助活动的开展，另一方面相关人员的专业性、技术知识的不足，推广和理赔中产生种种困难。另外，推广中行政干预过强，农户逐渐产生逆反心理。

黑龙江省农垦总局在风险互助模式的基础之上总结经验，2004年经国务院时任总理温家宝批准同意，基于原风险互助体系组建了我国首家相互制保险公司——阳光农业相互保险公司，投保人投保取得公司会员资格，以公司的形式经营，用投保人交付的纯保费为保险基金，以投保人之间相互救济的方式实现被保险人的损失风险补偿，盈余和亏损由全体投保人共同享有和分担。该公司于2005年1月11日正式运营，标志着黑龙江省农业保险发展到新的高度，更预示着我国农业保险迈入新的阶段。

与此同时，黑龙江省地方（垦区以外，下同）农业保险业务也在有序开展，2007年省政府决定自行开展农业保险保费补贴，2008年黑龙江省成为全国农业保险试点，对于大豆、水稻、小麦等传统农作物，及能繁母猪和奶牛的保险业务在黑龙江省全面展开。2013年，国家又将黑龙江省"两大平原"列为现代农业综合配套改革试点区。未来在黑龙江省，保障农业发展、分担农业风险的农业保险将有更广阔的发展空间。

（二）黑龙江省农业保险现状

黑龙江省在2008年被首次纳入中央财政补贴农业保险保费补贴试点范围，凭借农业大省的良好根基，农业保险发展较快，目前，主要业务包括种植业和养殖业保险两大类。2013年，全省农业保险保费收入为28.33亿元，保费规模列全国首位，其中粮食作物承保面积多达10 127万亩，全省一半左右的粮食作物均参与了投保。而且在黑龙江省发生特大洪涝灾害的这一年，全省理赔金额总计达到27.16亿元，帮助农户灾后恢复生产。2015年，黑龙江保险业紧紧围绕"两大平原"现代农业综合配套改革试验，着力发挥农业保险在转变农业发展方式中的有力抓手和政策工具的重要作用，政策性种植业保险承保面积近亿亩，同比增长6.29%，提供风险保障326.96亿元，同比增长12.19%；防灾减灾方面，保险企业利用传统优势，组织垦区内实施增雨防雹作业763次，防控面积4 000万亩，投入资金约2 000万元，减损增效4亿元；承保粮食作物受灾面积1 600万亩，向50万户农户支付赔款16.15亿元，相当于2015年黑龙江农村居民人均可支配收入的29%。2016年，农业保险覆盖面超1亿亩耕地，保费收入共计31.84亿元，提供风险保障350亿元，赔付金额37.59亿元，承保贫困户2.9万户，涉及8个地市、23个县区、179个乡镇、1 497个村屯，承保面积70.99万亩，保险金额1.85亿元。其中，28个贫困县政策性种植业保险承保面积2 557.52万亩，为24.01万种植户提供风险保障57.26亿元。

1. 经营主体和经营模式

2012年，黑龙江省农业保险联席会议办公室按照国家有关规定并结合省情，确定阳光农业相互保险公司和中国人民保险公司黑龙江分公司为种植业保险业务主要经营机构。其中，垦区种植业保险业务全部由阳光农业相互保险公司经营，地方县市种植业保险业务由两公司共同经营。虽然2013年阳光财产保险股份有限公司、中国平安财产保险股份有限公司和安邦财产保险股份有限公司获得中国保险监督管理委员会批复，可以在黑龙江省经营农业保险业务，但这三家公司市场份额较小，2014年只有6%左右。

在经营模式上，种植业保险业务主要采取了"保险公司＋农村经管站"的经营模式，即各级农经管理部门在保险经办机构的委托代理下，可代为办理相关的政策性种植业保险业务。同时，黑龙江省"垦区与地方各具特色"，在地方采用中央、省级、地方政府三级贴补，在垦区由中央和农场补贴，外加农民交费，构成"四方分担"。由承保的保险公司及其保险分公司、农经管理部门参与运作（图1）。

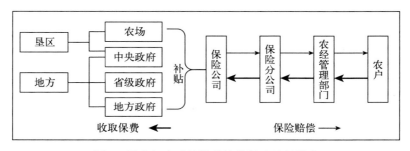

图1　黑龙江省政策性种植业保险运行模式

2. 业务结构

从农业保险业务总体结构看，主要粮食作物保险覆盖率远高于主要牲畜保险覆盖率。从种植业保险业务内部结构看，主要粮食作物的承保面积远高于其他作物保险和森林保险。从养殖业保险业务内部结构看，主要牲畜保险虽承保数量不及其他养殖业保险，但覆盖率为14.81％，仍然是养殖业保险的主要业务。从承保区域上看，垦区种植业保险业务覆盖率为91.56％，远高于非垦区种植业保险业务覆盖的24.12％，而养殖业保险垦区覆盖率为7.99％，低于非垦区22.56％的覆盖率（表1）。

表1　2014年黑龙江省农业保险业务构成情况

单位：万亩、万头、万只

	险种	全省		垦区		非垦区	
		承保数量	覆盖率（％）	承保数量	覆盖率（％）	承保数量	覆盖率（％）
种植业保险	主要粮食作物	8 472.27	35.49	3 687.32	91.56	4 784.93	24.12
	其中：玉米	3 819.97	38.68	1 230.16	95.36	2 589.8	29.24
	水稻	2 673.35	36.35	1 865.37	85.49	807.98	15.62
	大豆	1 906.04	32.43	563.62	82.40	1 342.42	25.86
	小麦	72.91	9.56	28.17	20.12	44.73	7.18
	森林	1.49	—	0	—	1.49	—

（续）

险种		全省		垦区		非垦区	
		承保数量	覆盖率（%）	承保数量	覆盖率（%）	承保数量	覆盖率（%）
种植业保险	经济作物及其他主要作物 纤维作物	2.16	—	2.16	—	—	—
	油料作物	1.02	—	1.02	—	0	—
	甜菜	18.63	—	18.63	—	0	—
	药用作物	9.62	—	9.62	—	0	—
	烟叶	6.05	—	0	—	6.05	—
	蔬菜作物	0.71	—	0.71	—	0	—
	花卉	0.56	—	0.56	—	0	—
	绿肥牧草	2.95	—	2.95	—	0	—
	温室大棚	0.03	—	—	—	0.03	—
	其他	34.90	—	34.90	—	0	—
	小计	76.63	—	70.55	—	6.08	—
	合计	8 550.39	—	3 757.87	—	4 792.50	—
养殖业保险	主要牲畜	72.82	14.81	20.90	7.99	51.92	22.56
	其中：能繁母猪	53.17	23.36	8.30	20.00	44.87	24.11
	奶牛	19.65	7.44	12.60	5.73	7.05	16.00
	鸡/鸭/虾	3 224.18	—	0	—	3 224.18	—
	合计	3 297.00	—	20.90	—	3 276.10	—

　　主要粮食作物保险业务构成中，从全省来看，玉米承保数量和覆盖率最高，小麦最低。从垦区来看，承保数量水稻最高，小麦最低；覆盖率玉米最高，小麦最低。非垦区的主要粮食作物保险中，玉米承保数量和覆盖率都是最高，小麦都是最低。而主要牲畜保险业务中，从全省和非垦区来看，能繁母猪承保数量和覆盖率都高于奶牛；垦区奶牛承保数量高于能繁母猪，覆盖率则远低于能繁母猪。

　　3. 经营原则

　　（1）行政指导原则。政策性农业保险需要事实上的强制性，发展农业保险可将中央财政农业保险保费补贴政策与其他支农惠农政策有机结合，如将政策性农业保险和灾难救济、银行贷款、良种补贴等相结合，强化行政引导，组织广大种植户、养殖户积极参加农业保险。

　　（2）全面覆盖原则。包括作物品种的全面覆盖和全体种养农户的全面覆盖,扩大农业保险险种范围,让国家惠农政策惠及所有种植户、养殖户。

(3)保障水平覆盖直接物化成本原则。 2014 年,种植业保险条款改为种植业成本保险条款,补贴险种的保险金额原则上应覆盖直接物化成本,并随着直接物化成本的提高,保障程度作相应的调整。取消封顶赔付,即由原来区域内享受政府补贴的种植业保险总赔付率 200% 封顶赔付改为按保险金额全额赔付。

(4)集中投保原则。 种植业保险在农作物播种前组织种植户集中投保,并落实保费补贴资金。养殖业、林木保险分批集中投保。

(5)"五公开、三到户"原则。 自 2011 年开始,全面落实"五公开、三到户",这是保监会对农业保险监管的基本要求,也是保险公司落实国家惠农政策的实现途径。"五公开"指惠农政策公开、承保情况公开、理赔结果公开、服务标准公开、监管要求公开,"三到户"指承保到户、定损到户、理赔到户。

4. 政府政策

2004 年,中央首次以 1 号文件的形式提到"政策性农业保险",此后至 2018 年连续 15 年都对农业保险的发展提出了指导意见。垦区方面,保险业务全部由阳光农业相互保险公司承办,直接对接农业部(农垦局)-财政部,农垦总局根据财政部的相关要求,出台实施方案,政策承接落实快;在保障程度上,保险公司能够根据财政部达到直接物化成本保障程度的要求,快速制定政策;在新增中央补贴保险品种上,保险公司也能快速落实。法律方面,《农业保险条例》的出台实施,为农业保险的发展提供法律保障。2013 年国务院批准的《黑龙江省"两大平原"现代农业综合配套改革配套试验总体方案》指出,以先行先试为重点,着力构建以新型农业生产组织为投保主体的现代农业保险模式;大力推进农业保险补贴政策,是政府支持政策性农业保险的主要方法。目前,黑龙江省开办的中央政策性农业保险品种主要是关系国计民生的大宗粮食作物,垦区和地方县市的补贴政策存在差异(表 2)。

表 2　黑龙江农业保险各级财政补贴情况表

区域	品种	中央补贴	省级补贴	县(农场)补贴	农户负担
地方	水稻/小麦/玉米/大豆	40%	25%	15%	20%
	能繁母猪	50%	20%	10%	20%
	奶牛	50%	25%	5%	20%
垦区	水稻/小麦/玉米/大豆/马铃薯/甜菜/向日葵/花生	65%	—	10%	25%
	能繁母猪	80%	—	—	20%
	奶牛	80%	—	—	20%

二、黑龙江省两大平原农业保险发展存在的问题及影响因素

(一) 黑龙江省两大平原农业保险发展存在的问题

1. 农业保险业务范围过窄，保障程度低

2016 年，就黑龙江省地方而言，仅有水稻、麦类、玉米、大豆获得农业保险补贴，而垦区也仅在此四类以外对向日葵、花生、马铃薯、甜菜给予一定的补贴，而对于养殖业而言，仅对能繁殖母猪和奶牛给予农业保险补贴，而其他农作物及牲畜因无国家补贴，农户承担保费积极性不高，保险公司更无力开办，故造成农业保险业务范围过于窄小。尤其是在地方，保险业务中采取一刀切的保费险种，保险金额也采取单一固定模式，农户除被动接受外，根本无选择的余地。"低保障，广覆盖"的推广原则，只能满足基本的保障需求，而自 2007 年开展试点推广以来，除政府贴补的几类政策性农业保险外，其他商业性的农业保险基本上未能启动。

2. 保险金额低，对农户吸引力不足

虽然 2015 年黑龙江省农业保险保障水平有了较大提高，将各作物的保险金额进行了分档升级，但地方市县四大作物保险金额也仅为直接物化成本的 50% 左右（表 3）。

表 3　黑龙江省种植业保险条款保额与物化成本对比表

单位：元

险种	物化成本	地方				垦区			
		保费	保险费率	保额	保额/物化成本	保费	保险费率	保额	保额/物化成本
水稻	821.75	15	6.82%	220	26.77%	40	6.3%	640	77.88%
		20	5.56%	360	43.81%	45	6.2%	730	88.83%
		25	5.32%	470	57.20%	50	6.1%	820	99.79%
玉米	490.15	15	9.68%	155	31.62%	40	9.9%	405	82.63%
		20	8.00%	250	51.00%	45	9.8%	460	93.85%
		25	7.81%	320	65.29%	50	9.7%	515	105.07%
						55	9.6%	570	116.29%
大豆	339.49	15	9.68%	155	45.66%	40	11.8%	340	100.15%
						45	11.3%	400	117.82%
						50	11.1%	450	132.55%
		18	9.68%	155	45.66%	55	11.0%	500	147.28%

（续）

险种	物化成本	地方				垦区			
		保费	保险费率	保额	保额/物化成本	保费	保险费率	保额	保额/物化成本
小麦	329	15	8.33%	180	54.71%	40	11.8%	340	103.34%
						45	11.3%	400	121.58%
		18	8.18%	220	66.87%	50	11.1%	450	136.78%
						55	11.0%	500	151.98%

同时，黑龙江省市县的保险金额基本定位在最低档，四种农作物保险金额分别为玉米 155 元/亩、水稻 220 元/亩、大豆 155 元/亩、小麦 180 元/亩。而以大豆为例，种植一亩大豆包括种子、农药、化肥等在内的物化成本约为 240 元/亩，如果包括人工费在内计算种植成本高达 450 元/亩，而根据目前的保险金额计算，仅为物化成本的 1/3，不足以吸引农户。同时，保险公司对农作物因野生动物损毁、动力机械碾压、盗窃等损失不予赔付。如此低廉的赔付率和严格的豁免责任，也打消了农户参保的积极性。

而垦区与地方农业保险采取不同的补贴方式和标准，及不同的保费金，造成农业保险理赔不均问题严重，尤其是在与垦区农田相邻地区的农田保险赔付也不同，造成了农户不满情绪严重，对地方农业保险业务的开展也带来了不小的困难。

3. 保险公司运营成本高，利润空间有限

由于农业保险的风险大、定损难，损失集中，赔付率高，农民的有效需求不足，逆向选择风险大等特点，加大了保险经营机构的运行成本，出现了"高保费农民无力负担，低保费保险公司无力赔付"的怪圈。以阳光农业相互保险公司为例，从 2008—2015 年的数据来看，除 2011 年外每年的简单赔付率基本上都在 50% 以上，2013 年由于严重的洪涝灾害发生，简单赔付率甚至达到 96.68% 之高，保险公司亏损严重（表 4）。

表 4　2008—2015 年阳光农业相互保险公司黑龙江省两大平原农业保险经营情况表

年份	保费收入（亿元）	保险赔款（亿元）	简单赔付率（%）	管理费用（亿元）	综合赔付率（%）
2008	12.50	6.93	55.41	2.50	75.41
2009	11.60	9.03	77.86	2.32	97.86
2010	12.78	7.35	57.53	2.56	77.53
2011	15.17	7.27	47.93	3.03	67.93

（续）

年份	保费收入 （亿元）	保险赔款 （亿元）	简单赔付率（%）	管理费用 （亿元）	综合赔付率 （%）
2012	19.39	10.56	54.48	3.88	74.48
2013	22.85	22.09	96.68	4.57	116.6
2014	21.88	13.51	61.77	4.38	81.77
2015	22.34	12.93	57.90	4.47	77.90

同时，由于黑龙江省两大平原幅员辽阔，农业生产区域广泛，农户分散，地理条件多元，使得农业保险的推广和经营管理变得异常复杂和繁琐，也造成农业保险经营成本变得极高，农业保险的综合赔付率较高，保险公司经营农险业务利润有限。

4. 费率厘定缺乏科学依据

黑龙江省两大平原农业保险没有进行费率区划，目前费率标准是按保额不同的分级费率，没有根据农业生产风险与保险费率相匹配的原则进行费率区划，缺失市场基础。导致农业保险经营中的价格制定和理赔比例等的确定多存在人为因素，很大程度上各项费率的厘定是基于承办公司的承保要求及财政部门的可接受程度而确定的，而未能真正研究市场风险和农户实际需求，其确立依据缺乏科学性。事实上，农作物风险和费率分区是成功地开展农作物保险必不可少的先期准备和重要基础工作之一。据调查，由于没有进行风险区划，在农业保险的实际业务操作中，有的农民的土地由于种在低洼地，不符合承保条件，无法参加农业保险。这就使在一个农场里，一户农户的土地由于风险高，受灾的年份居多，而临近的土地风险小，很少有受灾的情况，但却要交一样的保费，这样风险低的农户会觉得很不合理。

（二）黑龙江省两大平原农业保险发展问题的影响因素分析

1. 从保险公司的供给角度分析

（1）高赔付、高成本影响农业保险公司供给的积极性。黑龙江省两大平原农业保险所承保的风险不仅发生频率高，而且损失集中，覆盖率大，农业保险风险单位的灾害损失在时间与空间上具有高度先惯性，如 2013 年的特大洪涝灾害，受灾面积达 4 810.81 万亩，保险经营所需的大数法则难以满足。此外，地域范围较大，标的分布四面八方，保险双方信息的不对称现象严重，农业保险展业承保、定损、理赔难度较大，所需人力、物力较其他险种多，且时间要求紧迫，农业保险中更容易出现逆选择与道德风险，从而导致农业保险赔付率及经营成本极高，影响保险公司供给的热情。在访谈中，保险公司工作人员表示"黑龙江省两大平原农业保险整体覆盖率维持在 60％以下就可以了"，保险公司不愿意更多开展农业保险业务。

（2）专业农业保险从业人员缺乏。在农业保险推广中复杂的计算要求，如保险费率拟定、损失查勘及理赔鉴定等，对保险人员的专业素质提出了较高的要求。然而，目前黑龙江省两大平原地区农业保险各分公司及营销部（或保险社）相关人员，基本是在当年行政主导模式下由基础政府指定的，保险公司的农场及县级机构往往只有一个农业保险工作人员，且在面积小的区域常常是一人身兼数职，具体的展业、定损、理赔业务由地方经管站或农技中心人员代办，其普遍文化素质不高，缺乏专业的保险知识和业务技能，尤其是在农业保险业务推广过程中官僚主义思想和官本位思想严重，存在业务上的利益驱动性操作。

2. 从农民需求角度分析

（1）农户对农业保险认识不足。在当前社会经济条件下，农民是否选择农业保险，事关农业保险能否有效推广和持续发展。通过在双鸭山、齐齐哈尔、绥化等地的实地调研发现，受教育程度和年龄是影响农户对农业保险认识和需求的重要因素。由于黑龙江省两大平原农民普遍文化水平不高，初中及以下文化水平的农民占比达 68％，40 岁以上的农民占比达 70％，农民对农业保险的社会地位认识不足，传统的农业种植中"靠天吃饭、听天由命"的思想严重，农户的保险意识淡薄，对农业保险的需求普遍不高，形成了经济学中所谓"风险爱好者"现象。此外，相当一部分农户对基层政府不够信任，把农业保险当做政府推行的"苛捐杂费"，认为购买农业保险是增加自身负担，没有意识到运用社会化手段分担农业风险的重要性，逆反心理普遍存在。因此形成了政府比农民更急于农业保险需求的奇怪现象。

同时，农户投保与否，不仅受其承受能力的影响，更大部分由其预期收益决定，而农业风险不同于其他保险业务中保险标的风险独立防范、互不影响的特点，如在冰雹灾害防范中，保险公司为预防冰雹灾害给投保农户带来损失，投入专门的人力物力，购置防雹高射炮等设备，一旦发现可能降雹的乌云就用高炮轰击，减少冰雹灾害的发生几率和强度，但是这些地区未参加农业保险的农户可以"搭便车"，在某种程度上也影响了农户参保的积极性。以玉米种植保险为例，当前黑龙江省地方农业保险中玉米保险保费每亩为 15 元，除去国家、本省和地方的补贴，地方农户仅承担 20％，即仅 3 元，而部分农户仍然不愿意承担。

（2）险种及保障水平制约农户对农业保险的有效需求。黑龙江省两大平原耕地和林地面积居全国第一位，农业保险的潜在需求很大。然而，目前该地经营农业保险业务的主要为中国人保和阳光农业两家公司，所开展的业务较少：种植业保险主要是政策性农作物（玉米、水稻、大豆、小麦）种植成本保险，养殖业保险主要是政策性能繁母猪养殖保险、政策性奶牛养殖保险，而林业保险、烤烟保险和育肥猪保险等险种没有列入政策性农业保险补贴范畴，同样为产粮大省的四川，现在其农业保险条款种类达 60 多种。相比较而言，黑龙江省农业保险的有效供给明显不足，需求方产品选择空间较小，只能被动接受相关业务安排，致使有效需求没有得到释放。

同时，黑龙江省两大平原农业保险的保障水平仍然较低，特别是地方市县，以 2008 年测算的物化成本水平计算，种植业保额与物化成本之比仅不足50%，远无法保障实际损失的物化成本，影响到了试点农户投保的积极性，投保人尤其是种植大户和农业龙头企业，在有足够的投保热情情况下受保障程度的制约而不得不放弃投保。

3. 从省级政府的角度分析

（1）政府对农业保险立法严重滞后。当前国家《农业保险条例》已经出台，而作为率先开展农业保险业务的黑龙江省，多年来一直没有一部具操作性、针对性的黑龙江特色的规范性文件引导农业保险的发展。关于农业保险的规范，黑龙江省仍然采取政府"通知"及每年度"实施方案"的方式，法律效力不高，造成农业保险制度的可预见不足，农业保险的作用难以发挥，严重影响了农业保险的规范化、持续性、制度化发展，妨碍了农业保险功能与作用的发挥，导致政府在农业保险中的地位不明和相关机构的职责不清，参与和推动农业保险缺乏相关的法律依据。而相关经营主体确立机制缺失，现有的经营主体经营行为缺乏相应的法律保护与约束。

（2）财政支持力度不够。一方面，政策性农业保险未覆盖所有农业生产领域，造成区域间、品种间保险保障程度差异较大。另一方面，政策性农业保险试点采取中央、省、县和农民共担保费的办法，其中县级财政承担一定比例的补贴，一些地方政府财力有限，开展农业保险会让地方政府配套资金压力沉重，如某县级市全年财政收入只有 1 亿元，而年分担的保费补贴支出达 2 162万元，如果再扩大承保面积，市财政将难以为继。地方财政较弱的保费补贴能力，对政策性农业保险承保进度、开办品种增加和已开办险种的承保覆盖面扩大都有直接影响。另外，黑龙江省对于垦区与地方的财政支持力度不一，农民不满情绪严重。

（3）未建立省级巨灾分散体系。目前黑龙江省尚未建立政府主导的农业保险巨灾分散体系，只能靠农险公司独自办理再保险，及按规定将保费收入

10％的资金积累风险准备金，这些对巨灾的储备远远不够，一旦发生巨灾风险，农业保险公司及政府的赔付及救助负担都很重。

三、黑龙江省两大平原农业保险体系创新的基本框架

本研究使用 DEA 模型对黑龙江省两大平原农业保险运行绩效进行分析，发现农业保险制度效率较低是导致运行绩效整体偏低的主要原因，因此，在借鉴国内外农业保险体系建设的实践经验基础上，结合黑龙江省两大平原农业保险发展中的具体问题，提出创新农业保险体系的基本框架。

（一）农业保险体系创新的目的与原则

1. 农业保险体系创新的目的

根据国务院批准的《黑龙江省"两大平原"现代农业综合配套改革试验总体方案》和黑龙江省制定的《黑龙江省"两大平原"现代农业综合配套改革试验总体实施方案》的要求，结合黑龙江省农业发展的中长期规划、自然灾害的基本特点、农民和农业企业的实际需要、财政承受能力以及保险公司的经营状况，农业保险体系创新的主要目标是：通过政府推动、财政支持、保险和其他农村金融服务联动、农民和新型农业经营主体自愿投保和必要的强制性参保相配合、保险公司一家独保和多家共保以及农民和农业企业互保合作等方式方法，逐步拓宽保险形式，建立起多个经营主体、多种经营方式、多类保险品种，广覆盖、保障水平充足，保险服务完善、盈利共享、风险共担的农业保险体系和运作机制，让农业保险走进千家万户，提高黑龙江农业保险业务运行绩效，推动农业保险的稳定发展，加快传统农业向现代农业的转变，促进农村经济社会的持续发展。

2. 农业保险体系创新的基本原则

（1）政府引导。农业在国民经济中的战略性基础地位，农业保险的性质及其在农村社会经济发展中的重要作用，决定了政府既是农业保险的最大需求者，又是农业保险制度体系的重要供给者、创设者，是农业保险的主要引导者，政府在农业保险的市场培育、制度构建、政策扶持等方面引导甚至决定着农业保险的发展，政府作用发挥的大小，影响到农业保险的发展快慢和农业保险效应的发挥。农业保险体系的创新，必须明确政府的引导地位和重要作用。

（2）政策扶持。农业保险体系的创新，需要充分发挥政府的宏观调控和政策引导作用，并充分调动农民的积极性，充分尊重和发挥农民的自主性、自愿性和创造性。农业保险的发展及组织体系的健全和完善，需要政府充分发挥财

政、税收、金融等相关配套政策的综合扶持效应，以最大限度地调动农民参与农业保险的积极性，真正达到农业保险的预期成效。

（3）市场运作。 市场机制和计划机制是资源配置的两种主要方式，只是社会对经济体制的选择不同，政府和市场在资源配置中发挥的作用程度有所不同。农业保险的性质、特点，决定了政府在农业保险的体系构建、制度运行、政策制定中，应发挥宏观调控作用，但政府的宏观调控不能取代市场在农业保险微观运行中的基础作用，否则将违背市场经济发展的客观规律，从而扭曲农业保险资源的配置，导致农业保险体系制度运行绩效的下降，需要把政府宏观调控与市场运行有机结合，运用市场化的手段，促进农业保险的发展。

（4）因地制宜。 农业保险体系的创新应充分考虑地域间的地理环境、自然气候特征、灾害风险分布、农业生产结构、社会经济发展水平差异，在制度体系的设计上不能搞"一刀切"模式，区域化的农业保险发展模式才符合省情、国情，才能体现经济发展、农业生产结构、自然灾害风险分布的区域差异性。应根据各地区域性的农业生产结构、农业灾害损失特征、政府财力、农业发展阶段等，分区域、分险种实施政策性农业保险，因地制宜地确定政策性农业保险的范围、险种、保障程度等。

（二）农业保险的组织创新：多元化经营与互助合作保险的推进

1. 多元化经营

目前黑龙江省两大平原农业保险机构主要有阳光农业相互保险公司、中国人民财产保险股份有限公司黑龙江省分公司、阳光财产保险股份有限公司黑龙江省分公司、安邦财产保险股份有限公司黑龙江省分公司和平安财产保险股份有限公司黑龙江省分公司，其中，前两家公司占市场份额的 95％左右。黑龙江省两大平原现代农业综合配套改革试验中，要求拓宽保险形式，鼓励公司制农业保险发展，推进政策性保险商业化运作，构建公司制、互助制等多种保险形式并存、良性竞争的格局。鼓励保险机构按照政府引导、市场运作原则经营农业保险，推动养殖业保险与畜牧兽医防疫能力相结合。鼓励开展涉农保险，选择部分县开展有政策支持的涉农保险试点。

因此，在黑龙江省两大平原地区，通过引进或新设保险公司、农业保险互助组织，以及现有省内财险公司申请农业保险经营资格等多种方式，到 2020年引进、设立不少于 6 家不同类型的保险机构。引进农业保险经纪公司，建立以县（市、区）为单位的农业保险招标承保机制，标期至少 3 年以上。加大监管力度，规范农业保险经营行为。切实提高保险服务经济社会发展全局的能力和水平，稳步推进"三农"保险发展。探索"三农"保险经营组织形式，推动农村相互保险和村镇保险进一步发展。

2. 互助合作保险的推进

保险的本质是"一人为众，众人为一"。从保险的本质和原理来看，任何形式的保险组织，其投保人之间都存在事实上的互助关系，即约定时期内未发生风险的投保人的资金集中起来帮助发生风险的投保人。当保险组织的所有权配置给投保人时，如果以公司的形式出现，一般称之为相互保险公司，如果以社团组织形式出现时，不论称为互助社，还是合作社，实质上都是投保人之间的互助合作关系。我们把农业保险领域的投保人合作互助的社团组织界定为"农户互助合作保险组织"。

相较于股份制商业保险组织，其优势在于：首先，可实现风险互助、服务与资源的互助、融资互助。其次，可有效降低道德风险和逆向选择的发生概率。此外，农业互助合作保险组织的设立不以盈利为目的，组织管理由社员选举的社员代表实施，其运营、展业成本相对较低，易于接受。

推进互助合作保险组织具有现实可行性。首先，黑龙江省两大平原开展农业保险具有天然的优势及悠久的历史，有很好的基础。其次，实地调研发现，黑龙江两大平原地区农民对目前农业保险有诸多潜在需求，青冈、肇东等地自发组建农业保险互助组织，对互助合作制保险认同度较高。最后，改革开放以来，黑龙江省两大平原农业、农村经济持续快速发展，经济实力显著增强，为农民专业合作经济组织的发展提供了组织基础。

建立互助合作保险组织的构想。农民专业合作社在全省范围内已经形成规模，完全可以依托农民专业合作社，根据农户需求进行农业风险保障互助。首先对社员生产的主要农产品进行合作保险，在此基础上再开展其他种植业或养殖业保险。目前的困难在于农户对保险知识所知甚少，无法计算保险费和设计保险合同，政府可组织保险专家和保险公司对合作社农户进行保险专业培训，由保险公司协助农民专业合作社设计保险合同。由于是农户之间的互助保险，保险费可以实行弹性制度，在保险期间根据风险发生情况调整保险费，若保险期间发生损失金额大可以加收保险费，不发生损失则可退还部分保险费。互助合作保险组织在对社员承保后，再向商业保险公司办理再保险。

3. 中航安盟黑龙江分公司的农业互助合作保险试点

（1）可保范围。 中航安盟黑龙江分公司将界定的可保农作物包括玉米、大豆、水稻、小麦，以及土豆等纳入政策性农业保险的地方主要经济作物；可保牲畜包括奶牛、能繁母猪，以及其他地方性经济牲畜。此外，育肥猪、肉牛、渔业、林业、农机及温室大棚非政策性农业保险业务也在可保范围内。

（2）互助保险组织架构。中航安盟黑龙江分公司确立了比较完善的互助保险组织架构（图 2）。黑龙江省农业保险联席会为农业互助保险的最高领导组织，由省金融办（农委）牵头，财政、农委、畜牧、农机、林业、气象、水利、审计、保监等部门组成。农业保险互助会由参保农民组成，农户参保即可成为互助会会员，分省、地（市）、县（市）和乡镇四级，省农业保险互助会内部结构见图 3。

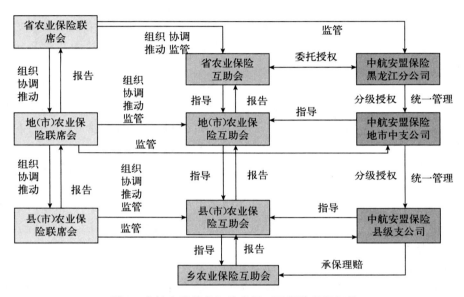

图 2　中航安盟黑龙江分公司互助保险组织架构

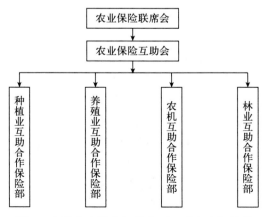

图 3　中航安盟黑龙江分公司互助会内部结构

(3)互助基金的建立与使用。农业保险互助基金由省互助会委托中航安盟公司统一管理。基金管理采用省级统筹，分区记账的原则。在全省范围内，对农业互助保险基金的各种来源和用途做出统一的规定、规划和安排，并据此对农业保险互助基金进行统一的收支、管理和运营，以保证其合理使用和安全、保值、增值，充分发挥其农业保险的保障职能（图4）。

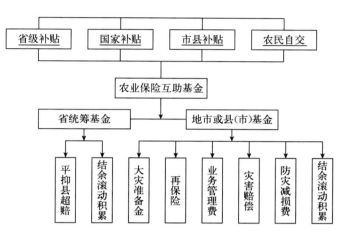

图 4 　中航安盟黑龙江分公司互助基金图

省级统筹：每年提取一定比例资金，作为省级统筹基金，用于地市或县（市）互助会的超赔补偿。结余留存省统筹账户，滚动积累，达到一定数额后可以不再提取。开展农业互助保险服务的各项费用由互助基金承担，结余部分也全部留在互助基金账户中，留做以后年度使用。

(4)赔偿原则。中航安盟黑龙江分公司互助合作保险赔偿分为一般赔偿与大灾赔偿两类：一般灾害赔偿指地市或县（市）互助基金能够满足当年灾害赔偿，按互助保险方案足额赔偿，结余部分在独立分类账户下滚动积累；大灾赔偿指当年发生特大自然灾害，地市或县（市）互助基金按互助保险方案不足以赔偿损失的，则由地市或县（市）互助会向对应的省级互助会申请启动超额损失赔付程序，进行超额赔付。超额损失赔付使用的资金顺序依次为：再保险、大灾准备金、往年积累基金。如上述资金还不足以赔偿损失的，由相应险种省保险互助会理事会研究决定最终赔偿方案。

（三）农业保险产品设计与完善

1. 科学厘定保险费率

以大量的风险信息数据为支撑，建立包括农业、畜牧、水利、气象、保险、金融等相关部门、相关环境的综合农业风险管理和技术信息平台，整合分散于各部门、各环节的信息资源，发挥各职能部门在信息管理方面的各自优势，构建一个为农业风险识别、分析、控制、管理服务的农业风险管理综合信息数据库；建立基于风险区划/危险单位区划/费率区划精细管理制度，加强费率精算技术的研究投入，加快精算人才队伍的培养，强化与高等院校的合作，产学一体，推动农业保险精算人才培养和精算技术研究发展，发挥保险行业会在人才培训教育、保险技术信息服务等方面的作用；基于政策性农业保险的特性，监管部门应加强对农业保险费率的监管，负责对包括农作物保险在内的费率制定的审核和费率执行的监督。

2. 合理确定保险金额

保险金额的确定与保险费率的厘定是对应的，农业保险金额通常基于生产成本、产量、价值或农业生产贷款计算，相应的有四种保险金额确定方式：

(1) 按成本确定保险金额。 一般由于农作物、禽畜、水产养殖产品的物化、人力、资金投入大，导致成本差异很大，详细成本资料也很难获取和收集，因此一般可根据平均完全成本和平均费用成本确定保险金额，而按平均费用成本确定，可有效控制道德风险，一般采用较多。农业生产成本除了生产资料外，可包括结合当地劳动力价值计算的劳动投入，还可以包括合理的农业生产利润以增加农民投保积极性。

(2) 按产量确定保险金额。 通常以长时间的农业产量的历史统计数据为基础，结合当年气象预测资料来分析确定当年的农业产量。这是目前日本、美国等一些国家保险金额确定的主要方式，但我国幅员辽阔，系统的农业生产资料缺乏，农业产量随季节、品种和地理条件变化极大，计算值与实际产量之间产生偏差的可能性很大，同时以产量价值计算容易诱发农民道德风险，减少对农业生产的投入，故仍存在一些困难。

(3) 按市场价格确定保险金额。 对于农作物，一般按一定时期的平均市场价格确定保险金额；对大牲畜保险，根据大牲畜的品种、年龄、用途、健康状况、饲养管理情况等协商确定保险金额；对于小家畜和家畜，可根据保险标的的品种、用途、经济价值和不同的生长阶段、季节价格差异实行变动保额；对水果、果树等保险标的，可根据果树年龄、果园管理、水果产量等情况协商确定保险金额。由于受市场因素的影响较大，因而可能导致保险人的风险较高。

(4) 按农业生产贷款确定农业保险金额。 该方法简单易行，但需要农村信贷等农村金融体系的完善和协作。在农业保险与农村金融实行有机融合后，可采用这种方式。

3. 有效控制保险责任范围

农业保险经营的原则之一就是风险的一致性，同一作物、禽畜的同一险种的保险标的，其保险责任应与其风险等级相一致。各地区在耕作制度、作物种类、品种和禽畜结构、自然地理和社会经济条件、灾害种类及其分布、发生频率强度等方面存在着较大差异，如果保险风险、保险金额、保障水平不能准确反映作物产量及其变化的差异，道德风险和逆选择等经营风险就难以从技术上加以防范和规避。为准确反映这些差异、控制风险，合理确定不同地区、不同条件下的保险责任，必须进行风险和危险单位区划。

黑龙江省政策性农业保险试点启动时间较短，基础还不够厚实，体系还不健全，必须循序渐进，稳妥有序，有效控制风险和风险责任。在农业保险发展的初级阶段，应根据保险资金实力，采用保险责任和赔付封顶的办法，在风险责任的划分、界定和选择上，应以单一责任为主，辅以几种主要风险的方式，将保险风险合理控制在可承受的范围内。随着保险资金实力的增强，农业保险发展的成熟，逐级向综合风险责任、一切风险责任发展，逐步扩大并最终取消风险控制额度。

（四）农业保险服务体系建设

1. 完善基层服务网络

（1）不断改善农业保险生态环境。 首先，加强地方政府主导，推动农村保险生态建设。尤其是县乡一级政府，包括政策以及人力、物力和财力的落实。其次，健全保险法制，营造有利于农业保险发展的良好法律环境。立法部门应尽快调研农业保险建设的立法工作，明确政府各部门在支持农业保险中的职责，从根本上加大法律的威慑力。最后，保险公司应主动出击，提高农业保险市场的受重视程度。不仅要加大宣传力度，逐步提高农民的保险意识，而且还要提高保险公司的综合竞争力，如提高农村一线服务人员的综合素质、开发适销对路的农村保险产品、健全农业保险服务网络等。

（2）逐步实现服务站点全覆盖。 按照"政府引导、市场运作、自主自愿、协同推进"的原则，将"网络到村"和"服务到户"固化为保险服务"三农"的一项制度安排。目前，黑龙江省两大平原地区，农业保险基层服务点的行政村覆盖率只有37.06%，黑龙江省两大平原地区保险公司应该以市、县（农场）、乡（农经站/农技站）三级农业保险服务网络为支撑，以乡镇（农经站/农技站）农业保险办公室为平台，以乡镇（农经站/农技站）农业保险专（兼）职干部和村级协保员队伍为依托，实行保险公司、基层政府双重管理，尽快实现服务站点全覆盖。

（3）切实保障人财物力投入。①强化费用支持。黑龙江省两大平原地区保险公司应出台服务体系建设费用支持的管理办法，参照总公司设立农业保险发展专项基金，一方面按分公司总保费的 0.5‰ 计提专项费用，另一方面调减农险间接理赔费用标准，分别用于网点设施补贴、宣传费用补贴、网点维持成本等。对营销服务部和服务站进行建设费用补贴，凡是验收合格的农业营销服务部和服务站分别给予一定额度的补贴，用于其初期建设。②强化人员保障。黑龙江省两大平原地区保险公司应成立省分公司、市分公司和县级支公司农业保险部，与农险事业部合作办公，增设涉农保险协作、服务体系建设管理等岗位（可兼岗），并加强县级支公司农险事业部、农业保险部的高素质人员配备。

2.规范理赔流程

（1）创新农险查勘技术。一是手机直播功能，用户使用 4G 智能手机中的客户端软件，通过手机自带摄像头，将事故现场的情况实时传送到公司归档保存；二是语音文字交互通讯功能，通过"语音通话＋文字实时通讯"，将事故现场与公司无缝对接，保证现场取证更精准、更到位；三是 GPS 定位功能，准确定位出险地点，还可有效监控查勘员出行情况。

（2）明确农业保险承保理赔流程。应针对黑龙江省两大平原农业保险实际情况，制定理赔细则，将承保、理赔管理等环节分别进行明确规定，如将"承保管理"细分为投保、承保、核保、收费出单等环节，将"理赔管理"细分为报案、查勘定损、立案、理赔公示、核赔、赔款支付等环节，以此提高保险理赔的可操作性，保证理赔的时效性及安全性。

（3）开展多学科合作。可在黑龙江省两大平原地区开展多学科合作（农学、灾害学、农业经济学等）联合攻关，研究不同作物不同时期灾害损失的评估方法，为农业保险查勘定损提供理论和技术支撑。

（4）创新农业保险产品。在黑龙江省两大平原地区设计区域指数保险和天气指数保险，在某种程度上可以解决农民与保险公司在定损上的矛盾，减轻传统农业保险在查勘定损方面的工作量。

（五）农业巨灾风险分散机制的构建

（1）提高农户的风险防范意识，积极应对巨灾风险。首先，政府或保险公司通过开展农业巨灾风险预测或防范知识宣传讲解，向农户传授防范风险的技术，使农户合理地选择规避风险的工具，提高应对重大自然灾害的能力；其次，通过政策引导和加大宣传，鼓励更多的农户参加农业保险，提高农业保险的覆盖面，在更大范围内分散风险，提高保险公司的巨灾风险承受能力。

（2）建立政府主导的巨灾风险基金。尽管保险公司已计提了一般风险准备金，但是各自积累的准备金比较分散。因此，借鉴国外成熟的农业保险制度，以再保险的方式建立统一的巨灾风险基金，实现巨灾基金在全省或全国范围内统一协调利用。基金的筹集渠道可以包括：其一，国家财政每年按一定比例直接拨付；其二，在商业保险公司每年实现的保费收入中按一定比例提取；其三，社会的捐款等。

（3）构建多层次的农业再保险体系。 首先，借鉴国外农业再保险的经验，建立政府主导的政策性农业再保险公司。一方面，再保险是农业保险的重要制度安排，有利于提高农业风险的分散能力，促进农业保险市场持续发展；另一方面，政府直接参与支持再保险，与直接补贴或支持农业原保险相比，可以提高财政资金的使用效率，并有利于农业保险市场机制的培育。其次，建立同业分保制度。当发生重大灾害事故时，通过农业保险经营机构同业间的互相分保、风险共担，增强偿付能力，平衡风险责任。最后，我国的债券市场认知度较高，市场也较为完善，可尝试发行巨灾债券来分散巨灾风险。

四、黑龙江省两大平原农业保险体系创新的保障措施

（一）确定合理的补贴政策

1. 动态调整保额，提高财政补贴效力

在黑龙江省两大平原内，保障水平的差异是造成垦区农业保险覆盖率（91.56%）和地方（24.12%）差异较大的重要原因，以 2014 年的政策性大豆保险为例，垦区一亩大豆的保额为 340 元，而在地方保额仅为 120 元。尽管黑龙江省已制定政策性种植业保险四档保障水平，但因受地方财政的限制，更多地区仍然选择最低档投保。为提高黑龙江省内农业保险的覆盖面，可以考虑根据地方以往几年的农产品生产成本及价格，在农户保费支出相对稳定的基础上，政府财政补贴适当波动，达到动态调整保额，缩小地方和垦区保障水平的差异，提高地方农业保险覆盖率，发挥财政支持的最佳效力。

2. 利用中央的补贴政策，选择合理的补贴险种结构

黑龙江省两大平原地方市县应在巩固现有的政策性险种（水稻、玉米、大豆、小麦、能繁母猪、奶牛）的基础上，利用好中央补贴政策，结合黑龙江省农业生产实际，依次逐步补齐马铃薯、育肥猪、甜菜等全部中央财政补贴险种，并在此基础上，逐步将烤烟、亚麻、菌类作物（如木耳、蘑菇、猴头等）、特色林产品（如蓝莓、松子、榛子等）、北方特色药材（如五味子、刺五加等）、设施农业等特色险种纳入省级农业保险补贴范围，并申请中央财政以奖代补的方式予以支持，进一步拓宽农业保险业务领域，放大财政资金的支农扶农效应。

3. 取消县级财政的配套补贴，建立合理的补贴结构

黑龙江省两大平原的各农业大县政策性农业保险需求强烈，但因县级财政贫困，预算资金十分紧张，承担相应的保费补贴的能力十分有限，客观上造成了农业大县因地方政府无力承担保费补贴而无法全面投保的现状。因此，对于黑龙江省两大平原的重点农业生产大县，建议取消县级财政的配套补贴，仅建立中央和省级两级补贴结构，减少地方财政负担，提高基层政府开展农业保险的积极性，进一步扩大保险覆盖面。

总之，黑龙江省财政给予保险费补贴的农业保险险种应逐步实现全覆盖，地方保障水平应动态调整、提高，极力争取中央财政补贴的相应增加。在此前提下，可考虑在现有财政支持基础上创新财政补贴方式：将部分粮食直补和农业生产资料综合直补转换为农业保险补贴基金，设计合理的调配机制，在不同年份，依据各地自然气象状况，使这部分基金的使用在粮食生产重点大县间合理、动态流动，以发挥财政支农的最佳效果。

（二）加强与其他支农政策配合力度

可以考虑将农业保险与其他支农惠农政策协同发展，如规定只有购买了农业保险，才能获得政府的其他涉农补贴和取得优惠利率农业信贷支持，以"精准＋强制"的方式鼓励农户投保，不仅提高了农户的信贷地位，而且有利于信贷机构的稳定发展，这也是其他国家的经验所在。另外，在政策操作层面也可灵活掌握。因此，在尊重农民自主选择的前提下，从粮食直补中直接扣除自负的农业保险费，这样可以增强农户对农业保险的认知，能较好地提高农业保险的参与率，更好地发挥农业保险政策的效果。

同时，基于行业发展考虑，建议保险公司应积极与各政策性银行、农村信用合作联社、农村商业银行等金融机构形成帮扶关系，深化合作事宜，探索相关行业间互通有无的利好局势，形成完整的保险链条，切实扩大保险公司的业务覆盖范围，提高保费收入和稳定经营，而且有足够的资金支持创新农险产品种类，提供专业化的防灾防损服务以及精准快速的理赔服务，以提高保险公司的经营能力与服务水准，稳定保险市场，促进保险事业的可持续发展。

（三）完善监管体系

1. 建立种植业保险信息数据库

农业保险信息数据是制定农业保险相关政策和配套措施的主要依据，是监管部门分析经营状况、防范经营风险的基础信息，同时也是农业保险费率界定的基础，这既关系到投保农户切身的利益，也关系到分担保费补贴的政府与农

业保费补贴政策的实施效果。因此，在"互联网＋"的经济发展新形态下，应尽快建立农业保险中央信息数据库，将农业保险公司财务状况、农业保险监管数据标准、农业保险公司偿付能力额度及监管指标、农业保险公司高级管理人员市场行为档案、农业保险公司投诉信息以及投保人信用信息等纳入数据库，增强相关信息的透明度。

2. 成立省级农业保险领导小组和专门办事机构

政府应委派专门机构或成立专门的部门负责调节与疏通工作，以保障供需主体双方的保证信息能够及时有效、顺畅地传递与下发，保障农业保险市场的时效性和活跃度。而且及时、准确的供需信息也会为从事农业生产研究的部门和单位提供大量的可参考信息，为建立农业灾害预警、农作物长势监测、农田信息管理系统大有裨益。而且对保险公司和农户来说，通过数据分析与判断，能尽可能地预防灾害发生，减轻灾害带来的不必要损失，使得农业经营风险显著降低，抵御自然灾害能力得以加强。

3. 制定地方性农业保险实施细则

为保障农业强省的地位不受撼动，保证现代化、规模化农业发展不受阻碍，亟须出台一项具体、专业的农业保险实施细则。不仅能够对各级政府形成约束，而且对保险公司和农户来说，也有了政策性的保护，更重要的是能够明确农业保险市场的监管部门，将原本散乱、低效的市场资源进行整合，使农业保险稳定发展的同时，也突破制约农业发展的瓶颈。

4. 适当控制农业保险市场准入

黑龙江省农业保险领导小组和专门办事机构应组织相关部门、有关专家切实调研省内农业保险实际需求状况，对保险机构的适宜数量做出有依据的规划，制定操作性较强的准入和退出机制，既保证以适度竞争提高各农险公司的服务水平。此外，应审慎考察进入省内的各农业保险经营机构，对其资金实力、农业保险业务经验、应急处理方案等进行切实调研考察，筛选真正有实力、有经验、懂经营的农业保险经营机构参与到农业保险实际运营中，为农业保险的良性运转提供基本保障。

（四）加大农业保险宣传培训力度

一是通过电视、广播、网络、保险公司等多途径、全方位宣传，让农业保险政策家喻户晓，深入人心，特别注重宣传大灾之后农民受益的典型实例，以事实说服农民消除对险后索赔疑虑，提高投保信心；二是组建由专家、公司讲师、大学生志愿者组成的培训团队，以通俗易懂的形式向农民准确地讲解农业保险条款内容（特别是保险金额、保险责任、除外责任、报案流程、理赔标准及其他权利义务）；同时做好农业保险的操作及功能的宣传培训工作，严禁利用虚假不实的宣传进行保险误导、欺诈，逐渐优化农业保险发展的大环境，从而促进农业保险市场的发展。

（五）加强农业保险人才培养

应着重加快人才的培养，建立一支高素质的农业保险人才队伍，尽快解决人才瓶颈的制约。省级主管部门应严格要求农业保险经营机构内部配备熟知农业保险业务，并具有丰富经验的管理、资金投资、产品开发设计、营销人才，以及风险评估人员、精算师、承保员、理赔员等各环节的专业人员。同时，利用省内涉农高校保险专业优势，集中定向培养一批本土化的农业保险人才，可以考虑校企合作，高校和农业保险公司共同协商制定人才培养方案、联合培养双师型队伍，为黑龙江省农业保险长远发展奠定人才保障基础。推动农业保险在更深层次、更大范围服务于黑龙江省两大平原现代农业综合配套改革试验的深入开展。

项目负责人：李丹
主要参加人：刘从敏、田佳佳、王俊凤、彦凤晶等

黑龙江省玉米供给侧结构性改革：影响因素、收入效应与实现路径研究*

崔宁波　刘家富　张曲薇　姜兴睿　董　晋

　　农业结构调整始终是农业产业发展的重要抓手，对推动农村建设、促进农民增收，实现农业现代化都具有特殊的现实意义。种植业作为农业的基础与组成部分，当前东北粮食主产区种植业结构性矛盾突出，主要表现为玉米供过于求与大豆供给严重不足。如何更好地进行玉米种植结构调整、优化农业产业结构成为当前摆在农业供给侧结构性改革面前的重要议题。

　　2015 年 11 月，农业部做出了关于"镰刀弯"地区玉米结构调整的指导规划，为"镰刀弯"地区玉米调减和作物品种结构指明了方向。2016 年 3 月 28 日，国家发改委正式取消了针对东北三省及内蒙古地区的玉米临储政策，改为"市场化收购"加"补贴"的市场机制，对种植结构调整起到了助推剂的作用。黑龙江省是粮食大省，也是玉米种植大省，作为镰刀弯地区玉米结构调整的主要开展省份，2016 年现已实现玉米调减面积约 2 000 万亩。单从数字来看，当前"大刀阔斧"的种植结构调整成效明显，然而调整后农户的实际收入问题却值得考究。如果农户收入增加不明显，将可能引发镰刀弯地区玉米复种行为，一定程度上会影响玉米结构调整的可持续性。因此很有必要触探玉米结构调整的实施效果，研判结构调整中存在的滞碍性因素，以进一步完善下阶段的种植结构调整机制，更好地推进农业供给侧结构性改革。本研究以黑龙江省镰刀弯地区为例，通过实地调研获取数据并采用 DID 模型对参与和未参与玉米种植结构调整农户的收益情况进行评价，发现结构调整对农户收入有积极影响，并对影响农户种植结构调整意愿的因素做进一步探讨，以丰富研究内容。

一、东北地区玉米种植结构调整现状

　　2015 年国家出台《关于"镰刀弯"地区玉米结构调整的指导意见》之后，

＊　黑龙江省哲学社会科学研究规划项目（项目编号：17JYB080）。
项目负责人为崔宁波教授，主要参加人员有刘家富、张曲薇、姜兴睿、董晋、于尊、范月圆等。

东北四省区也相应制定调减计划。玉米种植结构调整实施三年以来效果较为明显，玉米的播种面积、玉米播种面积占全部粮食作物百分比等数字均有所降低，玉米产量降低、价格下调、库存下降，种植结构调整的预期效果得以初步实现。

（一）玉米种植比例呈下降趋势

2015 年是东北地区玉米种植面积占粮食作物播种面积比重的一个分水岭。玉米种植面积占全部粮食作物播种面积的比重从 2010 年到 2015 年呈现上升趋势。从 2010 年的 50%，逐步增长到 2015 年的 59.71%。2015 年之后逐年呈现递减趋势，比重有所下降。从 2015 年的 59.71% 到 2016 年的 55.50%，到 2017 年的 54.88% 逐年减少。玉米产量也从 2015 年的 9 893.17 万吨降低到 8 743.33 万吨。从图 1 可以比较明显地看出趋势，从 2000 年开始，东北地区玉米种植面积占粮食作物播种面积的比重逐年递增，相关政策的实施，极大地加快了东北地区的玉米产业发展，使得"玉米型"生产结构更加巩固，占据粮食作物种植的过半份额，并逐年增加，到 2015 年玉米种植面积占比近六成，达到巅峰份额。从 2015 年之后逐年出现降低趋势。2016 年的下降趋势比较明显，2017 年较 2016 年略有下降，下降速度趋近平缓。

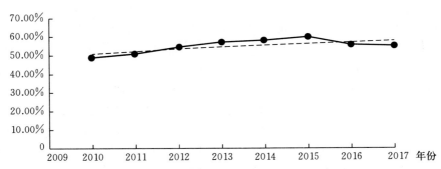

图 1　东北地区玉米种植面积占粮食作物播种面积比重趋势图

数据来源：《黑龙江统计年鉴》《吉林统计年鉴》《辽宁统计年鉴》《内蒙古统计年鉴》。

2015 年黑龙江省、辽宁省、吉林省、内蒙古自治区四个地区的玉米种植面积占粮食作物播种面积比重分别是 49.48%、73.29%、74.83%、59.50%，到 2016 年四个地区的玉米种植面积占粮食作物播种面积比重分别是 44.20%、69.91%、72.82%、55.47%。从 2015 年到 2016 年，玉米种植面积占粮食作物播种面积比重无论是从东北地区整体来看还是从各个地区单独来看均呈现下降趋势。玉米种植面积占粮食作物播种面积比重从各个地区单独来看，黑龙江省和内蒙古自治区继续下降，吉林省和辽宁省小幅回调。从东北地区整体来看仍然呈现下降趋势。

（二）玉米产量降后有小幅回调

自 2015 年《关于"镰刀弯"地区玉米结构调整的指导意见》文件推行以后，东北地区包括黑龙江省、辽宁省、吉林省、内蒙古自治区四个地区的玉米产量呈下降趋势，玉米产量占粮食作物总产量的比重在下降两年后有小幅回升。东北地区是国内玉米生产的主要产区，东北地区玉米产量占全国的比重从 2 000 年的 20% 左右，逐步增长到 2015 年的 50%。其中黑龙江的产量占比增幅最为明显。而从 2015 年之后，出现明显的下降趋势，东北地区玉米产量占全国的比重从 2015 年的 50% 下降至 2016 年的 47% 左右，而在 2017 年又上升至 48.13%。

黑龙江省、辽宁省、吉林省、内蒙古自治区四个地区的玉米产量在 2015 年产量分别为 3 544.14 万吨、1 403.5 万吨、2 805.73 万吨、2 250.78 万吨。到 2016 年产量分别为 3 127.4 万吨、1 465.64 万吨、2 833 万吨、2 139.8 万吨。其中下降幅度最大的是黑龙江省，下降幅度为 12%，其次是内蒙古自治区，下降幅度为 5%，辽宁省的略有增加，吉林省的产量相对持平。到 2017 年，黑龙江省、辽宁省、吉林省、内蒙古自治区四个地区的玉米产量分别为 3 703.11 万吨、1 789.44 万吨、3 250.78 万吨、2 497.44 万吨，较 2015 年均有所上升，其中从图 2 可以看出，总量上已经突破 10 000 万吨。各省均出现产量小幅回调。其中辽宁省回调幅度相对较大，其次是吉林省和内蒙古自治区，黑龙江省相对持平。

（三）玉米价格逐步市场化

在国家玉米临时收储政策的保护下，玉米收储价格连年上升，玉米种植者利益可观。表 1 是 2008—2015 年实施玉米临储政策期间，东北三省及内蒙古自治区玉米临储价格情况。2008—2009 年玉米价格四个地区均保持不变。2010—2013 年连续四年呈现增加趋势，黑龙江省、辽宁省、吉林省、内蒙古自治区四个地区的价格在 2010 年分别是 1.78 元/吨、1.82 元/吨、1.80 元/吨、1.82 元/吨，2013 年增长到 2.22 元/吨、2.26 元/吨、2.24 元/吨、2.26 元/吨。2014 年的玉米价格四个地区均保持不变。

2016 年玉米临时收储政策取消后，东北四省区玉米均价在 1.65 元/千克左右，较 2015 年价格对比降幅达到 17.50%；2017 年东北四省区玉米均价在 1.78 元/千克左右，较 2015 年降幅达 10%，较 2016 年增长 7.80%；2018 年

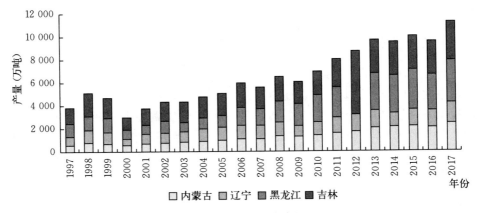

图 2　东北地区玉米产量

数据来源：《黑龙江统计年鉴》《吉林统计年鉴》《辽宁统计年鉴》《内蒙古统计年鉴》。

东北四省区玉米均价 1.94 元/千克左右，较 2016 年、2017 年均有所提高。"市场定价、价补分离"的政策实施以来，玉米价格呈明显下降趋势，市场化定价日益明显。

表 1　东北三省及内蒙古玉米临储收购价格

年份	收储价格（元/吨）				价格变动（元/千克）
	内蒙古	辽宁	吉林	黑龙江	
2008	1.52	1.52	1.50	1.48	—
2009	1.52	1.52	1.50	1.48	—
2010	1.82	1.82	1.80	1.78	0.30
2011	2.00	2.00	1.98	1.96	0.18
2012	2.14	2.14	2.12	2.10	0.14
2013	2.26	2.26	2.24	2.22	0.12
2014	2.26	2.26	2.24	2.22	—
2015	2.00	2.00	2.00	2.00	−0.26～−0.22

数据来源：Wind 经济数据库。

（四）玉米期末库存量下降

在我国实行玉米临时收储政策时，国家通过"中储粮总公司""中粮集团"等企业执行玉米临时收储工作。在东北地区，玉米临时收储政策的实施背景下，玉米收储由中央财政兜底，粮食企业有强烈的收购意愿，收储实行效果较好、玉米库存逐年提升。玉米种植结构调整实施以来，由于临储政策的取消东北四省区玉米收购市场由原来的国家收储占据大半而发生了结构上的变化，玉米深加工企业、饲料加工企业、合作社等不同主体都进入市场。不同主体的进入降低了国家收储的压力、促进了市场上玉米的流通。

如表2所示，玉米种植结构调整之后期末库存量有明显的下降趋势，由于玉米的生产周期长，政策调整有时间滞后性，2015—2016年的库存为23 313.75万吨，2016—2017年达到峰值25 314.45万吨，此后逐年减少。2017—2018年为24 396.45万吨，2018—2019年进一步下降到21 836.45万吨。

表2　中国玉米供需平衡表

单位：万吨

项目	2014—2015年	2015—2016年	2016—2017年	2017—2018年	2018—2019年
期初库存	11 206.00	17 333.75	23 313.75	25 314.45	24 396.45
产量	21 567.00	22 748.00	21 172.00	20 372.00	20 600.00
进口量	552.00	317.42	246.40	360.00	350.00
总供给	33 325.00	40 399.17	44 732.15	46 046.45	45 346.45
国内消费	15 990.00	17 085.00	19 410.00	21 640.00	23 500.00
工业消耗	4 650.00	5 300.00	6 300.00	7 600.00	8 500.00
种用及食用	1 240.00	1 230.00	1 210.00	1 190.00	1 200.00
损耗	150.00	155.00	250.00	250.00	200.00
出口量	1.25	0.42	7.70	10.00	10.00
总需求	15 991.25	17 085.42	19 417.70	21 650.00	23 510.00
期末库存	17 333.75	23 313.75	25 314.45	24 396.45	21 836.45

数据来源：Wind经济数据库。

二、黑龙江省玉米种植结构调整对农户收入的影响

（一）数据特征描述

1. 数据来源

研究选取齐齐哈尔市（拜泉、依安）、伊春市、同江市、通辽市（左后旗扎鲁特旗）、松原市、长岭四平市、延边朝鲜族自治州、盘锦市8个地区为数据来源，综合考虑了地理区域、玉米种植面积、年均收入等因素，通过分层随机抽样方法选择8个地区的乡镇、村和农户家庭，调查数据选择2014—2018年，调查时间为2017年1月、2018年1月、2019年1月3次入户。调研通过

问卷调查及深入农户家中座谈的方式结合进行，调研内容主要分为三部分：一是农户个人及家庭基本特征（包括年龄、务农时间、文化水平、家庭劳动力状况等），二是农户家庭种植生产特征（包括种植结构调整前后的玉米播种面积、改种作物情况、家庭收入情况等），三是农户种植的外部环境（包括务农环境条件、路况交通等）。本研究将参与玉米种植结构调整界定为农户原种植玉米面积向其他作物转移而发生的调减情况，未参与玉米种植结构调整为农户原种植玉米面积未发生变化或是发生调减但并未改种其他作物的情况。在选择样本农户时，充分考虑到农户的不同特征类型，选择多种类型的农户样本，以保证调研结果更加接近实际。本次调研共计回收问卷 400 份，其中有效问卷 373 份，问卷有效率为 93.25%，其中参与调整农户 215 户，非调整农户 158 户。

2. 样本特征的统计描述

表 3 显示了 2014—2018 年参与和未参与玉米种植结构调整的农户的家庭基本特征及外部环境特征。五年间参与玉米种植结构调整和未参与玉米种植结构调整的农户其户主年龄、家庭人口数目、劳动力数目、耕地面积等方面没有显著差异，主要区别在于参与结构调整的农户中其身份是村干部的数量要多于未参与结构调整的农户，这也在一定程度上可以看出农村基层干部为响应上级关于玉米种植结构调整的政策而"以身作则"带头参与结构调整。

表 3　农户家庭基本特征及外部环境特征情况

项目	2014 年		2015 年		2016 年		2017 年		2018 年	
	调整	未调整	调整	未调整	调整	未调整	调整	未调整	调整	未调整
年龄（岁）	42.75	43.5	43.75	44.5	44.75	45.5	45.75	45.5	46.75	46.5
家庭人口（人）	3.5	3.46	3.5	3.46	3.5	3.46	3.5	3.46	3.5	3.46
劳动力数量（人）	2.07	1.94	2.05	1.91	2.01	1.87	2.07	1.94	2.05	1.97
户均耕地（亩）	41.55	39.85	42.65	41.37	42.35	41.77	41.57	41.77	42.35	41.77
户均玉米面积（亩）	40.26	39.26	41.75	40.26	41.55	40.47	37.26	31.67	32.73	2.19
是否为村干部	0.15	0.5	0.15	0.5	0.15	0.5	0.15	0.5	0.15	0.5
务农环境条件（千米）	2.35	2.18	2.35	2.18	2.35	2.18	2.35	2.18	2.35	2.18
距城镇距离	21.75	24.63	21.75	24.63	21.75	24.63	21.75	24.63	21.75	24.63
样本量（份）	215	158	215	158	215	158	215	158	215	158

（二）模型选择与构建

本文使用双重差分法研究东北地区玉米种植结构调整的收入效应即对农户收入的影响。双重差分法（Different-in-Different Method）是一种广泛应用于评价政策效果的实证研究方法。本文采用此种方法分析的好处在于，临储政策仅在东北三省和内蒙古自治区推行，这样便于实验组和控制组数据的采集。并由于临储政策不允许跨省收购，这就避免了实验组和控制组存在溢出效应而引起的估计偏差。由于2016年临储政策的取消，种植玉米的农户玉米收入出现亏损，本文在研究玉米种植结构调整对农户收益的影响，采用农户收入变化幅度作为模型的被解释变量。

构建模型时以参与玉米种植结构调整的农户作为干预组，未参与玉米种植结构调整的农户作为对照组，利用实地调研数据计算出两组农户在2014—2018年的农业收入、家庭总收入的增长幅度，以代表玉米种植结构调整前后的农户收入变动情况，并依次对收入增长幅度进行组内作差和组间作差，最后将组间作差得出的数值作为玉米种植结构调整的净效应，即DID估计量。

具体模型构建如下：

$$Y_{it} = \beta_0 + \beta_1 T_{it} + \beta_2 D_{it} + \beta_3 T_{it} D_{it} + \mu_{it} \tag{1}$$

其中，Y_{it}表示第i个农户时刻t的收入增长幅度。T_{it}表示政策调整虚拟变量，T_{it}取1表示玉米临储政策取消政策，T_{it}取0表示玉米临储政策未取消政策。D_{it}表示玉米种植结构调整虚拟变量，D_{it}取1表示农户调整玉米种植结构，D_{it}取0表示农户没有调整玉米种植结构。利用公式（1）可以得到玉米种植结构调整农户和玉米种植结构未调整农户收入变动的模型，对于玉米种植结构调整农户$D_{it}=1$，则公式（1）可以表示为：

$$Y_{it} = \beta_0 + \beta_1 T_{it} + \beta_2 + \beta_3 T_{it} + \mu_{it} \tag{2}$$

此时，临储政策取消前后农户收入幅度为：

$$y = \begin{cases} \beta_0 + \beta_2 + \mu_{it}, & T=0 \\ \beta_0 + \beta_1 + \beta_2 + \beta_3 + \mu_{it}, & T=1 \end{cases} \tag{3}$$

则玉米种植结构调整农户在临储政策取消前后收入变动幅度为：

$$diff_1 = (\beta_0 + \beta_1 + \beta_2 + \beta_3 + \mu_{it}) - (\beta_0 + \beta_2 + \mu_{it}) = \beta_1 + \beta_3 \tag{4}$$

对于玉米种植结构未调整农户$D_{it}=0$，则公式（1）可以表示为：

$$Y_{it} = \beta_0 + \beta_1 T_{it} + \mu_{it} \tag{5}$$

此时，临储政策取消前后农户收入幅度为：

$$y = \begin{cases} \beta_0 + \mu_{it}, & T=0 \\ \beta_0 + \beta_1 + \mu_{it}, & T=1 \end{cases} \tag{6}$$

则玉米种植结构未调整农户在临储政策取消前后收入变动幅度为：

$$diff_2 = (\beta_0 + \beta_1 + \mu_{it}) - (\beta_0 + \mu_{it}) = \beta_1 \tag{7}$$

最后我们可以得到玉米种植结构调整对农户收入影响的净效应为：

$diff = diff_1 - diff_2 = (\beta_1 + \beta_3) - \beta_1 = \beta_3$，即为模型（1）中$T_{it} D_{it}$的系

数，该系数为双重差分的估计量，能够代表玉米种植结构调整对农民收入影响的净效应。

采用双重差分模型可以有效控制临储政策取消对调整户和非调整户在家庭收入方面的影响，从而有效得到纯粹玉米种植结构调整对农民收入的净影响。上述公式是双重差分的计算过程，能够得到双重差分估计值。在实际应用中，除了要估计出双重差分估计量，还需要对它进行显著性检验。考虑影响农民收入增长幅度的其他因素，可以建立如下模型：

$$Y_{it} = \beta_0 + \beta_1 P_{it} + \beta_2 T_i + \beta_3 X_{it} + \varepsilon_{it} \tag{8}$$

其中，Y_{it} 为因变量表示第 i 个农户在 t 时间的家庭收入变化幅度，P_{it} 表示第 i 个农户时刻 t 是否调整玉米种植结构（若调整取 1，若未调整取 0），T_i 表示时期 t 虚拟变量（进行政策调整取 1，未进行政策调整取 0），X_{it} 表示影响因变量 Y_{it} 的其他协变量。模型中的 β_1 为差分估计量。

（三）模型估计结果

1. 收入特征及差异性分析

在调研过程中发现，调研地农户收入结构主要由农业收入、转移性收入和务工收入组成。由于玉米种植结构调整主要影响农户家庭总收入和农业收入，所以下面首先对玉米种植结构调整家庭和未调整家庭这两方面的收入进行比较分析。表 4 给出了 2014—2018 年调整家庭和未调整家庭总收入和农业收入变动状况，表 5 给出了两类家庭人均收入和人均农业收入以及其增长率差异性检验。

表 4 2014—2018 年调整家庭和未调整家庭总收入变动情况

单位：元

年份	参与调整农户		未参与调整农户		*diff*	
	家庭总收入	增长率	家庭总收入	增长率	家庭总收入	增长率
2014	24 776.03		22 567.2		2 208.83	
2015	21 997.58	−11.21%	19 508.21	−13.56%	2 489.37	2.34%
2016	14 866.09	−32.42%	9 837.78	−49.57%	5 028.31	17.15%
2017	20 523.67	38.06%	13 034.78	32.50%	7 488.89	5.56%
2018	23 187.28	12.98%	14 626.39	12.21%	8 560.89	0.77%
diff	—	−21.21%		−36.02%		14.81%
年份	参与调整农户		未参与调整农户		*diff*	
	农业收入	增长率	农业收入	增长率	农业收入	增长率
2014	15 893.21		13 693.28		2 199.93	
2015	16 708.69	5.13%	14 342.69	4.74%	2 366.00	−1.67%

（续）

年份	参与调整农户		未参与调整农户		$diff$	
	农业收入	增长率	农业收入	增长率	农业收入	增长率
2016	−1 432.57	−108.57%	−5 782.54	−140.32%	4 349.97	42.67%
2017	6 582.09	503.62%	4 211.24	172.83%	2 370.85	413.58%
2018	8 489.21	28.97%	4 982.54	18.32%	3 506.67	22.67%
$diff$	—	−113.70%		−145.06%		31.35%

表 5　调整家庭与未调整家庭人均收入的差异性检验

年份	人均收入之差	增长率	农业收入	增长率
2014	2 208.83		2 199.93	
	(1.21)		(0.71)	
2015	2 489.37	0.76%	2 366	−1.67%
	(1.55)	(1.64)	(1.48)	(1.32)
2016	4 028.31***	9.04%***	4 349.97***	42.67%***
	(6.32)	(7.42)	(5.36)	(5.76)
2017	6 488.89***	9.57%***	2 370.85***	413.58%***
	(8.36)	(9.53)	(7.36)	(6.78)
2018	7 560.89***	2.04%***	3 506.67***	22.67%***
	(5.64)	(6.34)	(6.78)	(8.56)

注：* 、**、***分别表示在 10%、5%和 1%的水平上显著。

由表 4 和表 5 可知，从横向来看，玉米种植结构调整家庭总收入高于玉米种植结构未调整家庭，2014 年二者之差为 2 208.83 元，2015 年 2 489.37 元，2015 年调整家庭人均收入增加 5.13%，未调整家庭增加 4.74%，二者相差不大。但是到了 2016 年，国家取消玉米临储政策，加快玉米种植结构调整，玉米价格完全由市场决定，调整家庭和未调整家庭的人均收入都出现大幅度下降，调整家庭下降 108.57%，未调整家庭下降 140.32%，二类家庭人均收入之差扩大为 4 349.97 元，2016 年这些值都通过显著性检验，说明二者差距确实存在。2017 年调整家庭总收入为 20 523.67 元，同比增加 38.06%，未调整家庭总收入为 13 034.78 元，同比增加 32.50%，二者收入差距为 7 488.89 元，相对于 2016 年进一步扩大。2018 年调整家庭总收入 23 187.28 元，同比增加 12.98%，未调整家庭总收入为 14 626.39 元，同比增加 12.21%，二者收入差距为 8 560.89 元。结合问卷调查，2016 年取消玉米临储政策后，玉米种植结构调整的家庭将种植玉米换成种植大豆等经济性更高的作物，农业亏损比未调整家庭低得多，少亏损31.35%。并且随着这几年该制度的实施，调整家庭收入明显高于未调整家庭。

2. 回归结果分析

利用前面给出模型（8）进行回归分析，根据选择的回归变量不同，本文在实证分析中建立两个回归模型：

模型1：$Y_{it} = \beta_0 + \beta_1 \delta_{it} + \beta_2 T_i + \beta_3 X_{it} + \varepsilon_{it}$

模型2：$Y_{it} = \beta_0 + \beta_1 P_{it} + \beta_2 T_i + \beta_3 X_{it} + \varepsilon_{it}$

其中，Y_{it} 为因变量表示第 i 个农户在 t 时间的家庭总收入变化幅度或农业收入变化幅度，δ_{it} 表示农户对玉米种植结构调整的净效应，P_{it} 表示第 i 个农户时刻 t 是否调整玉米种植结构（若调整取1，若未调整取0），T_i 表示时期 t 虚拟变量（进行政策调整取1，未进行政策调整取0），X_{it} 表示影响因变量 Y_{it} 的其他协变量，本文采用玉米播种面积变化幅度和劳动力变化幅度。模型中的 β_1 为差分估计量。表6给出了回归模型估计结果。

表6　模型估计结果

变量	模型1		模型2	
	家庭总收入 变动率	农业收入 变动率	家庭总收入 变动率	农业收入 变动率
截距项	−0.356***	−1.382***	−0.231***	−0.876***
	(0.031)	(0.041)	(0.025)	(0.016)
玉米播种面积变化幅度	−0.169***	−0.477***	−0.113***	−0.267***
	(0.023)	(0.046)	(0.016)	(0.007)
劳动力变化幅度	0.003	0.059	0.001	0.032
	(0.038)	(0.057)	(0.032)	(0.082)
结构调整净效应	0.137***	0.196***		
	(0.022)	(0.056)		
是否调整种植结构			0.082***	0.287***
			(0.017)	(0.024)

注：*、**、***分别表示在10%、5%和1%的水平上显著。

由表6模型1估计结果可知：玉米种植面积变化率对农户家庭总收入和农业收入变化率有显著负影响，即农户缩减玉米种植面积能够在很大程度上减少农户损失，进而提高农业收入增长率。玉米种植结构调整对农户家庭总收入和农业收入有显著正影响，其结构调整能够缓冲农户损失。农户家庭劳动力变化对收入增加有正向作用，但是不够显著。

由表 6 模型 2 估计结果可知：模型 2 是在模型 1 的基础上，去掉玉米种植结构调整净效应，引入是否对玉米种植面积进行调整虚拟变量进行回归。回归结果表明，农户对玉米种植结构进行调整对收入增加有显著正影响，即农户参与玉米种植结构进行调整能够显著降低损失增加收入。

三、黑龙江省玉米种植结构调整的影响因素分析①

由前文分析可知，玉米种植结构调整对农户农业收入具有正向影响，政府在今后工作中，应该进一步实施相关惠农政策，稳步推动玉米种植结构调整，促进农民收入增加。然而政府行为只是影响农户调整玉米种植结构的一种因素，其还会受到农户自身年龄、文化、家庭经济状况以及社会发展状况等因素的影响。

（一）影响玉米种植结构调整因素的理论分析

1. 自然资源

自然资源条件的优劣影响着农户参与玉米种植结构调整的意愿，国家调控玉米结构旨在减少"镰刀弯"地区非优势产区的玉米种植面积，保护优势产区种植现状的基础上发展下游产业链，完善玉米产业结构。玉米的种植生长过程对于降水量、温度、光照调减、地形地貌等自然因素都有相应的要求。从播种、出苗、拔节到抽雄不同的生长阶段玉米都需要具备相应的自然环境。不同地区自然资源条件调减有所不同，东北地区地理条件优越、土壤条件较高，东北地区的优势产区，所种植的玉米其水分、霉变、容重、毒素等指标都要优于华北、西南等产区。土地条件和玉米的生长也有密不可分的联系，耕地质量影响玉米生长繁育的好坏，可耕地面积的大小也会影响农户种植玉米的面积。中小规模的玉米种植农户，其农业机械化水平较低，对于玉米产量不作过分追求，在玉米临时收储政策取消前将自家耕地播种玉米出售给国家粮储以获取收益。对于大规模种植农户来说，相比而言其机械化水平较高，通过大型农机具播种玉米，并会雇佣一定量的劳动力进行规模生产，同时具备下游销售渠道。

2. 农业政策

农业政策会对玉米种植户和玉米种植面积带来一定影响，进而影响玉米种

---

① 原载于《商业研究》2017 年 11 月，临储政策取消下玉米种植结构调整的影响因素与收入效应——基于黑龙江省镰刀弯地区调查数据的分析（作者：崔宁波、张正岩）。

植结构调整的实施效果。2019 年 2 月，农业农村部印发《2019 年种植业工作要点》，明确提出扩大耕地轮作休耕制度试点工作。并且进一步提出，"调整优化试点区域，将东北地区已实施 3 年到期的轮作试点面积退出"，这也就意味着实施 3 年的轮作补贴政策正式退出东北地区。对东北地区农户而言，由于玉米价格的大幅下调导致了农户种植玉米的积极性大幅降低。大豆价格多年一直低于玉米价格，在东北地区实施"轮作补贴"政策后，由于每亩 150 元的补贴使得农户种植大豆收益显著提高，影响农户的种植意愿。但伴随轮作补贴政策的取消以及偏低的玉米市场价格，农户种植意愿不明朗，种植决策较难做出。另外，2015 年《关于 2015 年东北地区国家临时存储玉米收购有关问题的通知》发布，以解决玉米高库存的问题。2015 年国家尚未完全取消玉米临时收储政策，而是首次降低玉米临储价格至 0.5 元/千克，这也造成玉米产量"十二连增"后首次出现下滑。而后国家又正式发布文件调整"镰刀弯"地区玉米结构，取消玉米临时收储政策改为"市场定价"，为保护优势产区玉米种植面积及维持农户收入，国家在东北地区实施了玉米生产者补贴政策。政策的实施一定程度上减少了农户收入上的降低，维持了优势产区农户种植玉米的积极性。

3. 农业科技水平

农业科技水平直接刺激影响农户种植玉米的积极性，进而影响玉米播种面积的多少。玉米是我国三大主粮之一，营养成分十分丰富且口感较好。早在 20 世纪 80 年代，我国玉米育种技术取得了重大进步，促进了玉米产量的显著增高；进入 20 世纪 90 年代，我国推行耕作制度改革并且推行规范化栽培，进一步提高了玉米单产；21 世纪之后，我国不断开发培育和引进了诸多玉米新品种，玉米的产量得到了再次大幅度提升。农业科技的进步在提高玉米单产的同时，也推动着玉米种植户收入的大幅提升，极大地刺激了农户的种植意愿，进而造成了玉米供大于求的局面产生。在实际调研过程中发现，小规模农户较少参与农业种植结构调整的主要原因是受到自身文化水平、农业科技水平的限制。目前我国农村从事农业种植生产的农户年龄普遍偏大、文化水平较低，长期种植玉米以至于在玉米种植结构调整实施最初阶段产生了"不知改种什么"的尴尬局面。

4. 经济因素

经济是影响玉米种植结构调整的一项关键因素。在市场环境下，农户有农业生产和非农生产两个选择，从事农业生产可以选择种植玉米或是其他经济作物。这主要受到不同作物的不同经济效益的影响，也受到农户农业收入、农户文化程度和科技水平的引导。替代作物相对收益的大小影响着农作物播种面积的调整方向，从而影响玉米播种面积。伴随我国二、三产业的迅速发展以及当前的劳动力专业现状，越来越多的农村人口向城市转移，从事农业生产的农户也开始选择其他就业机会。由于玉米价格近年来的大幅下跌，更是导致了农户种植玉米的积极性大幅降低。对于从事农业生产的家庭而言，资金的投入量同样影响着农户参与种植结构调整。农户的资金投入能力不同影响着农业机械化水平、耕地规模、新技术引入等诸多方面，这也就造成了农户在调节玉米播种面积、选择改种新品种、农业科技的投入的不同，进而影响玉米种植结构调整的整体实施效果。

（二）农户玉米种植结构调整意愿的影响因素实证分析

1. 数据来源

本部分利用前文所使用的调查数据对东北地区玉米种植结构调整的影响因素进行研究。调查地点包括齐齐哈尔市（拜泉、依安）、伊春市、同江市、通辽市（左后旗扎鲁特旗）、松原市、长岭四平市、延边朝鲜族自治州、盘锦市8个地区，在以上地区选取若干行政村，对受访农户进行访谈，得到有效调查问卷373份。

2. 调查问卷的描述性分析

（1）农户的年龄分布。

表7　不同年龄玉米种植结构调整状况

年龄（岁）	<30	30～40	40～50	>50
玉米种植结构调整	73.22%	67.45%	56.34%	43.25%
玉米种植结构未调整	26.78%	32.55%	43.66%	56.75%

表7表明，随着年龄的增大，玉米种植结构调整比例逐渐下降，而不调整玉米种植结构比例逐渐上升。

（2）农户的性别分布。

表8　不同性别玉米种植结构调整状况

性别	男	女
玉米种植结构调整	46.78%	53.22%
玉米种植结构未调整	53.22%	46.78%

表8表明，女性调整玉米种植结构的比例比男性高，而男性未调整玉米种植结构的比例比女性高。

（3）农户的受教育程度分布。

表 9　不同受教育程度玉米种植结构调整状况

受教育程度	小学及以下	初中	中专及高中	高中以上
玉米种植结构调整	32.68%	35.48%	49.52%	57.66%
玉米种植结构未调整	67.32%	64.52%	50.48%	42.34%

表 9 表明，受教育程度越高，玉米种植结构调整意愿越强，反之，受教育程度越低，玉米种植结构调整意愿越低。

（4）农户健康状况分布。

表 10　不同健康状况玉米种植结构调整状况

健康状况	非常好	好	一般	差	非常差
玉米种植结构调整	59.56%	55.37%	51.36%	23.42%	21.36%
玉米种植结构未调整	40.44%	44.63%	48.64%	76.58%	78.64%

表 10 表明，身体状况越好，越愿意调整玉米种植结构，而身体状况越不好，越不容易调整玉米种植结构。

（5）农户玉米种植结构分布。根据玉米不同种植结构对农户进行了分组，分析结果如表 11 所示。

表 11　不同种植结构样本农户的统计分析结果

种植结构	户数	占比	均值	标准差
5 亩以下（≤5）	121	32.44%	3.35	1.29
5~10 亩（≤10）	118	31.64%	7.45	1.50
10~20 亩（≤20）	76	20.38%	14.73	2.85
20~50 亩（≤50）	26	6.97%	24.75	2.60
50~100 亩（≤100）	21	5.63%	75.60	18.01
100 亩以上（>100）	11	2.95%	209.67	77.93
合计	373	100%	13.39	33.53

由表 11 可知，种植结构在 20 亩以下的农户占样本总量的 95%，20 亩以上较大种植结构的农户占 5%，100 亩以上的大规模种植农户仅占 2.95%。可见绝大多数农户均为小规模种植，玉米户均种植面积为 13.39 亩。由标准差可知，不同规模农户种植面积差异较大。

3. 构建影响农户玉米种植结构调整的 Logistic 模型

（1）模型构建。 本文研究的因变量 Y 为农户是否调整玉米种植面积，用 0～1 变量来表示，即 0 表示农户未调整玉米种植面积，1 表示调整玉米种植面积。由于因变量为二分变量，在对影响因素进行建模时，我们采用 Logistic 回归模型。

在 Logistic 回归中，因变量 Y 为二分变量，取值为 0 和 1，取 0 的概率为 $1{\sim}p$，取 1 的概率为 p，则可以建立如下的 Logistic 回归模型：

$$logit\ (p)\ =\ln\left(\frac{p}{1-p}\right)=\beta_0+\beta_1 x_1+\cdots+\beta_k x_k$$

其中，p 表示农户调整玉米种植面积的概率，x_1，$\cdots$，x_k 为自变量，即影响农户做出调整玉米种植面积的影响因素，β_0，$\cdots$，β_k 为相应影响因素的系数。

（2）变量说明。 在主观因素上，农户的种植行为受到农户个人基本情况、社会环境、经济发展等因素的共同作用。假设农户的种植行为是为了实现利益最大化，那么在考虑农户个人及家庭情况的基础之上，则还需要将玉米生产情况、玉米市场特征考虑在内作为影响农户种植行为的因素。除此之外，玉米种植生产的成本也影响农户的收益情况，农户以种植玉米的预期收益作为参考依据而做出种植决策。以玉米生产者补贴、耕地地力补贴为代表的不同粮食支持政策也左右着农户的种植决策行为。出于以上因素，农户种植玉米面积的大小是根据自身条件、种植玉米的成本收益情况、对政府政策行为的认知的基础之上而决定的。

鉴于此，本文选取户主个人特征、户主家庭状况、玉米生产特征和对政策满意程度作为本研究的 4 个维度。其中，户主个人特征包括年龄、性别、受教育程度和健康状况 4 个变量；户主家庭状况包括非农收入占比、家庭劳动力占比和是否了解玉米收储制度 3 个变量；玉米生产特征包括玉米种植面积、玉米市场价格、玉米的补贴金额、玉米生产成本和玉米培训技术 5 个变量；对政策满意程度包括对玉米生产者补贴制度的满意程度和对玉米生产者补贴标准的满意程度 2 个变量。由于 2016—2018 年各省玉米生产者补贴金额有所变动，所以在本文研究中将其纳入分析。各变量解释、描述性统计分析和预期方向见表 12。

表 12　各变量解释说明

变量类型	维度	具体指标	含义	均值	标准差	预期方向
被解释变量		玉米种植结构调整	调整＝1，未调整＝0	0.632	0.325	

（续）

变量类型	维度	具体指标	含义	均值	标准差	预期方向
解释变量	户主个人特征	年龄	户主的具体年龄	45.732	5.921	—
		性别	女＝0；男＝1	0.413	0.321	＋
		受教育程度	小学及以下＝1；初中＝2；中专、高中＝3；本科及以上＝4	1.534	0.873	＋
		健康状况	非常好＝1；好＝2；一般＝3；差＝4；非常差＝5	3.561	1.657	—
	户主家庭状况	非农收入占比	非农收入占家庭总收入的比重（%）	35.674	6.341	＋
		家庭劳动力占比	家庭从业农业生产人口占总人口比重（%）	63.526	25.348	不能确定
		是否了解玉米收储制度改革	是＝1；否＝0	0.432	0.534	＋
	玉米生产特征	玉米种植面积	实际种植面积（亩）	13.394	53.241	＋
		玉米市场价格	2018年玉米销售价格（元/千克）	0.89	0.735	—
		玉米的补贴金额	2018年每公顷玉米生产者补贴总额/每公顷玉米产量（元/千克）	0.142	0.257	—
		玉米生产成本	每亩玉米生产成本（元/亩）	743.24	28.753	＋
		玉米技术培训	参加玉米技术培训＝1；没参加＝0	0.432	1.364	—
	对政策满意程度	对玉米生产者补贴制度的满意程度	是＝1；否＝0	0.631	0.786	＋
		对玉米生产者补贴标准的满意程度	是＝1；否＝0	0.432	0.647	＋

（3）结果及分析。本研究利用 Stata15.0 软件，对所有样本数据进行 Logistic 回归估计，同时为了研究不同规模农户种植决策影响因素差异，还分别对 10 亩以下和 10 亩以上农户分别进行 Logistic 回归估计，回归结果见表 13。所有样本、10 亩以下和 10 亩以上的 Logistic 回归模型的 χ^2 检验的 P 值均通过显著性检验。其 Pseudo R^2 分别为 0.732、0.711 和 0.632。

表 13 总体样本、10 亩以下和 10 亩以上 Logistic 回归估计结果

变量	总体样本	10 亩以下	10 亩以上
年龄	−0.070 2***	−0.051 9***	−0.090 2***
	(0.077 1)	(0.123)	(0.077 1)

（续）

变量	总体样本	10 亩以下	10 亩以上
性别	0.080 8	0.072 4	0.090 8
	(0.089 4)	(0.075 9)	(0.089 4)
受教育程度	0.024 6	0.020 6	0.031 8
	(0.023 1)	(0.025 3)	(0.034 1)
健康状况（好）	−0.045 8	−0.032 5	−0.052 7
	(0.040 2)	(0.031 7)	(0.052 1)
健康状况（一般）	−0.075 1	−0.063 7	−0.082 1
	(0.070 8)	(0.059 1)	(0.085 3)
健康状况（差）	−0.872 1***	−0.623 2***	−0.934 3***
	(0.075 8)	(0.055 2)	(0.088 3)
健康状况（非常差）	−0.830 1***	−0.716 4***	−0.954 6***
	(0.089 2)	(0.063 1)	(0.055 4)
非农收入占比	−0.107**	−0.127***	−0.079 1*
	(0.052 1)	(0.031 4)	(0.072 2)
家庭劳动力占比	0.215 7*	0.283 8**	0.183 2
	(0.124 9)	(0.110 1)	(0.167 4)
是否了解玉米收储制度改革	0.093 2**	0.087 4**	0.112 3**
	(0.035 4)	(0.043 2)	(0.056 2)
玉米种植面积	0.050 8***	0.042 4***	0.070 8***
	(0.029 4)	(0.015 9)	(0.019 4)
玉米市场价格	−0.175 4***	−0.134 3***	−0.219 2***
	(0.014 3)	(0.043 2)	(0.032 1)
玉米的补贴金额	−0.063 5**	−0.081 3**	−0.055 4**
	(0.023 1)	(0.022 1)	(0.032 5)
玉米生产成本	0.165 5***	0.113 6***	0.183 9***
	(0.028 7)	(0.027 3)	(0.039 4)
玉米技术培训	0.032 5	0.037 8	0.046 1
	(0.156 4)	(0.236 4)	(0.128 6)
对玉米生产者补贴制度的满意程度	0.073 1	0.089 3	0.063 1
	(0.354)	(0.435)	(0.237)
对玉米生产者补贴标准的满意程度	−0.175 4***	−0.134 3***	−0.219 2***
	(0.014 3)	(0.043 2)	(0.032 1)

注：***、**、 * 分别表示在 10%、5% 和 1% 的水平上显著。

　　根据表 13 给出各个样本下农户玉米种植结构各影响因素系数和显著性可知：

　　① 农户个人特征对玉米种植结构调整的影响。年龄回归系数为负，并且在 1% 显著水平下通过显著性检验，说明户主年龄越小，其调整玉米种植结构的可能性越高；而年龄越大对调整玉米种植结构持谨慎态度，其调整的可能性越小。10 亩以上的较大规模农户的系数比 10 亩以下的较小规模农户的系数小，说明同样年龄的人在 10 亩以上的较大规模农户组调整玉米种植结构的可能性比在 10 亩以下较小规模农户组的可能性高。性别的系数为正，但没有通过显著性检验，说明性别对玉米种植结构调整没有显著影响，造成这种状况的主要原因是，在农村中，很多青年和中年男性都外出打工，家中留下一般是妇女和老人，所以性别对调整玉米种植结构没有显著性影响。受教育程度系数为正，也没有通过显著性检验，说明受教育程度对玉米种植结构调整也没有显著影响，这主要是农村学历高的人数量有限，大多数人的文化程度都是小学及以下，所以受教育程度对调整玉米种植结构也没有显著性影响。健康状况对调整玉米种植结构有显著性影响，健康状况（好）和健康状况（一般）的农户调整玉米种植结构的可能性与健康状况（非常好）的农民没有显著性差别，即这三种健康状况的农户调整玉米种植结构的可能性相同，但是健康状况（差）和健康状况（非常差）的系数为负，且在 1% 显著性水平下，通过显著性检验，说明这两种健康状况的农户调整玉米种植结构的可能性比前面三种健康状况比较好的农户小，即农户健康状况越好，调整玉米种植结构的可能性越高，反之越低。

　　② 农户家庭状况对玉米种植结构调整的影响。非农收入占比系数为负，并且在 10% 显著性水平下通过显著性检验，说明在农户家庭中，非农业收入占总收入比重越大时，其调整玉米种植结构的可能性越小，主要是农户把主要精力放在非农业创收中，不太在意农业种植。其中，对 10 亩以下的较小规模农户影响较大，而对 10 亩以上的较大规模农户影响较小。家庭劳动力占比对总体农户和 10 亩以下的较小规模农户调整玉米种植结构的影响为正，并且在 10% 显著性水平下，通过显著性检验。这说明家庭劳动力越多，对小规模农户而言，调整玉米种植面积的可能性越大，而对于大规模农户而言，影响不大，这主要是因为对于小规模生产者而言，玉米种植需要耗费大量人力物力，但是其玉米收入却相对不高，因此，小规模家庭如果劳动力较为充足，则会选择其他经济作物种植，从而调整玉米的种植结构。而较大规模农户粮食生产的机械化程度相对较高，导致家庭劳动力占比对其种植决策的影响并不显著。是否了解玉米收储制度改革的系数为正，并且在 5% 显著性水平下，通过显著性检

验，说明农户越了解收储制度的具体内容，越会主动调整玉米种植结构。

③ 农户玉米生产特征对玉米种植结构调整的影响。玉米种植面积的回归系数为正，并且通过了 5% 的显著性检验，说明越大规模的玉米种植农户越倾向于降低玉米播种面积。尤其是玉米价格大幅下跌的市场环境下，多数农户选择大豆等替代作物代替玉米种植。玉米市场价格的系数为负，在 5% 的显著性水平下，也通过了显著性检验，说明玉米市场价格越低，农户越倾向于调整玉米种植结构，将玉米换成其他经济作物。玉米补贴金额的系数为负，在 5% 显著性水平下，也通过了显著性检验，说明玉米补贴金额越低，农户越倾向于调整玉米种植结构，反之，可能会增加玉米种植面积。玉米生产成本的系数为正，也通过了显著性检验，说明玉米生产成本越高，农户越倾向于调整玉米种植结构。玉米培训技术系数为正，但没有通过显著性检验，说明玉米培训技术对玉米种植结构调整没有显著影响。

④ 农户对政策满意程度对玉米种植结构调整的影响。对玉米生产者补贴制度的满意程度系数为正，但没有通过显著性检验，说明农户对玉米生产者补贴制度的满意程度对农户调整玉米种植结构没有显著影响。对玉米生产者补贴标准的满意程度的系数为负，并且在 5% 的显著性水平下，通过显著性检验，说明农户对玉米生产者补贴标准满意程度越低，农户调整玉米种植结构的可能性越大。总体样本农户和不同规模的农户对玉米补贴标准的满意度会影响其调整玉米种植结构，农户对政府玉米补贴标准越不满意，其调整玉米种植结构的可能性越大。这主要是因为相对于补贴制度，农户更关心玉米的补贴标准，这是农户确确实实能够获得的利益，农户对政府玉米补贴越满意，说明他们认为利益客观，就不会减少玉米种植面积，会维持现状，相反如果对政府补贴制度不满意，则会调整玉米种植面积。

4. 研究结果

通过分析可知，玉米种植结构调整主要受到农户年龄、农户健康状况、家庭非农收入占比、家庭劳动力占比、农户是否了解玉米收储制度改革、玉米种植面积、玉米市场价格、玉米补贴金额、玉米生产成本和对玉米生产者补贴标准的满意程度等因素的影响。农户年龄越小，调整玉米种植结构的可能性越大，大规模农户比小规模农户更有这种趋势。农户身体越健康，其调整玉米种植结构的可能性越大，反之越小。家庭非农收入占比越大，调整玉米种植结构的可能性越小，在小规模农户家庭尤为明显。家庭劳动力占比对小规模农户调整玉米种植结构有积极作用，而对大规模农户没有明显的影响。农户对收储制度越了解，其调整玉米种植面积的可能性越大。玉米销售价格越低，农户越倾向于调整玉米种植结构；认为玉米销售价格偏低、对政府玉米补贴价格越不满意的农户，越倾向于调整玉米种植结构。对于不同规模农户，影响其种植决策的因素存在差异。对于种植面积在 10 亩以下的小规模农户而言，其种植决策由种粮补贴的多少显著影响，但对于种植面积在 10 亩以上的较大规模农户来说，他们的种植决策更多地受玉米市场销售价格的影响，也就是说大规模农户相较于小规模农户来说更注重玉米的市场因素。在实际调研和模型分析结果中能够发现，即便东北四省区调整玉米种植结构以来还相应地实行了玉米生产者补贴制度以减少农户收入的降低，但由于玉米的市场价格明显降低、玉米销售困难等多种因素的影响，无论何种规模农户预期均普遍倾向于减少玉米播种面积。

四、黑龙江省玉米种植结构调整的对策建议①

（一）增多补贴形式维护农户权益

现行的玉米生产者补贴在一定程度上降低了农户的损失，但并不是提高农民收益、降低玉米库存的根本解决方案。玉米生产者补贴和玉米深加工企业补贴取得了一定的成效，促进了市场机制发挥作用，并且能够提升玉米加工和转化的积极性。但是，国家仍然承担着补贴的压力，市场的引导作用没有完全体现。东北地区在临储政策取消、执行"价补分离"政策实施后，国产玉米成交价格下跌，玉米产业下游包括加工企业、饲料加工等环节利益增加，农户种植玉米的收入锐减。在激活下游需求消化库存的同时也带来产业链利润分配不均等问题。在此情况下，丰富补贴形式和手段，增加对玉米产业的补贴力度，特别是对东北地区具有比较优势的地区增加补贴，从种植生产的器械、种子、化肥等方面加强对生产者的补贴，维护农户的利益。结合种植结构调整的幅度调整补贴种类。均衡生产环节和加工环节的补贴带来的利润分配格局。

（二）发挥地区优势引导种养结合模式

畜牧业作为东北地区第二大农业经济产业，同时是消化玉米存量的主要渠道。充分发挥东北地区畜牧业优势，通过扶持畜牧业发展，引导种养结合模式，从而实现玉米结构调整、消化玉米的库存。首先，细化畜牧业补贴细则激活畜牧业需求。结合东北地区畜牧业发展指导方针基础上，结合优势地区的具体情况以及市场需求，制定不同养殖规模的补贴细则，鼓励规模化养殖同时鼓

---

① 摘自《现代农业生物技术应用的经济影响与风险研究》第十一章，科学出版社，2019 年 10月，作者是崔宁波、张正岩。

励中小农户参与到畜牧业中。其次，创新种养结合模式。东北地区具备种植养殖的资源禀赋。结合区域优势、农民经验和意愿、金融环境、种植养殖的技术水平等因素，在东北各地区探索种养的结构调整。鼓励良种繁育、种植、饲料加工、销售和畜牧采购、销售等多个主体的配合模式。再次，增加对种养结合模式的补贴，尤其是增加对青贮玉米、苜蓿等可用作饲料的种植补贴，通过补贴和强化需求引导玉米结构调整，消化玉米库存，实现种养结合统筹发展。

（三）鼓励玉米下游产业链深度发展

东北地区作为玉米的主产区，下游深加工企业的主体产品主要体现于向淀粉、乙醇等初级产品的转化。临储政策取消后玉米价格大幅度降低，降低玉米产业链下游企业的经营成本，提高了利润空间。为东北地区玉米产业下游企业带来升级转型机会，应大力鼓励玉米产业链下游深度发展。首先，应增加对生产燃料乙醇等有很大市场潜力的玉米加工企业的补贴力度。对于传统淀粉等加工企业的补贴仅能短时间内恢复开工率，增加玉米采购量。而对有市场潜力的加工品增加补贴对消化玉米库存更有长效作用。比如工业消费中的燃料乙醇有望成为提振玉米消费的增长点。国家发改委提出扩大生物燃料乙醇的生产，计划到 2020 年全面推广车用乙醇汽油。巨大的市场潜力带来的是对玉米的长期需求，所以应该加大对玉米深加工企业和有市场潜力的加工企业的补贴和引导。其次，支持企业产品深度研发，不仅仅是通过补贴来给下游加工企业以输血的方式进行扶持，应该通过政策引导玉米产业的深度研发，鼓励和支持玉米加工企业在产品研发上的投入，以此来推动玉米产业链的深度拉伸，从而引导玉米种植结构调整和去库存，以及提高企业承受市场风险的能力。

（四）强化科技对玉米种植结构调整的支撑

科技一直以来都是国家层面持续推进的，科技的力量发挥在所有行业，对农业尤其如此。无论是农业科研还是农业社会化服务体系都需要加强，通过科技来支撑玉米种植结构调整。首先，加大玉米替代品种及种植技术等的研发力度。根据宏观政策和下游市场需求，对玉米细分品种中的饲料玉米或者青贮玉米品种和技术加大研发力度；对适合与玉米轮作的豆类产品的品种和技术的研发加大力度，以及花生和苜蓿等替代品的品种和技术的研发，都需要深化科技的支撑力量，为优化种植结构提供支撑。其次，增强农业技术的培训和农业技术的咨询。打破传统培训和咨询的局限，拓宽培训手段，增加远程培训等手段。丰富培训内容，补充市场信息的及时传递和种植养殖等相关性知识的培训。结合农民特征尤其是新型农业经营主体，有计划地提供培训咨询等服务，优化其生产能力和经营模式。再次，加大力度培养专业化的农业服务主体。针对玉米种植结构调整过程中可能会涉及的各类需求，引导更多非农资本进入农业服务领域。通过非农业类的社会资本来补充现有服务的不足，包括种子、植保、肥料、农机等常规的农业服务主体，以及物流、市场信息、融资贷款和农业保险等种植过程中涉及的所有环节的服务主体，从而有效支撑玉米结构调整。

（五）强化对替代品大豆产业的支持

随着供给侧结构性改革的逐步深入，以及东北地区玉米种植结构的调整，东北地区的大豆种植信心逐渐恢复，种植面积也呈现恢复性增长。大豆在东北玉米种植的非优势产区中对玉米种植有很强的替代性。强化对玉米替代品的大豆产业支持将有效引导种植结构调整。首先，增加对种植大豆的农户的补贴力度，满足其对大豆种植的心理预期和玉米价格下跌带来的损失，才能减缓东北农民对玉米种植的依赖性，调动其调整种植结构的积极性。其次，增加对大豆下游产业的扶持力度。大豆产业的竞争，不仅是市场与品牌的竞争，更是全产业链条的整体竞争。进口大豆对国内大豆的冲击十分严重，东北作为主产区尤其需要振兴，加工企业作为大豆产业链的核心，唯有在资金和技术等方面大力扶持，才能调动国内大豆的种植生产积极性，提高竞争力，引导种植结构调整。

项目负责人：崔宁波
主要参加人：刘家富、张曲薇、姜兴睿、董晋、于尊、范月圆等

黑龙江省农村小型金融组织与中小企业共生关系研究[*]

李 玉　　王吉恒

　　黑龙江省是我国重要的粮食生产基地。随着农村经济改革的不断深化，黑龙江省农村中小企业已成为推动黑龙江省农村经济发展的重要组成部分。但目前黑龙江省农村中小企业资金短缺，融资难问题一直没有得到有效解决，这严重阻碍了中小企业的发展。黑龙江省政府也高度重视农村金融工作，引导各类农村金融供给主体贯彻落实财政金融等支农惠农政策，积极推进包括农信社改制、设立新型农村金融机构等一系列重要改革。新型农村金融机构的出现，使农村金融市场的竞争程度和运行效率大大提高。但由于农村小型金融组织和中小企业所面临的制度环境不断变迁，二者的耦合关系也逐渐变异与不规范：农村小型金融组织与中小企业的分配机制也越来越市场化，二者依存度不断地弱化。农村小型金融组织与当地中小企业关系的紊乱导致许多正规的小型金融组织难以实现商业化运作和可持续发展，服务对象发生偏移，农村中小企业仍面临融资困境和金融排斥。因此，只有建立黑龙江省农村小型金融组织与中小企业有序和谐的共生关系，才能推动黑龙江省农村经济的蓬勃发展。

一、相关概念的界定与本研究的基本理论

（一）相关概念的界定

　　本研究主要从独立性、经营范围、经营规模三个方面来界定农村小型金融组织，即经营规模明显小于大中型金融组织，经营范围在一定的地域之内，如以县域或县域中的部分乡村为其经营范围，具有较高自主决策权的农村金融组织，包括村镇银行、贷款公司、农村资金互助社、农村信用合作社、农村合作银行、农村商业银行等。在我国农村小型金融组织中，最典型的便是村镇银

---

　　* 黑龙江省哲学社会科学研究规划项目（项目编号：15JYB06）。

　　项目负责人为李玉副教授，主要参加人员有王吉恒、王磊、王敏、顾福珍、赵丽娟等。

· 243 ·

行。我国农村小型金融组织主要具有以下几个特点。

第一，立足于县域经济，经营范围本地化。农村小型金融组织的资金主要来源于当地，资金也主要面向地方投入，以满足地区内的金融需求为目标。这种服务地方的特点避免了大型金融机构的虹吸现象，有利于县域经济的发展。

第二，经营规模小型化，组织灵活。与多层级的跨区域经营的大型金融机构相比，农村小型金融组织的资产规模和负债规模通常只相当于城市商业银行的一个支行。

第三，小型金融组织立足县域，很容易获取区域内的企业和居民的信息，信息沟通比较对称。此外，小型金融组织可以针对当地的金融需求，开发新的金融产品，制定灵活的经营策略。

中小企业的界定按 2011 年 6 月工信部等四部门发布的《中小企业划型标准规定》要求，根据企业从业人员、营业收入、资产总额等指标并结合行业特点，采用复合定量标准进行界定。

（二）共生理论

1. 共生的三要素及其关系

"共生"是指不同种属的生物基于彼此的特性按照某种物质联系生活在一起。共生系统通常包括三个要素，共生单元（D）、共生模式（S）和共生环境（H）。

在共生体中，能量生产的基本单位和交换单位是共生单元，它的特性主要是由象参量和质参量决定的，对共生单元的性质起主要决定作用的是主质参量。共生模式是共生单元之间相互作用或结合的形式或状态。共生环境是共生单元以外的所有因素的总和。共生环境对共生体的影响可能是正向、中性或是反向的。当然，共生体对共生环境也会产生一定的影响。共生体与共生环境的组合关系会在不同的时间和空间条件下改变。如果环境发生变化或者共生体自身变化，那么共生单元之间就可能产生新的组合关系。

2. 共生的形成条件

以单元 M 和单元 N 的二维共生为例，共生的产生需要同时满足以下五个条件：①候选共生单元 M 和 N 之间至少有一组质参量兼容，即：$Z_M = f(Z_N)$ 或者 $Z_N = \phi(Z_M)$；②M、N 两个候选共生单元可以在同一共生界面自主活动；③共生单元之间的同质度（用来表示同类同代共生单元所有质参量相同的比率）、亲近度（表示同类异代共生单元之间的关系，即共生单元对一组共同的始祖特征占有的程度）和关联度（用来刻画异类共生单元的质参量之间的关系）应不小于各自的某一临界值；④共生单元通过相互作用能够产生共生净能量，即二者存在能量函数关系 $E_J = f_s$（Z_M^S，Z_N^S，θ_{MN}，λ，ρ_{SM}，ρ_{SN}，η_{SM}，η_{SN}），E_J 为通过相互作用新增的共生能量（$E_J > 0$）；⑤信息丰度达到临界值。在既定的时空条件中，共生单元 M 和 N 都已掌握对方一定的信息量。如果将对方全部信息的占有程度定义为信息丰度 D_{MN} 或 D_{NM}，D_{OMN} 和 D_{ONM} 分别为临界信息丰度，且存在 $D_{OMN} \geq D_{MN}$ 且 $D_{MN} \geq D_{ONM}$。

3. 共生的模式类型及其比较

在共生体系中，存在以下四种组织模式，如下表1。

表 1　四种共生组织模式简要比较

	点共生	间歇共生	连续共生	一体化共生
概念	共生单元在某一时刻只在某一方面相互作用一次；共生不稳定，具有随机性	共生单元在某几方面间隔性的多次相互作用；共生较不稳定，具随机性	共生单元在一封闭时间内多方面连续相互作用；共生具有较稳定性和必然性	共生单元在一封闭时间内全方位相互作用，能形成独立共生体；共生具有稳定性和必然性
共生界面特征	界面随机生成，不稳定；介质单一；专一性低	界面既随机也必然，较不稳定；介质较少；专一性较低	界面有选择性地必然生成，较稳定；介质多样互补；均衡时专一性较高	界面按某方向必然生成，稳定；介质多样，存在特征介质；均衡时专一性较高
共同进化特征	单方面交流；事后分工；无主导共生界面；共同进化性不明显	少数方面交流事中、后分工；无主导共生界面；共同进化性较明显	多方面交流；事中、后分工；有可能形成主导共生界面和支配介质；共同进化性较强	全方位交涉；事前、全线分工；能形成稳定的主导共生界面和支配介质；共同进化作用很强

共生单元的四种行为模式比较如下表2。

表 2　四种共生行为模式简要比较

	寄生	偏利共生	非对称性互惠共生	对称性互惠共生
共生单元特征	形态存在明显差异；异类单元单向联系；同类单元亲近度较高	形态方差可以较大；异类单元双向关联；同类单元亲近度较高	形态方差较小；异类单元双向关联；同类单元亲近度差异明显	形态方差接近于零；异类单元双向关联；同类单元亲近度相同或接近
共生能量特征	不产生新能量；能量由寄主向寄生者转移	产生新能量；新能量只分配给一方，不能广普分配	产生新能量；新能量按非对称机制广普分配	产生新能量；新能量按对称机制广普分配

（续）

	寄生	偏利共生	非对称性互惠共生	对称性互惠共生
共生作用特征	可能对寄主无害；双向单边交流；有利于寄生者而不利于寄主进化	对单方有利；双边交流；有利于获利方进化，无补偿机制时对非获利方进化不利	广普进化；存在双向双边和多向多边交流；有利于双方或多方进化但非同步	广普进化；存在双边和多边交流机制；双方或多方进化具有同步性

　　共生的组织模式和行为模式并不是一成不变的，行为模式的变化有时也会引起组织模式的变化。如果将以四种组织模式和四种行为模式结合起来，就可以得到共生系统的 16 种状态，用 M 表示组织模式向量，用 X 表示行为模式向量，则 $S(M，X)$ 表示系统状态向量，则共生的组合如表 3 所示。

表 3　共生系统状态示意表

共生模式	点共生 M_1	间歇共生 M_2	连续共生 M_3	一体化共生 M_4
寄生 X_1	$S_{11}(M_1，X_1)$	$S_{21}(M_2，X_1)$	$S_{31}(M_3，X_1)$	$S_{41}(M_4，X_1)$
偏利共生 X_2	$S_{12}(M_1，X_2)$	$S_{22}(M_2，X_2)$	$S_{32}(M_3，X_2)$	$S_{42}(M_4，X_2)$
非对称性互惠共生 X_3	$S_{13}(M_1，X_3)$	$S_{23}(M_2，X_3)$	$S_{33}(M_3，X_3)$	$S_{43}(M_4，X_3)$
对称性互惠共生 X_4	$S_{14}(M_1，X_4)$	$S_{24}(M_2，X_4)$	$S_{34}(M_3，X_4)$	$S_{44}(M_4，X_4)$

　　由表 3 可知，共生系统状态变化呈现两个方向：一是组织化程逐渐提高；二是能量对称性分配能力提高。这两个方向也代表共生体系进化的两个方向。M 表示向一体化共生进化，X 表示向对称性互惠共生进化。在 M 或 X 方向上的一种状态变化可称为 M 相变或 X 相变，而在两个方向同时发生的状态变化称为混合相变。

（三）运用共生理论研究金融组织与企业关系具有可行性

　　本研究运用系统论的观点将黑龙江省农村小型金融组织与中小企业作为一个整体系统进行研究。农村小型金融组织与中小企业之间的关系本质上是一种银企系统。而银企关系本身又是一种共生关系。在本研究中，银企关系的本质是农村中小企业缺乏资金，农村居民是资金的供给者，他们将闲置的资金存入小型金融组织，又由农村小型金融组织担当资金供需的中介，将资金提供给中小企业。

　　农村小型金融组织与中小企业之间具有存续性的物质联系，这种联系表现为一种融资关系。村镇银行等农村小型金融组织把货币作为经营商品，当地中小企业是其主要的客户群，村镇银行为中小企业融通资金，如果失去中小企业这些客户，农村小型金融组织将无法经营。而中小企业的生产需要资金，当内源性融资无法满足企业的发展需要时，农村中小企业就要依赖于当地的小型金融组织的帮助，因此二者相辅相成，形成了经济学上的共生关系。那么，我们就可以运用共生理论来研究这一系统中的状态和规律。

二、黑龙江省农村小型金融组织与农村中小企业的共生机理

目前，黑龙江省农村地区金融供给仍以大型金融机构为主导，农村中小企业维持经营发展所需的资金还不能得到充分满足。黑龙江省地大物博，不同农村地区经济发展程度不同，农村小型金融组织与中小企业的共生形态也千差万别。但肯定的是，完善农村小型金融组织与中小企业的共生关系是改变中小企业融资困境的关键一环。

（一）黑龙江省农村小型金融组织与农村中小企业共生的必要条件

在黑龙江省农村地区地域广阔，农村金融共生系统中共生单元众多。各类农村小型金融组织，例如村镇银行、贷款公司、农村资金互助社、农村信用合作社、农村合作银行、农村商业银行等能否与当地的中小企业形成共生关系，主要取决于它们的质参量是否兼容。通过前面的分析可知，共生单元在选择共生伙伴时，是要遵循一定规律的。在信息识别的过程中，共生单元的信息丰度不断增加，共生单元将在一系列候选共生单元中选择能力最强、与自身匹配性最好，并最有利于自己能力提高的共生单元作为共生对象。因此共生条件的研究可以使我们更加清楚地认识共生的原动力，为农村小型金融组织与中小企业和谐共生提供依据。

1. 存在相互兼容的质参量

基于农村小型金融组织与中小企业的金融供需关系，二者之间存在着以资金为媒介的存续性联系。

我们把中小企业表示为 X，其质参量表示为 Z。那么 X 是由一系列反映中小企业特征的指标体系 Z_{X1}，Z_{X2}，$\cdots$，Z_{Xi} 刻画的，即 X_Z（Z_{X1}，Z_{X2}，$\cdots$，Z_{Xi}）；我们把农村小型金融组织表示为 C，其质参量同样也用 Z 表示，那么 C 是由一系列反映农村小型金融组织特征的指标体系 Z_{C1}，Z_{C2}，$\cdots$，Z_{Ci} 刻画的，即 C_Z（Z_{C1}，Z_{C2}，$\cdots$，Z_{Ci}）。中小企业与农村小型金融组织要想形成共生关系，至少要满足一个 $Z_{Xi}=f$（Z_{Ci}）或者 $Z_{Ci}=¢$（Z_{Xi}）。下面，我们用劳动力、资金、企业产品来表示中小企业的质参量，用企业信息、借入资金和贷出资金

来表示村镇银行的质参量，如表 4 所示。

表 4　中小企业与村镇银行的质参量

项目	中小企业质参量	村镇银行质参量
投入指标	Z_{X1}（劳动力）	Z_{C1}（企业信息）
	Z_{X2}（资金）	Z_{C2}（借入资金）
产出指标	Z_{X3}（企业产品）	Z_{C3}（贷出资金）

在表 4 中，资金供给者是村镇银行，它向中小企业这个资金需求者发放贷款。而中小企业则利用村镇银行发放的贷款，进行生产并创造出更多的能量，即社会价值。可以说，村镇银行的质参量 Z_{C3} 与中小企业的质参量 Z_{X2} 发生交换，即 $Z_{C3}=f（Z_{X2}）$。村镇银行依据中小企业的信用、生产情况等相关信息决定贷款对象及贷款额度，而这些信息对于中小企业是产出，而对于村镇银行则是输入，表示为 $Z_{C1}=\phi（Z_{X3}）$，村镇银行通过发放贷款获得利息收入，成为其主要利润来源，同时也实现了社会资源的合理配置。综上，村镇银行等农村小型金融组织与当地中小企业的特性决定了二者的主质参量是兼容的。

2. 具有时间和空间上的联系

上节分析过，共生单元在一定的时间和空间条件下，二者之间物质、信息和能量相互交流，这是共生关系形成的条件之一。在我国现阶段，小型金融组织地处农村地区，经营活动范围局限于一定的县域之内，农村中小企业的经营地点也处于农村，在农村市场活动是自由的，二者具有时间和地点的一致性。因此，农村小型金融组织与中小企业之间的物质、信息、能量交换具有时间和空间上的可能性。二者共生具备时空条件。

3. 共生度能够达到临界值

在共生体中，共生单元之间相互影响，衡量这种相互影响程度的指标就是共生度，共生度是共生关系形成的一个重要条件。共生单元在选择共生对象时，共生度是很重要的判断标准。大企业的资金需求具有资金多、期限长等特点，什么规模的银行能够提供大量而长期的资金，这个银行就与大企业的共生度较大。我们知道，小型金融组织，例如村镇银行，自身规模有限，吸存款能力较差，可贷资金较小，不能提供大银行那样的庞大长期资金，因此，小型金融组织与大企业的共生度达不到共生的临界值。而农村中小企业需要的资金量往往相对较少，期限较短，小型金融组织贷款的特点正好能够很好地与农村中小企业的资金需求相耦合，因此小型金融组织与农村中小企业的共生度比与大企业更容易达到临界值。此外，基于成本和效率的角度，小型金融组织对小企业的金融服务成本较低，效率较高，也促使了二者共生度的提高。

4. 能够产生共生净能量

在农村小型金融组织与中小企业的共生中，双方相互作用。小型金融组织开展贷款业务，发放贷款，到期赎回本金和利息，通过利息收入获取利润；而中小企业利用银行的资金，进行生产与再生产，通过卖出产品，取得经营收益。可以说，二者在借贷中通过相互的信息交流，使双方在信息累积中寻求最匹配的共生对象。双方通过交互作用，弥补了各自在发展中的不足，使得双方得到了各自在非共生情况下所不能得到的利益，即共生体产生了新的共生净能量。

5. 信息丰度能够达到临界值

在共生对象的筛选过程中，信息的积累十分重要。共生单元掌握的对方信息逐渐增多，即自身信息丰度的增大，逐渐筛选出适合自己的匹配性较好的共生单元作为共生对象。这种信息交流和对象选择是相互的，这种相互识别和认识的过程也是共生度逐渐提高的过程。在共生系统中，共生单元间的距离和共生单元的规模都直接影响到共生单元获取信息的难易程度。由于中小企业规模相对较小，具有一定的封闭性，因此获取它的信息的难度就较大。而大企业规模大，财务透明，信息开放，相对获取信息难度较小。此外，农村小型金融组织具有地缘性，与当地的中小型企业接触密切，因此获取企业的信息要比距离远的大型金融机构容易，信息丰度更容易达到临界值。

总之，农村小型金融组织与中小企业存在着天然的共生性与内在的和谐性。小型金融组织的发展为农村中小企业的成长提供源源不断的资金，而当地农村中小企业的壮大又有力地地支撑着小型金融组织的持续发展。他们在相互作用中实现双赢，和谐发展，共同壮大，最终朝着一个相互制约又相互依存的统一体进化。

（二）黑龙江省农村小型金融组织与农村中小企业共生关系的三要素

1. 共生单元——农村小型金融组织与中小企业

在农村小型金融组织与中小企业构成的共生系统中，双方通过信贷关系进行金融服务交流，一方面是金融供给者——农村小型金融组织；另一方面是金融需求者——农村中小企业。在二者的共生系统中，农村小型金融组织与中小企业是基本的能量生产和交换单位，是形成共生系统的基本物质条件，因此，农村小型金融组织与中小企业是共生系统中的共生单元。

村镇银行、贷款公司、农村资金互助社、农村信用合作社、农村合作银行、农村商业银行作为面向"三农"服务的农村小型金融组织，是具有独立财产，健全的组织机构和能够独立承担法律责任的市场主体。金融组织本身是经营货币商品的企业，而农村中小企业是经营普通商品的企业。因此，农村小型金融组织的主质参量就是贷款产品及数量，农村中小企业的主质参量就是产品和生产数量。

2. 农村小型金融组织与中小企业的共生模式

农村小型金融组织与中小企业相互交流和相互作用的方式就是他们的共生模式。共生模式既反映了它们相互作用的强度和方式，也反映了它们互相交流的具体形式。当然，农村小型金融组织与中小企业的共生模式随着它们自身性质特征的变化以及外部环境的变化而变化。衡量共生模式的指标有共生度、共生密度、共生维度以及共生寿命等。例如贷款数量与企业产品数量之间的影响程度、农村同一地域内农村小型金融组织的数量、中小企业的数量以及他们的数量比等都能够描述他们共生模式的特征。

3. 农村小型金融组织与中小企业的共生环境

共生模式的产生和发展要依赖于一定的环境，农村小型金融组织与中小企业的共生环境也不例外。共生环境是共生体之外所有因素的总和。其中，在金融共生中，最重要的环境因素是经济制度环境，它是否合理直接影响着共生系统进化的方向和速度。当然，不同的环境对共生体系的影响程度也有所不同，可能是主要影响，也可能是次要影响，或是直接影响，或是间接影响。在我国，经济法律制度环境也是影响农村小型金融组织与中小企业共生的主要因素，例如各种金融法律、政策的制定、实施的效果等。社会信用环境以及监管机制等因素都会影响到农村小型金融组织与中小企业的共生状态。

三、黑龙江省农村小型金融组织与中小企业共生状态的量化测评——以村镇银行为例

本研究将运用共生理论中关于共生模式的二维向量状态空间分析方法对黑龙江省农村小型金融组织与中小企业共生关系进行实证研究。在黑龙江省农村地区，由于村镇银行是我国鼓励发展也是最具代表意义的新型农村小型金融组织，因此本部分将以村镇银行为例，将共生理论的概念性表述转化成测评定义和量化识别公式，构建村镇银行与中小企业共生状态的测评模型。其目的在于：第一，在一定的共生环境下，为共生对象的选择提供依据；第二，为已有的共生关系的改善提供参考依据。为达到以上两个目的，需要解决以下两个问题：第一，对共生状态，即共生组织模式和行为模式进行量化识别；第二，提出研究命题。

（一）小型金融组织与中小企业共生状态的量化测评模型

1. 测评维度与参数

（1）利益（共生能量）分配维度。利益分配维度是测评村镇银行与中小企业共生状态的核心，我们用分配系数 K 和非对称性水平参数 α 作为衡量此维度的参数。

分配系数 K 是共生单元从共生体中获取的利益与它所耗用资源的比值，即投入产出的效率。在村镇银行 A 和中小企业 B 为共生单元的共生中，E_S 表示共生能量，即利润，那么 $E_S = E_{Sa} + E_{Sb}$，用 E_C 表示损耗的资源，即被占用的资本，则 $E_C = E_{Ca} + E_{Cb}$。那么村镇银行 A 和中小企业 B 的分配系数 K 分别是：

$$K_a = \frac{E_{Sa}}{E_{Ca}} \qquad\qquad (1)$$

$$K_b = \frac{E_{Sb}}{E_{Cb}} \qquad\qquad (2)$$

令 $K_{a\min}$、$K_{b\min}$ 分别为维持共生关系最低临界分配系数，S 表示状态，则当 $K_a(S) \geqslant K_{a\min}$ 且 $K_b(S) \geqslant K_{b\min}$ 时，A 与 B 共生关系成立。

设 K_{Sm} 为对共生单元 A 村镇银行和共生单元 B 中小企业均具有理想激励效果的分配系数（实践中 K_{Sm} 应参考系统中的优秀水平取值，本研究选取 2015—2017 年这 3 年的我国上市公司股本收益率优秀值的平均值 38.7% 作为理想分配系数，即 $K_{Sm} = 37.7\%$），在 K_{Sm} 下，共生单元对称分享共生能量，这种分配机制对共生体的激励效果最为理想。而实际的共生往往偏离理想状态，所以 K_{Si} 并不等于 K_{Sm}，因此我们引入非对称分配因子 α，来表达共生单元分配系数相对理性激励水平的偏离情况，即

$$\alpha = \frac{\sum\limits_{i=1}^{n} K_{Si}}{n K_{Sm}} - 1$$

若 $K_{Si} = K_{Sm}$，则 $\alpha = 0$，共生系统称为对称分配，则

$$K_1 = (1 + \alpha) K_{Sm} \qquad\qquad (3)$$

当共生系统实现对称分配时，表明共生利益或能量均衡地分配给共生单元，这时共生系统产生的利益回报率也达到最优的状态。

$E_{Sa} =$ 利息收入 —（资金成本＋经营成本＋风险成本）

$E_{Ca} =$ 经济资本占用

$E_{Sb} =$ 企业税后净利润

$E_{Cb} =$ 所有者权益占用

由上述公式，可以计算出村镇银行与中小企业各自的 K 和 α。

在市场经济条件下，村镇银行与中小企业共生的最低临界分配系数 $K_{\min} \geqslant$ 0。当 $K < 0$ 时，二者关系在市场环境下是无法长久维持的。

(2) 市场准入维度。 在共生体内的单位空间中，无论是同类共生单元还是异类共生单元，数量都不可无限增多。共生单元数量的增加虽然能够产生更多的共生能量，但也会耗损更多的资源。我们用 $M\eta_S$ 表示边际共生维度能量，用 $M\eta_C$ 表示边际共生维度损耗，如下：

$$M\eta_S = \frac{\partial E_S}{\partial \eta_S} \tag{4}$$

$$M\eta_C = \frac{\partial E_C}{\partial \eta_S} \tag{5}$$

$M\eta_S$ 和 $M\eta_C$ 分别表示增加一个单位维度所增加的共生能量和共生损耗。当共生维度均衡时，必须符合以下条件：

$$M\eta_S = M\eta_C = M\eta_E \tag{6}$$

边际密度共生能量和边际密度共生耗损分别为：

$$M\rho_S = \frac{\partial E_C}{\partial \rho_S} \tag{7}$$

$$M\rho_C = \frac{\partial E_S}{\partial \rho_S} \tag{8}$$

它们表示每增加一个单位密度所增加的共生能量和耗损。因此，共生密度的均衡条件是：

$$M\rho_S = M\rho_C = M\rho_E \tag{9}$$

在本研究中，我们用市场化率 M，$M \in [0, 1]$，来反映村镇银行和中小企业关系中的共生维度和共生密度。当市场实行完全的准入规则时，$M = 1$，如果是完全的非市场准入规则，那么 $M = 0$。

在不同国家的不同时期，市场化率 M 具有较大差别，这一差别会促进或阻碍金融机构与企业之间的共生关系。当然，企业与金融机构的共生状态也会对市场化率 M 产生一定的反作用。

(3) 信息占有维度。 在一定的时间和空间条件下，共生单元 A 和共生单元 B 互相掌握着对方一定的信息，我们用信息丰度 D，$D \in [0, 1]$ 来表示，那么 D_{ab} 或 D_{ba}，就定义为自己掌握的信息占对方全部信息的程度，例如：

$$D_{ab} = \frac{D_b}{D_{mb}} \tag{10}$$

式中 D_{ab} 为 A 对于 B 的信息丰度，D_b 为 A 占有的关于 B 的全部信息，D_{mb} 为 B 包含的全部信息。

村镇银行与中小企业的贷款交易只有在 D 满足最低临界要求的时候才能

进行。令 D_{OAB}、D_{OBA} 分别为交易发生的临界信息丰度，S_1 表示状态 1，S_2 表示状态 2，D_{ab} (S) 表示状态 S 时的信息丰度，则满足

$$D_{ab}（S）\geqslant D_{OAB}, \ D_{ba}（S）\geqslant D_{OBA}$$

双方共生关系成立。而当 D_{ab} (S_1) $\geqslant D_{ab}$ (S_2) 时，我们称之为共生的信息丰度改进。

（4）阻尼特征维度。 共生单元的交流要通过共生界面发生，共生界面的特征对共生单元的交流会产生一定的影响。我们用阻尼系数 λ（$0 \leqslant \lambda \leqslant +\infty$）来表示共生界面交流的阻力。当共生单元接触的渠道和面积较大时，交流阻力较小，这时阻尼系数 $\lambda \rightarrow 0$。当界面阻力小到任何交流都可以随意发生时，$\lambda = 0$。相反，当共生单元交流的渠道很少，接触面积很小，则共生单元交流的阻力就很大，甚至大到无法交流，这时 $\lambda = +\infty$。

在村镇银行与中小企业的共生关系中，阻尼可包括风险损失阻尼和交易费用阻尼。因此 λ 可以表示为：

$$\lambda =（\lambda_r + \lambda_t） \qquad (11)$$

式中 λ_r 为风险损失阻尼系数，λ_t 为交易费用阻尼系数。令标准样本单元的阻尼系数为 λ_S，且 i 单元的阻尼系数为 λ_i，C 为非对称阻尼系数，则

$$\lambda_i =（1+C）\lambda_S \qquad (12)$$

2. 测评模型

基于上文的分析，结合村镇银行与中小企业共生所要达到的效用目标，我们建立村镇银行与中小企业共生测评与优化的模型可以表达为：

$$maxU = f（K, \ \alpha, \ D, \ M, \ \lambda） \qquad (13)$$

信息丰度约束：D（S）$\geqslant D_{OAB}$ 或者 D（S）$\geqslant D_{OBA}$

分配系数约束：K（S）$\geqslant K_{min}$

其中 U 为共生的效用。市场经济条件下，村镇银行与中小企业共生的主效用目标为 $maxU$。由于利益分配（能量传输）维度是测量村镇银行与中小企业共生的核心，因此二者共生测评模型可进一步简化为：

$$maxU = f（k, \ \alpha） \qquad (14)$$

3. 测评命题假设

为了检验共生测评模型分析村镇银行与中小企业关系的效用，根据以上的金融共生理论分析和相关部分可以量化的模型参数，本文试从以下四个角度提出村镇银行与中小企业共生关系的研究命题。

（1）共生模式状态。 组织模式方面，村镇银行与中小企业信贷关系的持续时间是衡量二者共生关系的重要变量。一方面，村镇银行等小型金融机构根植于地方，能够较容易和准确地获取中小企业的信息。小型金融机构通过与地方

中小企业长期合作，对企业的经营状况逐渐了解，可以最大程度消除信息不对称现象，提高融资效率；另一方面，长期的合作关系可以使银行减少管理环节、提高决策效率，简化贷款手续，从而大大地降低信贷交易的成本。

行为模式方面，村镇银行通过贷款使主营业务收入增加，而中小企业利用村镇银行放贷的资金，进行生产经营，获取经营收益。双方通过融资合作，满足了双方在各自发展中的需求，产生了各自在独立状态下所不能产生的共生能量，并且新能量在村镇银行与中小企业之间进行分配，使双方受益，由此村镇银行和中小企业形成利益共同体。

根据以上理论分析，本研究对村镇银行和中小企业共生模式的状态提出以下命题假设：

命题一：我国村镇银行与中小企业的共生模式状态空间以连续互惠共生为中心。

农村中小企业借贷金额小而分散，借贷成本较高，加之农业生产具有不确定性，导致农村中小企业还款率低，村镇银行借贷风险很高。高风险必然要求较高的利率回报，但村镇银行是专门为"三农"服务的具有一定政策性功能的金融机构，在相关制度的规范下，村镇银行的贷款利率只能在合理的范围内波动，利息收入可能不足以弥补风险损失，基于此提出假设：

命题二：村镇银行与中小企业的平均分配系数的非对称性不完全相同。

（2）企业经营规模。 在农村一定地域的中小企业中，经营规模相对较大的中小企业，首先，其财务制度相对规范，信息透明度相对更高，易使村镇银行的信息丰度增加；其次，其可以提供较多的抵押资产，能够有效地降低风险阻尼系数，而贷款额度随其经营规模和抵押品数量有所增加，从而使银行的单位贷款审查成本较少，从而使交易费用阻尼降低；最后，由于经营规模较大的企业融资能力相对于规模小的企业更强，因此能够成为银行优质客户，也有力地支撑村镇银行发展。基于分析，本研究提出假设：

命题三：企业经营规模对村镇银行的分配系数有正向作用。

（3）银行资产状况。 村镇银行是主要服务于"三农"的银行业金融机构。农户和农村中小企业是最需资金的弱势群体，村镇银行是他们最主要的资金供给者之一。村镇银行最主要的资金来源是吸收公众存款、企业的储蓄存款和同业拆借。农户和农村中小企业急需资金，很少有闲置资金存入村镇银行，这导致村镇银行吸储困难。目前，我国一些村镇银行的贷存比已超过监管红线，有的村镇银行甚至动用资本金发放贷款。因此，村镇银行的资产状况会直接影响村镇银行支持本地"三农"的力度。基于以上分析，提出假设：

命题四：银行资产状况对中小企业的分配系数有正向作用。

（4）经济发展程度。 上文分析过，共生环境会对共生单元的发展产生积极促进、平稳中性和消极抑制的影响。在现实中，一定地区范围内的经济环境、社会环境、政治环境是银企关系共生环境的主要组成部分。因此，黑龙江省不同的农村地区的经济发展状况、相关金融法律政策以及农村社会信用环境都应该对村镇银行和中小企业的共生产生很大的影响，而在诸多环境因素中，经济环境则居于首要地位。因此，提出研究假设：

命题五：经济发展程度对共生模式状态的改进具有正向作用。

（二）数据选取与说明

本研究的银行样本涵盖黑龙江省东宁县、杜尔伯特县、依安县、延寿县、集贤县、哈尔滨、巴彦县、海伦县、桦川县、五大连池市的 10 家村镇银行。并在以上 8 个地区采集 152 个样本企业，行业涉及加工制造业、服务业、建筑业、交通运输业等，数据时间为 2017 年末，关键变量描述性统计如下表 5。

表 5　关键变量描述性统计

单位：万元、年

指标	均值	方差	最小	25%	50%	75%	最大
企业资产总额	4 623.06	11 346 596	213	1 550.75	3 410.00	7 588.50	11 529
贷款关系年数	6.34	5.42	0.3	2.7	4.6	7.4	13.1
银行资产总额	63 942.1	629 917 419	21 091	45 511.75	66 205.5	81 279.5	106 639
城市 GDP	2 578.9	5 288 726.32	436	719.50	1 296.00	5 750.00	5 750

（三）实证检验与结果分析

本研究利用 SPSS17.0 进行数据分析，依次对上文提出的五个命题假设进行检验与对比。

1. 共生模式状态的检验

（1）我国村镇银行与中小企业的共生模式状态以连续互惠共生为中心，命题一成立。

表 6　样本银行与企业共生模式状态分布表

单位:%

户数占比	点共生	间歇共生	连续共生	合计
寄生	0.69	3.80	8.91	13.40
偏利共生	0.71	11.36	10.42	22.49
互惠共生	1.45	22.56	40.10	64.11
合计	2.85	37.72	59.43	100

在本研究中，我们设定：

点共生模式：信贷关系年数 $t \leqslant 1$ 年

间歇共生模式：信贷关系年数 $1 < t \leqslant 5$ 年

连续共生模式：信贷关系年数 $t > 5$ 年

寄生：$K_A < 0$，且 $K_B \leqslant 0$

偏利共生：$K_A \leqslant 0$ 且 $K_B > 0$ 或 $K_A > 0$ 且 $K_B \leqslant 0$

互惠共生：$K_A > 0$，且 $K_B > 0$

以上用共生状态矩阵表示为：

$$M = \begin{bmatrix} 0.69 & 3.80 & 8.91 \\ 0.71 & 11.36 & 10.42 \\ 1.54 & 22.56 & 40.10 \end{bmatrix}$$

表 6 显示，在行为模式和组织模式的组合中，连续共生模式占比 59.43%，互惠共生占比 64.11%，而连续互惠共生模式的综合占比最高，达到 40.10%。这一数据说明连续互惠共生是当前黑龙江省村镇银行与中小企业共生的主要模式，命题一得到支持。

（2）样本村镇银行与中小企业平均分配系数的非对称程度不等，命题二成立。

表 7　村镇银行和中小企业分配系数对比分布表

指标	均值	标准差	方差	最小	25%	50%	75%	最大
银行 K_A	−0.087 143	0.624 582 1	0.390	−3.651 1	−0.261 250	0.180 450	0.278 000	0.876 4
企业 K_B	0.095 581	0.187 520 3	0.035	−0.542 1	0.053 075	0.126 900	0.189 700	0.521 7

从表 7 分配系数的描述统计来看，村镇银行分配系数 K_A 的偏度为 −2.332；中小企业分配系数 K_B 的偏度为 −1.104，两个分配系数都小于 0，且都为左偏态。村镇银行分配系数 K_A 的全距和标准差都大于中小企业，这说明了相对于中小企业，村镇银行分配系数 K_A 的波动性较大，反映出村镇银行收益具有不稳定性。从村镇银行分配系数 K_A 的高度左偏态，以及均值明显小于其中位数的状态可以看出，中小企业客户的违约行为会对村镇银行的绩效产生较大影响，在这一状态下，村镇银行风险管理十分重要。

表 8　村镇银行和中小企业非对称系数分布表

指标	均值	标准差	方差	最小	25%	50%	75%	最大
银行 α_A	−1.260 17	1.557 262	2.425	−10.104 9	−1.796 85	−0.553 75	−0.310 700	0.567 3
企业 α_B	−0.743 098	0.470 374 6	0.221	−2.351 9	−0.863 850	−0.683 55	−0.528 025	0.614 0

从表 8 非对称系数的描述统计来看，银行非对称分配因子 α_A 的均值 -1.260 17 小于中小企业非对称分配因子 α_B 的均值 -0.743 098，这显示出共生利润向中小企业倾斜。说明我国现阶段的农村金融法律制度更有利于中小企业的发展。但是，村镇银行非对称分配因子 α_A 的全距为 10.672 2，中小企业非对称分配因子 α_B 的全距为 2.965 9，从数值的悬殊性可以看出，村镇银行的贷款收益远不如中小企业的经营收益稳定。

2. 企业经营规模与银行分配系数的相关性分析

企业经营规模对村镇银行的分配系数具有较弱的正向作用，命题三成立。

表 9　企业经营规模与村镇银行分配系数相关系数计算结果

		K_A
	Pearson 相关性	0.175*
	显著性（双侧）	0.041
企业资产总额	平方与叉积的和	43 219.238
	协方差	317.789
	N	152

注：* 表示在 0.05 水平（双侧）上显著相关。

中小企业经营规模（企业资产总额）与村镇银行分配系数的双侧显著性检验水平 $p < 0.05$，拒绝原假设，具有统计意义。其 Pearson 相关系数为 0.175，这一系数接近于 0.2，说明企业经营规模与银行分配系数存在较弱的正相关性，反映了企业的经营规模对银行收益的影响具有一定的正向作用（表 9）。可见，中小企业资产规模的壮大可以推动村镇银行效益的增加。

3. 银行资产状况对企业分配系数作用的对比检验

银行资产状况对中小企业的分配系数正向作用不显著，命题四未得到支持。

样本银行的资产状况对应的企业分配系数如下表 10 所示。

表 10　银行资产总额与企业分配系数排序对应表

单位：万元

银行资产排序	村镇银行资产总额	中小企业 K_B 均值	企业 K_B 均值排序
B_1	106 639	0.134 471	1
B_2	85 388	0.070 700	6
B_3	79 910	0.117 900	3
B_4	73 500	0.115 125	5
B_5	68 485	0.060 943	7

（续）

银行资产排序	村镇银行资产总额	中小企业 K_B 均值	企业 K_B 均值排序
B_6	63 926	0.129 531	2
B_7	57 565	0.117 227	4
B_8	49 565	−0.039 191	10
B_9	33 352	0.059 547	8
B_{10}	21 091	−0.058 450	9

从表 10 中可以看出，当按村镇银行的资产总额由多至少排序时，对应的企业分配系数均值却并没有依次减少。例如，村镇银行 B_2 的资产总额居于第二位，但其服务的中小企业 K_B 均值排序却居第六位；相反，村镇银行 B_6 和 B_7 的资产总额居于十个银行中第六和第七位，然而其服务的中小企业 K_B 均值却居于第二和第四位。因此，银行资产状况对中小企业的分配系数正向作用并不显著。这表明，现阶段村镇银行能否很好地服务于农村中小企业，其资产状况并不是重要因素，而能否设计出符合中小企业需求的金融产品，更新金融营销理念，加强专业管理等方面则越来越影响村镇银行的服务效果。

4. 经济发展程度对共生模式状态影响的对比检验

经济发展程度对共生模式状态的改进具有正向作用，命题五成立。

本研究选取的十个村镇银行，分布于黑龙江省 7 个城市所属的农村地区（哈尔滨农信、巴彦融兴、延寿融兴三个村镇银行所在地同属于哈尔滨市），将村镇银行所在地（所属市）按城市 GDP 排序，其对应的共生模式状态分布情况如下表 11。

表 11　样本城市 GDP 与共生模式状态分布对应表

GDP 排序	城市 GDP（万元）	共生模式状态分布		
		互惠共生	偏利共生	寄生
1	5 750	75%	12.5%	12.5%
2	2 983	66.67%	20%	13.33%
3	1 318	64.29%	14.29%	35.71%
4	1 274	63.64%	18%	18%
5	1 270	63.64%	27.27%	9.09%
6	810	56.67%	25%	18.33%
7	448	46.67%	35%	18.33%
8	436	30%	20%	50%

从表 11 中可以看出，随着城市 GDP 的下降，互惠共生模式在当地村镇银行与中小企业共生关系中的占比也随之下降。在 GDP 相当的两个地区（排序 4 和排序 5），其互惠共生模式的占比也十分接近，但偏利共生模式占比稍不符合本研究的假设。这反映了在 GDP 较高的地区，由于整体经济发展较为发达，政策得力，信用体系较之健全，能够形成良好的共生环境，这一环境能有力地推动村镇银行等金融机构的发展，使村镇银行无论从资金上还是产品设计上或是经营理念上，都能更好地服务于中小企业，反过来，中小企业的发展和壮大也能更好地支持村镇银行的发展并支撑当地经济建设，共生单元与共生环境形成良好的互动和循环。而相形之下，较不发达地区共生模式较为不理想，偏利共生和寄生占比较大，反映了不良的共生环境会阻碍和制约共生关系的发展。

四、构建黑龙江省农村小型金融组织与农村中小企业和谐共生关系的政策与建议

通过第三部分的实证分析，我们得出黑龙江省小型金融组织与中小企业共生模式的现状以及影响二者利益分配的因素，为改善二者的共生关系提供一定的参考依据：①黑龙江省小型金融组织与中小企业的共生模式以连续互惠共生为主，但间歇性共生也占比较大；共生利益呈非对称性分布，中小企业较之金融机构受利较多；小型金融机构收益的波动性大于中小企业；共生系统的整体效率偏离优秀水平，共生关系有待优化。②企业经营规模与银行分配系数存在较弱的正相关性，说明中小企业资产规模的壮大可以推动村镇银行等农村小型金融组织效益的增加。③小型金融组织的资产状况对中小企业的分配系数的正向作用并不显著。这表明，现阶段小型金融组织能否很好地服务于农村中小企业，关键是能否更新金融营销理念，设计出符合中小企业需求的金融产品。④经济发展程度对共生模式状态的改进具有正向作用，这说明良好的共生环境，能够有力地推动小型金融组织的发展，使它们更好地服务于中小企业，而中小企业的发展和壮大也能更好地支持村镇银行等小型金融组织的发展并支撑当地经济建设，共生单元与共生环境形成良好的互动和循环。据此，本节从金融共生视角，提出以下政策建议，以期促进黑龙江省小型金融组织与中小企业和谐发展。

（一）提高黑龙江省农村小型金融组织的服务质效

1. 不图做大做强，立足于农村当地做精做好

在农村小型金融组织的发展问题上，明确经营定位是小型金融组织能够持

续发展的基本前提。这些小型金融组织设立在农村，目的就是为了更好更方便地"服务农村地方经济、服务当地中小企业和居民"。只有明确这一宗旨和定位，才能充分发挥农村小型金融组织的竞争优势，实现小型金融组织和农村当地经济双赢。

第一，要定位于乡镇。小型金融组织在农村设立，就必须以县为单位，将"乡镇"和"三农"紧密联结作为服务对象，准确地把握信贷方向，贯彻落实"不进城、不离乡、不入市、不贷大、不外拆"的"五不"政策。例如村镇银行，它的经营区域就是银行业务的投放区域，主要指的是存款业务和信贷业务。乡镇资金得不到很好地满足，主要原因在于缺乏一个很好的资金平台，将商业银行、外资银行等投资方的资金传送到乡镇，村镇银行的作用就是将各个投资方的大量资金输送到农村金融服务体系中去，满足那些有更好金融服务要求的金融需求者——农村小型金融组织。

第二，要定位于农户和中小微企业。农户和中小微企业都是弱势群体，也是大型商业银行不愿意接待和打交道的群体。小型金融组织将投放对象定位于农户和中小微企业，首先，可以避开大型金融机构，形成错位竞争，并扬长避短，实现自身的差异化经营。其次，随着黑龙江省的中小企业的逐渐成长，资信水平的不断提高以及经营稳定性的加强，小型金融组织的贷款风险逐渐减小。黑龙江省农村小型金融组织将与当地的中小企业和个人客户的联系更加紧密。最后，服务于农户和农村中小微企业，也符合国家的"三农"政策方针，很好地解决了农村金融困难，实现小型金融组织的设立目标。

2. 发展关系借贷，针对需求特点创新金融产品

在产品服务方面，目前黑龙江省农村小型金融组织的金融服务和金融产品单一，缺乏创新性。金融产品是金融组织得以生存和发展的根本，创新才能促进组织发展，才能更好地服务农村金融的繁荣。因此，黑龙江省农村的小型金融组织应探索一条适合黑龙江省农村经济的业务发展途径，不仅仅停留在传统的存款、贷款业务。

首先，小型金融组织应根据当地的实际情况，根据农户和中小微企业的资金需求和金融产品服务需求，开展多种形式的金融产品和金融服务。可以为农户和中小微企业提供理财、信用证、贴现等表内外授信与融资在内的综合服务，可以开展多种形式的担保业务、抵押业务，开发与当地实际情况相符的金融产品，积极创新"企业＋基地＋农户""农合社＋基地＋农户""农合社＋农户"等贷款模式，努力实现农户、企业、银行、政府多赢的局面。

其次，小型金融组织可以利用自身的地缘优势和经营活动更加灵活的优势，保持与客户的密切联系，发展关系型借贷，弥补中小企业规范化信息不足

的缺陷。在审批中小企业贷款时，小型金融组织除了审查企业的财务信息外，还要着重考虑企业投资人的个人信用、企业的经营年限、在当地的口碑以及发展前景等因素，制定专门针对当地中小企业的信用评分体系。在借贷中小型金融组织应根据所在区域的不同情况，在按市场化原则经营的过程中细分客户类型，注意差异化服务，不断创新适应不同需求的金融产品，形成各有特色的优势品牌，在强化自身的竞争力的同时弱化同其他金融机构的排斥力。

3. 重视人才建设，提高金融服务质量与效果

目前黑龙江省农村很多的小型金融组织处于起步阶段。在队伍建设和人才竞争方面存在劣势。如何能够建设一支高素质、专业化、高效率的人才队伍，引进人才、留住人才、人才培训是人才队伍建设的三部曲。

首先，要引进人才。通过大力宣传扩大村镇银行知名度，让大学毕业生、社会银行业从业者以及其他相关人员能够更清晰地了解小型金融组织的定位和发展态势。通过引进本土化人才，他们对当地的经济环境和社会文化具有全面的了解，如果匹配相应的专业知识和操作技能，便于很快地开展业务。

其次，要留住人才。村镇银行等小型金融组织应从"以人为本"的角度出发，尽可能为员工提供舒适、愉悦、和谐的工作氛围，设定个性化的用人机制，定期倡导企业文化，让员工拥有归属感和责任心。完善员工的绩效考核体系，激发员工的工作热情。可以鼓励员工参与内部持股，形成内部动态激励。

最后，要加强人才培训。通过定期的人才培训可以为小型金融组织的发展不断灌输"新鲜血液"，使银行健康经营、有序运转。小型金融组织的人才培训可以通过不同阶段、不同部门、不同岗位、多种形成的方式展开。

（二）提高黑龙江省农村中小企业的融资能力

前文已分析过，同质度、亲近度、关联度以及信息丰度只有达到某一临界值，农村小型金融组织与农村中小企业共生关系才能建立与延续。目前，黑龙江省农村小型金融组织的非对称分配因子的均值小于中小企业的均值，体现出向中小企业偏利的共生状态，为了二者的共生更加持久互利，中小企业就一定要加强自身建设，注重提高自身的素质，提高融资能力。

1. 健全公司组织机构，规范财务制度

中小企业要严格按照现代公司治理制度健全组织机构，要按照规范的会计制度建立财务账簿。目前中小企业的组织形式并不符合市场经济发展的要求，要想持续发展，要想做大做强，就必须进行改革。此外，信息不对称也是影响中小企业融资能力的一个重要因素，为让小型金融组织达到信息丰度

的临界点，使自己顺利得到贷款。中小企业应加强财务体系建设，按照会计准则的规定，完整、真实地填写各项账簿记录。确保财务报表的真实、准确、及时，增加自身信息的透明度，减少因信息不对称而引发的"恐贷"和"拒贷"。

2. 合理筹划资金使用，创建风险预备体系

企业经营过程的本质是资本的循环过程。业务环节的连续性离不开现金流的合理控制与运行。企业经营者要改变一味追求利润的片面想法，要确立合理的预算规则，创造一个完备的风险预备体系。加强库存管理，将库存数量和成本控制在最佳的范围内，及时将不能为企业带来收益的存货，应尽快转为现金，以达到止损的目的。迅速监视和掌握管理成本的变动，同时及时催收应收账款，对企业短期流动资金与负债，要有很好的内部监督监管机制，避免出现因流动资金不足造成的短期债务违约问题。

3. 加大科技投入，重视人才教育

中小企业要想进行产品创新，提高市场占有率，就要提高开发新产品的能力。虽然中小企业资金有限，但可以通过特许权使用、合作开发、产学研一体化等多种方式进行研发。

在中小企业的发展过程中，人才竞争至关重要。目前，黑龙江省中小企业人才缺乏，流失严重。企业可以开发一个基于岗位发展情况的人才市场评判标准，进行系统、科学的培养，并且以引进和留下人才为目的。中小企业要充分使用人才引入策略，提高职工补助水平，认真分析职工相关的待遇、福利、岗位等要求，制定合理的企业福利模式。

（三）创建一个正向激励的共生环境

农村小型金融组织与中小企业的良性互动发展有赖于健康的共生环境。在我国乡村振兴战略实施的新时期，外部环境的完善与配套对于实现农村小型金融组织与中小企业的健康发展显得越加重要。因此，为了使小型金融组织自身发展的同时发挥更大的支农效应，更加切实地支持农村中小企业的振兴，就必须建立一个正向激励的共生环境。

1. 加大财政税收倾斜力度，落实企业扶持政策法规

农村小型金融组织基于一定的政策向农民提供公共金融，经营利润难以保证，这些小型组织要想在竞争多变的农村金融市场中持续性发展，就必须获得国家的特殊政策支持。我国应进一步调整税收政策，在法律允许的限度内适当地减免农村地区金融组织的增值税和所得税，提高农村小型金融组织的生存能力和持续发展能力。还可以制定一套金融支农消贫奖励办法，对有突出业绩的

农村小型金融机构给予适当奖励。

在中小企业方面，黑龙江省人大于 2018 年 6 月重新修订了《黑龙江省促进中小企业发展条例》，该条例在资金、技术、市场、权益等六个方面全方位支持中小企业发展，为黑龙江省中小企业的茁壮成长创造了良好稳定的社会经济环境。政府可以帮助中小企业开展培训工作，提高中小企业员工的素质；并在产品补贴、税率减免等方面加大对中小企业的支持，对各种不合理收费现象一律严惩，切实减轻企业负担。

2. 发挥政府指导监管作用，完善相应配套服务平台

首先，制度建设是任何组织正常运行的保障。早在 2008 年 5 月，相关文件就明确规定，符合条件的新型农村金融机构可以申请加入中国大额支付系统。但由于文件未能依据全国农村金融机构的平均发展水平确定一个较为合理的申请条件，至今还有很多村镇银行、贷款公司、农村资金互助社、小额贷款公司由于达不到门槛的要求而没有加入这一系统。

其次，人民银行也要加强监督和指导农村小型金融机构的结算业务，帮助其提高结算水平。在村镇银行的发展过程中，提供相应的技术支持，使农村小型金融组织在利率市场化进程中能提高市场竞争力，不断降低经营成本，减少不必要的资金损失。此外，监管部门需要建立一套长期有效的监管机制。要从外部管理与内部管理两方面入手建立完善的农村金融监管体系。

最后，政府还要大力扶持金融中介服务机构的发展。中介服务机构的规模化、集约化发展为农村小型金融组织和中小企业的共生发展提供了很好的社会环境。此外，我们还要建立为中小企业提供多功能服务的一站式公共平台，为中小企业的信息传递清空障碍，既降低中小企业的经营风险，又能提升企业素质，帮助企业进入规范发展的轨道。

3. 优化农村信用环境，健全风险补偿机制

信用环境直接影响着黑龙江省农村小型金融组织的发展速度和中小企业的融资能力。加强农村信用环境建设既是提高农村金融服务水平的重要基础工作，也是优化小型金融组织与中小企业共生环境的关键环节。

一是要加强信用文化宣传，完善信用体系建设。首先，政府要善于利用互联网等媒体，以群众愿意接受的各种形式进行"守信为荣、失信为耻"的宣传。其次，加大社会征信体系建设。加快企业和个人的信用信息系统建设，要尽快实现基础数据库全国联网。并建立完善的、独立的第三方信用评级机制。最后，建立守信激励机制，对诚信企业实行优惠的贷款利率，建立失信惩罚机制，对"赖账户"等失信主体纳入"黑名单"。

二是要创新信贷担保，发展农业保险，健全风险补偿机制。尽可能地扩大

担保物的范围。建立政策性、商业性和互助性三位一体的多层次担保服务体系。引导社会资本参与中小企业信用担保体系建设。应扩大农业保险的覆盖面，加强银行和保险产品的创新与融合。建立健全农业政策性、商业性、互助性保险体系，鼓励发展再保险。为农村中小金融组织和中小企业的共生发展营造良好的生态环境。

项目负责人：李玉

主要参加人：王吉恒、王磊、王敏、顾福珍、赵丽娟、庄毅

东北三省工业化-信息化-城镇化-农业现代化-绿色化的"五化"测度及其协调发展研究[*]

刘方媛　徐　衍　张亚娟　韩　阳　王双月

　　2015年3月，中共中央政治局会议提出，把生态文明建设融入经济、政治、文化、社会建设各方面和全过程，协同推进新型工业化、城镇化、信息化、农业现代化和绿色化，"绿色化"作为"新四化"的扩展，共同推进与升级"五化"的深度融合、良性互动、相互协调与可持续发展，"新五化"是一个复杂的整体系统，工业化创造供给，是其他"四化"的坚实基础；城镇化创造需求，是其他"四化"的空间依托与目标；信息化是提升其他"四化"核心竞争力的重要手段；农业现代化为其他"四化"提供基础支撑、保障与装备；绿色化是推进其他"四化"高水平建设的增长点与催化剂，只要这"新五化"在互动中做到同步、协调，才能加速开创中国城乡经济社会发展一体化的新格局，勾勒出新战略环境背景下的现代中国发展宏伟蓝图。

　　国家关于"五化"提出的时间较短，相关的理论与实证、定性与定量的研究也较少，目前学术界关于城镇化与农业现代化"两化"，工业化、城镇化、农业现代化"三化"，工业化、信息化、城镇化、农业现代化"四化"的测度及协调研究颇多，"五化"基调研究较少；且"两化""三化"与"四化"的研究遍布中国、地区、城市群、省域、市域、功能区等多维尺度，"五化"省域研究对象只集中于山东省与湖北省，东北三省（黑龙江省、吉林省、辽宁省）作为中国重要的重工业基地与东北亚地区对外开放的窗口，目前以东北三省为研究对象测度其新型工业化-信息化-城镇化-农业现代化-绿色化"五化"及其协调发展程度的研究相对较少；基于此，以东北三省34个地级城市为研究对象，构建

　　* 黑龙江省哲学社会科学规划项目（项目编号：17JYB081）。
　　项目主要负责人为刘方媛副教授，主要参加人员有徐衍、张亚娟、韩阳、崔书瑞、王双月等。
　　此文原载《工业技术经济》2017年8月发表的"东北三省工业化-信息化-城镇化-农业现代化-绿色化的'五化'测度及其协调发展研究"；作者刘方媛、崔书瑞。

适用于其发展的工业化-信息化-城镇化-农业现代化-绿色化的评价指标体系，结合熵值赋权法计算"五化"指标权重，测度 34 个地级城市"五化"发展水平，结合耦合协调度模型划分"五化"整体协调阶段类型，同时借助于 Arc-GIS 模拟"五化"及其协调发展度的高低值分布格局，这必将为十八大背景下的东北三省制定"五化"发展政策提供相关建议，明晰各城市"五化"发展协调现状及发展"短板"，为解决当前"五化"存在的问题献计献策。

一、东北三省"五化"发展现状

（一）黑龙江省"五化"发展现状

2018 年习近平总书记在黑龙江考察调研时强调，振兴东北地区等老工业基地是国家的一个重大战略。党的十九大明确提出，深化改革加快东北等老工业基地振兴。黑龙江省作为我国的老工业发展基地与东北亚地区通向外面世界的窗户，曾经大力支援全中国的经济建设，拥有松嫩平原与三江平原两大农业基地。2013 年李克强总理通过实施黑龙江省首先开展"两大平原"现代农业种植技术的综合配套改革实验实施方案。黑龙江拟定施行新型城镇化规划，哈尔滨市、齐齐哈尔市、伊春市、牡丹江市等相关城市随后入选中国新型城镇化试点名单，在信息技术与绿色生态化方面给予大幅度政策上的倾斜与支持，启动哈尔滨市、齐齐哈尔市、牡丹江市全省第一批国家新型城镇化综合试点相关工作，黑龙江省新型工业化、信息化、城镇化、农业现代化、绿色化都如火如荼地规划与建设起来。2019 年党的十九届四中全会再次强调，要"实施乡村振兴战略，完善农业农村优先发展和保障国家粮食安全的制度政策，健全城乡融合发展体制机制"。新型工业化、信息化、城镇化、农业现代化、绿色化是我国经济社会发展的大趋势，因此推动乡村振兴，不仅要遵循乡村发展规律，而且须适应"五化"要求，提高对接"五化"规律的自觉性，不能搞单打一、逆"五化"而行。黑龙江省人民政府关于印发"数字龙江"发展规划（2019—2025 年）的通知，强调打造数字化信息技术，推进工业互联网的应用，使得工业化与信息化密切联系，并能够共同促进"五化"的综合发展。黑龙江省政府极度注重国家新型城镇化试点城市发展建设的相关工作，建立了由黑龙江省发展改革委为首的相关部门带领，有关部门参与的工作协调机制，通过调动全省的动力做好全方位发展和相关业务的指挥工作。

1. "五化"发展指数空间演变现状

本研究以黑龙江省哈尔滨市、牡丹江市及齐齐哈尔市为主要调查对象，通过分析这三个城市的"五化"发展指数及空间演变反映黑龙江省"五化"整体水平发展状况。由图 1、图 2、图 3、图 4、图 5 可以看出，从工业化的角度看，三市的发展水平比较接近，其中，哈尔滨的工业化水平总体最高，2001—2005 年，2011—2015 年，工业化发展水平在三市中位列第一，工业化指数高达 0.891。信息化方面，三市的发展齐头并进，信息化发展指数都达到了 0.6 以上。在城镇化方面，三市的发展主要分为三个阶段，第一阶段，2000—2003 年，齐齐哈尔的城镇化发展指数最高，牡丹江的城镇化发展指数最低，哈尔滨位居中间。第二阶段，2004—2010 年，哈尔滨的城镇化指数快速上升，超过齐齐哈尔，且城镇化发展指数高达 0.582，牡丹江虽仍位列第三，但是发展迅速。第三阶段，2012—2016 年，牡丹江城镇化水平逐渐升高，城镇化指数跃居第一，哈尔滨的城镇化指数呈下降趋势。在农业现代化发展方面，哈尔滨、齐齐哈尔的发展水平相近，牡丹江自 2008 年以来，农业现代化的发展水平滞后于其他两市，且差距在拉大。从绿色化的角度看，分为三个阶段，第一阶段：2002—2005 年，齐齐哈尔的绿色化发展指数最高，牡丹江的绿色化发展指数最低，哈尔滨位居第二，但三市的绿色化发展指数均较低。第二阶段：2005—2011 年，哈尔滨的绿色化发展指数最高，牡丹江的绿色化发展指数仍为最低，但总体稳中向好。第三阶段：2012—2016 年，三市的绿色化发展指数都在呈上升趋势，其中，2013—2015 年，牡丹江的绿色化发展指数达到三市中最高。2000—2016 年这段时间，三市的绿色化发展指数最高都曾达到过 0.8 以上。

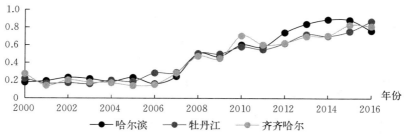

图 1　三市工业化发展指数

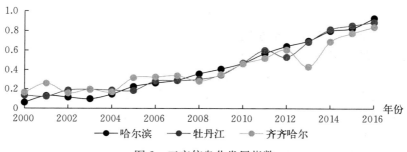

图 2　三市信息化发展指数

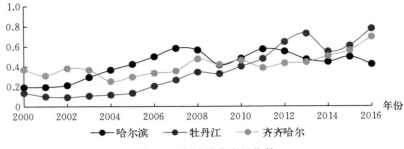

图 3　三市城镇化发展指数

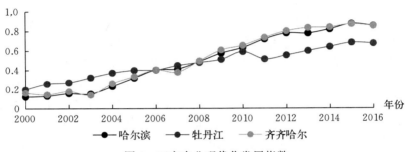

图 4　三市农业现代化发展指数

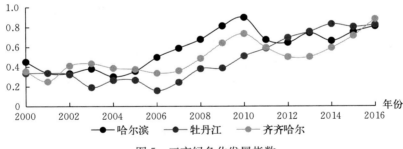

图 5　三市绿色化发展指数

2."五化"发展指数时间演变现状

通过梳理哈尔滨市、牡丹江市以及齐齐哈尔市"五化"的发展指数时间演变的数据图,直观清晰地明确三个城市的"五化"的发展现状。从图 6 哈尔滨的体系发展指数来看,2000—2016 年,哈尔滨的农业现代化发展指数、信息化发展指数发展呈平稳上升趋势,其中,农业现代化发展指数高于信息化发展指数。工业化发展指数自 2001—2005 年呈现缓慢发展的趋势,2006—2008年,工业化发展指数快速上升,2008—2016 年,工业化发展指数波动发展,总体呈上升态势。城镇化发展指数 2000—2007 年一直逐步上升，从 0.194 上升到最高点 0.589，从 2007—2009 年，城镇化指数呈下降趋势，随后城镇化指数呈波动状态，总体徘徊在 0.410~0.569。绿色化发展指数变化最为明显，幅度最大，徘徊在 0.300~0.896，在 2002—2004 年处于下降阶段，并且绿色化发展指数自 2000—2011 年，高于其他"四化"的发展，从 2011 年以后，绿色化发展指数略有下降，但是也在稳步上升。

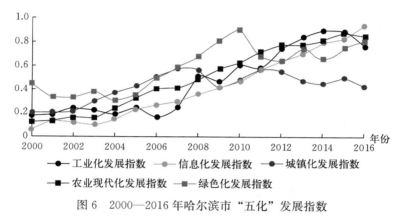

图 6　2000—2016 年哈尔滨市"五化"发展指数

从图 7 可以看出，牡丹江的农业现代化发展指数和信息化发展指数除个别年份有所下降以外，整体稳健上升，工业化发展指数波动最为明显，尤其是 2007—2008 年，从 0.291 上升到 0.505，工业化指数从 2006—2016 年一直处于上升状态。城镇化发展指数从 2000—2013 年逐步上升，到 2014 年略有下降，2014—2016 年城镇化发展指数快速提高，绿色化发展指数自 2000—2006 年波动变化，徘徊在 0.158~0.335，2006—2016 年，绿色化发展指数显著上升。

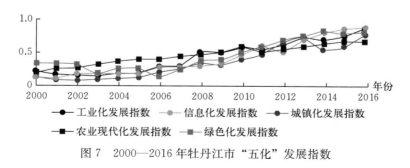

图 7　2000—2016 年牡丹江市"五化"发展指数

从图 8 可以看出，齐齐哈尔的农业现代化发展最为迅速，从伊始的"五化"中发展水平最低，截至 2016 年，"五化"发展水平居于第二，略低于绿色化发展指数。信息化发展水平波动，但总体呈良好态势。工业化呈现波浪式上升，变动幅度较大，但近 5 年，发展较为平稳。城镇化发展水平较其他"四化"，总体变化幅度较小，自 2010 年以后，发展水平较低，绿色化发展水平波动变化最明显，2006—2010 年，2013—2016 年，几乎呈直线发展。

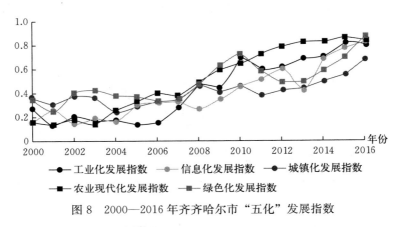

图 8　2000—2016 年齐齐哈尔市"五化"发展指数

3. "五化" 发展协调度现状

由图 9、图 10、图 11 可以得知，并从协调度来看，三市略有差异，哈尔滨市大致可分为三个阶段。第一阶段 2000—2014 年，哈尔滨的协调度在 0.388～0.483，处于失调和濒临失调之间，第二阶段 2005—2007 年，协调度在 0.550～0.632，处于勉强协调和初级协调的范围内，第三阶段 2008—2016 年，协调度在 0.713～0.868，处于中级协调和良好协调中。牡丹江分为三个阶段，第一阶段 2000—2007 年，"五化"协调水平从 0.419 提高到 0.546，处在濒临失调和勉强协调之间，第二阶段 2008—2012 年，协调水平从 0.627 提高到 0.778，处于初级协调和中级协调范围内，第三阶段，2013—2016 年，从 2013 年的 0.834 上升到 2016 年的 0.896，处于良好协调阶段。齐齐哈尔分为三个阶段，第一阶段，2000—2004 年，齐齐哈尔的协调度水平在 0.459～0.499，处于濒临失调阶段，第二阶段，2005—2009 年齐齐哈尔的协调度水平从 0.531 上升到 0.694，处于勉强协调和初级协调范围内，第三阶段 2010—2016 年，齐齐哈尔的协调度水平从 0.748 上升到 0.901，处于中级协调和良好协调中。造成这些现象的主要原因有，第一阶段，经济发展方式粗放，经济发展效率低，"五化"总体发展水平低，各个子系统之间的融合度不高，导致"五化"协调发展度不高。第二阶段，城镇化发展水平三市发展不平衡，工业化、信息化在这一时间段内发展指数偏低，农业现代化水平中农业技术不高，导致"五化"发展协调度较低，但绿色化迅速发展，推动工业化与农业现代化的发展,加速"五化"的融合和提升"五化"协调度。第三阶段,新经济时代的到来,去杠杆,去库存,去产能,五位一体的布局等宏观政策的实施与当地政策扎实推进,使得"五化"子系统的融合协调日益深入,但由于经济发展速度放缓,五化的协调发展略有波动。

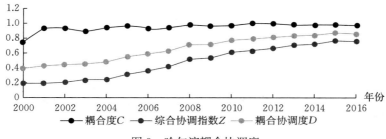

图 9 哈尔滨耦合协调度

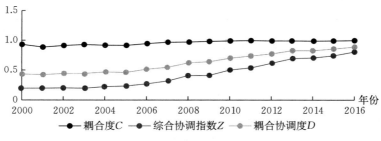

图 10 牡丹江耦合协调度

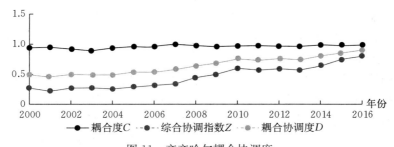

图 11 齐齐哈尔耦合协调度

(二)吉林省"五化"发展现状

2015 年 3 月,中共中央政治局审议通过了《关于加快推进生态文明建设的意见》,文件中指出要将绿色化和生态文明建设运用到经济和社会发展的各个环节中去,全面推进"新型工业化、信息化、城镇化、农业现代化和绿色化"的综合发展。为了深入贯彻党中央的政策意见,加快推进吉林省生态文明建设,实现绿色可持续发展,吉林省政府根据中央文件制定了《关于加快推进生态文明建设的实施方案》,方案全面贯彻党的十八届三中、四中、五中全会精神和习近平总书记系列重要讲话精神,把生态文明建设深入到政治、经济和社会的各个发展环节,实现新型工业化、信息化、城镇化、农业现代化和绿色化发展的深层结合。

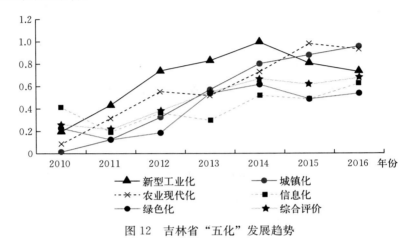

图 12 吉林省"五化"发展趋势

具体化分析吉林省"五化"发展的现状,从图 12 可以分析吉林省五化发展的总体趋势。此图为不同年份各个准则层包括新型工业化、信息化、农业现代化、城镇化和绿色化得分情况折线图,以及综合评价在不同年份的得分折线图可知:2010—2016 年这 7 年间"五化"总体发展呈现较好的上升趋势。2010—2011 年综合得分呈现下降的趋势后,随后 4 年均一直呈现上升趋势。2012 年发展最快,增长率达到将近 80%。2013 年和 2014 年发展速度也较快,这两年的综合评价得分均达到了 2010 年的将近 3 倍。2014—2016 年的涨幅略缓。吉林省的"五化"协调发展情况由逐年变好变得更加和谐,能够在保证绿色化的前提下,把新型工业化、城镇化、农业现代化和信息化的发展达到一个最优水平。吉林省城镇化的发展与新型工业化、农业现代化、信息化和绿色化相比,其是变化最为明显且变化幅度最大,2011 年的增长率最大为 15.5%,且呈现逐年稳步攀升的状态。工业化发展拉动了地区经济快速增长,地区生产总值突破万亿元大关,大大拉动了全省工业化的发展。农业发展的滞后阻碍了地区经济的快速发展。2010—2015 年农业发展曲线较为平稳,甚至在 2012—2013 年发展呈现出下降趋势。吉林省信息化仍在持续发展,2020—2016 年得分曲线虽经历了多个上升下降时期,但通过绝对数值对比可知整体仍呈小幅上升趋势，在当前国家大力推进"互联网＋"战略背景下，吉林省也在不断加大医疗保险、农业、金融、教育等方面的信息化建设力度，提高了全省信息化程度。与此同时，吉林省经济社会的发展对资源可持续性的影响仍然较大，由绿色化的发展趋势可知，2010—2011 年绿色化发展曲线呈现下降趋势，与新型工业化的趋势呈现反向发展趋势；2011—2014 年绿色化发展曲线先出现缓慢爬升，然后迅速上升继而转向平稳爬升的过程。由此可见，吉林省大力发展经济的同时仍需注重生态环境的保护。

（三）辽宁省"五化"发展现状

自提出"五化"协调这一概念以来，对于"绿色化"的内涵价值的研究不断深入，绿色化和单个系统的协调关系也早已有学者进行了相关研究，而对于"五化"协调的定量研究还比较少，尤其是县区的"五化"协调研究还是空白，辽宁省是中国传统的农业大省、重要的粮食生产基地，随着 2016 年新一轮东北老工业基地振兴政策的实施，肩负振兴的带头使命的辽宁省，县区经济的比重也在整体经济中占有相当大的比例，县区经济的发展对于辽宁地区的整体经济发展扮演着十分关键的角色，人均 GDP 增速从 2009 年的 21％降至现在的0.2％，呈现出大幅度下滑趋势，全省以粗放型的生产方式为主的工业化生产方式，县区农业现代化的水平还不高，传统农业的发展还占有很大的比例，科学技术研发投入不够，信息化发展较为薄弱，城镇化加速发展，新型之意却稍有疏忽，导致土地非农化情况日趋严峻。

1. 辽宁省工业化发展现状

辽宁省工业总产值从缓慢增长到快速增长（图 13），近几年开始下降。辽宁省作为老工业基地，工业基础雄厚，从 1978 年至今，30 多年的发展过程中工业的发展呈现上涨趋势，2005 年之后上涨幅度较大，近年呈现出下降趋势，截至 2015 年工业总产值比上年下降 15.2％；增长速度在 2009—2013年也较快，2010 年是"十一五"规划的收官之年，辽宁省工业振兴之路成效显著，省内 GDP 从 1985 年的 5 186 亿元增到 2015 年的 28 669 亿元，上涨 55 倍之多，在 2005—2015 年十年间 GDP 上涨幅度最大，其中 2005 年是辽宁老工业基地全面振兴的重要一年，省内经济有较大改观，但是近几年GDP 增速开始下降，结构性、体制性的矛盾仍然存在。2015 年研发投入已达到 459.1 亿元，占地区生产总值的 1.6％，占全国研发投入的 3.2％，同比上一年有增长。

2. 辽宁省信息化发展现状

辽宁省信息化发展是东北地区信息化发展水平较高的地区，基础设施信息

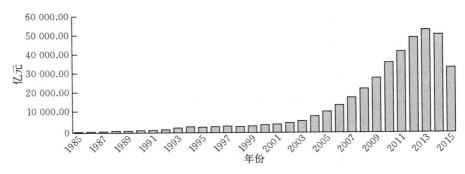

图 13 辽宁省工业总产值

化水平日趋完善。邮电业务总量分为两阶段的上涨，在 2010 年达到第一阶段的最高值，年末邮电业务总收入为 782.1 亿元，比上年增长了 20%。电子商务的发展，2015 年快递总量达 24 674 万件，增长近 48%；而报纸杂志的数量大大减少；省内电信业务量为 707 亿元，增长了 19.8%。随着信息技术更新速度的加快，固定电话用户数量大大减少，2015 年固定电话普及率为每百人 24 部，近 10 年下降了 38%，移动电话用户数 10 年增长近 3 倍，增长较为迅速，移动电话普及率为每百人 102.4 部，高于全国平均水平的每百人 95.5 部。其中高质量服务用户数增加较多，提升到了 25.3%。省内互联网用户数增长近 9%，所有乡镇基本都已经实现了互联网络覆盖（图 14）。城市很多服务都已经实现了信息化的管理，例如人口库、环境质量监控等。

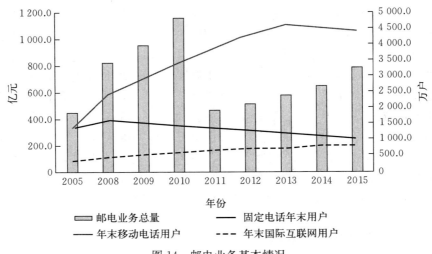

图 14 邮电业务基本情况

3. 辽宁省城镇化发展现状

城市经济水平逐渐提高，省内城镇化水平较高。如图 15 所示从 1978—2015 年辽宁省 GDP 逐年提升，经济发展水平缓慢提高，增长速度在 0.2 个百分点附近浮动，在 2011 年生产总值已突破 20 000 亿大关，2015 年生产总值增加至 28 969 亿元，1978—2015 年，有三波大幅度上升，在 1994 年完成最高水平的上涨，近几年，辽宁省经济发展水平稍有逊色，增长速度也迅速下降，但仍处于上升趋势。截至 2015 年省内城镇人口 2 951.5 万人，人口城镇化率达到 67.35%，高于全国平均水平 56.1%，且呈现缓慢增长的趋势，2005—2015 年建成区面积增长 682.05 平方千米，增长率为 38.3%，土地城镇化率也持续增长，但是省内各地区城镇化差异较大，大连、沈阳等中心城市及周边地区城镇化率较高。

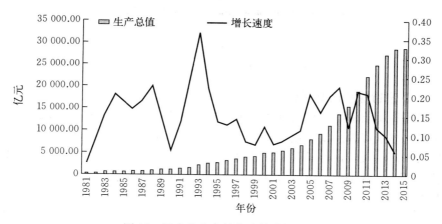

图 15　辽宁省生产总值及其增长速度

4. 辽宁省农业现代化发展现状

农作物生产效率有提高，但是在沿海城市中发展不突出。农林牧渔业总产值近几年上升幅度较大，占全国的 4.5%，但在东部沿海地区农业发展不突出，林业产值相对较高发展也较快，这与辽宁省在退耕还林方面取得的重要成果有一定的关联，农业、渔业的总产值也处于上升期，省内水产业发展较好，水产品产量也居高不下，达到 505 万吨，居全国第五位，其中贝类、藻类产量大，拥有多个全国知名的特色水产品牌，产业地位不可撼动。牧业产值开始回落，大连农业发展突出，农林牧渔产值达到 9 278 916 万元（图 16），辽宁沿海经济带和辽西地区农业发展有一定的潜力，辽宁大连两个中心城市的农林牧渔业发展有活力。辽宁省作为农业大省，为保障全国粮食安全有很重要的地位，2005 年粮食产量增产 257 万吨，平均每年增产 26 万吨，2015 年粮食产量

2 002.5 万吨，比上年增长 15%，高于全国平均水平，肉类产量年平均增长
2.4%，人均肉类产量在全国排名第二，蛋禽产量业较高，辽宁省是重要的北
方水果产地，经济作物油料、水果等均有较大增幅。近 30 年，辽宁省农用化
肥、农药的用量呈现波动上升趋势，但是相对来说较为平衡。

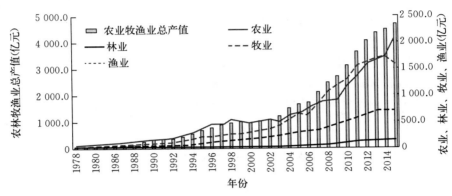

图 16　辽宁省农林牧渔业总产值

5. 辽宁省绿色化发展现状

城市环境质量高，社会绿色化基础好。人均水资源总量 1 055.2 立方米，
虽然在北方水资源总量中数量较大，在全国范围水资源储蓄量不多，低于全国
平均水平，海水淡化似乎是未来将要努力的方向。从 2005—2015 年，全省耕
地总面积稍有减少但是变化不大；2015 年城市人均绿地面积为 124 193 公顷
（图 17），增加了 66.5%，建成区的绿化率高达 40%，高于全国平均水平，全

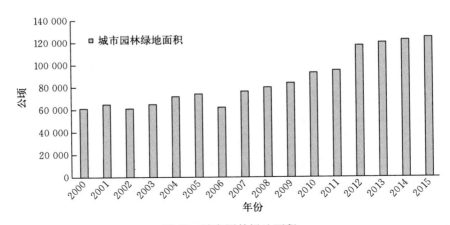

图 17　城市园林绿地面积

省的森林覆盖率达到 41%，城市绿色化环境良好，2015 年造林面积为 203 千公顷，位居沿海省份第二，10 年间造林面积增加 60%，但是近几年封山育林面积急速减少到 100 千公顷，省内造林工程实施效果减弱。城市空气中所含二氧化硫和二氧化氮的年均浓度符合国家的二级标准。城市的噪声总达标率为 86.4%，绿色化表现良好。

二、东北三省工业化-信息化-城镇化-农业现代化-绿色化的评价指标体系

（一）评价指标体系层次构建

在解读十八大报告中关于新型工业化、信息化、城镇化、农业现代化及 2015 年 3 月 24 日中央政治局会议上提出的绿色化政策内涵的背景下，阅读《新型工业化、城镇化、信息化与农业现代化协同发展》《工业化、城镇化和农业现代化：行为与政策》《统筹工业化、城镇化和农业现代化问题研究》等相关书籍，在充分理解"五化"内涵的基础上，严格遵守指标体系构建的系统性、严谨性、适时性、科学性、可比性及数据可获取性的原则，同时也咨询相关领域的专家与学者的意见，并考虑到东北三省实际情况，选择复合指标法构建适用于东北三省的工业化-信息化-城镇化-农业现代化-绿色化水平的综合发展评价指标体系（表 1）。其中"五化"发展综合评价目标域下涵盖工业化水平、信息化水平、城镇化水平、农业现代化水平、绿色化水平 5 个系统域，工业化系统域下包括工业化经济产出、工业就业比重与工业污染处理 3 个准则域，其下又囊括工业总产值等 7 个指标域；信息化系统域下有信息基础设施、信息技术普及、信息化人才 3 个准则域，其下包括固定与移动电话年末用户数等 7 个指标域；城镇化系统域下包含人口城镇化、经济城镇化、社会城镇化与空间城镇化 4 个准则域，其下覆盖城镇登记失业人员数等 7 个指标域；农业现代化系统域则从农业就业比重、农业综合产出、农业生产投入 3 个准则域出发，选取第一产业从业人员数所占比重等 7 个指标域；绿色化系统域包括环境污染、生态绿色文明、生态设施投入 3 个准则域，内含工业废水排放量等 7 个指标域；共选取 35 项指标表征准则域的特征与内涵，反映"五化"间彼此相辅相成、和谐发展。通过指标体系的构建，使得"五化"的体系更加科学、合理，能够真实地反映所需要的各种情况，并且为东北三省的经济发展水平提高做出贡献，以达到增强东北老工业基地整体综合实力的全面要求。

表1 "五化"综合发展评价指标体系及其权重

目标域	系统域	准则域	指标域及其单位	指标性质	指标权重
"五化"发展综合评价指标体系	工业化 (0.159)	工业化经济产出	工业总产值（万元）	＋	0.038
			规模以上工业企业流动资产（万元）	＋	0.045
			规模以上工业企业应交增值税（万元）	＋	0.041
		工业就业比重	第二产业从业人员数所占比重（%）	＋	0.003
			工业企业数（个）	＋	0.026
		工业污染处理	一般工业固体废物综合利用率（%）	＋	0.004
			污水处理厂集中处理率（%）	＋	0.002
	信息化 (0.223)	信息基础设施	固定与移动电话年末用户数（户）	＋	0.020
			年末邮政局（所）数（处）	＋	0.009
			邮政业务收入（万元）	＋	0.029
			电信业务收入（万元）	＋	0.027
		信息技术普及	互联网宽带接入用户数（户）	＋	0.017
		信息化人才	信息传输服务从业人员数（人）	＋	0.050
			普通高等学校在校学生数（人）	＋	0.071
	城镇化 (0.189)	人口城镇化	城镇登记失业人员数（人）	－	0.020
		经济城镇化	第三产业占GDP的比重（%）	＋	0.001
			社会消费品零售总额（万元）	＋	0.036
		社会城镇化	医院、卫生院床位数（张）	＋	0.019
			公共图书馆图书总藏量（千册、千件）	＋	0.055
			年末实有城市道路面积（万平方米）	＋	0.034
		空间城镇化	建成区面积（平方千米）	＋	0.024
	农业现代化 (0.261)	农业就业比重	第一产业从业人员数所占比重（%）	＋	0.056
			乡村户数（万户）	＋	0.016
		农业综合产出	粮食产量（万吨）	＋	0.029
			农村居民人均可支配收入（元）	＋	0.001
			农业机械总动力（万千瓦）	＋	0.018
		农业生产投入	农作物总播种面积（千公顷）	＋	0.025
			化肥使用量（折纯量）（万吨）	－	0.116

（续）

目标域	系统域	准则域	指标域及其单位	指标性质	指标权重
"五化"发展综合评价指标体系	绿色化（0.17）	环境污染	工业废水排放量（万吨）	—	0.035
			工业二氧化硫排放量（吨）	—	0.016
			工业烟（粉）尘排放量（吨）	—	0.017
		生态绿色文明	公园绿地面积（公顷）	＋	0.030
			建成区绿化覆盖率（％）	＋	0.003
			生活垃圾无害化处理率（％）	＋	0.004
		生态设施投入	城市维护建设资金支出（万元）	＋	0.065

注：括号内数字为各项指标权重的总和。

（二）评价指标权重的测算

摒弃主观赋权的非客观性与随意性，选取客观赋权中性能较好的熵值赋权法。计算步骤为：

构建 34×35 的东北三省"五化"判断矩阵，横向为 35 个"五化"评价指标，纵向为 34 个地级市，x_{ij} 为第 i 个城市第 j 项指标原始值；

将原始数据归一化处理；原始数据的量纲差异较大且单位不同，需进行无量纲的极差标准化处理，得到归一化判断矩阵，X_{ij} 为第 i 个城市第 j 项指标的标准化值，

$$X_{ij}=\frac{x_{ij}-x_{j\min}}{x_{j\max}-x_{j\min}}（x_{ij}指标为正向）\qquad X_{ij}=\frac{x_{j\max}-x_{ij}}{x_{j\max}-x_{j\min}}（x_{ij}指标为负向）$$

指标同度量化：$Z_{ij}=x_{ij}/\sum_{i=1}^{m}x_{ij}$；

指标信息熵：$e_j=-(1/\ln m)\sum_{i=1}^{m}Z_{ij}\ln Z_{ij}$；

指标熵值权重：$w_j=(1-e_j)/\sum_{j=1}^{n}(1-e_j)$；

城市"五化"发展指数：$C_i=\sum_{j=1}^{n}(w_j\cdot X_{ij})$；

式中：$x_{j\max}$ 与 $x_{j\min}$ 为第 j 项指标的最大值和最小值，w_j 为第 j 项指标的熵权，C_i 为第 i 个地级市"五化"系统发展得分。

（三）"五化"协调发展度测算

为同时精确、合理测度"五化"协调发展度并划分其协调发展阶段类型，

参考与借鉴曹文莉与杨剩富的协调发展度测算模型，构建适用于东北三省的"五化"协调系数 C 及协调发展度 D，C 公式为：

$$C_i = \frac{C_{ia} + C_{ib} + C_{ic} + C_{id} + C_{ie}}{\sqrt{(C_{ia})^2 + (C_{ib})^2 + (C_{ic})^2 + (C_{id})^2 + (C_{ie})^2}}$$

式中：C_i 为"五化"协调系数，C_{ia}、C_{ib}、C_{ic}、C_{id}、C_{ie} 分别为第 i 个地级市的工业化、信息化、城镇化、农业现代化、绿色化发展水平；在协调系数 C 的基础上，引入"五化"协调发展度 D，充分解释东北三省"五化"的综合协调发展态势，划分协调发展阶段类型，D 公式为：

$$D_i = \sqrt{C_i \cdot F_i}$$

式中：D_i 为第 i 个地级市"五化"协调发展度，F_i 为第 i 个地级市"五化"综合发展指数；D_i 值划分标准为：$D_i \in [1.8，2.0)$ 隶属优质协调发展，$D_i \in [1.6，1.8)$ 隶属良好协调发展，$D_i \in [1.4，1.6)$ 隶属中级协调发展，$D_i \in [1.2，1.4)$ 隶属初级协调发展，$D_i \in [1.0，1.2)$ 隶属勉强协调发展；$D_i \in [0.8，1.0)$ 隶属濒临失调衰退，$D_i \in [0.6，0.8)$ 隶属轻度失调衰退，$D_i \in [0.4，0.6)$ 隶属中度失调衰退，$D_i \in [0.2，0.4)$ 隶属高度失调衰退，$D_i \in [0，0.2)$ 隶属严重失调衰退。

三、东北三省工业化-信息化-城镇化-农业现代化-绿色化"五化"发展水平分析

据表 2，3 个省域，黑龙江、吉林、辽宁三省的农业现代化与绿色化发展水平均超前于城镇化，工业化与信息化程度滞后较为显著，纵向对比，"五化"中工业化、信息化、城镇化的发展水平排序为：辽宁＞吉林＞黑龙江，农业现代化与绿色化的发展排序为：黑龙江＞吉林＞辽宁；34 个地级市，农业现代化超前于其他四化的城市比重高达 91.18%，信息化超前于其他四化的城市为沈阳与大连，比重为 5.88%，仅本溪绿色化超前于其他四化，比重仅为2.94%。黑龙江作为国家"两大平原"现代农业综合配套改革试验试点，是中国重要粮食主产区和商品粮核心区，通过创新农业生产经营机制、提高农业经营市场竞争力、深化土地管理制度改革、严格农村集体土地征收管理、健全农村保障金融组织体系、开展设施机械耕作农业化、构建生态补偿机制等手段，其农业现代化与绿色化发展独占鳌头；2016 年辽宁省相继发布《关于发展工业八大门类产业发展政策》《加快推进辽宁老工业基地新一轮振兴发展三年滚动计划（2016—2018 年）》，切实保障冶金、医药、轻工、石化、建材、装备制造、纺织、电子信息八大工业产业布局及一体化，极力完善机制体制创新、推进结构调整、鼓励创新创业、保障改善民生等，同时制定《辽宁省信息化发

展资金管理办法》《辽宁省 2015 年教育信息化工作要点》，从科学编制发展规划、推进信息基础设施建设、构建教育管理信息化应用等多重视角推进信息化进步；在《辽宁省"十三五"推进新型城镇化规划实施方案》与《辽宁省新型城镇化规划（2015—2020 年）》政策引导下，其通过加强城镇建设管理，增进城镇基础公共服务设施承载力，大力推进产城融合，通过"四治""三改"和"两化"实施宜居乡村建设，规范新城发展，提升综合交通运输网络能力，城镇化发展已大幅超越其他省份。

表 2　各地级市"五化"发展强度及其协调发展阶段

省份	城市	工业化	信息化	城镇化	农业现代化	绿色化	F_i	C_i	D_i	协调发展阶段
辽宁	沈阳	0.134	0.173	0.156	0.145	0.134	0.742	2.225	1.285	初级协调发展
	大连	0.127	0.174	0.133	0.138	0.098	0.671	2.201	1.215	初级协调发展
	鞍山	0.047	0.032	0.051	0.129	0.051	0.310	1.954	0.778	轻度失调衰退
	抚顺	0.032	0.020	0.039	0.122	0.068	0.281	1.872	0.725	轻度失调衰退
	本溪	0.027	0.015	0.032	0.002	0.065	0.142	1.800	0.505	中度失调衰退
	丹东	0.021	0.022	0.036	0.139	0.069	0.276	1.805	0.706	轻度失调衰退
	锦州	0.031	0.034	0.039	0.139	0.070	0.312	1.873	0.765	轻度失调衰退
	营口	0.044	0.019	0.036	0.124	0.058	0.281	1.882	0.728	轻度失调衰退
	阜新	0.018	0.018	0.028	0.134	0.058	0.256	1.697	0.660	轻度失调衰退
	辽阳	0.024	0.015	0.037	0.125	0.067	0.268	1.795	0.693	轻度失调衰退
	盘锦	0.036	0.012	0.030	0.160	0.072	0.310	1.702	0.726	轻度失调衰退
	铁岭	0.017	0.018	0.029	0.146	0.072	0.282	1.691	0.691	轻度失调衰退
	朝阳	0.022	0.019	0.030	0.137	0.062	0.270	1.727	0.683	轻度失调衰退
	葫芦岛	0.016	0.018	0.030	0.128	0.074	0.266	1.742	0.681	轻度失调衰退
	平均值	0.043	0.042	0.050	0.126	0.073	0.333	1.855	0.774	轻度失调衰退
吉林	长春	0.118	0.159	0.120	0.166	0.125	0.689	2.212	1.235	初级协调发展
	吉林	0.041	0.047	0.060	0.141	0.065	0.355	1.992	0.841	濒临失调衰退
	四平	0.019	0.023	0.035	0.151	0.063	0.290	1.709	0.704	轻度失调衰退
	辽源	0.015	0.004	0.025	0.124	0.071	0.240	1.638	0.626	轻度失调衰退
	通化	0.026	0.017	0.034	0.127	0.060	0.264	1.785	0.687	轻度失调衰退
	白山	0.014	0.006	0.027	0.128	0.070	0.245	1.642	0.634	轻度失调衰退
	松原	0.026	0.012	0.032	0.162	0.069	0.301	1.661	0.707	轻度失调衰退
	白城	0.011	0.012	0.025	0.155	0.076	0.279	1.590	0.666	轻度失调衰退
	平均值	0.034	0.035	0.045	0.144	0.075	0.333	1.779	0.762	轻度失调衰退

（续）

省份	城市	工业化	信息化	城镇化	农业现代化	绿色化	F_i	C_i	D_i	协调发展阶段
黑龙江	哈尔滨	0.057	0.193	0.119	0.201	0.124	0.694	2.088	1.204	初级协调发展
	齐齐哈尔	0.013	0.041	0.040	0.205	0.078	0.377	1.660	0.791	轻度失调衰退
	鸡西	0.008	0.014	0.027	0.152	0.070	0.271	1.596	0.658	轻度失调衰退
	鹤岗	0.008	0.004	0.023	0.143	0.071	0.249	1.542	0.620	轻度失调衰退
	双鸭山	0.009	0.010	0.026	0.133	0.067	0.246	1.617	0.631	轻度失调衰退
	大庆	0.069	0.041	0.060	0.144	0.100	0.413	2.049	0.920	濒临失调衰退
	伊春	0.006	0.005	0.032	0.175	0.072	0.290	1.506	0.660	轻度失调衰退
	佳木斯	0.011	0.025	0.031	0.168	0.073	0.307	1.639	0.709	轻度失调衰退
	七台河	0.010	0.000	0.025	0.123	0.075	0.233	1.591	0.608	轻度失调衰退
	牡丹江	0.014	0.026	0.035	0.152	0.079	0.306	1.728	0.727	轻度失调衰退
	黑河	0.005	0.011	0.023	0.196	0.070	0.305	1.454	0.666	轻度失调衰退
	绥化	0.015	0.022	0.038	0.187	0.065	0.326	1.604	0.723	轻度失调衰退
	平均值	0.019	0.033	0.040	0.165	0.079	0.335	1.673	0.743	轻度失调衰退

东北三省"五化"的空间格局均呈现不均衡态势，高值区与低值区不规则、相互错落显著，整体而言，工业化、信息化、城镇化、绿色化"四化"高值分布区位大致相同，集中在以沈阳为中心的辽宁中部、以大连为中心的辽宁南端、以长春为核心的吉林中部、以哈尔滨为核心的黑龙江西南部，相对而言，哈尔滨与长春组建的"哈长城市群"串联高值波及范围更广，以沈阳和以大连为核心的高值延伸范围狭窄，工业化、信息化、城镇化的低值区大块分布在黑龙江以鹤岗-佳木斯-双鸭山-七台河-鸡西为核心的东部煤电化基地，绿色化低值区除分布在黑龙江东部煤电化基地外，还分布在以朝阳、阜新为核心的辽西；农业现代化高低值区分布与其他"四化"不同，整体呈现由北向南（黑龙江→吉林→辽宁）逐渐递减的阶梯式格局，辽宁省农业现代化不如黑龙江省与吉林省，黑龙江省域哈尔滨-大庆-齐齐哈尔-绥化等哈大齐沿线农业现代化强度最大，得益于松嫩平原得天独厚的地理优势，吉林省域北部农业现代化强于南部，辽宁省域内部以抚顺、本溪为核心的低值区范围已拓展至辽东（图18）。

四、34个地级市"五化"综合发展指数分析及协调系数分析

（1）综合发展指数分析。 据表2，东北三省34个地级市"五化"的综合

发展水平存在着明显的等级层次性与差异性，其中高级别的"五化"增长型城市与低水平"五化"衰退型城市差距仍较大，两极分化趋势显著，其中沈阳、哈尔滨、长春、大连"五化"综合发展指数均超过 0.6，"五化"发展强度最高，尤其是沈阳的工业化、城镇化与绿色化，哈尔滨的信息化指数均首屈一指，发展优势潜力巨大，属于第一等级；大庆、齐齐哈尔、吉林、绥化、锦州、盘锦、鞍山、佳木斯、牡丹江、黑河、松原"五化"综合指数介于0.30～

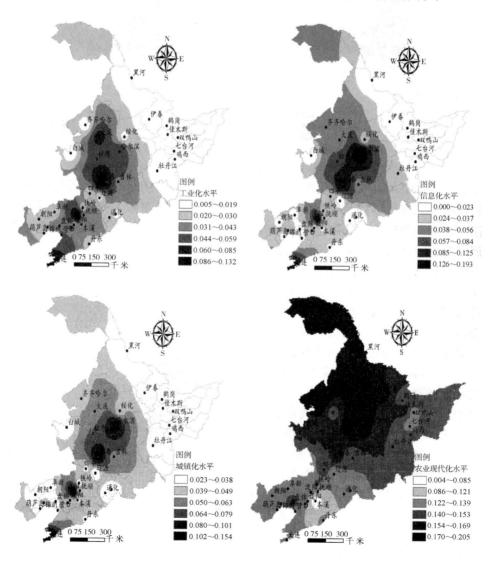

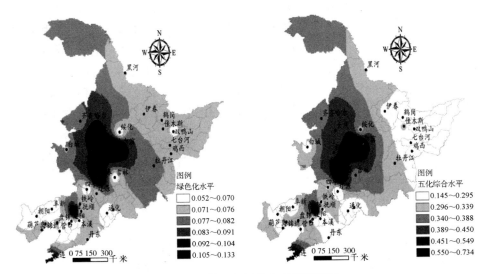

图18 "五化"空间分布高低值格局

0.45，齐齐哈尔农业现代化位居东北三省首位，以上城市隶属于"五化"发展较优的第二等级；四平、伊春、铁岭、营口、抚顺、白城、丹东、鸡西、朝阳、辽阳、葫芦岛、通化、阜新"五化"综合发展指数介于0.25~0.30，隶属于第三等级；鹤岗、双鸭山、白山、辽源、七台河、本溪的低于0.25，"五化"优势不突出、进程缓慢，属于第四等级。整体而言，高等级与低等级的"五化"综合发展的城市数量比重均相对较小，高等级"五化"城市多为发展基础良好的副省级城市，低级别"五化"城市多为传统的、转型升级难度大的资源型城市。据图19，东北三省"五化"综合发展的空间分布仍呈现以"哈尔滨-长春"相串联向外逐渐扩散的不规则圈层区域，以沈阳和以大连为核心的"五化"综合高值区波及范围不分伯仲，这三大辐射

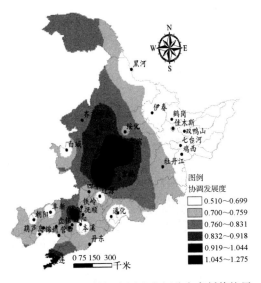

图19 "五化"协调发展度空间分布高低值格局

地带引领其他地级市"五化"发展趋势，哈尔滨、长春、沈阳、大连在东北三省"五化"的核心地位无可撼动，而黑龙江东部煤电化基地区域、辽源-通化为核心的吉林南端、朝阳-阜新为核心的辽东、本溪-丹东为中心的辽西则是"五化"综合发展显著的低值地带。

（2）协调系数分析。据表2，东北三省"五化"协调系数 C 排序为：辽宁省（1.855）＞吉林省（1.779）＞黑龙江省（1.673），"五化"协调发展度 D 排序为：辽宁省（0.774）＞吉林省（0.762）＞黑龙江省（0.743），三省"五化"整体均处于轻度失调衰退类型。34 个地级市，沈阳、长春、大连与哈尔滨协调发展度 D 均超过 1.2，"五化"处在初级协调发展阶段，吉林与大庆 D 介于 0.8～1.0，为濒临失调衰退类型，仅本溪为中度失调衰退阶段，其余城市 D 均位于 0.6～0.8，均隶属于轻度失调衰退类型，东北三省初级协调发展、濒临失调衰退、轻度失调衰退、中度失调衰退的城市比重分别为 11.76%、5.88%、79.41%、2.94%，轻度失调衰退的城市比重最大。据图 19，东北三省"五化"协调发展度空间格局同"五化"综合发展格局类似，哈尔滨-长春"五化"协调发展高值区已串联成片，并已延伸至哈尔滨西北向的大庆、长春东向的吉林，哈长城市群无疑成为东北三省"五化"协调发展的制高地，而以沈阳为核心的辽中城市群、以大连为核心的沿海经济带"五化"协同发展区覆盖范围相对狭窄、波及区域程度不深，"五化"协调发展低值区大片位于黑龙江东部"鹤岗-佳木斯-双鸭山-七台河-鸡西"等串联区域，也包括以通化、阜新、本溪为核心的小片圈层区域。

五、东北三省"五化"协调发展度分析

（一）协调效率影响因素

黑龙江省"五化"协调效率一直处于中低水平，影响协调效率的因素有很多，针对东北地区的经济、社会发展的实际情况，主要影响因素就是城市之间的经济发展水平差别较大。省内各个城市的经济发展水平不平衡导致整体发展的协调效率处于中低水平，体现在产业发展基础、交通基础设施、科技教育以及社会保障等方面发展的差距，随之而带来农业化、城镇化、工业化发展不协调。现代化农业的发展是一个综合发展的全面过程，通过运用科学技术带动农业生产生活，提高现代化农业的质量，这既为中国农村的高效率发展提供较大的资源整合能力，并且也为世界农业生产的增强与提高建立深厚的研究基础。在我国经济社会的不断发展过程中，农业发展经历许多次变革与改革，现代化农业的发展情况更是在内部与外部的环境下都表现出艰难的发展境遇。催生消费者消费行为以及消费心理的不断转变，农产品的供需平衡问题逐渐变多。农产品的质量低下以及增产与消费出口之间存在的不平衡差距扩大，使生产者在保障需求与供给之间的联系情况下更会出现较多的困境。工业化产生的各种污染源开始向农村地区转移以及扩散，导致农业耕地的质量下降，农村生活所需的水资源、物资源以及其他资源的使用存在一定程度的风险。农业生产生活的质量不断受到威胁与挑战，农产品的进出口也存在着风险，由于各种资源存在污染的现象，导致农产品的质量低下，无法进行农产品深加工以及国外出口等业务。近些年随着中国经济的不断螺旋式的发展以及经济转型的不断促进，城市与乡村之间的城镇化越来越成为中国社会发展的巨大发展机会。中央政府召开了一系列工作会议，探究城市化发展方向的转换，注重城市集群的建立以及中心城市的高效率主导城市集群的发展模式以及空间状态，增进城市与乡村之间的人才流动以及产业融合等行为，使得人财物能够得到最大效率的应用，为城镇化的迅速发展提供相应的推动力。

（二）协调度影响因素

自改革开放确定了以市场化改革为导向的经济转轨以来，逐步改变了计划经济体制下国民经济的局面，建立起了市场化运行交易机制、明晰产权、规范市场法制，充分激活了非公有制经济的发展活力。市场在资源配置中的作用和地位也由十七届五中全会中的"充分发挥市场在资源配置中的基础性作用"转变为十八届三中全会提出的"要紧紧围绕使市场在资源配置中起决定性作用深化经济体制改革"，在十九大报告中再一次强调指出：经济体制改革必须以完善产权制度和要素市场化配置为重点，防止市场垄断，加快要素价格市场化改革作用地位的改变更是凸显了市场化在我国经济发展过程中的重要意义。也正是在这近 40 年的市场化改革进程中，我国 GDP 保持着稳步增速上升，并于2010 年在经济总量上超越日本成为仅次于美国的世界第二大经济体。市场化的发展对于经济要资源素的优化配置更趋合理，使得最活跃的经济要素——人，能够自由地流动进而促进了农村剩余劳动力的转移，同时使得城镇化的发展日益规模化，为以互联网为代表的新兴科技的迅猛发展奠定了广阔的市场规模。

工业化和信息化对于"五化"协调度影响的因素是：工业化、信息化的发展水平能够在相对短期内得到提升，而城镇化、农业现代化和绿色化发展往往需要一段时间的积累、转化和演变才有成效，因而工业化、信息化的迅速推进可能与其他子系统的滞后发展不相适应，甚至出现产能过剩，进而影响到"五化"的协调发展，因而在"五化"协调发展中工业化和信息化成为了"不稳定"因素。而农业现代化对"五化"协调发展抑制作用主要由于：一是农业基础薄弱，黑龙江省农业发展迅速，但是缺少现代化技术的应用，人均耕地面积不足 0.035 公顷，为全国平均水平的 1/3，而且农本意识浓重，土地细碎化程度和规模化经营推进交易成本较高，并且农业收入在家庭收入中逐渐失去主导地位，迫使农户兼业谋生，农业发展动力不足；二是农业现代化对城镇化、工业化、信息化和绿色化的助推作用不足。当前黑龙江省农业现代化依然处于传统农业向现代农业转型的时期，过多的农村人口涌入城镇对现有的城镇容纳水平和资源配置产生压力的同时农村空心化、农民多维贫困等问题日益凸显。

六、结论与政策

总体上"五化"发展水平以及耦合协调度都呈上升的态势。信息化发展水平最高且速度较快，绿色化发展水平也较高，但是工业化的发展速度逐渐降低，同时城镇化发展指数也相对较低。从空间上来看，"五化"各化发展水平均呈现地区发展不平衡的态势。从时间上，三省"五化"协调发展水平不断提高，但是速度有所减缓。从五化发展水平来看，黑龙江省和辽宁省的信息化发展水平都为最高，但吉林省发展指数最高的一化则为绿色化。从耦合度上来看，五化空间格局较平衡，都为高水平耦合。从协调度发展水平上来看，三省协调发展程度都为良好协调，并未出现失调或其他协调情况。

本研究虽从时空变化的视角来探讨"五化"协调的空间变化与影响机制，但仅是从宏观层面进行的总体概括，浅尝辄止，缺乏微观尺度研究与多样化视角。绿色化理念之下控制的生产行为，是行为之下的方式结果，更是结果之后的未来，深入每个层次每个方面，将可持续发展落实到生活生产当中，在生活生产当中坚持绿色，生产治理同时抓绿色建设。绿色的反义词可以是陈旧，打破陈旧的生产模式、理念，将可持续融入生产之中，形成绿色的发展方式，绿色的反义词又可以是自私，促进合作、促进共赢发展，以一种大家思想对待社会、经济与环境的关系。绿色又往往是创新、科技联系在一起，创新的精神就是能够很好地助力绿色化事业，是当前的一种全方位、多层次的发展理念，绿色化的发展就要有可持续的血液、可持续的环境。两部门经济思想以模型的形式表述出来，即两部门经济模型。将模型假设两个部分，划分成农业活动和工业活动，此模型的相关结果充分表明通过农业区域的相关聚集推动促进工业产业化中心的动力，由此形成我们大家所熟知的城市。通过针对农业现代化、城镇化以及相关工业化中的"三化"内在联系以及相关的机制进行深度研究。

（一）结论

（1）黑龙江、吉林、辽宁三省的农业现代化与绿色化发展均超前于城镇化，工业化与信息化程度滞后较为显著；工业化、信息化、城镇化发展水平排序为：辽宁＞吉林＞黑龙江，农业现代化与绿色化发展排序为：黑龙江＞吉林＞辽宁；东北三省"五化"综合空间分布呈现以"哈尔滨-长春"相串联向外逐渐扩散的不规则圈层区域，以沈阳和以大连为核心的"五化"综合高值区波及范围不分伯仲，黑龙江东部、辽源-通化为核心的吉林南端、朝阳-阜新为核心的辽东、本溪-丹东为中心的辽西是"五化"综合发展的低值地带。

（2）"五化"各自的空间格局均呈现不均衡态势，东北三省工业化、信息化、城镇化、绿色化"四化"高值区集中在以沈阳和以大连为中心的辽宁中部与南端、以长春为核心的吉林中部、以哈尔滨为核心的黑龙江西南部，工业化、信息化、城镇化的低值区大块分布在黑龙江省东部煤电化基地区域，绿色化低值区域集中在以朝阳、阜新为核心的辽西；农业现代化整体呈现由北向南逐渐递减的阶梯式格局。

（3）34个地级市"五化"综合发展水平存在着明显的等级层次性与差异性，沈阳、哈尔滨、长春、大连等高级别的"五化"增长型城市与鹤岗、双鸭山、白山、辽源、七台河、本溪等低水平"五化"衰退型城市差距仍较大，沈阳的工业化、城镇化与绿色化，哈尔滨的信息化，齐齐哈尔的农业现代化指数在东北三省首屈一指；沈阳与大连的信息化超前于其他四化，本溪的绿色化超前于其他四化，其余城市的农业现代化在"五化"中优势最大。

（4）东北三省"五化"整体处于轻度失调衰退类型，"五化"协调发展度排序为：辽宁省＞吉林省＞黑龙江省，沈阳、长春、大连与哈尔滨处在初级协调发展阶段，吉林与大庆为濒临失调衰退，轻度失调衰退的城市比重最大；哈长城市群无疑成为东北三省"五化"协调发展的制高地，以沈阳为核心的辽中城市群、以大连为核心的沿海经济带"五化"协同发展区波及程度不深。

（二）政策

（1）针对东北三省工业化与信息化相对滞后的形势，继续完善信息技术对其优势工业产业结构转型、改造与升级的配套与协作作用，尽可能去打造东北特色的、科技含量高、资源消耗低、环境无污染的绿色工业，在大量吸引国内外优秀科技人才的基础上，增大信息化技术在各大工业产业的投入比重，增强科技创新与成果的转化能力，加快创新性科技工业园区与新型产业的集聚发展作用，进一步促进工业化与信息化提档升级。

（2）针对"五化"格局不均衡问题，要因地制宜地制定适用于不同区域化、不同城市化的"五化"发展战略，辽宁省在黑吉两省的带动下，继续构建完善工农互促与专业化为核心纽带、与农业发展配套建设的标准化与规模化的现代农业先进发展体系，推进优质玉米、大豆、水稻等大型农产品原材料与粮食生产基地的建设；而黑吉两省要效仿辽宁，创新开发诸如路、水、电、教、卫、体等基础设施硬件的建设，倡导政府行为、生产行为、消费行为的绿色化，减少政府对市场经济主体的不合理管制与干预，继续在行政、户籍、高等教育、环境保护等方面构建完整的与"五化"协调发展相适应的制度与政策。

（3）最终的目的是推进东北三省"五化"的相互融合、协调进步、共同发展，发挥城镇化对农业现代化的重要引擎，利用新型城镇化推动工业优化升级，把绿色化的理念融入工业化、信息化、城镇化、农业现代化的建设中，强化信息化对工业化和农业现代化的贯穿与引导作用，努力实现东北三省特色的"绿色化与信息化为范式的工农业融合集聚发展的现代先进城镇化"。

项目负责人：刘方媛
主要参加人：徐衍、张亚娟、张影微、韩阳、崔书瑞、王双月、宋宝辉

黑龙江省农民专业合作社成员的利益诉求及其实现研究[*]

颜 华　王颜齐　王 勇

作为新型农业经营主体的重要组成部分，农民专业合作社在组织农民进入市场、提高农产品生产经营效率及发展现代农业等方面发挥了关键作用。截至2017年8月底，全国农民专业合作社已有193.3万个，已有超过一亿的农户加入农民专业合作社，占全国农户的46.8%，每个村几乎都有3个农民专业合作社，农民合作社成为农业现代化建设的中坚力量。农民合作社在黑龙江省也得到了快速发展，截至2016年年底，黑龙江省农民专业合作社的数量已达到8.9万个，但其发展仍处于初级阶段，发展过程中存在着很多问题，农民专业合作社成立的初衷是帮助普通农户解决农产品生产经营过程中的资金、产品购销、农产品加工等实际问题，但现今农民专业合作社的服务功能总体上比较薄弱，甚至部分已名存实亡，或者徒有虚名，没有为成员提供任何服务，没有达到农民专业合作社成员最初加入其中的根本目的，成员的利益诉求没有得到满足。

一、农民专业合作社成员利益诉求分析^①

为了全面分析黑龙江省农民专业合作社成员利益诉求，2016年11月至2017年7月，对黑龙江省71个农民专业合作社350个成员进行了电话调查和实地抽样调查。被调查的农民专业合作社分布在鹤岗市、鸡西市、绥化市、齐齐哈尔市、伊春市、哈尔滨市、五常市等10个县市。收回问卷350份，其中有效问卷284份。有效问卷中，核心成员87人，占30.6%，其余197人为普通成员，占69.3%。通过调查，成员加入合作社主要为获得合作社提供的基本服务、获得合作社的利益返还及其他的一些利益诉求。

* 黑龙江省哲学社会科学研究规划专项项目（项目编号：16JYD01）。
项目负责人为颜华教授，主要参加人员有王颜齐、王勇、张梅、李德丽等。
① 原载于《农业经济与管理》，2017年第4期，作者为颜华、马娟、黄崇珍。

（一）获得合作社提供的基本服务

　　农民专业合作社成立之初及运行发展的出发点是提供服务给加入的成员。大量的数据表明，通过提供农产品购销、农产品加工储存等基本服务，农民专业合作社可以帮助农户解决进入市场时面临的众多问题，因此农民专业合作社成员的主体利益诉求主要表现为获得合作社提供的基本服务。通过对 284 名黑龙江省农民专业合作社成员的调查问卷进行研究，成员希望获得的基本服务主要来源于合作社提供的资金服务、农产品购销服务、农产品加工服务、农机服务及技术培训服务五方面，具体情况如表 1 所示。

表 1　成员期望获得农民专业合作社获得的基本服务

服务种类	成员期望获得频数（个）	所占百分比（%）
资金服务	61	21.5
农产品购销服务	168	59.1
农产品加工服务	140	49.3
农机服务	126	44.4
技术培训服务	132	46.5

　　数据来源：调研数据整理获得。

　　（1）21.5%的成员希望获得合作社提供的资金服务。因为黑龙江省人均耕地面积高于其他省份，每户家庭农产品的生产经营成本也较高，资金来源短缺，通过加入合作社可以获得无息或者低息贷款，与银行贷款相比，合作社提供的资金贷款服务程序简单，不仅节约时间成本，也能以低息或无息的方式更高效地获得资金贷款，因此农民专业合作社中部分成员加入合作社的利益诉求是获得合作社提供的资金服务。

　　（2）59.1%的成员希望获得合作社提供的农产品购销服务。一方面，由于在农产品生产和销售过程中，合作社通过组织生产集体购买种子、化肥等农业生产资料，降低生产成本，种子得到统一批量的购买，方便销售服务的进行。另一方面，合作社能够以市场价收购成员的农产品进行集中销售，或是直接帮助成员销售农产品，以一定的比例从中提取销售费用。通过加入合作社，成员可以拓宽农产品的销售渠道，从农产品的购销获得巨大收益。因此，一些成员对合作社的利益诉求是要获得合作社提供的农产品购销服务。

　　（3）49.3%的成员希望获得合作社提供的农产品加工服务。为了方便销售，有些农产品需要深加工与精加工，农产品能够进行增值，农产品进行加工后有一定的增值效果，提高了农产品的市场竞争力，增加了农产品的销售收入。因此，一些成员加入合作社的利益诉求是获得合作社提供的农产品加工服务。

（4）44.4%的成员希望获得合作社提供的农机服务。因为在农业生产的每个阶段，农业机械都会在一定程度上提高效率，个别农业机械的成本过高，成员只能通过出租形式使用，通过成立合作社成员可以集资购买农业机械，加入合作社对于农机的使用更加方便且高效，因此一些成员加入合作社的利益诉求是为了获得合作社提供的农机服务。

（5）46.5%的成员希望获得合作社提供的技术培训服务。因为农产品市场上占据最大销售份额的依然是高质量农产品，农户若能充分利用信息技术，比如在农产品栽植、病虫害防治等方面科学种植，获得优质农产品，夺取市场份额，也将为农户带来收益，因此部分成员加入合作社的利益诉求是获得农民专业合作社提供的农业技术培训指导服务。

综上所述，农民专业合作社成员期望获得合作社提供的基本服务中，期望获得资金服务的成员所占比例最低，其他各项与农产品的生产经营过程紧密相关的基本服务比例都较高。

（二）获得合作社的盈余分配

除了对农民专业合作社基本服务的利益诉求外，对成员而言加入农民专业合作社的主要目的是获得利益返还。农民专业合作社的利益返还是成员获得额外收入的主要途径，也是稳固成员关系的重要手段。农民专业合作社对成员进行盈余分配的资金主要来源于主营业务的收入扣除所有支出后的余额。在对黑龙江省农民专业合作社成员的调研中发现，成员加入合作社希望获得合作社的盈余分配主要来源于公积金账户、股份分红、按惠顾额返还及按股分红与惠顾额返还结合四个方面。具体情况如表2所示。

表2　成员期望获得合作社的盈余分配

盈余分配形式	成员期望获得频数（个）	所占百分比（%）
公积金账户	26	0.09
按股分红	188	66.1
按惠顾额返还	66	23.2
按股分红与惠顾额返还结合	37	13.0

数据来源：调研数据整理获得。

（1）0.09%的成员希望获得合作社为每个成员设立公积金账户，量化为成员应得的盈余分配。由于目前设置公积金账户的只有少部分农民专业合作社，成员对公积金账户并不了解，甚至没有听说过这个名词，因此期望获得这部分盈余分配的成员比例较低，期望获得这部分盈余分配的成员几乎都为核心成员。

（2）66.1%的成员希望获得合作社按股分红的形式得到盈余分配。由于成员以不同方式加入农民专业合作社，核心成员多以资金入股，普通成员多以土地入股，因此成员对这部分盈余分配十分了解，但是多数普通成员是直接将土地以租金的形式承包给农民专业合作社，期望获得土地的租金，因此并不是所有的成员期望获得这部分盈余分配。

（3）23.2%的成员希望获得合作社按惠顾额返还形式得到盈余分配。目前农民专业合作社利益分配按照惠顾额返还这一方式进行得较少，农民合作社自身及成员对惠顾额返还的认识都不到位，因此期望获得这部分盈余分配的成员比例也不高。

（4）13.0%的成员希望获得合作社按股分红与惠顾额返还结合形式得到盈余分配。由于在调研的黑龙江省农民专业合作社中的利益分配机制都不完善，成员对按惠顾额返还形式进行盈余分配都认识不全，按股分红与惠顾额返还结合形式实现的更少，因此期望获得这部分盈余分配的成员比例只有13.0%。

综上，成员期望获得不同形式的农民专业合作社盈余分配中，期望获得按股分红形式进行的盈余分配所占比例最高，其余形式的比例都较低，主要原因在于成员对农民专业合作社盈余分配方式认识不到位。

（三）其他诉求

在调研中发现，成员加入合作社的根本目的主要是为了得到合作社提供的基本服务及盈余分配，除此之外，成员由于自身不同的原因还有其他的一些方面利益诉求，主要有规避风险、提高社会威望及获得国家政策补贴三个方面。

1. 规避风险

农产品生产要同时面临生产风险及市场风险，因为自然环境的不稳定及消费者行为偏好的变化会导致农产品生产经营的波动性，普通农户由于自身经济实力及文化程度的限制，无法应对农产品生产经营带来的风险，因此成员会为了规避风险而选择加入农民专业合作社，调研中发现成员会为了规避自然风险及农产品市场价格风险两方面选择加入农民专业合作社，具体情况如表3所示。

表 3 成员期望规避风险

期望规避风险类型	成员期望频数（个）	所占百分比（%）
自然风险	97	34.1
气象灾害	63	22.2
病虫害	34	12
农产品市场价格风险	77	27.1
总数	174	61.3

数据来源：调研数据整理获得。

由上表可以看出，61.3%的成员是为了规避风险选择加入农民专业合作社的。其中，34.1%的成员是为了规避自然风险选择加入，在发生自然灾害的情况下也能获得农民专业合作社的保底分红，27.1%的成员是为了规避农产品市场价格风险选择加入合作社。

（1）农业作为天然弱质产业，生产和经营都依附于自然界，自然因素的不规则变化会导致农产品产生一定的生产风险。一方面是由于目前全球气候变暖，自然环境呈现出不稳定、多变的特征，极端不常见的气候也频繁出现，严重影响到农产品的正常进行。另一方面，农村劳动力目前流失现象较为严重，兼业化情况也频繁出现，包括农业水利设施在内的农村公共品供给之后，加剧农户独自面对环境变化的风险，因此成员会选择加入农民专业合作社。在调研中发现，成员选择规避的自然风险主要表现在气象灾害、病虫害两个方面。其中，22.2%的成员是为了规避气象灾害选择加入，12%的成员是为了规避病虫害选择加入，由于很多农户有一定的农业生产经验，因此并不是所有成员都是为了规避风险才选择加入农民专业合作社。

（2）农业生产既要面临生产风险，还要面临市场价格风险，农户由于自身经济实力及文化程度的限制，难以承担市场价格波动的风险，因为经济的快速发展，农产品供求关系由原先的供求短缺转变到目前的供求基本平衡，且农产品市场常发生农产品难卖及价格波动幅度大的现象，致使农户承担巨大的市场风险，生产积极性也被严重削弱。若农户加入农民专业合作社，可以解决农民过于分散的状态，使农户以集体形式进入农产品市场。不仅提高了农民的竞争实力，节约了交易费用，也帮助农民规避了农产品市场价格风险。无论从交易成本经济学还是博弈论角度来说，农户加入农民专业合作社是有效规避农产品市场风险的有效手段，因此成员基于此原因会倾向加入农民专业合作社。

2. 提高社会威望

在对农民专业合作社成员的调研中发现，部分成员加入农民专业合作社的根本目的是为了提高自身的社会威望，而这些成员在农民专业合作社中都是理事会成员。其中 73 名都是村干部，有 51 名成员都表示希望能通过农民专业合作社能够带动本村经济的发展，帮助农户脱贫，增加农民收入，同时提高自身的社会威望，占比 58.6％。具体情况如表 4 所示。

表 4　成员期望提高社会威望

期望提高社会威望的成员	频数（个）	所占百分比（%）
总数	51	58.6
核心成员	51	58.6
普通成员	0	0

数据来源：调研数据整理获得。

在目前市场经济竞争激烈的情况下，农户对村委会的最大期望是希望能发展本村经济，带领农户共同致富，提高农户收入。首先，农民专业合作社成立的本质在于对外盈利，对内服务。如果农业生产技术能人及专业大户能利用其技术及市场优势，成立农民专业合作社吸引农户的参与，共同抵御农产品价格风险、自然风险等，农户的市场主体地位会得到大幅度提升。农民专业合作社通过主营业务，选取优良农业生产项目，有效降低生产及交易成本，为农户带来盈利。其次，农民专业合作社的成立能够为农民增加就业机会，合作社的规模化经营必然需要劳动力，为本村适龄人口提供就业渠道。这些使得农民专业合作社有效解决农户与市场之间的矛盾，带动农村经济的发展，提高了农户的收入，在一定程度上，农民专业合作社弥补了村委会带领农户致富的不足。最后，农业生产技术能人、专业大户、村干部等作为农民专业合作社的创办者，能充分利用自身人力及社会资源，有效带动本村经济的快速发展。因此农民专业合作社的稳定健康发展使得农户对这些农民专业合作社的理事长信任感增加，巩固了成立者的社会地位。

3. 获得国家政策补贴

由于政府近年来对于农民专业合作社的发展越来越重视，因此也逐步落实了对于农民专业合作社的各项扶持补贴政策。在对黑龙江省农民专业合作社抽样调查中发现，目前相关的政策法规还不健全，直接导致了许多相关扶持政策实施不到位或缺少法律依据，因此给部分关注农民专业合作社相关政策的理事长以可乘之机，在工商局注册农民专业合作社以套取国家财政补贴资金，因此部分成员加入农民专业合作社的主要目的是为了获得国家的政策补贴，主要包括财政支持政策及金融支持政策两大方面，这些成员基本都是核心成员，具体情况如表 5 所示。

表 5　成员期望获得国家政策补贴

期望获得国家政策补贴形式	期望获得的成员频数（个）	所占百分比（％）
财政支持政策	32	11.3
贷款贴息	7	2.46
直接补助	19	6.69
税收优惠	6	2.11
金融支持政策	17	5.99

数据来源：调研数据整理获得。

（1）11.3％的成员是为了获得国家的财政支持政策选择加入农民专业合作社的。其中，2.46％的成员是为了获得国家贷款贴息的财政支持政策，6.69％的成员是为了获得国家直接补助的财政支持政策。因为目前中央相关政府部门明确规定了农民专业合作社可申请的项目名录，以贷款贴息及直接补助的方式下发到地方政府部门，各个地区通过支持示范合作社项目，组织符合项目的合作社申报农业产业项目，向符合条件的农民专业合作社划拨政府财政资金。我国通过这项政策能够完善农民专业合作社基础设施建设，大幅度提高农民专业合作社的生产经营能力，部分合作社的核心成员是为了获得这项补贴才加入合作社。另外，2.11％的成员是为了获得税收优惠政策加入合作社。目前我国对农民专业合作社在农产品生产、加工、流通等领域有严格制定的相关税收优惠政策，所以了解这部分的成员是为了此项优惠加入的农民专业合作社。

（2）5.99％的成员是为了获得国家对于农民专业合作社的金融支持政策选择加入的。目前我国《农民专业合作社法》中有相关金融支持政策，国家政策性金融机构必须履行为农民专业合作社提供多项资金支持的义务，商业性金融机构也可以通过各种方式提供金融服务给农民专业合作社。虽然现行的农村金融服务体系还不健全，基层金融网点较少，但是农民专业合作社对金融服务的需求较为迫切，所以部分成员还是由于期望获得金融支持政策而选择加入农民专业合作社。

二、农民专业合作社成员利益实现现状及存在的困境

（一）黑龙江省农民专业合作社成员利益实现现状

1. 成员获得合作社提供服务的情况

《农民专业合作社法》中明确规定，成员作为农民专业合作社的主要服务对象，合作社有义务向成员提供农产品购销、农产品加工储存及农业生产相关技术信息等服务。在抽样调查的 68 家农民专业合作社 284 名成员中，不同程度的都有享受到合作社提供的各方面无偿基本服务，其中 20.8％的成员获得

了合作社提供的资金服务，从合作社获得低于银行的低息或者无息贷款；57.4%的成员获得了合作社提供的农产品购销服务，由合作社集中统一购买农资，成员的生产成本有所降低，且把农产品直接交由合作社进行销售或者以市场价直接销售给合作社；36.3%的成员获得了合作社的农产品加工服务，得到农产品的增值服务，加大了农产品的市场竞争力；41.5%的成员获得了合作社提供的农机服务，在农产品生产过程各个阶段提高了生产效率；44.8%的成员获得了合作社提供的技术培训服务，得到科学的技术方法指导，使农产品的生产质量有所提高。具体情况如表6所示。

表6 黑龙江省农民专业合作社成员获得服务的情况

获得服务类型	频数（个）	百分比（%）
资金服务	59	20.8
农产品购销服务	163	57.4
农产品加工服务	103	36.3
农机服务	118	41.5
技术培训服务	127	44.8

数据来源：调研数据整理获得。

由以上数据可以看出，成员加入合作社后获得合作社提供的农产品购销服务比例最高，说明农民专业合作社作为农业生产经营性组织，为成员提供了农业生产必须进行的项目，也为成员提供了最期望获得的利益诉求。获得的农产品加工服务、农机服务、技术培训服务为农产品生产提高效率、进行增值，成员基本都得到期望的效果。成员获得服务比例最低的是资金服务，一方面由于成员在资金贷款方面利益诉求较低，在调研中也发现合作社向成员提供此项服务的概率较低，理事长基本上会在合作社经营发展过程中以合作社作为整体向银行进行贷款，因此获得资金服务的概率最低。

2. 成员获得合作社盈余分配的情况

通过抽样调查成员期望从合作社获得的盈余分配情况，本文从成员是否获得公积金账户、按股分红、按惠顾额返还衡量成员获得的来自合作社的盈余分配。对于公积金账户，在调研的农民专业合作社中，只有少数成员获得了个人账户，因为很多成员对此项分红并不了解，甚至理事会成员也不完全不了解，因此只有4.9%的成员获得公积金账户；成员加入合作社都是以土地或者资金入股，在合作社中占有股份，因此对于此项分红成员比较重视，得到此项利益分配的成员概率也较高，占比48.6%；对于按惠顾额返还，由于很多成员并不了解其真正意义，只有部分成员得到此项利益分配，但也不是完全按照《农民专业合作社法》规定进行分配，只是为成员提供高于市场价的农产品收购，因此只有 20.8％的成员获得合作社按惠顾额进行返还的利益分配；对于按股分红与按惠顾额返还结合的利益分配，获得的成员数量更少，只占 9.9％。具体情况如表 7 所示。

表 7　黑龙江省农民专业合作社成员获得盈余分配的情况

盈余分配形式	频数（个）	百分比（％）
公积金账户	14	4.9
按股分红	138	48.6
按惠顾额返还	59	20.8
按股分红与惠顾额返还结合	28	9.9

数据来源：调研数据整理获得。

由数据可以看出，成员加入农民专业合作社后获得的利益返还多以按股分红形式得到，说明以股份加入农民专业合作社的成员较为重视，但是这部分成员数量总体所占比例并不高，其他形式的利益返还由于成员缺乏对这部分利益的认知导致获得的比例都较低，即使获得也并不是真正意义上的利益返还。

3. 成员获得其他利益诉求的情况

从抽取的样本合作社成员利益实现情况来看，成员由于个人原因期望获得其他方面的利益诉求也得到了一定程度的实现。部分农户选择以土地流转的方式将土地完全承包给农民专业合作社，即使存在农产品的经营风险，仍然能够以保底的方式获得土地租金。在农民专业合作社盈利充沛情况下，成员能够获得按惠顾额返还的利益分配。部分农户以土地入股的方式加入合作社，土地仍由农户经营，农产品由合作社以高于市场价的价格收购进行统一销售，农产品的市场风险等转接给农民专业合作社承担，54.2％的成员表示加入合作社后规避了农产品的生产经营风险；由于表示希望提高社会威望的基本为合作社理事长，因此只有 18％的成员表示获得这部分诉求，理事长通过农民专业合作社的成立，带动本村农民的就业及经济的发展，获得本村村民的信任及尊重，提高其自身的社会威望；由于很多成员缺乏合作社相关政策补贴方面法律法规，所以并未获得国家对于农民专业合作社的财政补贴，获得这部分补贴的多为合作社理事长，因此只占 23.9％。具体情况如表 8 所示。

表 8　农民专业合作社成员其他利益诉求实现

其他诉求	频数（个）	百分比（％）
规避风险	154	54.2
提高社会威望	51	18.0
获得国家政策补贴	68	23.9

数据来源：调研数据整理获得。

由数据可以看出，期望获得这部分诉求的成员比例与获得的成员比例几乎能持平，说明在这些方面有所诉求的成员基本都能得到实现。

（二）黑龙江省农民专业合作社成员利益实现存在的问题

虽然黑龙江省农民专业合作社近几年数量快速增长，成为新型农业经营主体的重要组成部分，作为逐步成为引领农民参与国内外市场竞争的现代农业经营组织，充分发挥了带动农户增收、维持农村经济稳定的作用。然而其发展仍处于初级阶段，整体服务功能较为薄弱，甚至部分合作社已是名存实亡，成员没有享受到任何基本服务。农民专业合作社在成员的利益实现方面存在一些问题，使得成员最初加入农民专业合作社的根本目的并没有得到完全实现，利益诉求难以实现。

1. 成员获得的服务多为初级服务

农民专业合作社能够吸引农户加入的主要原因在于，与普通农户相比，它具有很多制度优势及潜在功能，其中最重要的是农民专业合作社能够为社员提供农业生产服务，而这些基本服务是社员自身的资源禀赋所不能享受到的。在对黑龙江省 68 家农民专业合作社的调研中发现，成员基本都能享受到合作社提供的基本服务功能，主要以合作社提供的农产品购销服务、农机服务及技术培训服务为主，合作社为成员提供的深层次的资金服务、农产品加工服务等比例较小，成员能够完全享受合作社提供的所有服务的比例也较小。目前成员所享受到的服务都是为了进行农业生产所需的基本服务，以低于市场价的价格从合作社购进农业生产资料，或者由合作社集中销售农产品，但成员并未完全得到高于市场价的农产品收购利润；部分成员在农作时期租借农民专业合作社的农机，基本享受到合作社提供的农业机械服务，及合作社成员之间互相分享的农业技术经验，获得技术培训服务。由于成员对于合作社认知程度不高，对于享受到的基本服务满意度较高，忽视了其应享受到的各项服务。比如可以通过农民专业合作社进行贷款及农产品的深层次加工服务。

2. 成员盈余分配实现程度较低

农民专业合作社成员出资或者以土地入股加入合作社的主要目的在于获得农民专业合作社提供的各项服务及盈余的分配，盈余的分配主要来源于合作社的主营业务收入扣除所有固定支出后的余额。但是在对样本合作社成员的调研中发现，成员获得合作社的利益返还程度较低，主要以获得按股分红为主。成员以资金入股加入合作社的，会按照股份比例进行盈余的分配。以土地入股加入合作社的，股权分红部分以土地租金形式返还给成员，部分按照土地价格入股进行股份分红。相反，成员拥有公积金账户及合作社按照惠顾额返还的比例较低。很多成员并不了解自己是否享有公积金账户，获得这项形式盈余分配的成员比例较低。部分成员即使了解公积金账户，但是并不清楚如何量化为个人账户，获得的也很少。说明公共积累这部分产权没有完全成为成员所有，造成成员应得利益的损失。另外，样本合作社及成员对于惠顾额返还的概念基本都认识不清，使得按惠顾额返还合作社的盈余分配被逐渐弱化，给成员的应得利益造成了直接的损害，致使成员利益返还实现程度较低。

3. 不同成员之间的利益实现存在差异

在农民专业合作社的快速发展过程中，由于存在利益诉求、要素投入、承担风险等的不同，成员之间出现了分层现象，分为核心成员与普通成员。不同成员在农民专业合作社中承担着不同风险，因此扮演的角色也不同，核心成员与普通成员在话语权及管理权等存在明显差异，因此其利益实现程度也不同。在对样本农民专业合作社 284 名成员调研中，有 87 名成员是核心成员，其余197 名成员为普通成员，调研中发现成员的利益实现存在着差异。

表 9　黑龙江省农民专业合作社不同成员利益实现程度

利益实现		利益实现的核心成员频数（个）	利益实现的核心成员百分比（%）	利益实现的普通成员频数（个）	利益实现的普通成员百分比（%）
基本服务	资金服务	43	49.4	16	0.08
	农产品购销	33	37.9	130	66
	农产品加工	24	27.6	79	44.1
	农机服务	57	65.5	61	31.0
	技术培训服务	64	73.6	63	32.0
利益返还	公积金账户	14	16.1	0	0
	按股分红	67	77.0	71	36.1
	按惠顾额返还	35	40.2	24	12.2
	按股分红与按惠顾额返还结合	23	26.4	5	0.03
其他诉求	规避风险	36	41.4	118	59.9
	提高个人威望	51	58.6	0	0
	获得国家政策补贴	63	72.4	5	0.03

数据来源：调研数据整理获得。

由表 9 可以看出，普通成员与核心成员在利益实现上存在明显差异，主要体现在利益实现方式及利益实现程度上。在利益实现方式上，从调研的结果不难看出，普通成员的利益实现主要以获得合作社提供的基本服务为主，盈余分配实现得较少。而核心成员不仅获得合作社提供的基本服务，更多的是获得了合作社的盈余分配。在利益实现程度上，核心成员明显高于普通成员。首先从成员获得合作社提供的基本服务来看，核心成员获得资金服务、农产品购销服务、农产品加工服务、农机服务以及技术培训服务的比例分别为 49.4%、37.9%、27.6%、65.5%、73.6%。普通成员获得以上各项基本服务的比例分别为 0.08%、66%、44.1%、31.0%、32.0%；其次从成员获得的利益返还来看，核心成员获得的利益返还比例要远远高于普通成员，16.1% 的核心成员获得了公积金账户，77.0% 的成员获得了按股分红，40.2% 的成员获得了惠顾返还，26.4% 的成员同时获得了惠顾返还与按股分红。普通成员获得这几项盈余分配的比例分别为 0、36.1%、12.2% 和 0.03%。此外，还有 41.4% 的核心成员表示通过加入农民专业合作社规避了农产品的生产经营风险，58.6% 的核心成员通过参与合作社管理提高了社会威望，72.4% 的核心成员获得了国家对于农民专业合作社的政策补贴。普通成员对于这部分利益诉求获得的比例分别为 59.9%、0、0.03%。

三、农民专业合作社成员利益实现及其保障机制研究[①]

（一）农民专业合作社成员利益实现的影响因素研究

1. 研究假设

农民专业合作社成员是具有有限理性的经济人，在现有的认知水平下，会追求自身利益的最大化，但是合作社大多由拥有话语权和控制权的核心成员控制，同时对于合作社产权及利益分配方式的安排起到决定作用，因此，普通成员在追求自身利益实现时需要增强对利益分配的认知，加强自身对合作社的监督，并借助外部监督的作用。本文对影响普通成员利益实现的因素做出如下假设：

（1）合作社基本特征对普通成员的利益实现具有显著影响。合作社现有资产数额越大、成员数量越多并且是示范社以及拥有自己的品牌，普通成员的利益越可能实现。

（2）合作社社长的基本情况可能对普通成员的利益实现有一定的影响。社长的年龄、社会身份和文化程度都会对普通成员的利益实现产生影响。

（3）合作社产权安排对普通成员利益实现具有显著影响。核心成员（监事

---

① 原载于《农业经济问题》2015 年第 2 期，作者为颜华、冯婷。

会和理事会成员）在合作社中的出资比例越高，普通成员利益实现的可能性就越小。

（4）监管情况也会对普通成员的利益实现产生影响。 合作社监管分为内部监管和外部监管，合作社内部监管包括监事会召开次数、财务信息公开次数以及社员大会召开的次数，会议召开次数以及财务信息公开次数越多，普通成员利益实现可能性越大；外部监管越严格，普通成员的利益越可能实现。

（5）普通成员对利益分配的认知。 主要包括对合作社利益分配程序的了解程度、对应得利益的了解程度以及对加入合作社后自身民主权利的了解程度。这三个指标对普通成员利益实现皆有正向影响，对利益如何分配越了解、对自身应得利益越了解以及对可获得的民主权利越了解，其利益实现的可能性越大。

（6）普通成员对合作社事务的参与。 主要是指普通成员参加成员大会的频率、表决权的行使、对合作社事务管理的参与。普通成员越经常参加成员大会，对合作社的情况就越了解，利益就越有可能实现；重大事项的决策参与及表决对其利益实现也有正向影响；参与事务管理的普通成员利益实现的可能性就越大。

2. 数据来源及样本描述

为探究农民专业合作社普通成员的利益实现及其影响因素，对黑龙江省25个种植业专业合作社进行了调查，所调查的合作社分布在哈尔滨、齐齐哈尔、牡丹江、佳木斯、鹤岗、绥化、鸡西、七台河和伊春9市，其中哈尔滨和绥化各4个，齐齐哈尔8个，牡丹江、佳木斯和伊春各2个，七台河、鸡西和鹤岗各1个。

（1）合作社基本情况。 所调查的25个种植业合作社，主要是种植水稻、玉米、大豆、马铃薯等农作物，由农业种植大户和村干部牵头组建的居多，合作社主要依托农村专业大户和龙头企业，依托农业科技部门和政府部门成立的合作社较少；合作社全部在工商部门注册，均是2008年以后成立的，2008年和2009年成立的数量较多；68%的合作社拥有自己的农产品品牌，88%的合作社获得了不同级别的示范社称号，其中，省级示范社占56%，12%的合作社尚未被授予示范社称号。所调查的25个种植业专业合作社中，36%的合作社成员人数在101～500人。现有资产在1 000万元以上的合作社12个，占比48%，资产在500万以上的合作社19个，占比76%，显然，种植业合作社的资金规模比较大（表10）。

表 10　样本合作社的基本特征

统计量	指标	频数	比例（%）
成立时间	2008 年	7	28
	2009 年	7	28
	2010 年	3	12
	2011 年	5	20
	2012 年	3	12
荣誉称号	国家级示范社	1	4
	省级示范社	14	56
	市级示范社	7	28
成员数量	100 人以下	6	24
	101～500 人	9	36
	501～1 000 人	5	20
	1 001 人以上	5	20
现有资产	100 万元以下	3	12
	101 万～500 万元	3	12
	501 万～1 000 万元	7	28
	1 001 万元以上	12	48

（2）合作社盈余及普通成员利益实现情况。普通成员的利益实现包括在合作社中获得的低偿或无偿服务这一直接利益和加入合作社取得成员资格后获得的资金收益这一间接利益。所调查的种植业合作社中，由于自然因素的影响，2013 年 20%的合作社盈亏平衡，多数合作社还处于盈余状态。在普通成员的利益实现方面，96%的合作社为普通成员提供了低偿或无偿服务，其中，68%的合作社都为其普通成员提供农资采购服务和技术培训服务，56%的合作社为普通成员提供产品销售服务和产品加工服务，28%的合作社为普通成员提供产品包装服务，20%的合作社为合作社普通成员提供资金服务，直接为普通成员提供贷款或为向银行贷款的普通成员提供担保。在利益分配方面，有 64%的合作社实行按股分红，36%的合作社按成员的惠顾额返还盈余，12%的合作社按照按股分红和惠顾额返还相结合的方式进行利益分配，通过对合作社的调查，普通成员的利益实现，可以分为实现一部分、基本实现、实现大部分和完全实现这四种情况，其中，无偿服务或低偿服务得以实现时为实现一部分，无偿或低偿服务实现同时获得按股分红或惠顾额返还二者之一为基本实现，按股

分红和惠顾额返还同时得以实现为实现大部分，当无偿服务、按股分红和按惠顾额返还同时实现时为完全实现。为了研究需要，本研究将普通成员的利益实现分为两类，即完全实现和未完全实现，其中，当获得了无偿或低偿服务、按股分红和按惠顾额返还等全部利益时为利益完全实现，其他各种情况为未完全实现。在所调查的合作社中，38.89％的合作社使普通成员的利益得以完全实现，其余合作社普通成员的利益未能完全实现（表 11）。

表 11　合作社盈余及普通成员利益实现情况

统计量	指标	频数	比例（％）
	盈亏平衡	5	20
	100 万元以下	9	36
2013 年合作社盈余	101 万～500 万元	6	24
	501 万～1 000 万元	3	12
	1 001 万元以上	2	8
	无偿或低偿服务	24	96
普通成员利益获得情况	按股分红	17	64
	按惠顾额返还	9	36
	按股分红与惠顾额返还结合	7	38.89
普通成员利益实现情况	完全实现	7	38.89
	未完全实现	18	61.11

3. 变量设置

根据本文的研究假设，在构建农民专业合作社普通成员利益实现的计量模型时，选取合作社基本特征、合作社社长情况、合作社产权安排、合作社监管情况、普通成员对利益分配的认知和普通成员对合作社事务的参与六类 18 个变量作为解释变量（表 12）。

表 12　解释变量设置及其预计方向

变量名称	变量代码	变量定义	预计方向
合作社基本特征			
现有资产数额	X_1	合作社现有资产（万元）	＋
成员数量	X_2	合作社成员数量（人）	＋
是否是示范社	X_3	不是示范社＝0，市级示范社＝1，省级示范社＝2，国家级示范社＝3	＋
是否拥有产品品牌	X_4	没有＝0，有＝1	＋

（续）

变量名称	变量代码	变量定义	预计方向
合作社社长情况			
年龄	X_5	30～39 岁＝1，40～49 岁＝2，50 岁～59 岁＝3，60 岁以上＝4	?
文化程度	X_6	小学及以下＝1，初中＝2，高中＝3，本科及以上＝4	＋
社会身份	X_7	普通农民＝1，农村专业大户＝2，村干部＝3，企业家＝4	＋
合作社产权安排			
合作社核心成员出资比例	X_8	实际出资比例（%）	－
合作社监管情况			
监事会召开次数	X_9	监事会每年召开次数（次）	＋
财务信息公开次数	X_{10}	财务信息每年公开的次数（次）	＋
社员大会召开的次数	X_{11}	社员大会每年召开的次数（次）	＋
主管部门对合作社的监管程度	X_{12}	完全没有＝0，很少＝1，很严格＝2	＋
普通成员对利益分配的认知			
对合作社利益分配程序的了解程度	X_{13}	不了解＝1，了解一些＝2，一般＝3，比较了解＝4，非常了解＝5	＋
对应得利益的了解程度	X_{14}	不了解＝1，了解一些＝2，一般＝3，比较了解＝4，非常了解＝5	＋
对自身民主权利的了解程度	X_{15}	不了解＝1，了解一些＝2，一般＝3，比较了解＝4，非常了解＝5	＋
普通成员对合作社事务的参与			
参加成员大会的频率	X_{16}	从不参加＝1，经常不参加＝2，偶尔参加＝3，经常参加＝4，每次都参加＝5	＋
表决权的行使	X_{17}	否＝1，是＝2	＋
对合作社事务管理的参与	X_{18}	否＝1，是＝2	＋

注："＋"表示正向影响，"－"表示负向影响，? 表示方向不确定。

4. 模型选择

普通成员利益是否实现是二分类变量，本文将采用二元 Logistic 模型对影响普通成员利益实现的因素进行分析，以普通成员利益是否完全实现作为因变量 y，将"普通成员利益完全实现"定义为 $y=1$，将"普通成员利益未完全实现"定义为 $y=0$，二元 Logistic 模型的回归方程为：

$$p(y \leqslant j \mid x_i) = \cfrac{1}{1 + \exp[-(\alpha_j + \sum\limits_i^k \beta_i x_i)]} + \varepsilon_i$$

可转化为：$\ln \cfrac{p(y)}{1-p(y)} = \alpha_j + \sum\limits_i^k \beta_i x_i$

式中：y 表示普通成员利益实现情况，$p(y)$ 表示普通成员利益实现的概率，$1-p(y)$ 表示普通成员利益未完全实现的概率，x_i 表示影响普通成员利益实现的第 i 个自变量，β_i 表示第 i 个影响因素的回归系数，k 表示的是影响因素的个数，α_j 表示截距，ε_i 为误差项。

本文运用 SPSS19.0 软件对调研数据进行 Logistic 回归分析，在分析过程中采用 Forward：Conditional 方法，自动筛选显著变量，建立最优逐步回归方程。

5. 结果与分析

本文选取的 18 个变量之间不存在多重共线性，可以直接进行回归分析，在模型回归的过程中，最先进入方程的是普通成员对应得利益的了解程度，然后进入方程的是核心成员出资比例，而现有资产数额、成员数量、是否是示范社、是否拥有产品品牌、社长年龄、社长文化程度和社会身份、监事会召开次数、社员大会召开的次数、主管部门对合作社的监管程度等变量被剔除。显著变量分为两步进入方程。

Nagelkerke R^2 值为 0.669，Cox&Snell R^2 值为 0.500，均较大，Hosmer and Lemeshow 检验的卡方值为 3.125，$p=0.873 > 0.05$，所以回归模型的拟合度较好，纳入方程的两个自变量皆有显著统计意义，模型回归结果可以有效地反映普通成员利益实现情况。

由表 13 可知，①普通成员对应得利益的了解程度的 Wald 值为 5.507，$p=0.019 < 0.05$，且最先进入方程，其与普通成员的利益实现有显著性的关系，且估计系数为正，说明普通成员对自身的利益越了解，维权意识越强，就越有利于其实现利益。②核心成员的出资比例的 Wald 值为 4.235，$p=0.040 < 0.05$，且估计系数为负，说明核心成员的出资比例越高，股权的集中程度越高，核心成员对合作社控制的程度越大，对合作社剩余索取权和控制权掌握得越多，所以普通成员利益完全实现的可能性就越小。③通过回归分析，可以看出，产权安排和普通成员对利益分配的认知对普通成员利益实现影响显著，合作社自身特征以及合作社社长情况对普通成员的利益实现影响不显著，可能是调查样本的特殊性，导致这些因素的影响不显著，也有可能是本文选取的指标

和变量设置存在问题。

表 13　普通成员利益实现影响因素的模型回归结果

变量名称		系数	标准误	Wald 值	显著性	95%置信区间	
						下限	上限
步骤 1	普通成员对应得利益的了解程度	1.735	0.739	5.507	0.019	1.331	24.163
	常数项	−5.780	2.506	5.318	0.021		
步骤 2	核心成员出资比例	−8.159	3.965	4.235	0.040	0.000	0.678
	普通成员对应得利益的了解程度	2.796	1.278	4.784	0.029	1.337	200.645
	常数项	−3.325	3.154	1.112	0.292		
	−2 对数似然值			16.989			
	Nagelkerke R^2			0.669			
	卡方检验值			16.948			

（二）农民专业合作社成员利益实现的保障机制构建

1. 构建"契约＋服务＋交易＋股权"四位一体的利益联结机制

农民专业合作社普通成员与合作社之间的利益联结是否紧密直接关系到普通成员利益是否得以实现，所调查的 25 个合作社中，多数合作社与普通成员双方存在实际契约关系，但只有少数合作社与普通成员之间具有书面契约关系，这就降低了普通成员的参与意识。核心成员较多的享有股份分红，普通成员按股分红和按惠顾额返还这一部分的利益并未完全实现，有的合作社是以提供服务代替了资金返还的分红，由于利益联结形式松散，不利于普通成员参与合作社的运行及利益的实现，所以应构建"契约＋服务＋返还＋分红"四位一体的利益联结机制，即入社的普通成员应与合作社建立契约关系，以进一步明晰普通成员的产权，普通成员也是合作社的所有者，享有从合作社获得的法定权益，可以获得基本的低偿或无偿服务，资金入股即可享有股份分红，普通成员应该加强与合作社的交易，并享有惠顾额返还的利益，普通成员这一理性经济人的产权清晰且利益得以最大化时，普通成员将会与合作社紧密地联结在一起。

2. 完善"二次返利＋股份分红＋公积金账户"三次分配的利益分配机制

普通成员的利益实现包括从合作社获得的直接利益——服务以及间接利益——资金分配，普通成员获得服务较容易，在利益实现过程中，资金分配的利益实现存在问题。合作社在以低价向普通成员销售生产资料或高于市场价格收购普通农户的农产品时存在着"一次让利"，而合作社在年终可分配盈余中对普通成员的"二次返利"被"一次让利"替代，所以在利益分配过程中要坚持以惠顾额返还为主，保证二次返利；合作社核心成员的出资占总资产的大部分比例，普通成员加入合作社后不论是以资金入股还是以其他生产要素入股，都应占有股权，并按照比例参与分红；合作社获得的国家投资资产的盈余和合作社提取的公积金应该一起建立普通成员个人的公积金账户。通过二次返利、股份分红和建立公积金账户保障普通成员利益的获得更加全面。

3. 建立"普通成员部分委托+核心成员有限代理"的双向利益协调机制

合作社的委托代理关系，由于监督成本过高，会损害普通成员的利益，核心成员的内部控制，不利于普通成员剩余控制权和剩余索取权的实现。普通成员作为合作社的所有者之一，应该对核心成员实施部分委托，而不是完全把合作社的管理事务全部委托给核心成员，普通成员应该选出成员代表参与合作社的运营与管理以及重大事项的决策，例如利益分配方案的制订，而核心成员在代理合作社事务时，应该把重大决策在成员大会上进行公开讨论作出决策，保持普通成员与核心成员之间的信息对称。核心成员作为代理人制定了利益分配方案，多数是以按股分红为主，所以应该协调普通成员与核心成员之间的股权比例，在普通成员部分委托和核心成员有限代理之后达到二者之间利益的平衡。

4. 健全"普通成员+主管部门"双重利益监管机制

通过实证分析，普通成员对自身应得利益的了解程度是普通成员利益实现的一个显著影响因素，可以看出，普通成员维权意识的强弱，对其利益实现起到重要作用。普通成员应该深化对应得利益的认知程度，与农业主管部门一起加强对合作社的监管，内外监管同时进行，农业主管部门的外部监管主要是监督合作社的整体运营情况，而普通成员在合作社成员中占多数，应该对合作社内部事务的管理进行监督，并对核心成员的代理工作进行监督，特别是在利益分配方面和合作社盈余方面的财务管理进行一定程度的监督。只有普通成员和主管部门内外结合的双重监管才能有效保障普通成员的利益得以实现。

四、促进农民专业合作社成员利益实现的对策建议

（一）提高成员对于农民专业合作社利益的认知度

首先，加强农民专业合作社的宣传与指导，促进成员对于农民专业合作社各方面的认知。对于完全不了解农民专业合作社但加入的成员，应采取多渠道、多方位的全面宣传。农业行政部门应积极构建农民专业合作社帮扶体系，逐步构建农民专业合作社辅导员队伍，形成覆盖县、乡、村的基层辅导员队伍

体系，加强成员与辅导员的沟通，使得辅导员能深入到农民专业合作社中去，了解农民专业合作社目前的运营现状及存在的问题，积极参与黑龙江省农民专业合作社的发展。

其次，加强成员之间的沟通，缩小核心成员与普通成员的差异。即使农民专业合作社中占有多数股份的是核心成员，但是作为主体成员，普通成员利益的实现不容忽视。农民专业合作社在成立之初，就应向所有成员宣传普及农民专业合作社的基本知识及运营机制，并及时处理成员的疑问，获得成员的信任，使其在农民专业合作社中有归属感，真正参与到农民专业合作社的管理中，从而成员与农民专业合作社能够紧密联系在一起。对于农民专业合作社中的技术能手及理事会成员，也应多给予他们参与培训的机会，因为在实践中发现很多理事会成员对于农民专业合作社深层次的知识也并不完全理解，这样才能维持合作社健康长远的发展，保障成员应得利益的实现。

（二）规范农民专业合作社的股权设置

首先，应按照相关规定，以合理比例设置成员股权，适当放宽对于合作社成员入股资金来源的限制，例如可以吸引社会资本投资农民专业合作社，一定程度上分化合作社股权的集中。平衡农民专业合作社成员对于股份的控制，适当减少合作社核心成员的股份比例，对核心成员的出资额设置上限，避免出现核心成员集中控股，掌握农民专业合作社控制权。应给予普通成员享有农民专业合作社股份的机会，鼓励普通成员将其拥有的资源入股到合作社中，通过产权的合理配置避免股份不平衡的现象。比如普通成员可以通过土地及劳动入股，以此增加普通成员的股份比例。建议明确规定加入合作社的最低出资份额，避免出现普通成员由于较少的股份对合作社的事务参与程度不高，改变合作社经营发展以成员为核心的本质。

其次，加强管理农民专业合作社成员入社时的产权登记工作，使得产权界限明晰，充分调动成员的工作积极性，有效整合合作社的资源。通过规范股权设置，加强合作社的产权制度建设，保障成员表决权、参与权等权利的行使，以法律手段约束核心成员行为，保障普通成员应得利益的实现，真正做到合作社的利益共享。

（三）健全农民专业合作社的民主管理机制

首先，应不断加强农民专业合作社的文化建设。通过对成员的培训，培养其合作精神，加强对于合作社的归属感及责任感。强化成员民主管理的意识，积极参与及监督合作社经营活动，限制核心成员的不法行为。农民专业合作社内要坚持以普通成员为核心，营造团结的合作社氛围，增强成员的凝聚力，通过加强合作社的文化建设，强化成员在农民专业合作社的主体地位，帮助成员理解各自应承担的义务及可享受的权利，自觉成为合作社经营管理中的一员，以合作精神紧密联系农民专业合作社利益与成员。

其次，合作社应加强成员之间的沟通，努力缩小核心成员与普通成员之间的差异，避免资源禀赋差异带来的权利差异，严格落实合作社一人一票的管理权利，成员代表大会的召开应确保成员代表都能参加，代表普通成员行使民主权利，对农民专业合作社经营活动进行公平表决，遵守合作社运行章程，代表多数成员的权益，实现合作社的民主管理。作为监管制衡理事会的专门机构，应充分贯彻执行其监督职能，对合作社的事务及管理者的决策进行监督，强化监事会在农民专业合作社中的相对独立性及权威性，保障所有成员权利的行使，避免普通成员的应得利益受到侵占。同时健全对监事会成员的鼓励机制，构建绩效考核机制，提高其监督工作的积极性，审核监事会成员监督工作成果。

（四）加强对合作社发展的监管

首先，加强对农民专业合作社发展的外部监管。政府相关部门对农民专业合作社的监管应包含几方面，不仅要监管合作社发展的规范性，也应对内部管理及财务状况进行督查，保障成员利益的实现。另外对于农民专业合作社的监管不能只局限于形式，也应该加强监管的效果。定期的督查能够及时了解到农民专业合作社的实际运营情况，对成员的调查走访也能加强监管数据的真实性，检验农民专业合作社监管措施的实施成效，并对存在的问题及时做出调整，确保农民专业合作社能持续稳定的发展下去。

其次，加强对农民专业合作社发展的内部监管。充分发挥农民专业合作社监事会的职能作用，定期召开成员代表大会，成员通过投票选举出监事会成员，而不是由理事会直接决定。监事会也应充分发挥其监督作用，对核心成员做出的经营决策进行督查，并定期对农民专业合作社内部财务状况进行检查，检查合作社的盈余状况及为成员服务情况、农民专业合作社的可分配盈余是否按照一定的程序返还给成员，定期的督查能够有效避免成员的应得利益被核心成员所侵占，同时也是对农民专业合作社规范化发展的有效监督。

项目负责人：颜华
主要参加人：王颜齐、王勇、张梅、李德丽、马娟、孙鸿雁等

黑龙江省农业信息化水平测度及
对农户行为影响研究[*]

马增林　张　芳　孙　芳　张云峰　蔡玉秋

　　黑龙江省是我国的农业大省，也是我国的粮食主产区。习近平主席在视察黑龙江时特别强调，中国人的饭碗任何时候都要牢牢端在自己手上，我们的饭碗应该主要装中国粮。这不仅充分肯定了黑龙江省的农业大省地位，也表达了党中央和全国人民对黑龙江省农业发展的重视与期望。农业的发展离不开科学技术，农业信息化水平的提高可以帮助农民实时地掌握农业生产经营技术和市场供需动态，进而更好地调配农业资源，提高农业的生产效率与效益。因此，加快黑龙江省农业信息化建设就显得尤为重要，而开展农业信息化水平测度及对农户行为的影响研究也就具有重大的意义。

一、黑龙江省农业信息化服务建设现状

　　在农业信息化的建设中，黑龙江省政府发挥了主导力量。黑龙江省政府通过国家政策及政府规划，将大量资金投入广播、电视、互联网、农村座机电话、市县图书馆等信息化基础设施建设中，以确保黑龙江省信息化的稳定发展。

　　据统计，黑龙江省对农业信息化网络通信上的投入在 2004 年就已经达到了 85 亿元，其中信息化基础设施建设情况如下：移动信号钢塔超过了 4 500 个、光缆线的铺设长度高达 1.923 万米、各乡镇宽带介入量达到了 120 万户、村镇电话数量也到了 200 万部。截至 2010 年年底，黑龙江省农村电话覆盖率达到了 70%，到 2013 年年底，农村电话覆盖率达到了 90%，农户拥有电话的数量达到 195.4 万部。截至 2017 年，黑龙江省已有 0.889 万个村庄安装了宽带，其中"农业万事通"网站的注册用户达到了 2.79 万户之多。同时各县级建设图书馆 98 所，工作人员达 1 000 人以上，县级图书馆中图书共计 537 万册，其中乡镇与村民一同开展读书节活动达 800 余次。农村数字电视的普及率

　　* 黑龙江省哲学社会科学研究规划项目（项目编号：15JYD001）。
　　项目负责人为马增林教授，主要参加人员有张芳、孙芳、张云峰、蔡玉秋等。

达 30％以上，广播覆盖率达 99％以上，共计 193.4 万户，各类快递入住乡镇，其中邮局达到了 976 所，总邮递线路达 1 640 000 千米。

（一）黑龙江省农业信息服务网站的发展现状

1. 黑龙江省农业信息服务网站概况

农业信息网是实现农业现代化的重要网络平台，黑龙江农业信息网由黑龙江省农业农村厅主办、黑龙江省农业信息中心承办。其地址在哈尔滨市香坊区珠江路 21 号，其网站成立于 1999 年。目前为止，黑龙江省的农业信息网与众多农业院校、农业部门以及农业研究所网络互连，农户可以通过农业信息网直接进入各个农业院校、农业服务部门以及农业发展研究网站，这使农户可以更加方便、更加便捷地使用信息和获得信息。其中涉及的农业网站有东北农业大学农业委员会、农垦总局、北大荒集团等 15 个农业网站。在此基础上，农业信息网还和黑龙江省 13 个地市级农业网站建立联系，包括哈尔滨、齐齐哈尔、牡丹江、大庆等城市。在长达 20 年的运营和开发维护过程中，政府投入了近千万财务支持，不仅有专业的部门去维护网站，对网站进行更新改版，而且所有农业信息都是免费提供给农户的，这可以让农户真真切切地得到实惠和信息。

2. 黑龙江省农业信息服务网站信息获取模式

黑龙江农业信息网的信息来源主要从各市县级农业网站及国家数据库中获取。一是通过查阅每年黑龙江省的统计年鉴来获取各地农业信息化发展现状及信息，黑龙江省统计年鉴的信息相对规范且易获取。二是通过黑龙江省各级政府工作总结报告及会议报告来获取，这些总结及报告准确地反映了农业信息。三是通过黑龙江省各个市县农贸市场网站上的一些最新相关信息来获取，将各个阶段的信息进行整理可以反映一个市县地区的农业信息发展情况。四是通过各个市县的农业信息服务站收集农业信息，最后是通过各市县的新闻、报纸来收集统计信息。因此，农业信息网站的信息获取模式总结起来是四个方面：①黑龙江省统计年鉴；②各地市政府有关农业信息会议总结报告；③农贸市场的实时信息；④各地市的农业信息服务站。通过以上四种信息获取模式，从而实现农业信息网能够及时准确全面地为农户提供相关信息。

3. 黑龙江省农业信息服务网站运行情况

截至 2017 年末，黑龙江省各地市级农业信息网站已经整体建设完毕，在一次次的改版升级中，黑龙江省农业信息化网站也日趋完善。黑龙江农业信息网目前已经收纳了中国政府网、农业农村部、中国农业信息网、黑龙江省政府在内的农业信息。黑龙江农业信息网内设网站首页、机构简介、农业动态、政策法规、农业生产、市场信息、分析预测、渔业管理、质量追溯、农机化、专题专栏、信息公开、农业概况、信息化建设、农业视频、热点关注、农业科技、专家在线、大豆专网、玉米专网、马铃薯网、大米网、招商引资、公众参与等贴切农民实际利益的模块，黑龙江省农民可以通过网站内的链接进入全国各地的农业网站以及中国农业信息网，足不出户就能了解到最新的农业信息，找到最权威的专家解答疑惑，随时掌握基地生产动态。

此外，农户还可以了解最新专家预测信息，选择在粮食出售的最佳时间出售农产品，从而获得更高的利润，同时也可以了解未来一年的农业市场行情，选择种植的品种。农户可以通过网站的热点关注来了解黑龙江省的热点话题，进行交流探讨。其网站的日访问量目前已达到了万次以上，这也充分说明了农村农户对农业信息化的重视，表明农业信息化的发展已经达到了一定的高度。

（二）黑龙江省农业信息服务站的建设现状

1. 黑龙江省农业信息服务站概况

据统计，黑龙江省的农村农业信息服务站共计 75 个，截至 2016 年，服务站已覆盖了黑龙江省的主要市县区，分布较广。农业服务站主要建立在各个县，县作为市和村镇中间的行政地区，是信息转换交流的枢纽和桥梁。每个农业信息服务站负责该区域所有的村镇，所以其工作是很繁重的，需要收集各地信息，再整理录入系统，传达中央文件精神，为农民朋友做好解读。

通过实地走访调查，截至目前，黑龙江省所有村屯都已接入互联网。以户为单位，手机覆盖率达到了 100%。然而，当前黑龙江省农业信息服务站的建设遭遇瓶颈：一方面，手机农业信息服务的 App 仍处于开发建设中。另一方面，农业信息员短缺，除了少部分专职信息员以外，绝大部分都是兼职信息员。兼职信息员对整体农业信息化的了解不如正式农业信息员深刻全面，其工作能力也不够理想。因此，农业信息员的选用是黑龙江省农委应当重视的重点问题，要严格要求，多培训。

2. 黑龙江省农业信息服务站的运行

黑龙江省对农业信息服务站的管理是比较严格的。在信息的发布方面，信息经过农业信息员的严格审查筛选后，才能被发布到信息网，未有漏报或者虚报的情况发生。在农业信息员选拔方面，专职农业信息员均经过严格培训，拥有出色的农业信息处理能力，这保障了农业信息网信息的真实性和准确性。

在网站的运行维护中，黑龙江省各市农业信息服务站都有自己的、逐渐完善的法律法规及管理制度，这是服务站正常运行的保障。其中拜泉县农委信息站建立了《拜泉县农业信息管理与服务制度》，大兴安岭地区加格达奇区信息服务点制定了《加格达奇区农业信息传播制度》《加格达奇区农业委员会信息服务站管理制度》《加格达奇区农业信息采编、发布工作制度》等管理方面的法规。由此可以看出，各市县高度重视农业信息化服务站的建设、运行与维护。

（三）黑龙江省其他方式的农业信息服务体系渠道建设

农业信息的获取有很多的途径与渠道，除了农业信息网和农业服务站外，还包括农委、各地农业产业经销商以及电视媒体等渠道。随着农民生活水平的日益提高，手机新闻、App 等现代化工具成了农业信息来源的主要渠道，也是未来发展的重要渠道，因此，农业信息化建设也要跟随时代的步伐，开发相应的 App。

2006 年，黑龙江省在鸡西等地开展了农业信息服务"农业 110 热线"。2012 年 3 月，农业部推出了"12316"短信平台，这是与手机相结合的方式的体现，2017 年年底"12316"热线服务已经回复了 39 万多人次，体现了农业与电话的结合。与电视的结合主要体现在农业信息服务项目中，黑龙江省的农业项目已播出近 600 期。农民广播节目"信息市场"播出时间超过 150 期，其中包括大约 40 000 条信息。此外黑龙江省《农村报》在近年的发展中已成为我国非常著名的农业报刊，获得赞誉。通过《农村报》，黑龙江省的农民开辟了通向富人的道路。在日常生活中，农民还通过其他报纸和期刊了解农业信息。黑龙江省的农村报纸已覆盖 30 个行政村，黑龙江省也经常举办以农产品为主的农产品展示会议。

现阶段，黑龙江省多个城镇的农业信息服务渠道建设已经开始实施，其中也包括远程教育平台的开通。例如，在绥化市兰西县的 15 个乡镇，实现了远程教育网络平台，兰西县农民必须每周定时与农业部专家进行在线沟通。

（四）黑龙江省农业信息网络

2016 年年底，黑龙江省农业信息网络系统不断完善，基本建立完成信息服务体系。在网络建设中，目前黑龙江省已经开通了包括省农委（农机、水产、种子局）、东北农业大学、畜牧局、农科院、供销社等 8 个省级局域网，13 个市（地）级局域网，108 个县（市、区）级局域网以及 1 000 多个乡镇终端的四级农业信息网络，全省农村信息化服务覆盖率达到 99% 以上。全省各市、县、乡、村，以及各级涉农部门、中介组织和农业科研院所、大专院校都设立了农村信息化服务机构或信息服务点。

二、黑龙江省农业信息化水平测度指标体系的建立与评价设计

（一）指标体系建立的原则

要全面地描述和准确地把握农业信息化这个十分复杂的概念，必须采用若干指标来表示农业信息化的内部结构和外部关联，以完整的指标体系从不同侧

面和层次来全面综合表达；对表达结果加以量化处理，能够更加方便地比较各个环节，以此来更好地发挥指标体系的评价作用，从而指导农业信息化的发展。所以，倘若只是简单地采取一两个指标来建成农业信息化的测评体系，会导致对于农业信息化的状态评价过于片面化，不能做到客观公正，同时也不能反映出农业信息化水平特点的真实性。不过，要想建立全面综合、能够反映农业信息化水平的指标体系并不是一件简单的事情。这就要求我们在进行指标选取的时候必须要遵照以下几点原则：科学性原则、可操作性原则、适用性原则、可比性原则、动态性原则、代表性原则。

（二）指标体系设计思路

　　基于中国农业信息化的特点，本项研究通过采用理论分析的方法对农业信息化的相关概念、内涵以及主要内容进行分析，并汲取国内外相对成熟的农业信息化评价指标体系，在充分考虑指标体系建立原则的基础上，设置了农业信息化测度指标体系的总体框架。采用波拉特法的第一信息部门产值（农林牧渔服务业产值）和第二信息部门产值（制造业、建筑业、社会公共服务业、金融业、国家政党机关和社会团体等）来评测农业信息化水平测度值。它是用来揭示、分析并在一定时间内评估农业信息化的发展进程，为制定有针对性的农业信息政策，信息系统的改革和信息管理提供决策支持。图1展示了指标体系的设计流程。

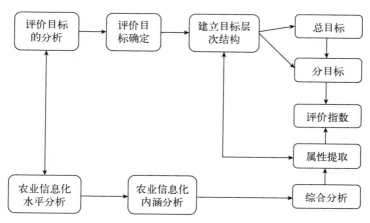

图 1　指标体系设计流程

（三）评价方法

1. 评价方法的确定

评价是指根据确定的目标来测定对象系统的属性，并将这种属性变为客观定量的计值或者主观效用的行为。评价过程中两个不可缺少的基本思路是指标权重的确定和评价方法的选择。在指标的评价过程中，倘若只是对每个指标进行单个的评价，将会导致得出的评价结果过于片面，不够综合。为了能够得出综合性的评价，需要给每个不同的指标给予它在总体中所占的比重，来反映其在总体中不同的重要程度。

每个指标所占的权重针对指标来说仅仅是相对的。权重反映的是该指标在综合性评价中的相对重要程度。倘若没有侧重点盲目地进行评价，得出的评价结果是不够客观的，通过设置权重从不同侧面去反映其重要程度，主要目的是为了区别对待各个指标在总体评价中的定量分配，以此来更好地实现评价过程。对于权重的设定方法普遍有两种可选：第一种是主观赋权法，这种方法是靠人们长期积累的经验来主观判断所得到的，第二种是客观赋权法，这种方法不同于第一种，它是依靠客观的数据所得到的，两种方法各有各的优缺点。

波拉特法的具体指标是信息产业增加值在国民生产总值中所占比率和信息劳动者在总劳动力中所占比率，这一方法是从经济学的角度来审视信息化的发展，堪称最早的测算方法。国民生产总值代表着直接提供给最终消费使用的商品及劳务总量，增加值是指在生产商品和提供劳动服务的过程中所增加的价值，国民生产总值包含了固定资产折旧，但是不包含在提供过程中的消耗和服务价值。在此基础上，波拉特法是本文所采用的用来确定评价指标权重的测量方法。

我国农业信息化水平测度的指标选取具有一定的难度，因为我国农业信息化的发展并不乐观，传统农业具有小农经济的特征，分散程度高，种类繁多，并且数据的获取存在困难。本文基于指标的科学性、数据的可获得性，根据波拉特法的理论和方法，再结合农业信息化的内涵、我国农业信息化的发展现状，把农业信息化产业分成了两类，一是第一信息部门，二是第二信息部门，再依据当年第一和第二信息部门产值之和占当年农业总产值的比重来确定农业信息化程度，即农业信息部门对农业的贡献率。此外，虽然在 20 世纪 90 年代初，我国就开始建设农业信息化，但是考虑到农业经济增长对农业信息化建设的反应具有滞后性和显著性，所以本文选取了 2004—2017 年的相关数据，测度黑龙江省农业信息化水平。

2. 确定评价对象的结构、评价因素

根据黑龙江省农业信息化实际发展的现状，结合波拉特计算方法，第一信息部门的测算产业主要如下：信息流通分配业、信息开发经营业、信息基础设施业、信息咨询服务业、一部分政府活动、信息传播报道业、信息技术开发业等。结合本文的研究基础将农业信息化的第一、第二信息部门分类如下：

农业第一信息部门主要包括科研教育产业和农林牧渔产业等。

农业第二信息部门的产值计算比较繁琐复杂，因为其中包括了不同类型的产业部门，结合我国的国情及波拉特法的使用，第二信息部门主要包括政府部门产业和服务业等的第三产业。

（四）农业信息化评价指标体系框架及内容

农业信息化建设是复杂并且庞大的系统性工程，因此总是容易受到外部环境因素的影响。外部环境的各项因素包括政府出台的政策与法规、农户行为、建筑、制造、服务和政府部门、教育与科研经费投入和农林牧渔服务业产值等。根据农业信息化目前的发展阶段，该研究选用下列具体指标：农林牧渔服务业产值，制造业、建筑业、社会公共服务业、金融业和国家政府部门，第一信息部门，第二信息部门。

其中，第一信息部门包括：农林牧渔服务业总产值，科教文艺等产值，农业总产值，国民生产总值；

第二信息部门包括：政府部门，建筑业，制造业，服务业。

三、黑龙江省农业信息化水平测度的实施

（一）黑龙江省农业信息化水平测度各要素取值情况

1. 波拉特法——第一信息部门

本文根据《国民经济行业分类》（GB/T 4754—2011），运用波拉特信息部门划分法，再依据《黑龙江统计年鉴》2005—2012 年的行业产值数据，将第一信息部门重新进行分类，其中《国民经济行业分类》（GB/T 4754—2011）是 2013 年推出的。第一信息部门包括黑龙江省农林牧渔服务业的全部产值以及《国民经济行业分类》（GB/T 4754—2002）的行业分类中第一信息部门分类（科学研究和综合技术服务业、教育文化艺术及广播电影电视业、邮电通信业）中所有有关农业部分的产值。

《黑龙江省统计年鉴》自 2003 年以后的数据中农业的总产值包括了农林牧渔服务业的产值，这对第一信息部门产值测算值带来了很大的影响。本文根据董鸿鹏（2013）《辽宁省农业信息化水平测度及对农户行为影响研究》的过程，把农林牧渔服务业产值估算为农业总产值的百分比，即：2004—2006 年的农林牧渔服务业产值为 2004—2006 年农业总产值乘以 0.01；2007—2008 年的农林牧渔服务业产值为 2007—2008 年农业总产值乘以 0.02；2009—2015 年的农林牧渔服务业产值为 2009—2017 年农业总产值乘以 0.03；再加上属于农业部

分的第一信息部门（科学研究和综合技术服务业、教育文化艺术及广播电影电视业、邮电通信业）的产值。其中：科学研究和综合技术服务业的产值为其总产值与当年农业总产值占 GDP 比重（％）之积，见表1。

表 1　第一信息部门产值

年份	农林牧渔服务业产值（亿元）	科教文艺等产值（亿元）	农业总产值占 GDP 比重（％）	科教文艺等产值为农业部分（亿元）	第一信息部门产值（亿元）
2004	11.37	337.1	23.9	37.08	48.45
2005	12.94	331.6	23.5	36.48	49.42
2006	13.91	352.0	22.4	38.72	52.63
2007	34.01	412.1	23.9	45.33	79.34
2008	42.47	434.0	25.5	47.74	90.21
2009	67.53	439.6	26.2	48.36	116.16
2010	76.09	486.0	24.5	53.46	129.55
2011	96.71	568.8	25.6	62.57	159.28
2012	118.57	598.8	28.9	65.87	184.44
2013	139.00	601.5	32.1	66.17	205.17
2014	146.84	683.1	32.5	75.14	221.98
2015	158.30	793.5	35.6	80.20	256.32
2016	169.32	801.6	36.7	84.31	268.36
2017	182.36	812.3	37.1	88.34	277.42

资料来源：《黑龙江统计年鉴 2013》《黑龙江统计年鉴 2016》《黑龙江统计年鉴 2018》；黑龙江 2000 年人口普查。

2. 波拉特法——第二信息部门

波拉特将信息化的 25 个主要的二级信息产业分为四类，即政府部门、建筑业、制造业和服务业。提出了用两个投入来评估他们的产值，即信息工作者的收入和信息基础设施的折旧。这两个投入的总和构成第二信息部门的近似输出值。我们把第二信息部门划分为 5 大部门：国家机关（国家机关、党政机关和社会团体）、生产部门、建筑业、社会公共部门和集成电路服务业和金融业。通过比较，一般采用第二信息部门增加值和第二信息部门的劳动者收入来估计第二信息部门的产值。其中：第二信息部门增加值等于第二信息部门的信息劳动者收入与第二信息部门的固定资产折旧值之和，又等于第二信息部门信息劳动者人数与人均工资加人均固定资产折旧值和的乘积。第二信息部门的信息劳动者收入（表 4）等于第二信息部门劳动人数（表 2）与第二信息部门劳动者平均工资（表 3）之积。其运算数据及过程如下：

表2 农业第二信息部门的劳动者就业人数

单位：人

年份	农林牧渔服务业	科学研究、技术服务和科技交流与推广	新闻、广播电视音像业	国家机构	合计
2004	70 000	1 605	341	328	72 274
2005	65 800	1 541	338	314	67 993
2006	88 300	1 690	424	313	90 727
2007	65 400	2 697	483	319	68 899
2008	59 700	3 643	555	318	64 216
2009	95 215	5 715	517	334	101 781
2010	95 479	2 878	510	332	99 199
2011	97 591	4 906	531	333	103 361
2012	93 263	1 189	423	335	95 210
2013	79 838	1 115	455	291	81 699
2014	71 098	1 154	409	277	72 938
2015	69 302	1 103	400	275	71 080
2016	66 321	1 256	389	268	68 234
2017	64 535	1 331	366	274	66 506

资料来源：《黑龙江统计年鉴 2013》《黑龙江统计年鉴 2016》《黑龙江统计年鉴 2017》；黑龙江 2000 年人口普查。

表3 农业第二信息部门的劳动者平均工资

单位：元

年份	农林牧渔服务业	科学研究、技术服务和科技交流与推广	新闻、广播电视音像业	国家机构
2004	5 928	19 891	27 340	12 675
2005	6 186	21 278	29 049	14 424
2006	6 933	23 022	30 609	16 374
2007	9 330	26 836	33 322	19 635
2008	10 052	25 712	36 175	23 230
2009	11 359	44 615	40 628	27 842
2010	13 119	41 169	38 718	30 675
2011	15 891	49 085	43 281	34 462
2012	20 910	58 468	47 875	36 814

（续）

年份	农林牧渔服务业	科学研究、技术服务和科技交流与推广	新闻、广播电视音像业	国家机构
2013	23 868	61 761	54 993	39 072
2014	25 862	63 643	57 864	42 794
2015	27 303	66 301	59 315	43 965
2016	28 341	67 512	60 124	44 678
2017	29 531	68 956	61 234	45 638

资料来源：根据《黑龙江统计年鉴2013》《黑龙江统计年鉴2016》《黑龙江统计年鉴2017》计算所得。

表4 农业第二信息部门的劳动者收入

单位：元

年份	农林牧渔服务业	科学研究、技术服务和科技交流与推广	新闻、广播电视音像业	国家机构	合计
2004	414 960 000	31 925 055	9 334 422.8	4 163 737.5	460 383 215.3
2005	407 038 800	32 789 398	9 821 176.41	4 530 578.4	454 179 952.8
2006	312 183 900	38 907 180	12 992 908.32	5 134 886.4	669 218 874.7
2007	544 782 000	72 376 692	16 110 187.34	6 263 565	639 532 444.3
2008	600 104 400	93 668 816	20 100 277	7 394 109	721 267 602
2009	1 081 547 185	254 974 725	21 018 489.52	9 310 364.8	1 366 850 764
2010	1 252 589 001	118 484 382	19 766 313.36	10 196 370	1 401 036 066
2011	1 550 818 581	240 811 010	23 003 851.5	11 496 523.2	1 826 129 966
2012	1 950 129 330	69 518 452	20 294 212.5	12 347 415.6	2 052 289 410
2013	1 905 573 384	68 863 515	25 074 058.35	11 405 116.8	2 010 916 074
2014	1 838 736 476	73 444 022	23 713 245.84	11 858 217.4	1 947 751 961
2015	1 892 152 506	73 130 003	23 761 589	12 103 564.5	2 001 147 662.5
2016	1 879 603 461	84 795 072	23 388 236	11 973 704	1 879 603 461
2017	1 905 783 085	91 780 436	22 411 644	12 504 812	1 905 783 085

资料来源：各年《黑龙江统计年鉴》。

　　波拉特将信息职业定义为其职业范围涉及与信息的产生、传播、交换和影响有关的职业。信息职业包括从事和提供信息市场的工作人员以及建设信息基础设备的工作人员（黄婷婷，2008）。本文根据以上结论再结合《黑龙江2010年人口普查资料》以及《职业分类代码》（GB 6565—2002）的相关资料和规则找出第二信息部门有关信息职业的制造业、建筑业、社会公共服务业、金融业、国家政党机关和社会团体五大部门的占比。并对其数据值进行估算。把制造业、建筑业、社会公共服务业、国家政府部门中的就业人数与农业总产值占GDP 的比重之积作为其第二信息部门人数，其中金融业第二信息部门的人数＝金融业总就业人数×10%。在此基础上，根据各个信息行业的工资平均值估算出第二信息部门的信息劳动者收入值（表 5）。在查阅《黑龙江统计年鉴2017》中没有政府的固定资产折旧，所以在计算第二信息部门的固定资产折旧时不包括政府部门。第二信息部门固定资产折旧值＝对应部门的固定资产折旧×农业总产值占 GDP 的比。

表 5　农业固定资产折旧和第二信息部门产值

年份	农业固定资产折旧值（亿元）	农业行业就业人数（万元）	人均固定资产折旧值（元）	第二信息部门劳动人数（人）	第二信息部门固定资产折旧（亿元）	第二信息部门产值（亿元）
2004	49.21	903.3	1 645.9	72 275	5.63	6.08
2005	74.65	949.0	1 773.4	67 993	5.61	6.06
2006	78.36	944.3	1 923.5	90 728	5.36	6.02
2007	100.25	949.4	2 203.1	68 899	5.88	6.52
2008	178.12	966.3	2 379.2	64 217	6.72	7.44
2009	184.23	978.2	3 111.1	101 782	6.22	7.59
2010	169.91	989.4	3 092.0	99 200	9.85	11.26
2011	270.36	989.2	3 568.0	103 362	8.82	9.85
2012	286.95	988.5	4 101.7	95 211	8.45	10.50
2013	301.23	992.8	4 492.4	81 701	14.12	16.13
2014	320.15	982.9	4 754.1	72 939	14.96	16.41
2015	335.36	1 021.3	5 263.2	71 081	15.35	17.01
2016	341.65	1 032.1	5 465.3	68 234	16.54	18.35
2017	350.55	1 025.6	57.635	66 506	16.98	19.21

数据来源：各年《黑龙江统计年鉴》。

（二）波拉特法各指标层权重的处理过程

表 6 为黑龙江省农业信息化水平测度总览表。从信息部门产值占农业总产值的比值可以明显地看出一个地区的信息化水平测度。从而可以近似得出黑龙

江省的农业信息化水平（2004—2017 年），它是反映黑龙江省农业信息化发展的一个重要指标。

表6　黑龙江省农业信息化水平的测算

年份	第一信息部门产值（亿元）	第二信息部门产值（亿元）	信息部门总产值（亿元）	农业信息部门总产值（亿元）	第一信息部门产值占农业总产值的比重（%）	第二信息部门产值占农业总产值的比重（%）	信息部门总产值占农业总产值的比重（%）
2004	48.45	6.08	54.53	1 136.6	4.26	0.53	4.80
2005	49.42	6.06	55.48	1 294.4	3.82	0.47	4.29
2006	52.63	6.02	58.65	1 391.1	3.78	0.43	4.22
2007	79.34	6.52	85.86	1 485.2	5.34	0.44	5.78
2008	90.21	7.44	97.65	1 523.4	5.92	0.49	6.41
2009	116.16	7.59	123.75	1 632.1	7.12	0.47	7.58
2010	129.55	11.26	140.81	1 765.3	7.34	0.64	7.98
2011	159.28	9.85	169.13	1 839.5	8.66	0.54	9.19
2012	184.44	10.50	194.49	2 052.3	8.99	0.51	9.50
2013	205.17	16.13	221.30	2 430.3	8.44	0.66	9.11
2014	221.98	16.41	238.39	2 503.8	8.87	0.66	9.52
2015	256.32	17.01	273.33	2 763.2	9.28	0.61	10.00
2016	268.36	18.35	286.71	2 865.3	9.37	0.64	10.00
2017	277.42	19.21	296.63	2 900.4	9.56	0.66	10.22

资料来源：根据作者计算所得。

（三）黑龙江省农业信息化发展水平综合评价结果

通过以上信息化评测，我们可以得出：

（1）从 2004—2017 这 14 年的测算结果可以清晰地看出，黑龙江省农业信息化水平随着时间的推移而增长，与其他农业发展良好的省份相比，黑龙江省的农业总产值的贡献率相对较低，原因在于黑龙江省的农业信息化正处于起步阶段，信息化配套设施还不够健全。

（2）与其他农业发达地区相比，黑龙江省农业信息化第二信息部门的产值相差幅度较大，这说明黑龙江省的信息产业相当落后，属于十分欠发达的状态，其信息资源及服务的利用效果不明显，这表明黑龙江省农业信息化所制定发展战略和相关措施没有得到实际应用。

（3）要想提高黑龙江省农业信息化水平，第一、第二信息部门都要采取相应的具体措施。第一信息部门要加强在农业科技方面的投入，包括人力、财力、教育和政府的政策支持等。第二信息部门也要进行大力整改，加强教育，做好长期的发展规划。

四、黑龙江省农业信息化服务对农户行为的影响

农业信息化可以为农民服务，给农民的生活带来质的改变。农业信息化对农业、农户的影响表现在诸多方面，主要表现在对农户行为、非农化行为以及生活生计等方面。通过分析可以得到在黑龙江省农业信息化发展进程中，黑龙江省农民对农业信息的重视程度、需求意愿、思维方式在农户自身行为上的体现，在信息化改变农户生产行为和农户的非农化转变上所出现的问题。通过实地调研来分析农业信息化对黑龙江省农户行为的影响，最后总结出对农户未来发展有切身利益的策略。

（一）信息化对农户农业生产行为的影响

1. 农业信息化对农户生产意向的影响

农业信息对农户的生产意向会产生一定的影响，主要体现在农户的种植倾向、技术采用情况、资源配置的效率和农户对风险的觉察及控制等方面，本文也从这些方面对农户的生产意向进行分析。

在对"是否关注上年与自己生产相关产品价格"问题的问卷调查中，其中70%的农户认为有影响，18%的农户认为影响不大，12%的农户认为不会产生影响。在"科技农业新信息和获得农业新政策后，是否会对生产行为产生改变"的问题上，有56%的农户认为会产生影响，34%的农户认为不会产生影响，10%的农户认为不一定产生影响。通过对比可以看出农业信息化的发展对农户行为产生一定的增强作用。

2. 信息化对农户生产技术采用的影响

增强农民对农业生产最先进的技术、最新信息的了解、掌握程度以及对信息的处理分辨能力是农业信息化的服务重点。选择生产所需的技术是农业信息化高速发展中不可缺少的一部分，该选择主要取决于农户对生产技术的认识和熟练程度。本章通过实证分析的研究方法，对农户在生产技术选择时是否受到信息化的影响及其影响的显著性程度进行定性分析，并通过数据结果对比信息

化对农户生产技术选择的影响。

（1）数据调查说明。本文对黑龙江省齐齐哈尔市拜泉县各个乡镇的村民进行问卷调查，一共对 400 个农户家庭发放了 400 份调查问卷，通过整理问卷数据结果来分析信息化对农户生产技术选择行为的影响，该调查也为深入了解农业信息化奠定了数据基础。

（2）研究的假设。第一，自身因素。农户获取信息的能力会受到农户年龄、性别和教育程度等自身因素影响。通常情况下农户的平均年龄越小、受教育程度越高，则其对信息化的运用和通过信息进行生产决策的程度越高。第二，耕地规模（耕地面积）。农户的耕地面积客观地反映了农业信息化的普及程度，即耕地面积越大，信息技术的需求程度也越大。普遍认为耕地面积越大，农业信息技术越成熟，而且农产品多销往外地，市场化的程度更高。第三，收入水平及兼业化程度。农户家庭的人均收入及非农收入占总收入的比重可以反映农户的收入水平，同时这个指标也反映了农户的经济实力及技术实力，整体上从客观的角度反映了生产技术的承受能力。第四，信息的获取能力。农户的信息获取能力可以用信息资源获取的难易程度衡量，通常我们认为信息获取程度越高的农户对农业生产技术的应用程度越高。第五，组织化程度。农户的组织化程度是指涉农企业与农户之间的合作关系程度。农业组织化程度与信息化内容的丰富程度是正向相关的，信息决策的选择性越大，农户的农业组织化程度越高。第六，生产技术培训情况。生产技术培训情况一般指乡镇政府组织的生产技术培训的范围。组织生产技术充分的地区，其农户学习成本较低，农业生产技术的选择范围也越大。

（3）信息影响农户技术选择行为计量模型的建立。通过前文总结出的假设，信息对农户技术选择行为可能主要受以下几方面因素的影响：农户的年龄（Y）、农户教育水平（E）、农户的受教育年数、农户户主的性别（S）、农户的农户人口及耕地特征（P），农户家庭人口数和人均耕地面积、农户收入水平（I），农户家庭的人均收入、农户的兼业化程度（J），农户是否有非农收入及非农收入占总收入的比重、信息获取能力（K），农户获取信息的难易度来衡量农户的信息能力、农户的组织化程度（R），农户与涉农企业和专业技术协会的关系，农户是否与涉农企业有订单或加入农业专业技术协会、政府部门的指导变量（G），是否有政府农技人员指导。模型可用以下函数形式表示为：

$$T=F\ (Y_i,\ E_i,\ S_i,\ P_i,\ I_i,\ J_i,\ K_i,\ R_i,\ G_i)\ +e_i$$

公式中，T_i 代表第 i 个农户是否采用生产技术；e 是随机误差项。模型中各影响因素选取的具体变量及统计数据由表 7 给出。

表 7　模型变量及其数据统计表

影响因素	全部农户	选择生产技术农户	未选择生产技术的农户
样本数及比例（个）	378	320	58
户主年龄（岁）	41.5	30	45
农户家庭人口（人）	3.5	3.7	3.6
耕地规模（亩/人）	3.55	4.2	2.1
农户教育水平（年）	9.1	12.0	8.7
农户收入水平（元/人）	9 557.88	11 863.09	8 056.7
农户能力	304	125	290
农户的兼业情况		是=1，否=0	
农户信息获取能力	370	346	24
农户的组织化程度		是=1，否=0	
是否加入专业协会等组织	356	322	34
农技人员指导作用	335	304	31
是否接受过知识培训、指导		是=1，否=0	

注：表中户主年龄、家庭人口、人均耕地、农户收入及农户受教育年数是平均数；其他二分变量数据均指具备二分变量为"i"所表达特征的农户个数。

计量估计模型选取 Logistic 模型，其模型的具体形式为：

$$L_i = b_0 + \sum_{t=1}^{T} p_i Y_{ij} + \sum_{q=1}^{Q} r_i E_{iq} + \sum_{u=1}^{U} r_i S_{iq} + \sum_{k=1}^{K} b_K P_{ik} + \sum_{s=1}^{S} c_s E_{is} + \sum_{j=1}^{J} d_j J_{if}$$
$$+ \sum_{m=1}^{M} f_m K_{in} \sum_{n=1}^{M} h_n R_{in} e_i + \sum_{o=1}^{O} p_o G_n$$

公式中，L_i 代表有利于采用信息农业生产技术的发生比的对数，通过该模型可以揭示各变量影响的显著性和对事件发生比的影响程度。

（4）计量经济模型计算估计结果分析。 本文使用 SPSS 中的 Binary Logistic。进行回归分析，选用强制进入法，考虑各因素的综合作用，利用 378 个农户样本资料，把所有假设变量纳入模型进行模拟计量得到回归结果（表 8）。

表 8　信息化对农户技术选择行为模型估计结果

解释变量	回归系数 （B）	标准误差 （S. E）	活尔德值 （Wald）	自由度 （df）	显著性水平 （Sig.）	发生比率 Exp（B）
年龄（岁）	−0.02*	0.048	5.987	1	0.10	1.236
教育教育水平	2.89**	0.337	4.661	1	0.004	9.401
性别	1.34*	0.356	7.985	1	0.036	3.964

（续）

解释变量	回归系数 （B）	标准误差 （S. E）	活尔德值 （Wald）	自由度 （df）	显著性水平 （Sig.）	发生比率 Exp（B）
耕地规模（亩/人）	1.41*	0.812	2.654	1	0.087	4.065
人均收入	1.23	0.752	1.302	1	0.563	3.385
兼业情况	−0.96	1.165	5.985	1	0.754	0.398
信息获取能力	1.68**	0.589	5.975	1	0.009	4.687
组织化程度	2.26*	1.035	3.30	1	0.036	9.365
技术人员指导	3.0**	1.213	8.398	1	0.006	18.153
常数项	−6.96**	5.203	8.635	1	0.001	0.001

注：*、**分别表示5%、10%的水平上统计显著。

根据上述模型设定和变量设置，得出二元逻辑回归模型的估计效果列于表9。

表9　整体模型的检验

Step	−2 Log likelihood	Cox&-Snell R^2	Nagelkerke R^2
1	57.362（a）	0.575	0.851

注：由于参数估计值改变小于0.001，所以估计在迭代次数为8时终止。

通过上表分析，Nagelkerke卡方为0.851，表明模型估计总体参数效果比较理想。根据模型估计结果，信息对农户采用技术行为的主要影响因素及其显著性和影响程度归纳如下：

第一，农户年龄、教育程度是影响农户采用生产技术行为的重要因素。户主的年龄系数符号为负，说明农户户主的年龄越大，越倾向于不选择农业信息生产技术；教育程度的影响系数为正，说明农户的户主教育水平越高，越倾向于选择生产技术。第二，农户信息获取能力和技术人员的培训、指导对农户技术的选择具有非常显著的影响。接受过技术培训或指导的农户更倾向于选择农业信息生产技术。因此，需要提高农户的获利感知，利用培训、指导等手段增强农户自信心，提高农户对生产技术的使用意向。第三，性别因素对农户生产技术使用意向影响较大。男性户主更易于接受生产技术。女性户主主要会考虑到风险因素，通常采取规避风险的措施，减少对生产技术的使用。因此，要强化对女性劳动者的教育宣传，加大女性生产力对生产技术的使用。第四，耕作规模和农户的组织化程度对农户的生产技术使用意向影响较大。农户耕作人均土地面积越大，其对农业信息化技术的采纳意向也越强。在其他条件不变的情况下，农户与农业企业和专业技术协会的联系越密切，农户愿意采用农业生产技术。第五，人均收入和兼业情况两个变量对生产技术采用的影响并不显著。说明收入水平对农户是否选择采用生产技术进行生产的影响较小，兼业情况对农户是否选择采用生产技术进行生产的影响也较小。

3. 农业信息化对农户生产要素配置的影响

农业信息化对生产要素的配置起到了优化作用，提高了生产要素的使用效率。首先，黑龙江省农业信息化及时准确地为农户提供了市场信息，使农户在投入产出时能够根据利润最大化的原则，优化配置资源，优化选择农户的劳动力、资金、土地和管理技术等要素。其次，农业信息化降低了农户的生产成本。农户在生产的各环节，都可以节省交易成本和交易费用。据调查，有61.5%的农户认为农业信息化帮助其节省了生产资料的采购成本和销售费用。

4. 信息化对农户生产经营管理的影响

近几年来，农业信息化对农户经营管理的作用日渐明显。黑龙江农户开始利用互联网、电视等各种信息平台来获取信息，通过对市场信息的分析和理解进而作出生产经营决策。从调研的情况看，有83.9%的人认为信息化对农户生产经营管理影响很大，有11.5%的人认为信息化对农户生产经营管理有一定影响，4.6%的人认为信息化对农户生产经营管理几乎没有影响。可以看出，农业信息化可以在产前、产中和产后向农民提供及时准确的市场信息，起到适当降低农业生产中的市场风险、减少农业生产的盲目性和波动性、简化中间环节、促进农产品生产和销售的市场均衡的作用。

通过分析信息化对农户生产经营的影响的数据以及问卷调查结果，运用SPSS软件分析得出农业信息化对农户财务收入的具体行为有：71.43%的农户认为信息化使农户可以应用到更先进农业生产设备和了解前沿的动态信息变化，87.30%的农户认识到杀虫、菌药剂的使用会提高秋天的收入，50.26%的农户觉得可以促进农业种植模式的更新，82.28%的农户觉得能减少种植成本，84.39%的农户认为农业信息化利于农产品销售。调查问卷结果分析得出，信息化对农户的生产起到了很大的作用，主要集中在农户的销售方面和成本的节约上，很大程度上降低了各个过程中农业的交易成本、费用。调查结果数据显示：

（1）农业信息化对农民学习最先进的生产技术、大型农机具的使用、国家最新政策的领悟有很大的指导和促进作用，同时对农产品的销售有很大的指导和推进作用。

（2）在农业生产技术的运用上，大量的先进生产技术、农机改装技术和生产知识从网络、手机 APP 等网上工具传入家家户户，农户足不出户就能了解最新的信息和最前沿的国家政策。农户在黑龙江农业信息网上获取信息的频率最高，但是对专家系统、965333 "三农" 热线等的使用频率并不高。信息的不对称性是农民出售种子价格高低的决定因素，所以了解最新市场行情是非常必要的。

（3）农业信息化服务站的建设是黑龙江省农业发展的重要一环。在信息化的推动下，农业信息化服务站的建设会呈现良性发展态势，农户的生产经验会越来越丰富，农户对国家政策的领悟也越来越精准。

（4）农业信息化建设给农户带来的众多益处清晰可见，农户依据科学的信息进行计划生产、组织销售，剩余劳动力也得到了安置和转移，农民生活水平也得到了显著提升。但与此同时，一些虚假信息也给农户的生产、生活造成了一定的影响。因此，有关部门要在农业信息化建设和农户信息的采纳与甄别等方面制定相应的法律规范。

（二）信息化对农户非农化的影响

信息化对农户行为的影响不仅表现在农业生产领域，还表现在对农户非农化领域的影响，其主要表现在对农户非农化就业的影响。农户的非农就业是指农户由农业转移到第二、第三产业，从事农业生产以外的生产活动，包括加工制造、建筑、运输、批发零售等服务业，一般情况下以农业劳动力的转移作为主要的表现形式。

1. 信息化对农户非农就业职业选择的影响

农户的非农就业是转移农村剩余劳动力的主要方式，农业信息化的发展可以为农户提供各种职业培训，可以大幅度提高农户的文化素质，增强农户的就业能力，很大程度上促进了农户的外出务工，加快农户的非农化行为（表10、表11）。

表 10　农户非农就业的职业选择

农户非农就业职业选择	农户的数量（户）	所占比例（%）
加工制造业	126	33.33
建筑业	150	39.68
服务业	10	2.65
其他行业	92	24.34
合计	378	100

数据来源：实地调查所得。

表 11 农户非农就业的信息来源

农户非农就业信息来源	农户的数量（户）	所占比例（%）
个人寻找	180	47.37
亲戚朋友介绍	150	39.68
政府部门	20	5.26
中介机构	30	7.89
合计	380	100

数据来源：实地调查所得。

2. 信息化对农户非农就业的地域选择的影响

根据研究的需要，在对调查问卷的设计中，根据农户非农就业的地域远近的不同来区分农户的非农化行为：本地务工的非农化行为；本省务工的非农化行为；外省务工的非农化行为。根据 380 户农民调查的数据显示，农户外出务工地点的选择和农户获取信息的难易度有很大的相关性。黑龙江省外出务工的总劳动力中在本地和在本省务工的劳动力占 80%，有 52.6% 的农户选择在本地（市）务工，而省外务工的仅占 20.3%。

实地调查的结果表明，农户选择本地务工的概率受信息文化程度的影响比较大，文化程度越高，选择本地务工的可能性就越大；文化程度越低，选择本地务工的可能性就越低。我们认为，其原因是，信息化程度越高的地区，农户能够获取的信息就越多，农户获得信息的概率也就越大，这时农户可以根据自己家庭的实际情况，选择适合自己的区域务工。本地信息化程度较低的地区，由于地区经济条件比较薄弱，信息也很闭塞，基础设施也不够完善，农户在本地域很难及时获得就业信息和正确的就业选择，于是只好离开本地区域，在省内和省外选择就业，获取比较满意的报酬。

3. 信息化对农户非农就业的影响程度

通过走访了解，青年农民外出务工是农民家庭中的普遍现象，根据调查农户外出务工的原因，根据 380 户农户结果表明，57.1% 的农户是为了增加收入而选择外出务工，28.9% 的农户外出务工则是为了寻求更好的就业机会，11.1% 的农户为了学习更加先进的科学技术而选择外出打工，剩余 2.9% 的农户外出务工是由于其他原因，比如为了改善子女的教育环境、提升家庭生活质量、改变家庭生活环境等。调查结果显示：基于当今我国信息化的快速发展，大部分农户不受传统小农意识的影响，而是开始慢慢地通过各种新媒体技术去了解本居住区域内部的经济发展状况和生活水平，并且尽可能地利用各种有效渠道，去提高家庭的收入水平。调查结果表明：大多数农户是为了增加收入而选择外出务工，这种现象和托达罗的人口流动理论正好相吻合，在调查信息化对农户外出务工的影响时，发现大多数农户认为信息化的发展会使他们的通讯费用有所降低，这也促进了农户们的外出务工行为。因此，农业的信息化不仅给农户提供了良好的交流平台，还给农户提供了新的沟通方式，这既降低了农户外出务工时的通讯费用，又有利于农户之间的相互交流与合作。

（三）信息化对农户生活、生计的影响

1. 信息化对农户健康的影响

农户健康状况决定了劳动力要素的生产效率。在农村，"因贫致病，因病返贫"的现象时有发生，严重制约了农民生活的改善和农业生产效率的提高。根据调查结果表明：有 37.04％的农户认为通过网上预约和电话咨询医生的方法进行就医可以大幅度降低治疗成本和费用；31.22％的农户认为农业信息化的发展可为他们看病就医提供方便；23.81％的农户认为通过农业信息化的不断发展，使他们了解和学习到了更多的疾病防治信息；其他农户认为农业信息化的发展增强了他们的就医意识等。

2. 信息化对农户社会资本的影响

社会资本指的是所有人能触到的社会资源，包括公务员及其家属、公司的朋友和社交网络或其他农业合作社所有利益相关者之间的关系。农业信息化通过网络促进人们之间的交流，从而增进互信与合作，促进农业快速发展。信息化对农户社会资本的影响主要体现在以下几个方面：

（1）扩大信息获取渠道。 建设农村信息服务站是农村信息服务的重要途径。该网站有信息网络，信息管理，农村站有权访问数据等项目。调查结果显示，超过百分之五十的受访者认为，应该考虑扩大信息量获取渠道，增加农户接受信息的平台数量，使农户及时获得生产生活所需要的信息。

（2）促进农民参与村级和其他政府部门的交流。 在信息技术领域，信息化的发展为城市管理提供了有效的平台，在一些农村区域，例如拜泉县民生村，信息化的发展为农户提供了一部分公开信息，如统计报告等，这些信息可供村庄使用和访问，农民可以得到有用的信息，也可以为信息化的发展建言献策。信息技术的发展不仅可以为农户提供参与村务问题的途径，还可以帮助农户与村干部等中间层进行沟通，与当地村民进行互动。

五、提升黑龙江省农业信息化水平建设的对策

（一）黑龙江省农业信息化发展的路径选择。

通过查阅网上资料以及实地走访调查，我们可以清晰地看出黑龙江省农业信息化的发展状态，在农业信息化领域，黑龙江省农业信息化当前的主要目标和任务是建立农业信息化的未来发展战略，要把重点力量投入到信息资源的建设以及信息化服务等方面。同时，可以从以下几个方面推动黑龙江省农业信息化的发展路径：

1. 加快本地特色资源数据库构建

黑龙江省不同省市地区的农业化生产存在着较大差异，主要以种植和牧业分区为主。在种植和畜牧业发展的基础上要充分发挥网络资源，着重建设开发黑龙江省特色资源数据库，让网络与实际农业特色相结合，加强网络数据资源的管理，提高服务水平，重点发展现代农业特色产业。

在农业数据资源整合方面，要确保信息的准确性、及时性，加强监管，杜绝虚假信息的传播。要把工作重点放在互联网生产信息传播以及畜牧业发展问题解决方案的推广上，对农业互联网信息人员进行培训，提高其对互联网的操作能力，让农民朋友在黑龙江省农业特色资源库上获得有关农业方面的信息。

2. 加强信息资源建设与利用模式研究

农业信息化资源的准确性和及时性是现代化农业在市场经济上的关键要素，而且其质量要求不断提升，因此，需要建立符合农村经济发展的农业信息化资源平台。

第一，资源共享。建立资源共享是农业信息化网络平台需要完善的重点，目前在黑龙江省范围内，大量的信息资源存在管理无序的现象，同时这些信息资源也不符合农业信息网络共享的要求。共享农业信息资源共享会对黑龙江省农业信息化的发展带来巨大的便利和优势。因此，需加快建立资源共享平台。

第二，建设农业信息化决策系统。农业宏观决策、农业生产管理、科研都属于农业信息化决策系统的一部分。具体内容包括：政策模拟、控制决策计划模型和粮食安全预测。相关部门应加强研发工作，建立符合黑龙江省特殊自然环境和品种特征的农产品、畜禽、水产品专家决策支持系统，以满足农业集约化生产的需要。

第三，巩固农业信息化体系的技术及研发。

（1）农业信息化网络中农业信息资源建设平台的建设离不开农业信息化数

字农业，数字农业在农业发展环境因素获取、市场信息、农业信息的整合中发挥着重要的作用。根据黑龙江省农业发展特色及切实状况建设农业信息化数字技术共享平台，研发高效率农业机具，带领农民实现现代化农业。

（2）着力发展农业数字化，在农业生产中鼓励推荐使用土地遥感、地理信息系统等先进数字化技术。整合电子信息、计算机应用、地球科学、风险管理和灾害评估等先进技术；开发精确的农业技术系统：3S应用、农业机械、农业开发工程、计算机控制和管理、动态监测和传感以及决策控制。

（3）加强数字农业技术集成和应用示范系统的建设。根据东北经济形势和信息资源基础设施，推进农业技术推广体系建设，提高科技服务意识，加强科技成果转化。建设农村网络站点，实现农业信息共享及数字技术与农业结合的战略布局，大力发展农村经济，推广先进的农业信息化技术。

（二）黑龙江省农业信息化发展的保障机制

1. 外部保障机制

农村信息化开发建设是一项投资大、回报时间长、风险高的系统工程。政府必须调整相关政策，制定一套鼓励企业进入农村信息化领域的相关法律法规，确保企业在农村信息化管理中的合法权益。注重通过多种渠道增加信息和技术投入，建立多元化的投融资体系。制定各种优惠政策措施，鼓励企业、社会团体、个人和外国投资者参与农业信息化的发展和建设，动员社会各方参与农业信息化建设。

2. 内部保障机制

（1）加强组织协调。根据省市各级政府的统筹规划与整体要求，各级主管农业的单位应有效地设置专门机构来协调与管理农业以及农村信息化建设，进一步跟踪解决农业以及农村信息化推进过程中出现的阻碍。同时，要使各有关部门间保持紧密联系，逐步利用社会力量助力农业以及农村信息化的推进。在农业以及农村信息化建设的道路上，政府机关的主导及参与至关重要。

（2）健全制度规范。有必要制定可行有效的信息资源管理、信息服务和人员培训评估方法，明确工作责任。规范服务实践，区分奖惩，建立科学的管理、服务标准和有效的管理体系。同时，要注重制度创新。加强立法，建立健全农业信息法律法规，注重监督，依法保证信息质量的准确性、可用性。维护农业信息化各相关单位的权益，积极推动信息共享。政府应制定完善的政策法规、抵制垄断、保护知识产权，加强网络安全管理，打击农民和农民的虚假信息和行为。

（3）确保资金投入。有必要建立社会力量普遍参与的信息化农业投融资体系，并在农业和农业部门内部和之间建立有效的组织和协调体系。建立电信管理、IT企业、私营就业组织和个体农民之间的密切合作体系。虽然国家目前对农村信息化的资金投入逐年增加，但资金在部署过程中没有规范的注资管理制度，利润方式和部门员工收入方面存在诸多矛盾。所以，必须通过多种途径增加资金投入渠道，确保资金投入量符合信息化建设的要求。

（4）推动队伍建设。 农业信息服务涵盖农业生产技术、气候服务、地理环境服务、农产品销售等诸多领域。农业信息网络的发展需要大量专业人员，专业人员的知识能力可以为农产品经销商提供有关农产品的时间敏感和准确的信息。但是，就目前的情况来看，这类高素质、高水平的综合性人才仍然稀缺，导致农业信息资源的开发明显不足，信息来源缺乏真实性和及时性，这导致一些错误的信息和过时的信息浪费了农户的时间，致使农业生产产生了重大损失。因此，改善信息服务部门的人才队伍水平、建立高效运营的信息服务组织系统是当前的首要任务。

（5）加强农业信息基础设施的建设。 农业信息化基础建设是农业信息化发展的基本保障，是农户接受信息的传播通道。加强农业信息基础设施的建设，一方面，政府需要加大对农村信息事业的投资。政府应主动承担责任，完善信息传输措施，以形成"上下贯通，横向连接"的网络体系。另一方面，农户需要增加信息接收装备，作为农业生产的主体，农户也应该在自己的经济能力范围内，增加信息基础建设投资，例如接通互联网等，以便进一步了解信息技术，掌握市场信息。

（三）引进信息技术手段，培育高素质农民

新兴信息化技术的应用已经成为当前农业信息传播的主要依赖手段。农民作为在整个信息化过程中的信息使用主体，需要不断地提升其信息能力。客观来说，由于农户受自身的教育水平等因素的影响，想要快速全面地掌握信息技术的使用方法和技能是比较难的，这就要求我们针对这样的农户使用者进行相关的培训，从而加强这一类使用者的务农能力以及对于新的信息技术的辨别和分析能力。

一方面，培训有利于提高农民收集信息的能力。另一方面，通过对农户进行信息应用的培训，提高农户使用信息的能力，真正将信息转化为生产力，达到增效、创收的目的。在农户掌握了信息化技术的之后，我们用现代的信息化手段向农民传递信息将会更加简单，使农民不再是只能从事之前的单一的农业生产项目。信息化技术促进了农村劳动力职业结构的宽度，有效缓解了农村剩余劳动力无法解决的问题。目前黑龙江省农民每家每户都至少拥有一部手机，

而且智能手机也广泛普及，未来农业信息化发展的趋势也应该像手机 APP 方向发展，培养农户使用手机 APP 是现代农业信息化发展的趋势，手机 APP 可以实时观看最新农业信息，让农户实时掌握最新农业动态，只有这样黑龙江省农业信息化的发展才能越来越快，才能进一步带动黑龙江省农业进入国家先进行列。

项目负责人：马增林

主要参加人：张芳、孙芳、张云峰、蔡玉秋、王娇、王天一、李悠悠、于璟婷等

黑龙江农业生产性服务业与现代农业融合发展研究*

王 晶 杨 红 王菁菁

《中国统计年鉴》统计数据显示，2017年黑龙江省农林牧渔总产值为5 586.6亿元，其中农业总产值3 471.3亿元，位于东北三省的第一位。农业在黑龙江经济发展中担任重要的角色。农业现代化是推动黑龙江农业可持续发展的动力，在推动农业现代化的进程中，农业生产性服务业水平的提高将是必不可少的要素。发展农业生产性服务业，有助于解决目前黑龙江省农业生产经营成本逐年提高、生产效率比较低的难题。农业生产性服务业在黑龙江农业生产的产前、产中和产后环节起着怎样的作用？在互联网等创新要素对农业进行不断融合渗透的背景下，黑龙江农业生产性服务业在服务农产品生产的各个环节都采取的哪些模式，目前还存在什么问题？对这些问题进行解答对全面掌握黑龙江农业生产性服务业的发展状况和运行规律，构建以服务业促进农业的产业融合通道来推动目前农业供给侧结构性改革和粮食种植结构调整，实现加快农业发展方式转变的目标。从而为粮食主产区农业生产性服务业发挥农业生产效率提升的作用提出政策建议，这对当前黑龙江省农业产业结构优化、农业生产效率的提升，发挥粮食主产区保障国家粮食安全稳定有重要的意义。

一、黑龙江省农业生产性服务业发展现状

（一）黑龙江省农业生产性服务业总体规模稳步增长

据《黑龙江统计年鉴》数据显示，2006年黑龙江农业生产性服务业增加值为18.3亿元，此后农业生产性服务业增加值规模开始快速增加。2006—2016年增加值年平均增长速度为12.94％，其中2011年增加值比前一年的增长速度更是达到了20.38％的历史最高水平。2011年农林牧渔服务业的增加值

* 黑龙江省哲学社会科学研究规划项目（项目编号：15JYE06）。
项目负责人为王晶副教授，主要参加人员有杨红、王菁菁、赵囡囡等。

突破了 30 亿元，2013 年突破了 40 亿元，2015 年突破了 50 亿元，经过了 11 年的连续增长，2016 年黑龙江省农业生产性服务业增加值达到了 61.2 亿元，是 2006 年的 3.34 倍。

黑龙江省农业生产性服务业增加值的规模与中间消耗水平都在不断地提升。两者的变化趋势基本保持一致。2010 年农林牧渔服务业中间消耗为 25.9 亿元，此后逐年增加，2013 年超过了 40 亿元达到 40.2 亿，2015 年超过了 50 亿，2016 年又增加到 59.2 亿元。可见，农业生产性服务业规模的扩大，既表现在增加值上面，也体现在中间消耗规模的扩大。

（二）黑龙江省各地区农业生产性服务业发展规模差异较大

黑龙江省各地区农业生产性服务业的发展水平存在着较大的差异。从总体规模上来看，农业生产性服务业增加值规模最大的地区是黑龙江农垦总局，农垦系统 2016 年农林牧渔服务业增加值为 37.65 亿元，远远高于其他地市。哈尔滨市排在第二位，农林牧渔服务业增加值规模为 18.21 亿元，只有农垦系统的 48.35%。牡丹江以 7.998 亿元排在第三位。由于各地区农业生产规模条件存在着较大的差异，因此农业生产性服务业的规模差异也较大。

从农业生产性服务业在农林牧渔总增加值的比重来看，各地区的差异也比较明显。大兴安岭的生产性服务业在全部增加值中的比重为 9%，排在第一位。农垦总局生产性服务业在全部农林牧渔增加值中的比重为 6.53%，也远远高于全省的平均水平，排在第二位。七台河农林牧渔生产性服务业的增加值占全部增加值的比重为 5.30%，排在第三位。佳木斯、伊春、绥芬河、大庆、抚远、齐齐哈尔、双鸭山、绥化这八个地区农业生产性服务业在农林牧渔全部增加值中的比重都小于 1%。鸡西的规模占比虽然超过了 1%，但也只有 1.03%。黑河、鹤岗和哈尔滨农业生产性服务业占比超过了 2%，在这三个地区中哈尔滨市 2.65% 占比最高。鹤岗占比为 2.21%，黑河为 2.05%。从比重来看不同地区差异比较大。

（三）黑龙江省农业生产性服务业的投资规模不断扩大

农业生产性服务业固定资产投资规模可以在一定程度上反映农业生产性服务业目前发展规模和今后发展的潜力。本研究采用黑龙江农林牧渔服务业固定资产投资额来考查农业生产性服务业的投资情况。固定资产投资额与农业生产性服务业的供给规模有直接的关系，在一定程度上能反映农业生产性服务业的资金供给变化情况。2006—2016 年黑龙江农业生产性服务业固定资产投资额呈现出跳跃式的增长和波动幅度大的特征。2006 年黑龙江农业生产性服务业固定资产投资只有 16.9 亿元，2007 年虽有所增加但也只有 20.83 亿元，但 2008 年农业生产性服务业的投资规模比上一年增加了 107.6%，迅速扩大到 43.23 亿元，此后一直保持着非常高的增长速度。2013 年投资规模已经增加至 229.04 亿元，但 2014 年投资额又出现了一定程度的下降，减少至 207.06 亿元，2015 年投资规模一举突破了 300 亿元，达到 308.93 亿元的历史最高水平，2016 年又减少到 238.88 亿元。可见，近些年来黑龙江省农业生产性服务业的投入规模在不断地扩大，但存在一定的起伏。

（四）政府对黑龙江省农业生产性服务业的支持不断提高

近些年来，为了支持黑龙江农业生产性服务业的发展，中央财政和黑龙江财政都拿出各项专项资金来支持其发展。政府对农业生产性服务业的支持力度和支持领域都在不断地增强。以农业信息服务投入为例，2019 年 2 月，黑龙江省农业农村厅发布了《黑龙江省信息进村入户工程整省示范建设方案（市县级）》的通知，按照国家关于全面推进信息进村入户工程的总体要求，进行益农信息社建设。目标完成 8 857 个村级益农信息社的"一村一店"建设，按照农业农村部制定的益农信息社规范建设及运营。新建 897 个乡级中心社，完善配套设施，突出公益服务核心功能。通过乡村信息中心社将乡镇居民和各种类型的经营主体都纳入到服务对象范围。通过各级益农信息社为农户提供商品销售信息、农业种植技术信息，并且通过提供培训，进一步发挥信息服务业服务农民和新型农业经营主体的作用。新建 100 个县级中心社，聚集更多涉农资源，更好地发挥宣传、示范、引领、带动作用，突破益农信息社服务的农村范围，让广大城乡群众和经营主体都能享受到信息进村入户工程带来的便捷服务，将县级中心社建设成为该县域内的信息中心、创业中心、电商销售中心和大数据中心。

（五）黑龙江省农业生产性服务业的模式不断创新

近些年来，国家意识到发展农业生产性服务业的重要性和对农业发展的意义，因此不断出台政策鼓励农业生产性服务提供者进行模式的创新。黑龙江省的各级地方政府紧密结合本地区农业生产的要素禀赋和农业产业竞争优势，不断将先进技术应用于农业领域创新农业服务新模式。黑龙江省农业发展重点在于提升规模化经营能力，加快培育以农业龙头企业、农业合作社和农业园区为主体的农业服务组织，将农业产业链向农业生产性服务业延伸，重点加强农业技术推广服务体系和农产品运输与物流体系的建设，更进一步将产品质量追溯体系和农产品质量监管等服务纳入到农业生产性服务体系中，目前黑龙江省正不断完善农业产业链中的服务环节。

　　黑龙江省农业生产性服务业的模式在近些年来在政府的支持下创新能力大幅度提升。随着我国科技实力的增强，新技术不断涌。利用这些先进技术对农业进行升级和改造，可以给农业发展带来巨变。地理信息系统、遥感、全球定位系统等近几年来新兴的技术也被迅速地运用到农业生产领域。人们将这些技术与已经发展到较高水平的计算机技术、通讯和网络技术、自动化技术等相结合就诞生了数字农业。数字农业将以上的技术融合到农业生产中就可以实现对农业生产过程各个环节进行实时监测。农民可以监测农作物生长发育状况。数字技术还可以对农业生产进行模拟，定期获取信息生成动态空间信息系统。通过模拟可以找到生产各个阶段资源合理利用的各项指标。在这些指标控制范围内进行生产，高效利用农业资源。充分合理利用各种农业投入后农业生产自然可以达到降低生产成本的目的，伴随着生产过程中对环境的实时监测，自然可以改善生态环境，实现资源充分利用。生产过程的实时监测可以提高农作物产量和质量，同时依托于黑龙江现有农业资源，各类农业经营主体纷纷建立农业数字应用平台，这些数字应用平台可以为农民提供金融、保险、生产资料、农机农技和销售等全方位服务，满足农民农业中各类服务的需求。这些数字平台也为生产资料的厂商、粮食贸易商、食品加工企业提供对接接口。数字平台让农业产业链各利益方在平台上，清清楚楚沟通，明明白白放心交易。农民的产品有了买主自然愿意多生产，因此粮食产量也会增加。而且通过数字平台农户生产更直接地了解客户的需求，可以按照要求来进行生产有利于农产品品质提高。大量农业数字平台交易透明，融资便捷，流通顺畅，广大消费者也可以方便便捷地购买到符合食品安全的产品，让消费者放心。农业数字化应用平台利用自身强大的数据处理能力会唤醒沉睡的农业数据，创新数据应用。在平台基础上，建立处理能力强大稳定的数据分析系统，将分析结果应用到农业生产的各个领域。互联网＋背景下，农业数字化的发展必将开启传统农业的转型之路，打造农业全产业链信息化建设的样板。

（六）黑龙江省农业生产性服务业服务的领域不断拓宽

　　近些年来黑龙江省农业部门采取多项措施鼓励农业服务组织不断拓宽生产性服务业的服务领域，为农业生产服务。农业生产在带来农产品产出的同时也产生外部效应。最典型的外部效应就是农业生产会带来环境污染。农林牧渔服务业的环境污染效应是农业生产环节中最小的。2016 年，农林牧渔服务业一般固体废物排放才只有 0.42 吨，是所有产业中最低的。农业服务业的发展还可以促进农业其他产业环境的改善。

秸秆还田问题是困扰黑龙江省农业发展的重大问题。焚烧一直以来是黑龙江省农民处理秸秆的方法，导致空气污染严重。现在在政府的高度重视下，一些服务组织开始提供秸秆还田服务，解决政府与农户的燃眉之急。黑龙江省肇州县蓝天秸秆专业合作社就是在政府支持下成立的一家秸秆固化成型燃料企业。公司引进先进技术将秸秆回收后粉碎、挤压成生产颗粒燃料，这种颗粒燃料可替代煤，却不含二氧化硫，减轻污染物排放。向农民提供秸秆处理服务解决了烧荒带来的严重污染，而且秸秆焚烧带来的经济效益又增加了农民收入。

农业生产者化肥施用是一项重要的工作，农民需要投入大量的人力与物力。黑龙江省新大宁农用航空技术有限公司，主要经营高智能、大数据化的无人机租赁、销售、植保服务、维护保障服务业务。微小型无人机的发展与民用化应用推动了农业施肥（药）方式的变革，农民不需要投入更多的人力、物力、时间于田间生产。植保作业完全通过无人机来完成，航化植保作业提高了肥药的实施效果，既降低了用工量和人工成本。同时无人机施药效率明显高于人口施药，大幅减少劳动时间，提高了农业的生产效率。

二、黑龙江省农业生产性服务业发展存在的问题

（一）黑龙江省农业生产性服务业总体规模较小

黑龙江省农林牧渔服务业增加值在全部增加值中的比重一直保持比较低的水平。2006—2016 年，黑龙江省农业生产性服务业增加值在全部增加值中的比重一直在 2.5％以下。2013 年在全部增加值的比重只有 1.70％，最高为 2006 年也只有 2.44％。从 2006—2013 年，农林牧渔服务业在全部农林牧渔增加值中的比重还呈现出下降的趋势，2013 年占比又减少到 1.70％，近两年有所增加但也没有达到 2006 年的水平。可见，黑龙江省农业生产性服务业的比重在整个农业增加值是比较低的，因此黑龙江省农业生产性服务业的规模较小。

（二）黑龙江省农业生产性服务业需求和供给动力缺乏

由于黑龙江省农业生产性服务业的发展起步较晚，虽然经历了一段时间的发展但从发展规模上来看相对较小，因此农业生产性服务业的市场规模效应不明显。从需求方来看，虽然黑龙江省的人均耕地面积在全国来说排名比较靠前，但 2017 年黑龙江省农业从业人员人均耕地面积也只有 0.94 公顷。由于耕地规模较小，农户完全可以在家庭内部就可独立完成农业生产各个环节的工作，根本不需要社会化的服务。由于市场需求较少，农业生产服务企业达不到

实现规模经济效益的生产规模，因此生产性服务成本较高。成本较高影响了服务企业的经济效益，因此企业缺乏进入和参与该产业的动力。目前黑龙江省农村农业生产服务的供给主体仍主要是农业公共服务机构，其他类型主体参与较少。龙头企业和合作社提供低价生产服务的能力较低。主要原因是：一方面，我国农业用地的管制严格，农业企业获得土地审批手续繁琐，农业企业用地需求难以充分满足。良种繁育公司（基地）、农机公司等农业生产用地和配套用地不足。由于生产要素投入不足，农业生产服务生产规模和质量无法提高。服务提供能力弱抑制了企业扩大农业生产性服务供给的能力。另一方面，黑龙江省农业生产的经济效益无法与金融、信息等服务产业相比，掌握高精尖技术的高素质人才不愿意进入该产业。高技术人才缺乏也使农业龙头企业难以提供高技术含量的生产服务。

（三）黑龙江省农业生产性服务业农业金融和保险服务支持力度较低

农业生产性服务业的发展离不开金融服务的支持，黑龙江省农业金融、保险业务发展进度缓慢，提供的服务无法满足农业中小企业为扩大规模而产生的资金需求。根据《黑龙江统计年鉴》数据显示，2016 年黑龙江省农村中小金融机构共 2 053 家、有职工 30 700 人。这些金融机构 2/3 是农村信用社和农村商业银行。尽管金融机构数量众多，农户比较容易获得资金的农村资金互助社的数量较少，只有 6 家。农业小型服务企业和农户小额贷款缺乏高收益的激励和风险补偿金机制，小型企业获得贷款相对比较困难。同时银行开展的农业贷款业务与其他业务相比收益较低也影响了银行开展信贷支农服务的积极性。黑龙江农业金融服务主要为涉农贷款，金融服务产品种类较为单一，而且办理手续相对来说比较繁琐。同时近几年金融机构对农业的支持鼓励政策更新相对滞后，对农民从事农业生产的促进作用逐步减弱。在农民可支配收入低，农业生产风险相对较大的情况下，农业保险业务也存在一些问题。首先农业保险的承保范围较小，对农民从事农业生产的保障能力有限。近几年来，由于气候变化的原因，农业自然灾害频发，保险理赔金额的增加导致农业保险公司获利微薄。

图 1 反映了黑龙江省农业保险的保费收入与理赔金额的规模变化情况。我们看到，2011 年和 2012 年黑龙江省农业保费收入远高于理赔支出，但 2013 年农业保险理赔支出超过保险收入 7.4 亿元。2016 年农业保险理赔支出又超过了保费收入 5.7 亿元，这种情况的发生势必影响保险公司对该业务的开展。同时从农业保费收入与理赔支出占比来看，保险公司经营农业保险的风险也较

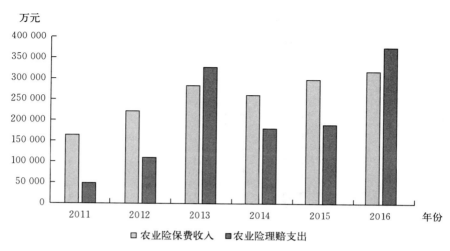

图 1   黑龙江省农业保险规模

数据来源:《黑龙江统计年鉴 2017》。

大。如图 2 所示,2011—2016 年农业理赔支出在全部理赔支出的比重都远远超过了农业保险保费收入在总保费收入中的比重。2014 年农业险理赔占比高达 21.24%。同一年,农业保险保费收入只占全部保费收入的 7.37%。保险业务收入与支出严重不平衡。2016 年农业保险理赔额占保险公司全部理赔额的比重虽然下降至 15.81%,但农业保险收入也降至全部保费收入的 4.64%。鉴于此农业保险公司提供农业保险的积极性肯定要受到影响。农业金融、保险服务与农业企业联系不紧密,农业企业由于缺乏资金来源,很大程度上限制了农业技术创新和农业机械化投入,因此不利于现代农业发展转型。

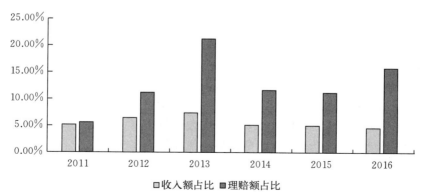

图 2   农业保险保费收入与理赔额的比重

数据来源:《黑龙江统计年鉴 2017》。

（四）农业生产性服务业发展配套基础设施不完善

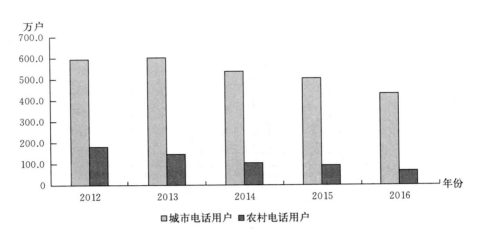

图 3　黑龙江省城市和农村电话用户数

数据来源：《黑龙江统计年鉴 2017》。

　　农业生产服务的提供要依赖于基础设施，基础设施条件的好坏直接关系到农业生产服务质量与规模。农业生产性服务业中的信息服务与物流服务等服务行业对基础设施的要求较高。尽管近些年农业基础设施建设在中央和地方政府的支持下不断扩大，取得了较大的成绩。但是随着技术更新换代速度加快，对基础设施升级的需求的频率也在不断提高。良好设计的运输系统可以使小农户能够从自给自足到小规模商业化进行转变。这有助于他们更有效地销售农产品，并通过促进沟通，有助于促进社会融合和提高生活质量。道路可用性基础设施（包括支线、轨道和路径）、储存设施和运输服务增加了流动性并鼓励了生产（Gebresenbet、Oodally，2005）。但目前与城市相比，农村的基础设施无论在数量还是在质量上均处于落后的状态，已无法满足现代农业发展需求。

　　以通讯服务为例，黑龙江城市和农村电话拥有户数存在较大的差异。2012年黑龙江省省市拥有电话数量为 594.3 万户，但农村拥有电话的户数只有181.7 万户，城市是农村的 3.27 倍。尽管电话用户城市与农村都出现了减少，但城市的规模还是要远远地高于农村。农业信息网络在乡镇、农村层面覆盖率较低，资费较贵。网络基础设施的落后导致商品销售信息传递不畅，农业物流专业化水平低。

　　以农产品物流服务业为例，农产品物流系统中的运输、装卸搬运、存储、订单处理等每一项功能的实施，都离不开基础设施。近年来，黑龙江省农业物流基础设施得到了较快的发展，但相对于快速增长的农业物流量需求还存在很大的差距。在交通条件方面，铁路路网的覆盖面较少，特别是黑龙江东部和北部地区铁路车次较少，而且铁路的货运周转量从 2012 年开始也出现了下降的趋势，2015 年货运周转量降至 20 年来的最低点，只有 593 吨千米。公路运输方式从 2007 年开始飞跃式的增长。2013 年公里货运周转量首次超过了铁路运输方式成为黑龙江省物流运输最重要的运输方式。但从公路设施来说农村地区的道路仍然是低等级公路占主体。表 1 列出了黑龙江省各类等级公路在全部公路里程中所占的比重。在全部公路里程中三级和四级公路占全部公路里程的 70% 以上，四级公路里程在全部公路里程中占比高达 52.7%，全部公路里程的 15.24% 是等外公路，2017 年高速公路只占全部公路里程的 2.72%。这充分说明黑龙江公路整体的质量并不高。公路路况较差，严重制约了农产品运输服务的发展。航空运输由于航线少、航班缺乏，运量较低。2016 年黑龙江航空运输运量只有 13 万吨，与公路货运量相比，只是公路运输货运量的 0.03%。现有的航空运输能力远远满足不了鲜活农产品运输对于时间的要求。农产品运输服务的发展也离不开农产品物流仓储设施。黑龙江省鲜活农产品储存所需的低温仓库、冷藏仓库等特种仓库严重缺乏，严重影响了农户对其农产品的销售。

表 1　黑龙江省各类公路里程在全部公路里程占比

单位：%

年份	高速	一级	二级	三级	四级	等外公路
1998	0.35	0.72	7.27	45.36	44.97	1.34
1999	0.35	0.71	8.24	45.33	44.04	1.33
2000	0.57	0.77	9.23	45.26	42.86	1.31
2001	0.66	0.87	8.95	52.91	28.33	8.28
2002	0.66	1.12	9.23	52.55	28.25	8.19
2003	0.63	1.42	10.17	50.80	28.49	8.48
2004	1.08	1.56	10.53	49.64	28.94	8.26
2005	1.43	1.67	10.64	48.91	29.32	8.03
2006	0.69	0.95	5.22	24.12	28.98	40.04
2007	0.74	1.03	5.28	23.44	36.11	33.40
2008	0.69	1.02	5.13	21.63	40.54	30.99
2009	0.80	1.04	5.68	21.25	46.83	24.40
2010	0.89	0.96	5.96	21.14	49.31	21.74
2011	2.38	0.83	5.69	20.76	50.12	20.22
2012	2.57	0.96	6.05	20.23	51.46	18.74

（续）

年份	高速	一级	二级	三级	四级	等外公路
2013	2.55	0.99	6.15	20.67	51.90	17.75
2014	2.51	1.09	6.52	20.95	52.04	16.88
2015	2.66	1.18	6.93	20.73	52.02	16.48
2016	2.64	1.45	7.02	20.86	52.22	15.80
2017	2.72	1.60	7.11	20.63	52.70	15.24

数据来源：《黑龙江统计年鉴》。

（五）黑龙江省农业生产性服务业从业人员专业素质不高

表2　黑龙江各行业工资水平

单位：元

年份	农林牧渔业	批发零售业	交通运输业	住宿和餐饮	信息传输、软件和信息技术服务业	金融业	房地产业	租赁和商服
2013	23 793	38 346	50 817	43 308	55 780	57 385	36 849	38 722
2014	25 816	41 480	56 406	39 387	59 055	58 112	40 002	39 918
2015	28 556	44 654	58 601	42 095	64 003	65 140	44 447	44 945
2016	28 782	48 576	62 977	44 807	62 707	64 737	45 376	48 066

数据来源：《黑龙江统计年鉴》。

　　农业生产性服务业发展过程中，人才短缺和人才队伍结构不合理，已成为制约现代农业发展的重要因素。由于基层农业服务组织工资较低，导致员工离职比例较高。2016年黑龙江省农业领域从业人员平均工资为28 782元，工资水平是所有行业从业人员中最低的。与此强烈对比的是金融业从业人员年平均工资为64 737元，排在所有行业的第一位，交通运输业62 977元排在第二位（表2）。因此从薪酬角度来看，农业服务业对高素质人才的吸引力非常低。包含新技术的服务需求不断增加，生产性服务业领域需要高技术人才提供服务。农业生产服务提供机构复合型高素质人才短缺，成为制约高技术生产服务供给的重要因素。这种现象在合作性服务组织的发展表现中尤为突出。例如，农机专业合作社随着服务领域的拓宽，不仅需要农机驾驶、维修等技术型人才，而且需要信息技术人才。此外，随着农产品市场开放，农产品市场竞争程度加剧，因此市场不确定性增强。农户利用新技术获取信息能力弱，致使农产品大量积压或产品价格上不去，销售渠道受阻，出现农产品增产不增收的现象。因此，如何满足种植专业合作社对市场经济规则有深刻认识，对市场变化趋势敏感，有营销策划能力的复合型人才的需求是一大难题。

（六）政府对农业生产性服务业的支持力度不够

尽管近些年来国家和黑龙江省财政支农的力度不断扩大，老百姓得到较大实惠。但财政支出结构不合理，全部财政支出中对农业的间接支持过多。农业支持的对象较为单一，在各国关注农产品市场开放的条件下，容易引发贸易争端，中美之间农业补贴和支持价格的贸易争端就是个非常典型的例子。黑龙江省对农业生产资料给予农民的直接补贴标准较低，因此给予农民的补贴，不能够抵消农民购买生产资料价格上涨的损失。并且良种补贴一般是按照农民的种植面积来进行发放的，因此补贴没有与种植优良品质的农作物推广有机地结合起来，影响了补贴的实施效果。政府农业投入的内部结构也存在问题，农业生产性服务业的投入比重较低，用于固定资产投资与农业科技投入额度比重过低。目前，黑龙江省支农资金在农民基本补助、农林水利等单位的日常运转支出中的占比依旧很大。在农业科技研究、农业科技转化与推广、农产品质量安全等方面的投入则较少。

三、黑龙江农业生产性服务业与现代农业融合水平与融合模式

（一）黑龙江省生产性服务业与现代农业融合水平评价

1. 融合水平评价指标体系和数据来源

（1）融合水平评价指标体系构建。 本文借鉴袁俊等（2018）评价文化产业与旅游产业融合发展的指标体系并结合黑龙江农业与服务业发展的特点以及数据的可获得性，构建黑龙江省农业生产性服务业与现代农业融合发展指标评价体系（表3）。

表3　各子系统评价指标的熵值权重结果

目标层	子系统	指标层	熵权重值
农业与服务融合发展水平	农业发展水平	农业总产值	0.111 0
		农业劳动生产率	0.116 4
		农业就业人数	0.384 0
		农业固定资产投资	0.157 8
		农业对经济的贡献率	0.230 8

（续）

目标层	子系统	指标层	熵权重值
		服务业总产值	0.192 0
		农业劳动生产率	0.237 0
农业与服务融合发展水平	服务业发展水平	农业就业人数	0.154 7
		农业固定资产投资	0.125 6
		农业对经济的贡献率	0.290 7

评价产业融合指标体系的关键性问题在于如何确定各个指标在整个评价体系中的权重。目前现有的学术文章中主要有三种方法：专家打分法、层次分析法和熵值法。专家打分法和层次分析法具有非常强的主观性，容易产生偏差，因此许多学者建议使用更加客观的熵值权重法来确定权重。因此本研究采用熵值法来确定两个子系统中指标层中各个指标的权重系数。由于各个指标的计量单位不同，因此为了消除计量单位中存在的误差，我们对原始数据进行极差无量纲化处理，公式如下：

$$X_{ij} = \frac{x_j(t) - \min(x_j)}{\max(x_j) - \min(x_j)} \qquad (1)$$

其中 X_{ij} 代表标准化处理后的数据；x_j（t）表示在 t 年份中第 j 项标的的原始数据；$\max(x_j)$ 为第 j 项指标的最大值；$\min(x_j)$ 为第 j 项指标的最小值。

对数据进行处理后要计算各个指标的熵值：

$$Y_{ij} = X_{ij} / \sum_{i=1}^{m} X_{ij} \qquad (2)$$

$$e_j = -\frac{1}{\ln m} \sum_{i=1}^{m} Y_{ij} \qquad (3)$$

其中，Y_{ij} 是第 j 项指标在第 i 年份的比重；e_j 是第 j 项指标对应的熵值。确定各个评价指标的权重：$d_j = 1 - e_j$

$$W_j = d_j / \sum_{j=1}^{n} d_j \qquad (4)$$

上式中 d_j 代表第 j 项指标的差异系数，W_j 是第 j 项指标的权重。根据以上步骤，以所研究的黑龙江省 2012—2016 年的各项指标数据，计算出各个子系统评价指标的熵值权重，计算结果见表4。

（2）黑龙江服务业与农业综合评价函数。综合评价函数为：

$$T(x) = \sum_{j=1}^{n} W_j M_{ij} \qquad (5)$$

上面公式中，$T(x)$ 为农业的综合评价函数；j 为农业评价指标的个数 $(j=1，2，3，\cdots，n)$；W_j 为评价指标的权重；M_{ij} 为农业的第 j 个指标第 i 个年份的无量钢化值，$T(x)$ 值越大，说明农业的发展状况越好，反之则相反。

$$C(y)=\sum_{j=1}^{n} W_j N_{ij} \qquad (6)$$

上面公式中 $C(y)$ 为服务业综合评价函数；j 为服务业评价指标的个数 $(j=1，2，3，\cdots，n)$；W_j 为评价指标的权重；N_{ij} 为服务业的第 j 个指标第 i 个年份的无量钢化值，$C(y)$ 值越大，说明服务业的发展状况越好，反之则相反。

$$Z=\alpha T(x)+\beta C(y) \qquad (7)$$

上式中 Z 为综合发展指数，反映农业和服务业的整体发展水平对融合度的贡献；α 和 β 为待定系数，在农业与服务业融合发展的条件下，我们根据景守武等（2015）的研究并结合农业在黑龙江的重要地位，取 $\alpha=0.6$，$\beta=0.4$。

（3）农业与服务业融合度模型。本研究采用融合系数来构建农业和服务业两个系统的融合度模型，计算公式为：

$$R=\sqrt{\frac{T(x)\times C(y)}{[T(x)+C(y)]^2}} \qquad (8)$$

$$D(T(x)，C(y))=\sqrt{R\times Z} \qquad (9)$$

其中，R 为农业与服务业的融合度，R 的取值范围在 0～1，R 值越大代表两个产业的融合性越好，值越小代表融合性越差；Z 为综合发展指数；D 为融合发展度，是衡量农业与服务业融合发展水平的定量指标。

（4）产业融合关系与水平的分类（表 4）。

表 4　不同融合度对应的融合关系与融合阶段

融合度	融合关系	融合阶段
$R=0$	无融合	萌芽阶段
$0<R\leqslant0.3$	低度融合	成长阶段
$0.3<R\leqslant0.7$	中度融合	发展阶段初期
$0.7<R<1$	高度融合	发展阶段中后期

如果光测度融合关系存在一定的局限性，即可能出现农业和服务业融合度较高，但农业和生产性服务业整体处于较低的发展水平，因而不能真实地反映服务业与农业的发展状态，因此还需要进一步测度两个产业的融合发展度。为了更具体有效地比较不同时段的融合发展状况，需要对农业和服务业的融合水平做一个等级的划分。借鉴袁俊等（2018）的研究成果，我们将农业与生产性服务业发展水平的耦合发展度划分为以下十个等级（表 5）。

表5 融合发展水平的等级分类

融合发展度	融合发展等级	融合发展度	融合发展等级
0.00～0.09	极度排斥	0.50～0.59	勉强融合
0.10～0.19	严重排斥	0.60～0.69	初级融合
0.20～0.39	中度排斥	0.70～0.79	中级融合
0.30～0.39	轻度排斥	0.80～0.89	良好融合
0.40～0.49	濒临排斥	0.90～1.00	优质融合

（5）数据来源。 本研究中各项农业和生产性服务业各项指标的数据均来自2012—2016年的《黑龙江统计年鉴》。

2. 融合测度结果分析

表6 黑龙江省生产性服务业与现代农业融合水平测度结果

年份	农业贡献度	服务业贡献度	融合度	融合发展度	融合发展类型	融合阶段
2012	0.531 4	0.187 2	0.438 9	0.377 6	轻度排斥	发展阶段初期
2013	0.653 0	0.444 1	0.490 9	0.508 9	勉强融合	发展阶段初期
2014	0.476 6	0.631 5	0.495 1	0.531 0	勉强融合	发展阶段初期
2015	0.495 3	0.849 0	0.482 4	0.584 2	勉强融合	发展阶段初期
2016	0.616 0	0.927 0	0.489 7	0.626 9	初级融合	发展阶段初期

采用2012—2016年的数据，根据评价指标体系进行融合度测评，测评的各项结果如表6所示。从表中的结果我们发现，2012—2016年，黑龙江省农业与服务业的融合度在0.4～0.5，整体处于比较稳定的状态，波动幅度较小。根据融合关系的取值范围判断，黑龙江农业与服务业的融合处于中度融合的状态，融合阶段为发展阶段初期。经过了一段时间的发展，黑龙江省农业和服务业的发展已经达到了一定的规模，尤其是服务业2016年的贡献度已经超过了0.9，处于比较高的水平。但是，由于黑龙江省农业与服务业的融合度并不高，因此没有形成融合的竞争优势。从融合度指标来看，黑龙江省农业与服务业的融合发展度在不断地提高，并且提高的幅度相对来说也比较大。两个产业的融合度由2012年的0.377 6上升到2016年的0.626 9，融合发展类型也由轻度排斥，演变为初级融合。这充分说明黑龙江省农业和服务业的融合基础在逐步的加强，但仅处于初级融合的阶段，两个产业的关联性并不强，服务业对农业的促进作用的发挥还非常得有限。

（二）黑龙江农业生产性服务业与现代农业融合模式分析

1. 应用先进技术提供农业专业化服务模式

生产性服务业与农业产业链的融合一般要依赖于农业产业链中对先进技术的应用。如果在农业产业链各个环节中都存在某一先进技术要素应用，那么该先进技术要素在农业产业中得以应用的范围就比较广泛，从而改造了农业产业链中的各个组成部分，必将产生以该创新模块为核心的新型农业形态，从而为农业发展提供新类型的专业化服务。随着新技术在黑龙江农业生产中的运用，这种融合模式在黑龙江得到了大发展。

2018 年开始，黑龙江省开始探索新型的农机技术推广服务模式。该模式率先在青冈县和桦南县进行试点。青冈县采用"秸秆还田耕种标准化技术"，桦南县采用的是"寒地机械化保护性耕作技术"。构建了以基层农机推广机构为主导，以农机专业合作社和农机科技示范户为主力的推广方式，形成"农机专家＋试验示范基地＋技术推广指导员＋科技示范户＋辐射带动户"多位一体的技术推广服务模式。农机管理平台和农机智能平台在各地区之间得到了广泛应用，实现了农机具定点定位、图片采集、作业信息和数据的收集、作业质量的监测。

地理信息系统、遥感、全球定位系统等近几年来新兴的技术也被迅速地运用到农业生产领域。人们将这些技术与已经发展到较高水平的计算机技术、通讯和网络技术、自动化技术等相结合被广泛地应用到农业的生产领域，为农业现代化提高专业化服务。将先进的技术融合到农业生产中就可以实现对农业生产过程各个环节进行实时监测。农民可以监测农作物生长发育状况。数字技术还可以对农业生产进行模拟，定期获取信息，生成动态空间信息系统。通过模拟可以找到生产各个阶段资源合理利用的各项指标。在这些指标控制范围内进行生产，高效利用农业资源。充分合理利用各种农业投入后农业生产自然可以达到降低生产成本的目的，伴随着生产过程中对环境的实时监测，自然可以改善生态环境实现资源充分利用。生产过程的实时监测进而提高农作物产量和质量。

微小型无人机的发展与民用化应用推动了农业施肥和喷洒农药方式的变革，农民不需要投入更多的人力、物力、时间于田间生产。通过无人机的航化植保作业，可以提高生产效率和肥药的效果，既降低了用工量和人工成本，又大幅减少劳动时间。

以上都是由于农机新技术的发展，可以使农业生产性服务业主体为农业生产提供创新的专业化服务，实现了农业生产性服务业与现代农业融合。

2. 平台化提供综合农业生产服务的模式

农业生产相对环节和链条较多，以往农民需要向不同农业生产性服务业主体购买不同的生产性服务，市场搜索成本相对较高。但互联网技术的出现，提供了各式的综合服务平台，可以让农户在一个平台上获得销售信息、农技服务、金融服务等类型的生产性服务。

黑龙江农道东北印象肇州分公司利用互联网的优势，构造了农民综合服务业的平台。该平台通过先进的互联网技术为广大农资企业、经销商和农户建立一个快捷、便利、安全的网上交易平台。在解决购买与配送的同时，还利用信息化手段实现农业技术的快速落地。保证线上有国内外农技专家"坐诊"，线下有农化技术人员"随访"。在互联网平台开通粮食代收服务，农产品上行服务，加大订单农业发展，逐步建立农户与用粮大户的对接，解决农户卖粮难的问题，扩大农村金融服务，真正让广大农民朋友通过农道平台实现增产增收。

兰西县将互联网技术应用到绿色食品的生产与销售环节，通过构建绿色食品的营销平台，实现线上线下相结合全方位销售模式来将优质的农产品用互联网的渠道进行销售。兰西县政府通过整合县财政资金，构建"互联网＋"绿色食品高标准示范基地，通过这些示范基地来提高兰西县绿色食品的生产与销售。为了保障绿色食品的质量，兰西县还定期对基地管理人员、技术人员和农户进行相关专业知识培训。并安装农产品质量安全追溯系统，对农作物实施全面的实时监控，这个监控系统与农业综合信息服务平台相连接，用户可以通过互联网和手机终端随时查阅实时信息。通过生产性服务业综合服务平台的作用，兰西县绿色食品产业得到了快速、高效的发展，广大农民得到了实惠。

3. "农业大数据＋金融科技"的农业生产性金融服务融合模式

为破解黑龙江省农民融资难、融资贵的问题，哈尔滨工业大学大数据集团联合黑龙江省农业农村厅、建设银行黑龙江省分行，创新探索"农业大数据＋金融科技"模式。利用大数据技术服务农业农村，使农户贷款成本下降到5%以下。新融资方式让黑龙江农民体验了"办事不求人"，整体提升了黑龙江省农村的征信水平，优化了营商环境。截至2018年4月初，"黑龙江省农村金融服务平台"累计授信金额达71.99亿元，实际支用35.02亿元，并已在黑龙江全省正式上线运行。

该模式以土地确权数据、"农村土地经营权流转管理系统"等为基础，以建设银行金融大数据为依托，成功开发了"黑龙江省农村金融服务平台"，研发了"土地抵押贷款""农户信用贷款"两个产品。在功能上，将汇集的农业农村厅土地确权、土地流转、农机购置及作业补贴、农业生产者补贴数据等收集、整理、清洗，并储存到农业大数据数据库，金融部门根据放款需求通过数据交互平台调取目标用户的相关数据，通过对数据分析识别、对贷款人信用等级及放贷规模进行线上自动评估，从而确定放贷对象及放贷额度，贷款申请人点击手机 APP 瞬间完成贷款。新模式拥有五个显著特点：省钱、省时、省事、省心、有尊严。农民通过最低的利率，用最便捷和迅速的操作方式，花最短的贷款周期，省去了繁琐的程序和不必要的担心，但却获得了最丰厚的收益。

4. 土地托管综合服务模式

土地托管是近几年来出现的一种新型提供综合生产性服务的模式。所谓土地托管指的是根据我国现有的国情，在不改变现有土地承包权、经营权以及收益权的前提下，接受服务的农户按照"托管自愿、有偿服务、利益共享"的原则将原本需要自己完成的播种、耕作、收割等农业生产环节全部委托给生产合作社完成。合作社与农户之间签订土地托管协议书，在协议书中明确规定双方的权利和义务，由合作社代替农户来经营与管理协议中的土地，为农户提供从播种到收割的全程生产服务，并且按照所提供的服务项目来获得报酬。合作社与农户签订协议，所有生产环节都有合作社负责、所有的生产费用由合作社承担。合作社由于土地经营规模大，可以采用集约化农业生产模式，合作社统一从厂家购买农资，选用优良的农业种子和肥料，可以减少单独农户生产中信息不对称的缺点。合作社可以利用自身拥有的先进农机和掌握的农业科技，进行更大程度的规模化经营。土地托管综合服务模式诞生以来，在黑龙江省一些地区受到了农户的欢迎。它一方面为合作社提供了从事集约化经营的土地规模，另一方面也为农户提供了远远高于自身从事农业生产的专业化服务，实现了收入的增长。

四、黑龙江省农业生产性服务业与现代农业融合发展的对策

（一）提高农业生产性服务业市场化水平与质量

目前，黑龙江省农业生产市场化程度低，缺乏动力，农业利润回报低。因此，农业发展和农业生产性服务业的发展向市场化、工业化、社会化和民营化转变，生产服务业应进一步与现代农业相结合，提高市场化水平，注重升级黑龙江省农业生产性服务的质量。因此，要解决这些问题，黑龙江省要从以下几个方面采取措施。

1. 降低进入门槛，鼓励市场竞争

当前，黑龙江省部分生产性服务企业的市场竞争力弱，这是因为黑龙江省农业生产性服务业中存在一定的垄断性。政府会在一定程度上控制农业中的农业生态保护、农业科技服务等方面，这种单一化的投资主体显然不利于市场竞

争和行业的发展。首先，为鼓励更多的企业进入市场以及参与市场竞争，黑龙江省应加快推进相关企业的改革，逐步改变以政府为主导的局面，降低行业准入门槛，用各种政策来鼓励民营企业融入到生产性服务业中；其次，政府应鼓励各类的资本投入到生产性服务业，鼓励投资的多元化，并建立公平的市场竞争环境，通过强化市场竞争机制，加强监管力度，规范政府管制行为，降低由政府引起的企业运营成本，通过形成一个更公平公正的农业生产性服务业的市场化环境来吸引更多企业进入到农业生产性服务业中，促进各企业之间进行有效竞争。

2. 强化生产性服务业与农业生产的关联效应

政府应积极引导和推动黑龙江省生产性服务业与现代农业的融合，首先要加大建设与农业生产性服务业相关的公共服务平台，为农业生产提供对接服务，加强相关服务性企业和生产企业的合作，为双方企业提供更多的信息支持，鼓励企业进行生产创新。其次要加强工业园区的配套设施建设，将新型农机装备制造产业、交通运输装备制造产业、新材料产业、生物产业、绿色食品产业等十大重点支柱产业融入到工业园区中，并通过更加优惠的政策，使更多的相关服务行业入驻园区，将生产性服务业与农业生产相结合，形成产业之间的联动，并促进农业生产性服务业的集中化、组织化。最后要进一步促进农业科技进步、金融保险服务的提高以及物流企业的发展，通过提供优质生产性服务业供给，提高农业的生产效率，增加农业产出。

3. 提升农业标准化水平

首先要扶持农产品加工的龙头企业，以龙头企业为纽带促进农业产业化发展，加强龙头企业的基础设施建设、技术创新、产品升级等方面，保证农产品质量的提升，一方面可以保障农民的收入增加，另一方面可以提高农产品的标准。其次以农业产业链为纽带，形成农产品生产良种化、水利设施标准化、农业技术集成化、经营销售信息化、农业生产劳动机械化的现代农业生产保障体系，提高农业的标准化水平。政府应该主导一些公益性和强制性的服务和监管，保障农作物的生产服务标准，通过开展农作物良种、土地、化肥、灌溉水等检测分析和治理，在农业生产源头上把关，并建立产地准出制度和可追溯平台，使得农产品的销售生产记录能够查询，运用信息化技术，探索建立农产品从投入到销售的全产业链环节监管信息系统，保证农产品的质量保障。

(二) 加强分工合作，完善农业生产性服务业发展的配套体系

1. 完善金融服务体系

金融业的发展对于农业的发展尤为重要，因此首先要健全金融服务体系，

严格防范金融风险，加强各大商业银行县级及县级以下金融机构的支农作用，积极鼓励各地区的金融创新，将电子商务、网上银行等新兴产品不断推广，进一步开发和完善新型中间业务，支持与现代农业发展相关的金融产品创新，各大金融机构应该积极引导部分国家财政资金、金融部门资金、企业投资向农业科技、农业信息、农产品流通、农产品标准化、农产品的质量监控、农民文化素质培训、农民创业就业等方面转化，以各大商业银行、村镇银行、农村合作社等农村金融服务主体，为龙头企业、农民专业合作社和专业大户等不同需求主体提供差别化、个性化服务，为普通农户提供全方位、多层次金融服务。其次，要加大对农业发展的信贷支持，进一步完善小额农贷制度，在风险可控的情况下降低农户贷款的门槛，提高对商业银行农业性质贷款的补贴或是降低农业贷款在风险资本计量中的权重，建立面向农户的信息担保机构。扩展金融机构为"三农"服务的范围，形成金融机构、农业合作社的担保机制，这样不但可以降低金融机构的运营风险，也可以更好地为农户贷款，乡政府或者镇政府要加强对农产品龙头企业、农业合作社进行监管；最后政府应该加强农户对农业保险的重视，农业保险对于分散农户在生产和销售中存在的风险，对于增加农业收入有一定的促进作用，因此完善保险业的服务应该采取商业保险与政府资助相结合的方式，强制性保险和自愿保险相结合的方式，通过镇政府、村委会的宣传，积极引导农业合作社、个体农户对所种植的农产品进行投保，政府应该对涉及农产品市场开拓、稳定市场价格等方面的经营活动以及涉及由天灾造成的损失提供农业保险补贴，此外，还应进一步丰富农业保险品种，完善现有的各种植业保险和养殖业保险种类，针对黑龙江省农业的特点开发新保险类别，增强农民投保的积极性。

2. 提升农业信息服务体系

信息时代的到来，使得信息服务快速发展，为了发展农业，促进农业信息服务业的发展就显得尤为重要，通过信息化带动农业产业化。因此，要将现有的农业、科技部门和农业合作社之间的信息化资源进行整合，使涉及的农业信息更加集中有效，同时，充分利用先进的信息技术，加大黑龙江省的农业信息服务基础设施建设，以此来建立一个农业信息更加完备、功能更加完善的信息平台，并将信息平台以网站、微信公众号等形式发布，加强农户、企业、政府之间的信息共享和互动，进一步健全信息服务的体系，推进省内农业信息化的建设，通过将各类涉及农业生产和生产性服务等重要基础性信息进行汇总和整合，为农户和生产主体提供有关农产品生产状况、市场变化、动植物疫病防控、金融保险服务变化、农产品质量安全以及各类生产性服务的信息，同时积极向各镇各村以及各农户普及此类平台，在村委会建立网点资源，鼓励农户和生产主体共用共享，就近为农民和生产主体提供服务，从而加快农业信息化发展。

3. 加强农业基础设施建设

首先要大力发展黑龙江省的交通运输业和商贸物流业，进一步完善陆路交通网和空中交通网建设，在重点的农业产区增设航班和航线，提高空中运输能力。同时要积极地利用地区支柱产业和特色产业发展第三方物流业，利用区位优势和交通运输条件建设区域性的物流中心，大力发展商贸物流业。合理进行区域化分工，以龙头企业、农村合作社为重点，将生产和销售进行更完备的对接，提高农产品分级、包装和初加工服务，各地区的物流中心要配备包括冷链系统在内的仓储、运销设施，促进产销衔接，保证农产品在运输过程中不被损坏。在加强物流业的建设时，要通过政府主导加强公共物流信息平台建设，使物流信息资源和网络互联互通，将市场的价格信息、销售渠道、供需情况、物流状况等信息形成系统，农户可以通过网站、微信平台等各类媒介接收到实时信息，降低农户的种植风险和成本。要根据黑龙江省所具备地理位置发展现代物流业，利用"一带一路"的政策引导，发展面向东北亚的现代国际物流业，依托各大口岸城市，根据不同的国界区域，发展具有区域特色的物流业，将各地区的地理优势变成产业优势，大力发展沿边产业物流带。

（三）培育多元化农业服务组织，不断创新服务方式

1. 加快培育各种类型的农业服务组织

首先要发展现代化的农业生产性服务组织，鼓励各类农业生产性服务组织加强合作和互动，加快和功能互补的服务组织进行融合，创新农业生产性服务业组织模式，为农户和农业生产经营活动提供更加便利、更加高效的服务质量。鼓励农民专业合作社和农产品行业协会协同发展以及加强农产品产地批发市场的改造和信息化建设。针对目前黑龙江省农业服务组织规模小等情况，政府应该提供相关的政策支持，鼓励不同种形式的农业生产性服务组织之间和农业生产性服务组织和农户之间的有机结合，如"生产性服务企业＋工厂＋农户""生产性服务企业＋工厂＋科研院所＋农户""生产性服务企业＋农业合作社＋生产基地＋农户"等模式，通过尝试资金技术入股或者土地入股、项目入股等多种形式，明确企业的主体、服务的对象、种植的人群、监管的方式等问题，发挥各个主体的优势、合作共赢。政府可以提供公益性的服务，将农技推广中心、农机站、兽医站等服务性部门的职责和定位明确，并做好与生产性服务公司之间的互补和沟通。此外，也可以通过资金、土地等形式资助和扶持农业生产性服务组织。

2. 创新互联网农业生产性服务

互联网时代快速发展，使得世界越来越多的企业应用互联网进行产品升级以及服务创新。目前，黑龙江省农业生产性服务业的发展要在已有的发展框架基础上进一步向更深层次和更高水平的方向发展。首先可以将已有生产性服务业的示范区和各地区的龙头企业、实力较强的农业生产合作社、家庭农场等农业经营主体相结合，通过以点带面，促进当地的农业生产性服务业稳步发展。其次还可以根据当前制定的黑龙江省农业产业布局和发展规划，组织建立多个农业发展的示范区和生产性服务平台。目前移动互联网快速发展，产品营销模式逐渐向移动终端转移，电子商务的未来发展潜力巨大，企业应把握互联网发展的核心，积极进行产品服务的转型，建立农业生产者、服务提供者、科研院所等多方合作共赢的商业模式。例如，本省的企业通过与黑龙江省农业科学院、东北农业大学以及多所农业院校的合作，共同研发农业物联网销售平台，并采取京东、淘宝等线上销售的全新模式，将"大数据"的理念引入到这个销售平台中，将云计算和大数据管理等技术融入到农业生产性服务建设和农业生产中，构建黑龙江省现代农业的数据库，将农业信息数据的汇总与农业产业的标准化建设实现数据化管理，提高企业和农户解决实际问题的能力，将农产品质量安全与电商的销售平台进行无缝对接，实现农产品从生产、加工到销售的创新模式，进而促进黑龙江省现代农业朝着更好的方向发展。

（四）加强政府对农业生产性服务业的政策支持

1. 科学规划发展战略，合理设计农业生产性服务业发展路径

黑龙江省农业生产性服务业的发展应依据本省具体的发展情况并依据国家的大政方针来建设，来增强服务业对农业生产的辅助作用，主要从以下三个方面设定发展路径。首先，要从生态环境恢复的角度保护农业生产和建设农业生产性服务业，保证农业种植区和农村的生活环境，建立农业环境和当地文化并举的长远发展机制，依靠优质的农村环境来吸引更多的生产性服务产业在村镇集聚，促进农业产业集聚的形成，为多产业的融合发展提供机会。其次，将农业资源进行细分，并根据黑龙江省省内不同地区的发展情况和基础条件来因地制宜地进行精细化的分工。一方面就是要根据效益最大化的原则将农业资源规模化细分，实现不同规模的资源在生产过程中达到最大的经济效益，也方便农业生产性服务部门做针对性的帮扶，形成不同特色。另一方面就是要根据不同的村镇的实际情况来进行合理的技术投入和技术帮扶，形成具有地区特色的农业生产风格。最后，进行系统化的整合与法律建设。农业生产性服务业的发展需要各项规章制度的完善以避免出现投机取巧破坏规则的行为，通过健全各项

标准和规范化建设，形成一个适合黑龙江省农业生产性服务业发展的标准化体系，促进黑龙江省的农业现代化发展，为黑龙江省的农业发展注入活力。

2. 政策引导，强化专业化分工优势

政府应该通过政策引导在农业生产过程中的产前、产中、产后等生产环节中的各个部分，将农业生产中的耕地保护、播种、收割、加工、运输、销售等具体分工专业化，并组织专业技术人员进行指导，提高相关环节的生产效率，降低生产成本。并通过制定相应的优惠政策，使得相关的农业生产性服务业如金融服务机构、物流基地、农机站等集中建设，加强各类服务行业的分工与合作，并对具有一定示范效应的模范企业给予一定程度的补助。

3. 加大政策支持，加快机制创新

首先，政府要在加强公共服务的同时，为农业生产性服务业提供更多的政策支持，加强对农业生产性服务业的市场化管理，并在税收政策和农业补贴政策上给予一定的支持，尤其是对农业产业化和专业化程度较高的地区实行一定程度上的税收优惠和财政补贴，鼓励各地区实行农业生产性服务业创新，创办农业生产性服务企业或非营利机构，并对各地区实行农业信息化建设和农产品批发市场改造的过程提供专业化的指导，通过对服务机制的快速创新达到黑龙江省现代农业的快速发展目标。此外，针对黑龙江农村环境服务薄弱问题，政府应积极引导和各地区建设农业环境服务中心和农村能源服务中心等非营利机构，进一步加强中央和黑龙江省财政对重大突发疫情防治等农业公共服务能力建设的支持，并将部分临时性项目转变为经常性项目，形成政府财政对农业生产性服务业投入的稳定增长机制。其次，加强政府、公众和技术部门对政策实行上的监督，通过对各地区的试点试验的改革，逐步探索面向全省的农业提供有偿性的生产性服务的可能性，要时刻注意在阶段转化的关键时点，满足各主体的需求以及尽量发挥各方的水平，提高黑龙江省农业的发展质量。

（五）加强农业生产性服务业专业人才培养与引进

要充分发挥政府在农业技术培训中的主导作用，目前黑龙江省的现代农业高素质人才稀缺，普通的农业从业人员的文化水平不高，并且缺乏从事专业农业生产的劳动力，所以要更加注重培训和农业生产活动和农业生产性服务业相符合的人才，增强从业人员的基本素养，提高解决更深层次的农业生产问题的能力。同时，政府可采用校企合作的方式，通过开设农业信息化、电子商务和物联网工程等与农业生产性服务业相关的专业，培育专门的农业生产性服务人才，通过在企业的进一步实践，提高其实践能力，企业还应组织农业技术的有偿化推广，积极组织高校专家深入实际授课交流。建立健全人才激励机制，加

大对农业生产的奖励以及培训资助，吸引高校的高层次生产性服务业人才投身到农业生产性服务行业中，可以采取人才引进的方式，直接高薪聘请国内国外农业生产性服务相关领域和农业生产技术领域的高端人才，或者提供资金扶持本地高校推荐优秀教师和学生出国进修、与国外大学联合培养等形式，加快培育和积累农业专业人才。

项目负责人：王晶

主要参加人：杨红、王菁菁、赵囡囡、周博、樊斌等

黑龙江省农村劳动力转移影响因素及对策研究*

刘晓丽　潘方卉

　　党的十九大以来，我国经济发展已经步入新时代，这是我国当前和今后经济发展的历史方位。作为我国重要商品粮食生产基地的黑龙江省，农民问题和农村问题历来是"全面振兴龙江"和黑龙江省农业现代化建设重点加强和推进的基础性工作，同时也是新时代"全面振兴龙江"的内在需求和提升黑龙江省经济发展内生动力的客观要求。近5年来，黑龙江省始终把提高农村居民生活水平作为发展黑龙江省经济的根本目标和一切工作的出发点和落脚点，在充分挖掘、利用黑龙江省农村劳务资源的基础上，切实推动实现黑龙江现代农业高质量发展，以转变经济方式来释放黑龙江农业生产、农业经营微观主体的活力。黑龙江省在充分挖掘、利用和优化剩余劳动力资源方面做了大量富有实效的工作，但我国农业现代化建设已经进入新时代，这对黑龙江省的农业、农村和农民存在的问题，其中特别是关于改革动力的劳务资源配置问题提出了更高的要求。因此，这就更需要我们把握制约和影响劳动力转移的驱动性因素，并针对制约黑龙江省农村劳动力转移存在的问题，形成富有针对性的对策建议和实现路径，这将在黑龙江省实现"全面振兴龙江"和农业现代化建设的重点问题和难点问题。因此，如何能够以促进农民增收为切入点，通过深入挖掘和整合黑龙江省的劳务资源，激活黑龙江省劳务资源的活力是提升黑龙江省农业经济发展内生动力的迫切需要，同时它也始终是黑龙江省实现"全面振兴龙江"的重点工程、难点工程和驱动工程。

一、新时代的阶段性特征问题的提出

　　黑龙江历来是农业大省，黑龙江省的农民增收、粮食产量、农业发展问题

---

　　* 黑龙江省哲学社会科学研究规划项目（项目编号：15RKE02）。
　　项目负责人为刘晓丽，主要参加人员有潘方卉、王志伟、杨志武、王刚毅、王洋等。

是 2020 年我国全面建成小康社会和实现社会主义现代化强国的重要方面，也是黑龙江经济服务国家战略和实现乡村振兴战略的关键。黑龙江省是具有十分鲜明的地域性并以农业发展为主的省份，位于我国陆地的东北部且毗邻俄罗斯，是全国纬度最高的省份，也是独一无二的以（内河）界江命名的农业大省。本文是以黑龙江省农村转移人口的基本特征和影响因素为研究对象，系统地梳理和分析了黑龙江省农村转移人口不同时期的变化特点，并试图在古典理论经济学的视阈下结合黑龙江省农村转移人口的发展历程，在理论和实践的意义上探索黑龙江省农村劳动力流转的阶段性规律特征。通过对黑龙江近 5 年来农村剩余劳动力转移的基本现状、制约因素进行深度分析，基于 PVAR 模型对比全国 28 个省份的农产品价格、农村劳动力转移和农民收入等方面所表现出的不同的阶段性的发展变化特征，通过分析农产品价格的提高而反映出农民的绝对收入呈现出负向分布的关系，因而也从侧面符合了刘易斯的城乡劳动力流转理论模型，在黑龙江省大部分区域也符合托达罗农村劳动力的推-拉模型所给出的结论。另外，本文还依据 10 个不同区域的样本村的数据，利用多元线性回归分析比较黑龙江省农村居民与我国人均的 GDP，以及人均本地面积，特别是其中的单位面积产量等比较细化的方面，通过典型变量的聚类分析找出相似与相关影响要素的聚合并基于 PVAR 模型与聚类分析相结合的方式，针对黑龙江省劳动力流转人口，特别是绝对剩余劳动力的转移趋势进行研判，同时根据数据得出相关结论，为黑龙江省农村劳动力的合理有序流转提出可行性对策建议。

二、黑龙江省农村劳动力转移影响因素分析

（一）农产品价格、农村劳动力转移和农民收入计量模型[①]

1. 变量选取和数据处理

为了分析农产品价格、农村劳动力转移和农民收入三者之间的关系，本文选取如下主要变量：

（1）农村劳动力转移变量（lab）。国家并未直接发布关于中国农村劳动力转移的数据，但很多学者都对农村劳动力转移量进行了科学估算。但基于研究的需要，各个学者采用的估算公式并不一致。本文采用最新的研究成果，记为 lnlab。

（2）农产品价格变量（pri）。对于农产品价格变量而言，大多学者通常使

---

① 原载于《经济问题》2019 年第 1 期，作者为刘晓丽、潘方卉。

用农产品生产价格指数来表示。鉴于此，本文使用农产品生产价格指数作为衡量农产品价格的指标（单位：%），并将同比数据换算成以 2004 年为基期的定基数据，然后取自然对数形式，记为 lnpri。

（3）农村居民收入（inc）。本研究利用各省份的农村居民人均纯收入来表示农村居民收入（单位：元）。同时，为了剔除通货膨胀因素对研究结果的干扰，本文采用以 2004 年农村居民消费价格指数为基期进行缩减后的实际收入，然后取自然对数形式，记为 lninc。

2. 数据来源和基本统计分析

本文使用 2004—2015 年中国 29 个省（市、区）面板数据进行分析。在截面选取中，由于西藏和海南部分数据缺失，因此从样本选择中剔除，最终选取的截面区域包括了大陆的 29 个省份。本文数据主要来源于 Wind 数据库、国家统计局网站和《中国农村统计年鉴》。

表 1　各变量描述性统计量

	变量	观察值	均值	标准差	中间值	最小值	最大值
全国	lninc	348	7.555 1	0.489 4	7.540 6	6.555 3	8.819 9
	lnlab	348	6.169 8	1.062 1	6.348 2	3.479 4	7.738 0
	lnpri	348	4.956 3	0.278 0	4.920 1	4.509 8	5.657 5
东部	lninc	120	8.012 4	0.354 3	7.977 8	7.349 9	8.819 9
	lnlab	120	6.433 6	1.060 9	6.827 4	4.478 9	7.668 3
	lnpri	120	4.909 5	0.241 9	4.879	4.577 8	5.461 6
中部	lninc	96	7.508 6	0.313 7	7.483 1	6.978 7	8.254 4
	lnlab	96	6.484 3	0.770 6	6.707 3	4.833 8	7.738
	lnpri	96	5.01	0.305 2	4.957 2	4.550 7	5.657 5
西部	lninc	132	7.173 4	0.330 1	7.151 1	6.555 3	7.976 8
	lnlab	132	5.701 3	1.085 1	5.992 8	3.479 4	7.539 2
	lnpri	132	4.959 9	0.282 6	4.914 5	4.509 8	5.564 4

注：东部地区包括北京、天津、河北、辽宁、上海、江苏、浙江、福建、山东和广东10个省（市）；中部地区包括山西、吉林、黑龙江、安徽、江西、河南、湖北和湖南8个省（区）；西部地区包括四川、贵州、云南、陕西、甘肃、青海、宁夏、新疆、重庆、内蒙古和广西11个省（区）。

从表 1 中可知，东部地区农民人均收入水平最高，其次是中部地区，最后是西部地区，其中仅东部地区的农民人均收入高于全国农民人均收入水平；从农村劳动力转移指标来看，中部地区农村劳动力转移数量略高于东部地区的农村劳动力转移数量，且中部和东部地区的农村劳动力转移数量均明显高于全国平均水平，而西部地区的农村劳动力转移数量显著低于全国平均水平；从农产品价格指标来看，西部地区的农产品价格水平与全国平均水平大体上一致，中部地区的农产品价格水平高于全国平均水平，而东部地区的农产品价格水平却低于全国平均水平。

3. 平稳性检验

由于 PVAR 模型要求变量具有平稳性，因此本文将针对上述三个变量进行平稳性检验。本文使用 Stata11.0 软件，根据 AIC 最小值选择最佳滞后阶数后，对各变量进行 LLC（Levin-Lin-Chu）检验，检验结果见表 2。从表 2 可知，除了东部和西部地区的 $lninc$ 在 5% 的显著水平上拒绝面板数据存在单位根的原假设，其余变量均在 1% 的显著水平上拒绝原假设。因此，可以判断各变量均为平稳性变量，满足 PVAR 模型建立的基本要求。

表 2　LLC 面板单位根检验结果

地区	lnpri	lnlab	lninc
	Adjusted t statistic（p 值）	Adjusted t statistic（p 值）	Adjusted t statistic（p 值）
全国	−56.892 7** （0.000 0）	−7.131 1** （0.000 0）	−4.098 5** （0.000 0）
东部	−55.169 5** （0.000 0）	−6.900 9** （0.000 0）	−2.178 5* （0.014 7）
中部	−15.242 5** （0.000 0）	−13.963 7** （0.000 0）	−5.712 8** （0.000 0）
西部	−9.299 9** （0.000 0）	−3.920 8** （0.000 0）	−1.927 6* （0.027 0）

注：* 和** 分别表示在 5% 和 1% 的显著水平上拒绝存在单位根的原假设。

4. 滞后阶数确定与模型构建

为统计和估计农产品价格、农村劳动力转移与农民收入三个变量之间的动态平衡关系，需要根据三者之间的特征值和特征变量构建 PVAR 模型，本文首先需要确定模型的滞后阶数，全国、东部、中部和西部地区 PVAR 模型中的滞后阶数可以参考 AIC、BIC 和 HQIC 三个准则，模型滞后阶数的估算结果见表 3。从估计结果可知，全国和东部地区 PVAR 模型的最优滞后阶数应为 2 阶，中部和西部地区 PVAR 模型的最优滞后阶数应为 1 阶。

表 3　模型的滞后阶数

p	全国			东部			中部			西部		
	AIC	BIC	HQIC	AIC	BIC	HQIC	AIC	BIC	HQIC	AIC	BIC	HQIC
1	−8.190	−6.976	−7.704	−5.295	−4.279	−4.883	−10.090*	−9.107*	−9.696*	−8.525	−7.494*	−8.106*
2	−8.981*	−7.541*	−8.404*	−8.006*	−6.673*	−7.469*	−8.897	−7.569	−8.369	−8.638*	−7.301	−8.097

注：p 表示滞后阶数，* 表示在该准则下建议选择的阶数。

基于上述研究结果，本文定义农产品价格、农村劳动力转移与农民收入三个变量之间 PVAR 模型形式如下：

$$Y_{it} = \Gamma_0 + \sum_{j=1}^{p} \Gamma_j Y_{it-j} + \mu_i + \omega_t + \varepsilon_{it} \qquad (1)$$

其中，Y_{it} 表示第 i 个省份在第 t 期的内生变量，$Y_{it} = (\ln pri_{it}, \ln lab_{it}, \ln inc_{it})'$，$i$ 代表个体截面单位，t 代表时间跨度，μ_i 代表个体效应，ω_t 代表时间效应，Γ_0 和 Γ_j 为常数项和滞后内生变量的估计参数，p 为滞后阶数，ε_{it} 为随机扰动项。采用 Monte Carlo 方法进行脉冲相应分析和方差分解，进而深入分析农产品价格、农村劳动力转移与农民收入之间的动态关系及其区域异质性特征。

5. 实证结果与分析

（1）PVAR 模型估计。本文首先构建了一个包括农产品价格、农村劳动力转移和农民收入的 PVAR 模型，使用 GMM 估计方法得到了全国、东部、中部和西部地区的 PVAR 模型估计结果（表 4 至表 7）。

表 4　全国 PVAR 模型参数估计结果

变量	$\ln pri$ 的方程		$\ln lab$ 的方程		$\ln inc$ 的方程	
	估计系数	标准误	估计系数	标准误	估计系数	标准误
$L_1.\ln pri$	0.641 8**	0.323 4	0.002 1	0.345 7	−0.059 6	0.271 1
$L_1.\ln lab$	0.176 2	0.456 5	0.797 0**	0.315 0	−0.335 3	0.338 2
$L_1.\ln inc$	0.516 9	0.336 7	0.280 1	0.236 7	1.793 8***	0.247 0
$L_2.\ln pri$	0.030 7	0.144 0	0.040 5	0.182 1	−0.066 4	0.106 2
$L_2.\ln lab$	−0.040 6	0.115 1	−0.021 3	0.088 0	0.172 0	0.152 4
$L_2.\ln inc$	−0.399 7**	0.182 7	−0.285 3*	0.174 9	−0.671 3***	0.117 0

注：*、**和***分别表示在 10%、5% 和 1% 的显著水平上拒绝存在单位根的原假设。$L_1.$ 表示滞后一阶，$L_2.$ 表示滞后两阶。表 5、表 6 和表 7 同此。

表 5　东部地区 PVAR 模型参数估计结果

变量	$\ln pri$ 的方程		$\ln lab$ 的方程		$\ln inc$ 的方程	
	估计系数	标准误	估计系数	标准误	估计系数	标准误
$L_1.\ln pri$	0.867 8***	0.175 6	−0.211 2	0.167 3	0.289 5**	0.140 0
$L_1.\ln lab$	−0.113 2	0.414 2	1.296 3**	0.629 9	−0.340 3	0.327 5
$L_1.\ln inc$	0.399 7	0.301 7	0.606 8	0.516 6	1.661 3***	0.343 0
$L_2.\ln pri$	−0.052 1	0.145 1	0.079 4	0.314 4	−0.211 2	0.133 4
$L_2.\ln lab$	0.009 2	0.121 1	−0.112 8	0.268 6	0.054 9	0.122 7
$L_2.\ln inc$	−0.293 3	0.224 1	−0.603 7	0.716 8	−0.643 6**	0.262 2

表 6　中部地区 PVAR 模型参数估计结果

变量	lnpri 的方程		lnlab 的方程		lninc 的方程	
	估计系数	标准误	估计系数	标准误	估计系数	标准误
$L_1.$lnpri	0.733 5	1.021 8	−0.075 3	0.349 6	0.345 6	0.452 8
$L_1.$lnlab	0.235 2	0.767 0	1.100 2***	0.285 2	0.286 1	0.388 6
$L_1.$lninc	−0.034 7	0.527 3	−0.105 3	0.153 3	0.373 2*	0.208 3

表 7　西部地区 PVAR 模型参数估计结果

变量	lnpri 的方程		lnlab 的方程		lninc 的方程	
	估计系数	标准误	估计系数	标准误	估计系数	标准误
$L_1.$lnpri	1.052 5**	0.434 2	0.179 1	0.175 9	0.725 3**	0.351 0
$L_1.$lnlab	−0.068 4	0.323 2	0.674 0***	0.102 6	−0.484 2**	0.219 2
$L_1.$lninc	−0.134 4	0.286 1	−0.092 1	0.127 4	0.480 6*	0.259 5

　　首先，从农产品价格对数（lnpri）方程可知，农产品价格易受到其自身的影响，除了中部 PVAR 模型外，在其余模型中，滞后一阶的农产品价格均在 5％的水平上显著，且影响系数均在 0.64 以上。

　　另外，除了农产品质量影响其价格的因素外，滞后一阶农民收入成为影响农产品价格的关键因素，且影响系数为负，说明上一阶的农民收入增长会对当期农产品价格具有显著的负向影响。其次，从农村劳动力转移对数（lnlab）方程来看，全国和东部地区的估计结果均表明，滞后一阶的农村劳动力转移对当期的农村劳动力转移在 5％的水平上存在显著的正向影响，而中西部地区在 1％的水平上存在显著的正向影响，且影响系数均在 0.67 以上。并且从全国 PVAR 模型来看，滞后一阶的农民收入对当期农村劳动力转移具有正向影响但是不显著，滞后两阶的农民收入增长会对当期农村劳动力转移具有显著的负向影响，但是累计影响系数为正。最后，从人均收入对数（lninc）方程来看，在西部地区，农民收入会受到滞后一阶农民收入和农产品价格的正向影响，同时受到滞后一阶农村劳动力转移的负向影响。

　　（2）脉冲响应分析。本文使用 Monte Carlo 方法进行 500 次模拟，得到全国、东部、中部和西部地区分别在滞后 5 期、3 期、3 期和 10 期上的脉冲响应函数图（图 1 至图 4）。其中，横纵代表响应期数，纵轴代表脉冲响应大小，中线虚线代表脉冲响应函数曲线，上下线表示两倍标准差的置信区间。

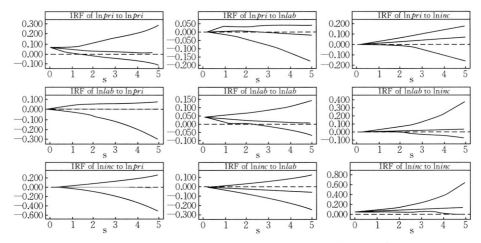

图 1　全国脉冲响应冲击关系图

（Monte Carlo 模拟 500 次）

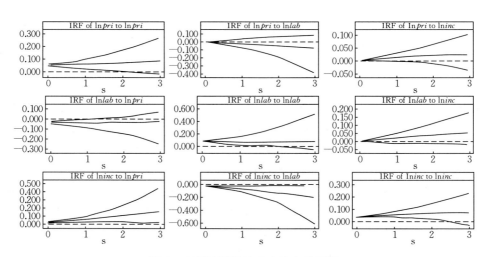

图 2　东部地区脉冲响应冲击关系图

（Monte Carlo 模拟 500 次）

　　首先，农产品价格、农村劳动力转移和农民收入变量对来自自身信息冲击响应迅速并且显著为正，这说明农产品价格、农村劳动力转移和农民收入都具有一定的经济惯性，对自身具有显著的扩张效应，这与前文 GMM 估计结果相呼应。

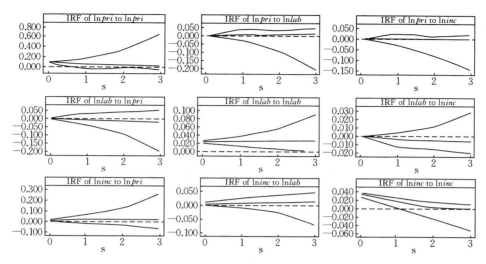

图 3　中部地区脉冲响应冲击关系图

（Monte Carlo 模拟 500 次）

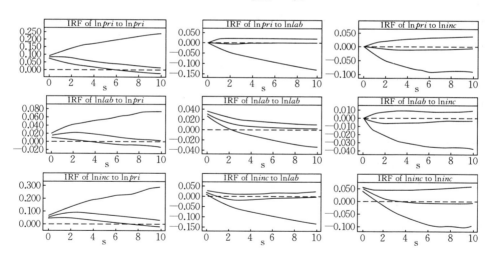

图 4　西部地区脉冲响应冲击关系图

（Monte carlo 模拟 500 次）

　　其次，当农村劳动力转移面对农产品价格信息冲击时，从全国范围来看，农产品价格对农村劳动力转移几乎没有影响，但是在东部和中部地区，农产品价格对农村劳动力转移具有负面效应，这种负面效应在东部地区的持续期大约为 3 年，而在中部地区并没有表现出收敛，而是逐步增加的趋势。从西部地区来看，农产品价格对农村劳动力转移则具有显著的正面效应，持续期大约为

10 年。一般情况下，农产品价格的提升会使得农业更加具有吸引力，从而对农村劳动力转移产生负面影响，然而对于西部地区，由于人均农民收入水平较低，农村劳动力转移需要成本，因此，农产品价格的提升有助于增加农民收入，从而增强了农民走出去的经济能力和基础，推动了当地的农村劳动力转移。相反，当农产品价格面对农村劳动力转移信息冲击时，从全国和中西部地区来看，农村劳动力转移对农产品价格的影响十分微弱，几乎没有任何影响，然而在东部地区，农村劳动力转移 1 个单位标准化冲击会对农产品价格产生负面效应，且这种负面效应表现出无收敛而且扩大的趋势。究其原因，一方面主要是由于东部地区经济相对发达，农业现代化程度较高，因此，农村劳动力转移更有利于农业现代化的发展，提高农业生产效率，增加农产品供给量。另一方面，较高的收入使得东部地区居民的消费更倾向于鸡鱼肉蛋等食品，而对粮食类食品的需求与其他地区相比则较低，从而导致农产品价格的下降，该结论与前面分析中得到的东部地区农产品价格水平全国最低的结论相呼应。

再次，当农产品价格面临农民收入信息冲击时，在中西部地区，农产品价格几乎没有表现出任何变化，而从全国和东部地区来看，农民收入一个标准化的冲击会对农产品价格产生正向推动作用，而且具有一定的持续性。分析其原因，一方面可能是由于东部地区和全国的农民人均收入均高于中部和西部地区，农民收入的快速提升增强了农村居民的购买力，从而在一定程度上刺激了农产品价格的提升。另一方面，当农民收入面临农产品价格信息冲击时，从全国来看，农产品价格对农民收入没有显著的冲击效应，然而在东部、中部和西部地区，农产品价格一个标准化的冲击会对农民收入产生正向效应。其中，在东部地区，农产品价格对农民收入的正向冲击较大，在第 3 期达到 0.15，且有持续增加的趋势；在中部地区，农产品价格对农民收入的正向冲击作用较小，约为 0.02，且在前 3 期无收敛迹象；在西部地区，农产品价格对农民收入的正向冲击在第 2 期达到最大，约为 0.08，且在 10 期逐步收敛为 0。由此可见，农产品价格的提升对东部地区农民收入的影响最大，其次是西部地区，最后是中部地区，原因可能是由于东部地区农产品价格水平最低，而中部地区农产品价格水平最高。因此，在中部地区农产品价格提升的收入效应明显降低，而在东部和西部地区则表现出更高的收入增长效应。

最后，当农村劳动力转移面临农民收入信息冲击时，就中西部地区来看，农民收入对农村劳动力转移的影响力较弱。而从全国和东部来看，农民收入对农村劳动力转移具有显著的正向推进作用。根据经济学理论可知，农民收入的提升有利于缩短城乡居民之间收入差距，因此会在一定程度上抑制劳动力的转移，即产生负向效应，然而对于东部地区来说，农民收入中工资性收入占比极高，因此，农民收入的提升更加刺激了东部地区劳动力的流转。其次是中部地区，而在西部地区影响极为微弱。其中，只有在中部地区，农村劳动力转移对农民收入有正效应，而在全国和东部地区均表现出负效应，分析原因可能是由于农村劳动力转移虽然有助于农民工资性收入增速的提升，但是对农民经营性收入、转移净收入等其他类型收入可能会产生负面影响，从而不利于整体收入的提高。

（3）方差分解。通过对预测误差进行方差分解，可以得到所有变量的正交化冲击对其中一个变量预测均方误差的贡献程度，从而可以深入考察各变量之间长期的相互影响程度。

表 8　面板误差项方差分解表

变量	期数	全国			东部			中部			西部		
		lnpri	lnlab	lninc	lnpri	lnlab	lninc	lnpri	lnlab	lninc	lnpri	lnlab	lninc
lninc	1	0.036	0.012	0.952	0.225	0.217	0.558	0.195	0.021	0.785	0.512	0.069	0.419
lninc	5	0.008	0.063	0.93	0.372	0.543	0.085	0.572	0.16	0.268	0.884	0.035	0.081
lninc	10	0.041	0.149	0.81	0.303	0.676	0.021	0.463	0.361	0.177	0.906	0.031	0.063
lninc	15	0.058	0.188	0.754	0.26	0.684	0.056	0.536	0.350	0.113	0.907	0.03	0.063
lnlab	1	0	1	0	0.168	0.832	0	0.035	0.965	0	0.168	0.832	0
lnlab	5	0.014	0.699	0.287	0.11	0.66	0.23	0.221	0.754	0.026	0.485	0.474	0.041
lnlab	10	0.024	0.401	0.575	0.187	0.52	0.293	0.481	0.497	0.022	0.52	0.42	0.06
lnlab	15	0.051	0.278	0.671	0.207	0.637	0.155	0.577	0.404	0.019	0.518	0.419	0.063
lnpri	1	1	0	0	1	0	0	1	0	0	1	0	0
lnpri	5	0.501	0.012	0.487	0.587	0.373	0.04	0.952	0.046	0.002	0.984	0.003	0.013
lnpri	10	0.157	0.095	0.748	0.357	0.629	0.015	0.831	0.16	0.009	0.975	0.003	0.022
lnpri	15	0.090	0.167	0.743	0.282	0.667	0.051	0.786	0.202	0.011	0.972	0.004	0.024

注：纵向是被分解变量，横向是分解变量。

表 8 给出了农产品价格、农村劳动力转移和农民收入在第 1、5、10 和 15 期上的方差分解结果。由表 8 可知，全国农民收入的方差贡献率主要来自于自身，第 1 期为 95.2%，在第 15 期依然占有 75.4%，其次是农村劳动力转移，农产品价格几乎没有任何贡献率。从分地区来看，东部地区农民收入的贡献率主要来自于农村劳动力转移，其次是农产品价格；中部地区农民收入的贡献率主要来自于农产品价格，其次是农村劳动力转移；西部农民收入的贡献率主要来自于农产品价格，农村劳动力转移几乎没有任何贡献率。而且，无论是哪个地区，农民收入对自身的贡献率仅在第 1 期为最大，在此之后则迅

速下降。由此可见，在东部发达地区，农村劳动力转移对农民收入的影响较大，在中西部则是农产品价格对农民收入的影响力最大，而且根据前面PVAR模型估计结果与脉冲响应函数可以看出，在中西部地区农产品价格对农民收入具有正向影响关系。因此，提升中西部地区农产品价格有助于农民收入水平的提高。

全国农村劳动力转移的方差贡献率主要来自于农民收入，其自身的贡献率在前5期是最大的，但是在5期之后，农村劳动力转移对自身的贡献率快速下降，而农产品价格对农村劳动力转移几乎没有影响。从分区域来看，我国东部地区农村劳动力转移的方差贡献率主要来于自身，说明东部地区农村劳动力转移已经形成了一定的经济惯性；中部地区农村劳动力转移的方差贡献率在前10期主要来自于自身，农产品价格对农村劳动力转移的方差贡献率在前5期时是很小的，从第5期开始则逐步增加，在第10期之后达到最大；西部地区农村劳动力转移的方差分解结果与中部地区大体上一致，只是在西部地区农产品价格对农村劳动力转移的贡献率在第5期之后就已经达到最高。根据前面PVAR模型估计结果与脉冲响应函数可知，西部（中部）农产品价格对农村劳动力转移具有正向（负面）效应。因此，提升西部地区农产品价格有助于推进农村地区的农村劳动力转移，然而对于中部地区来说，降低农产品价格对加快农村劳动力转移的作用显著。

全国农产品价格的方差贡献率主要来自于农民收入，而自身的贡献率在第5期后快速下降，在15期时，其贡献率仅为9%。东部地区农产品价格的方差贡献率主要来于农村劳动力转移，而中西部地区农产品价格的方差贡献率主要来自于自身，其中，西部地区农产品价格对自身的贡献率（97.2%）会明显高于中部地区农产品价格对自身的贡献率（78.6%），说明中西部地区农产品价格的增加具有一定的经济惯性。因此，通过提升农产品价格来增加农民收入可能会表现出较强的持续性，而且在西部地区的政策效果会明显优于中部地区。

6. 主要结论

本研究根据上述的主成成分分析和聚类分析的出的四类能够影响黑龙江省农村劳动力流转的关键性驱动因素，进而通过包含黑龙江省在内的29个省份2004—2015年农产品价格、农村劳动力转移与农民收入的数据，应用PVAR模型中的GMM估计、脉冲响应函数和方差分析，按照全国、东部、中部和西部地区对三者之间的关系进行了检验。研究发现不同区域上农产品价格、农村劳动力转移与农民收入之间的关系存在着显著差异，进而通过跨省横向的对比和关键性影响因素的纵向对比，探寻出黑龙江省农村劳动力流转的可行性实现路径：

第一，从全国的范围来看，农村农民收入是影响自身、农产品价格和农村劳动力流转的最主要的影响因素，而且对各个变量均有正向影响。由此可见，以增加农民收入为农村发展和建设的主要抓手和切入点、保障有效供给为主要目标的中国农村改革政策是合理有效的，特别农产品的质量和价格的提高，对于农村劳动力的稳定发展具有直接影响，农产品价格的提升也是实施乡村振兴战略的重要目标。

第二，从东部地区来看，农村劳动力转移是影响自身、农产品价格和农民收入的最主要因素，而且农村劳动力转移对自身有正向作用，对农产品价格和农民收入均是负向作用。因此，在东部地区农村劳动力转移对增加农民收入没有积极作用。第二个影响东部农民收入的主要变量为农产品价格，且农产品价格增加对农民收入的提升有显著地促进作用。因此，在东部地区，农村劳动力转移自身具有较强的惯性。与农村劳动力转移相比，农产品价格的提升是增加农民收入的有效手段。

第三，从中部地区来看，农村劳动力转移和农产品价格均是受到自身的影响最大，且影响系数均为正，表明在中部地区，农村劳动力转移与农产品价格自身具有一定的经济惯性，而且农民收入主要是受到农产品价格和农村劳动力转移的正向影响。由此可见，推进农村劳动力转移和提升农产品价格对增加中部农民收入会起到一定的正向效应，黑龙江省和中部地区的农业发展情况大体上相似，因此三者之间的影响是动态平衡的关系。

第四，从西部地区来看，农产品价格是影响自身和农民收入的最主要因素，且影响方向为正。农村劳动力转移是在 10 期之前主要受到自身的影响，在此之后，则主要受到农产品价格的正向影响，因此，在西部地区，农产品价格的提升有助于增加农民收入和推进农村劳动力转移。黑龙江省的农业发展情况与西部农业发展的情况具有相对的差异，而促进黑龙江省农业发展的关键入手点则是以促进农民增收为主要目标的实现。

第五，农产品价格的提升对东部地区的农民收入正向影响最大，其次是西部地区，最后是中部地区，而平均农产品价格在中部地区最高，其次是西部地区，最后是东部地区，说明农产品价格的收入效应符合边际递减规律。对于农村劳动力转移来说，农村劳动力转移对西部农民收入的影响不显著，对东部农民收入的影响为负，而对中部农民收入的影响为正，而平均劳动力转移数量在中部最高，其次是东部地区，最后是西部地区。由此可知，随着农村劳动力转移数量的增加，农村劳动力转移对农民收入的影响表现出从不显著到显著，从负向作用到正向作用的变动规律。

（二）非农收入、劳动力流转与种植业结构调整实证分析^①

1. 实证性分析的前提假设

在经济新常态——经济发展的大逻辑背景下，我国种植业结构调整的目的是调节生产关系来适应生产力的发展，达到农业发展全要素资源的优化配置。从微观视域上看，在既定的发展环境刚性条件约束的情况下，农户实质上是作为经济人的个体，其生产和经营的目的就是利用农业和非农产业的比较优势来扩大自己的收入和利润，为了使得农户劳务资源禀赋达到最优，农户就不得不选择适合机械化的粮食品种来替代传统种植业的农产品，通过现代化的农业技术手段实现农村生产的规模化效应来实现自身利益不断优化。

按照亚当·斯密的比较利益学的说法，农村劳动力的个体会依据自身具备的比较优势来进行选择种植业的类型，从而实现自身利益的最大化，主要表现为以下方面：一是农业生产开始由原来的人力资本密集的生产开始转向机械化生产，在提高农业生产效率的同时实现了规模化的生产效益。由于农村劳动力转向城市的非农部门目的是实现农村居民绝对收入和效用的最大化，因此，农村居民往往选择在农户劳动力资源禀赋的最优配置下从事生产和再生产。二是农业科学技术手段的充分利用在很大程度上节省作为微观主体农村劳动力的生产成本，释放了农业生产者个体的活力，在现代农业技术不断地介入和助推下，农村剩余劳动力会选择进入非农部门以期望获得更多的利润和收入，随着非农收入占据农民家庭绝对收入的比重不断加大，而传统种植业收入占农民家庭绝对收入比重逐步的下降，农户在通常意义上都会依自身的生产全要素禀赋（年龄结构、土地流转、技能培训等方面的变化因素）选择用机械化程度较高的农作物代替原有的传统农作物，也有部分农业农产者选择从事非种植业的相关产业进行调整。基于以上情况和动态平衡的分析，本研究提出以下劳动力流转和种植业调整之间实证性分析的前提假设：

前提 1：农村劳动力流向城市从事非农业生产，其对种植业结构调整的影响呈正向作用。

前提 2：农户家庭总收入或非农收入的增长，对种植业结构调整具有负向影响或作用显著。

2. 样本描述分析和模型假设

本研究所采取数据来自于国家统计局公布的官方数据，另外一部分是源于国家农业农村部农村经济研究中心的农村固定观察点调查数据，因此本研究所

选择的样本具有很强的代表性和准确性。在此基础上，本文使用 2007—2015 年这两个权威部门所提供的调查数据，选取了 28 个省 8 年短期面板数据，其中包括农户基本数据构成、劳动力特点和特征数据、农业生产经营和分配情况的综合数据等，在截取过程中没有采取以往和现在实际情况不相适应的数据，目的是保持数据的一致性和相关的稳定性，样本截取的描述分析如下：

表 9　样本描述性分析

	自变量	解释性变量	均值	方差
自变量	粮食作物占总播种面积比	0～100	66.58	41.31
	经济作物占总播种面积比	0～100	21.41	31.02
解释变量	从事第二、第三产业	非农收入/绝对收入	69.15	28.14
	从事第二、第三产业	农村剩余劳动力/农户总人数	81.56	21.51
控制变量	农民年龄	农民年龄	44.31	9.24
	性别	1＝男，2＝女	0.94	0.314
	户主受教育年限	农民学历情况	7.04	2.43
	是否是干部	1＝是，2＝否	2.12	0.21
	是否经历农业培训	1＝是，2＝否	1.32	0.4
	人均耕地面积	年末人均耕地面积	8.31	11.99
	交通便利情况	连续变量（单位）	3.67	4.61
	土地特征	平原＝1，丘陵＝2，山区＝3	1.91	0.9

3. 模型选择

本研究主要是讨论农村转移人口特别是农村剩余劳动力，以及农民从事第二、第三产业收入情况和农村种植业调整这三者之间的动态平衡和交互影响的关系问题，同时采用和截取了国家统计局和农业农村部 8 年的相关变量数据，因此根据研究的目的和数据的情况在模型的构建方面，本研究选取的是面板数据模型。由于种植比重属于 $\{0,1\}$ 的连续变量，农产品的种植比重反映农村转移人口特别是农村剩余劳动力、非农收入增长对种植结构的影响。模型设定如下：

$$Y_b = a + \beta_{1b}X + \beta_{2b}M + \varepsilon_b \tag{1}$$

（1）模型中，Y_b 表示种植业调整情况，其中，$b=1$ 或 2，当 $b=1$ 时，Y_1 表示农村居民所生产粮食作物占总播种面积比，当 $b=2$ 时，Y_2 表示农户种经济作物播种面积占家庭总播种面积比，由此可以看出，Y_1、Y_2 反映出农户对不同种类的农作物种植面积比例做出结构调整；X 表示关键解释变量，包括农民从事第二、第三产业收入情况和农村转移人口，特别是农村剩余劳动力，用农村剩余劳动力占农户总人口数的比重来表示；M 为控制变量，由于农户农产品种植的选择受到很多因素影响，但是其中农户本身的基本因素是核心的影响因素，因而本研究所涉及的因素和质变主要涵盖户主基本信息，如年龄结构、文化程度、是否受到过农业基本知识的培训，家庭基本信息及外部环境，如农村土地流转的基本情况、从事农业生产的交通便利情况等综合性因素。

4. 实证分析结果

（1）粮食产量回归分析。 表 10 中列出了农户农产品耕种面积占农户土地应用面积被确定为被解释变量的模型计量估算结果，由于 Hausman 检验方式是在相关变量缺失的情况下，解释变量和随机的干扰项还能够体现同期的各变量之间的密切关系，因而该结果显示的效应分析模型更为切合本研究的实际。从表 10 的估计结果我们可以发现：一是从事第二、第三产业，农村富余劳动力这两个方面的影响因素对种植业的结构调整具有明显的正向作用，换而言之，农村富余劳动能力涌入城市从事第二、第三产业，农村留守的劳动力数量就会相对变少，集中表现在农村劳动力供给方面的不足，但是为了调节农村对劳动力供给方面的需求，加之城市化、工业化社会的助推作用，也就是说农业现代化科学技术充分应用于农村种植业生产极大地释放了农村劳动力的内生动力，农村劳动力在第二、第三产业的非农收入每增加 1 个百分点，农民人均播种面积就会随之在总的生产和播种面积上提升 0.18 个百分点，进而当非农收入占据了农民家庭绝对大部分的收入份额时，农民的生产经营的决策就会发生变化：一是农民会选择完全放弃农业而从事收入更高的第二、第三产业，因此，研究城市和农村相对收入达到某个"临界点"则完全会退出农业生产也是我们需要重点关注的问题；二是从事收入更高的第二、第三产业劳动力的比例对农作物人均耕地面积起到比较大的正向作用，就是农村富余劳动力的数量愈多，农民就会更多地选择利用科学技术的手段来从事粮食生产，既然农民选择了机械化程度高的粮食生产代替以往的粮食生产模式，反过来会积极促进非农收入和农村劳动力的快速流转。

在模型回归分析中控制变量所呈现的特征是，户主年龄结构、户主文化水平、人均耕地面积、从事农业耕地和农户居住地的交通便利情况等方面体现的是积极的正向促进作用，其中户主的年龄结构构成对种植业有积极的正向促进作用，由于户主的年龄偏大往往思想比较保守，通常会选择传统粮食作物的生产，基本上改变的情况很少见，原因在于这部分农民受到体力精力和文化程度的影响，因而不会打破现有种植业的生产和经营的习惯。农民的文化教育程度对粮食作物的生产和经营具有积极的促进作用，即农民受教育的程度越高：一个方面他们往往越乐于接受和应用农业现代科学技术手段于粮食作物的生产和经营；另一个方面他们往往会涌入城市从事其他的非农产业来提高农村家庭的绝对收入。另外，每年人均耕地面积对种植业的正向促进作用主要表现在年人均耕地面积越大，农民选择种植粮食作物的几率就会越大。每个地区的区域特征对于种植业的调整有着很大的影响，土地地质好的区域利用机械化和现代化农业技术的可能性就很变大，并且能够发挥机械化农业生产的重要促进作用，在降低农民生产成本的同时还能够实现粮食作物生产和经营的规模化。当土地细碎化程度严重，或者是土质低劣且非平原地区，这样就使得农业机械化的优势不能得到有效的发挥，在某种程度上实质上是增加农村劳动力生产和经营成本，因此，土地地质好的区域的农户选择种植粮食作物的几率显得更大。其中是否是村干部、户主性别对农村种植业的整体调整无显著效果，但其中的农民是否经历过现代农业技术的培训起正向作用但不显著，这也是由于现在我们组织的农业技术培训有的是流于形式或者是不具备针对性和时效性。以上的结论和实地调查研究的个案式访谈的研究结果基本上是吻合的。伴随着现代农业发展理念的不断深入人心，在个体农户以收益最大化为目的经营决策前提下，农户实现了从传统的农业观念向现代化的技术观念的转变。

表 10　解释变量的计量回归分析结果

自变量	指标	t 统计量
系数	68.320 6***	(36.01)
第二、第三产业收入占比	0.221 9***	(41.16)
农村富余劳动力占比	0.008 2*	(2.1)
年龄结构	0.034 5**	(1.89)
户主性别	0.561 3	(0.91)
户主受教育程度	0.190 0***	(4.31)
否是干部	0.620 9	(1.68)
农业技术培训	0.126 3	(0.49)
年末耕地面积	0.103 5***	(9.83)
交通便利情况	−0.081 8***	(−2.77)
区域特征	−0.600 7***	(−1.87)
M 值	87.91	
有效样本数	1 009 457	

注：*，**和***分别代表指标变化在 10%，5%和 1%的区间内是正向关系。

（2）经济作物回归结果。

表 11　被解释变量的计量回归分析结果

自变量	指标	t 统计量
系数	32.221 9***	(21.32)
第二、第三产业收入占比	−0.164 3***	(−32.58)
农村富余劳动力占比	−0.018 9***	(−2.87)
年龄结构	−0.389**	(−2.03)
户主性别	−0.800 1*	(−1.72)
受教育文化程度	−0.192 1***	(−4.1)
是否是干部	0.513 2	(0.123)
现代农业技术培训	−0.293 6	(−1.38)
年末耕地面积	−0.048 7***	(−4.91)
交通便利情况	−0.050 11**	(−1.78)
区域特征	0.933 2***	(3.67)
M 值	87.33	
有效样本数	1 009 457	

注：*，**和***分别代表指标变化在10%，5%和1%的区间内是正向关系。

　　表11呈现了种植农产品的平均耕地面积占家庭总播种面积作为被解释变量的计量计算结果，由于 Hausman 检验方式是在相关变量缺失的情况下，解释变量和随机干扰项还能够体现同期的各变量之间的密切关系，和此前同样，该结果显示的效应分析模型更为切合本研究的实际。从表11的估计结果中可以看出，非农收入及非农劳动力占比都对经济作物播种面积占家庭总播种面积之比体现为积极的正向促进作用，由于非农劳动力转移到城市从事第二、第三产业给农村居民家庭绝对收入带来了很大的收益，同时也极大地刺激了农户考虑采取机械化手段用于种植业的生产来弥补农村生产力的转移效应。另外，由于我国原有经济作物的生产和经营的主要特点是劳动力密集，对农村劳动力的质量和数量有着很高的要求，因而，劳动力的质量和数量与农作物种植品种的选择有着密不可分的关系。在 Hausman 检验结果中可以很清晰地看到，农村富余劳动力所从事第二、第三产业收益每增加1单位，粮食产品播种面积占农村人均播种面积的比重会同步地降低0.12个百分点。农村富余劳动力所从事第二、第三产业与粮食产品播种面积呈负向关系，家庭中第

二、第三产业收益人数的数量越多，农户选择种植粮食产品的几率就越小。

在控制变量中，与经济作物播种面积占家庭总播种面积比作用显著的变量包含户主年龄结构、户主性别、户主受教育年限、年末耕地面积、距离最近公路交通和地形。户主年龄越大选择进入城市从事其他非农产业就业的可能性越小，对于较大年龄的农户基本上会选择留守在农村或者是把土地租赁给他人生产。另外，女性户主多数留守在农村照顾老人和孩子，主要是从事经济作物的生产，其中少数外出务工多数是集中在第三产业，在一个农村家庭中绝大多数男性的青年和壮年劳动力会选择进入城市寻求就业，来不断地增加自身家庭的绝对收入。农村家庭个体都以追求家庭绝对收益最大化为前提，户主受教育文化程度和掌握的专门技术水平越高，选择进入城市从事其他非农产业进行兼职就业的几率就越大，往往是以综合考虑从事农业产业和非农产业之间的收入差异为根本立足点。在农村城镇化建设水平高的地区，由于交流十分便利，能够极大地节约农户的经营和生产成本，同时也会相应地提高农业生产和流通的效率，进而农民能在较短的时间内获得更多的农产收益。但与从事第二、第三产业的收入相对比，还是表现出农民从事农业增收的速度要远远低于从事非农产业的速度，多数的农村富余劳动力更多地选择进入城市寻求兼职就业，并不是仅仅从事单一的农业生产来扩大收入。其中模型计量估算分析结果中显示，交通便利情况与经济作物呈现显著正向关系。其中是否村干部和是否经受过现代化的技术培训教育等因素对种植业的生产和经营作用不明显，农户对于种植业的生产类别和经营规模多以经验与市场供需情况为主因素。

三、促进黑龙江省农村劳动力有序流转的对策建议

本研究根据国家统计局公布的官方数据和国家农业农村部牵头支持的实地调查研究基础数据进行追踪调查，以 2014 年中国社会科学院蔡昉教授对我国将迎来"刘易斯转折点"，即"食品短缺点"的基本判断为研究逻辑起点和理论起点，提出本文的计量模型框架及理论的前提假设，充分利用基于面板数据模型下的 Hausman 检验结果，深入剖析了农村转移人口当中的农村富余劳动力流转、非农收入和我国种植业结构三者之间的动态平衡关系，得到如下主要结论：非农收入和农村转移人口对种植业结构调整会产生积极的促进作用，同时种植业结构调整会推进农业现代化发展的进程，进而在农业生产的各个环节会大量地节省农村劳动力并释放农村潜在富余劳动力的活力，进而为突破"食品短缺点"提供必要的人力资本支撑。以促进农民增收实现龙江全面振兴的动力变革。

（一）以促进农民增收实现龙江全面振兴的动力变革

1. 坚持提高农民收入作为农村经济改革的根本目标

无论是农业供给侧改革、农产品价格改革还是其他农业政策改革均应该以提高农民收入作为根本出发点和落脚点。因此，政府应通过建立宏观的政策环境来推动农业转移人口市民化，针对不同地域特征，应该采取不同的"三农"发展和改革政策。从现今黑龙江省的城市和农村的整体发展来说，近五年城乡居民恩格尔系数从 2013 年的 35％下降到 2017 年的 29.3％，按照联合国粮农组织的规定，黑龙江省城乡居民恩格尔系数已经跨入到富足水平（20％～30％为富足）的区间。一方面，黑龙江省城乡居民生活水平在近五年来得到极大提高，但是农村和城市之间的收入还存在很大的差距；另一方面，在经济发展新常态的大背景下黑龙江省抓住了机遇，实施了"三篇大文章"的规划，全省经济发展找到了农业发展的新路子，特别是农村居民收入水平虽然在稳步增长，但随着我国稳中求好经济发展趋势的深入展开，城乡收入差距仍然还是制约和影响黑龙江省农村劳动力流转的关键性影响因素。因此，一方面，稳步推进农村经济发展从要素驱动、投资驱动向创新驱动的转变是实现农民增收的重要方面，是破解我国"三农"问题的基本任务和总抓手。另一方面，要以创新性思维培育新型农业经营主体，要不断地释放出新型农业经营主体的微观活力。同时要创新和改革投入方式，政府要不断加大农业资金的扶持和投入力度，力求使得中央对农村基础设施的资金投入和各项惠民政策落地生根。将促进农民增收与劳务资源有效地配置结合起来，将促进农民增收和黑龙江省的产业结构调整结合起来，进而稳步推进农村劳动力输出与回归的双向互通机制的不断完善，实现黑龙江省农业劳务资源更加合理有效的最优配置。

2. 坚持以农村劳动力的合理配置带动种植业结构调整

随着黑龙江农业现代化战略的提出，以农业现代化产业体系结构的转型和升级是新时代黑龙江省农业经济发展的永恒主题，特别是黑龙江省农村劳动力持续向城市转移给种植业的发展带来了机遇和挑战。因而针对这个方面，政府应主要围绕科技创新和现代农业技术的应用等方面来提高农业治理体系的现代化，把坚持农业科学技术的创新和提高农业生产和经营的边际效率为主线，提高农业产品的生产效率，提高农产品的质量和数量，培育和壮大综合性的农业主体的力量。根据黑龙江省农业科技化和现代化的相关政策，使惠民政策在黑龙江省各个地区切实地得到落实，并结合本地区农业的实际发展状况，深度挖掘农村产业结构调整的内生动力，不断增强和追加农村种植业的科技创新含量，以加强农业科学技术创新应用作为黑龙江省农村种植业调整的切入点和抓手，不断提升农产品的规模化经营，围绕以绿色发展的农业发展理念提高农产品的质量和数量，节约农村生产、经营和流通的劳务资本，节约农村劳动力资本的生产成本，通过提高农村农产品的品质和产值来提高农户的农业收入，同时，通过农业科学技术的手段释放出更多的农村剩余劳动力，推进黑龙江省农村劳动力转移人口的质量和效益，推动农村城镇化的发展进程，鼓励和扶持黑龙江省不断扩大种植业的生产和经营的规模化、集约化和体系化，特别是充分利用农业补贴这一惠民政策来稳定农产品价格的波动。种植业的结构调整，能够很好地增强农村转移人口市民化的积极性和主动性，进而促使农村富余劳动力能够作出自由选择就业，不断扩大和加强农民的非农收入。因而，黑龙江省应平衡好农村非农收入和种植业的改革以及农村劳动力流转三者之间的互动关系，为黑龙江省实现全面振兴和乡村振兴战略提供了坚实的物质基础和保障基础。

3. 缩小城乡二元结构收入差距是黑龙江全面振兴关键

黑龙江省需要更加注重城市和乡村二元结构的平衡问题，推动农村的城镇化建设是全面实现龙江振兴的重要方面，也是解决黑龙江"三农"问题的重要途径和关键方式，同时也是实现黑龙江省区域经济一体化、劳务资本形成良性循环的重要方式。要想解决好黑龙江省农村家庭收入的问题，首要的是处理好城市和乡村收入差距的问题，这也是解决和处理好黑龙江省区域经济发展不平衡、不充分的关键。黑龙江省委省政府要坚决贯彻落实历次中央1号文件的相关政策和方针，资金扶持优先考虑在乡村振兴和农业发展方面，要创新投入的方式和方法，把资金扶持的精力和重点放在农村建设的造血功能上，把相关政策和工作的重点放在发展培育和拓展黑龙江省农业发展的内生动力方面。尤其要加大提供全方位、全过程和全覆盖的农村公共基础服务的力度，在各个地市县形成农业金融和财政制度，把层层盘剥、虚报挪用的情况关到制度建设的笼子里，要提高农业工作的效率以及政府治理能力，切实地使黑龙江省农业建设的发展成就惠及到每个农民的身上，把改善民生作为工作的切入点和重点，着力改善农村居民的子女教育、医疗保障和农民住房等方方面面的情况，不断缩小黑龙江省农村和城市间的总体差距，切实地把"三农"问题放在发展的重要位置，有效地实现黑龙江省农民的稳步增收。

（二）以产业结构升级促进龙江全面振兴的质量变革

1. 深度调整农村产业结构现代化

农村产业结构调整所涉及的内容十分广泛，涉及农村产业选择、农民培训、技术服务、资金筹措、组织方式、产销对接、利益联结等方方面面。其中，积极实现农业一二三产业之间的有机融合是产业结构升级的重中之重。当前要把为全面建成小康社会所推出的各项惠农政策落实到位，特别要努力形成全方位、全覆盖的融合发展模式和全产业链条，还要形成产业价值链增值和绿色产品的品牌效应。与此同时，要实现农业一二三产业的融合发展，就要以地区性主导产业为抓手，要依据我国农业发展趋势的整体状况进行趋势研判，并针对区域结构、产业结构、要素结构和经营结构所需农村劳动力进行优化劳务资源的配置，注重产业融合发展的设计和规划，为主导产业提供高质量的劳动力主体，为释放劳动力主体微观活力提供政策环境和经营环境。同时要落实国家针对区域内经营主体中提供各项政策和资金的支持，组织开展金融服务体系对接、高新科技对接等活动，特别是注重农村绿色产业发展，推广绿色农产品生产模式，建立绿色、协调、可持续地良性循环发展机制。这样就使得农村剩余劳动力做到流转更加有序科学和高效。因而实现农村产业结构的升级和调整，同时形成高效率、强动力、高质量的农业产业体系就成为了摆在我们面前亟待解决的关键性问题。在经济新常态下，积极实现农村产业结构从要素驱动、投资规模驱动走向更加注重创新驱动的升级，也是实现农业现代化意义上产业结构调整的驱动性影响因素。首先，农村产业结构调整是一个动态和发展的平衡体系，当中释放更多的农村剩余劳动力是刺激农村产业结构调整的主要动力。相反来说，农村产业结构也拓宽了农村居民的收入渠道，同时为农村经济的发展保持中高速、迈向中高端提供了更加丰富的劳务资源保障。其次，我国农业结构的调整主要体现在农业公共社会化服务体系以及新型农业经营主体和现代农业的有机结合等方面，其根本目的是通过劳务经济资源要素的合理配置，释放出更多作为微观主体的农村剩余劳动力的活力，进而实现农村劳动力的合理有序的流转。因而，产业结构调整是引领和带动黑龙江省农村劳动力流转的保障性因素。

2. 提升治理体系和治理能力现代化

党的十九大报告指出，我国农业现代化战略得到稳步推进，要加强和构建农业产业体系、培育新型农业经营主体，健全农业社会化服务体系。在我国经济发展进入新时代的背景下，更加需要我国的农业发展加快步入从传统的经营方式走向更加注重质量发展的关键阶段，特别是在培育新型农业经营主体方面，其中农村剩余劳动力有序而科学的流转也日益成为培育新型农业经营主体的稳定之锚和动力之源。而在推进农业经济质量变革、效率变革、动力变革方面，农村剩余劳动力也逐渐转变成为发展变革的主体性力量。根据国家统计局的数据显示，近五年来，我国城镇化率年均提高 1.2%，8 000 多万农村转移人口成为城镇居民。黑龙江政府应将打造和提升农村治理体系和治理能力项目建设为服务平台，实现输出职业技能、生产管理经验到城市就业，同时在城市积累丰富的资金和管理经验的转移人口返乡创业创新，做到劳动力向城市流转与高科技技术人才和企业回归农村两个方面的有效结合，不断提高黑龙江农业规模化经营的深度和广度，逐步增强对黑龙江省新型农业经营主体创新创业的政策扶持，要以新的发展理念打破黑龙江省农业经济发展的惯性思维，鼓励生产、科研和经营的融合发展，鼓励农民经营主体和国家、私人企业融合发展，不断引导和增加新型农业经营主体的规模、质量和数量，激发、带动黑龙江省农业生产经营的内生动力和发展潜力，着重以转方式和变结构的现代化经营模式释放出更多的农村劳务资源，在以科技创新为主导的农业产业结构升级的前提下为城市输出更多的动力资源——农村富余劳动力，使得黑龙江省农业发展达到现代化农业发展的新平衡，实现在农业经济新常态背景下提高黑龙江省农业综合生产能力的新途径和新方式。

（三）以提高公共服务实现劳动力流转效率变革

1. 加强农民的职业技能培训

我们要根据黑龙江省农村劳动力、农业科学技术和农业机械化水平不高的现实情况，要和科研院所和高职高专联合举办农业技术培训综合实践基地，在此基础上，按照黑龙江省的农村劳动力市场的需求，鼓励城市和农村就业指导中心加入到农村实践实训中心的建设中来，建立和完善农村转移劳动力高技能专业技术人才培训基地。不断加强以网络中心、信息主导、体系支撑为主要特征的"企业需求＋培训机构＋农民"综合服务体系的构建，同时还要结合黑龙江省的基本时代特征尝试探索"企业需求＋培训机构＋农民"的一二三产业相互融通的培训和就业的新模式，以此不断提高黑龙江省农村劳动力的市场竞争力。同时政府和地方要投入必要的资金，给予相关政策调动科研院所、高等院校，鼓励他们把农村劳动力的培养同"产学研"有机结合，在提升劳动力职业技能的同时促进自身科研实践的转化。举办适应经济新常态需要的形式多样的职业技能培训讲座，针对农村种植业调整的需求和变化，鼓励和兴起一部分农村劳务市场的就业指导中介机构，合理和有序地让农村劳动力流转到城市找到适合的工作岗位，引导和鼓励农村富余劳动力形成正确和有效的就业动机和观念。要及时跟踪反馈农业一二三产业中外出务工人员所需要素禀赋的相关需求，同时根据区域内融合发展的内在需求，根据不同类型和差异开展农民职业技能培训，以农村劳动力高技能人才培训基地为主，技能培训内容要具有针对性和分类性，根据一二三产业中岗位需求类型拓展劳动力流转配套的岗前职业技能培训，让农村居民具备相关职业技能，转向技术输出务工，实现由体力型向技能型的转变，提高农村劳动力素质，不断完善农村职业技能培训体系，能够紧跟农村产业结构调整的整体需求。其中，切实有效地增强农村劳动力职业能力，使得农村劳动力具备现代化农业发展的基本素质。同时，应当建立城市和乡村相统一的劳动力就业市场，加强宣传推介，综合利用各种媒体手段、采取多种传播方式，健全现代化劳动力市场的信息功能，高效推广农村劳动力涌入就业市场，为农村产业融合发展营造良好的劳务市场环境，实现劳动力流转的质量变革。

2. 加快农产品价格形成机制改革

提高农村农产品价格历来是促进农村居民增收的直接性和有效的手段和途径。第一，政府部门要给予农产品价格的政策扶持，要给予相对的倾斜政策，为稳定黑龙江省各个地区农产品的相对价格提供必要的保障。第二，在黑龙江省经济发展迈向"两个中高端"，即经济发展保持中高速，产品质量保持中高端的过程中，首要的问题是务必保持农业发展的稳定，并针对影响农产品价格的因素采取针对性的措施，保障农产品价格稳中有升，积极发展黑龙江省区域性特色的绿色农产品，不断引导和激励黑龙江省农产品的质量和效率的提升。第三，应该大力推行农产品目标价格保险制度，同时在必要的时候，政府可以适度提高最低收购价和收储价，尤其是在黑龙江省东西部农产品价格相对较低的地区，农产品价格的提升对农民收入具有积极的正向影响，因此更应该保障黑龙江省东西部农产品价格的平稳增长，为农村劳动力的流转提供更加坚实的动力。

项目负责人：刘晓丽
主要参加人：潘方卉、王志伟、杨志武、王刚毅、王洋等

黑龙江省农村金融服务水平测度
及影响因素分析

辛立秋　谢禹　鲍宪军　赵丽娟　赵孟鑫　赵苇丽

"农业丰则基础强，农民富则国家盛，农村稳则社会安。"解决"三农"问题，就要大力发展农村经济，而农村经济的发展离不开资金的支持。在农业自我积累较弱的情况下，农村金融成为农业发展的资金动力，提高农村金融服务水平，建立科学、高效、合理、完善的农村金融服务体系也是农村金融改革和发展面临的首要问题。因此，提升农村金融服务水平是我国农村金融改革的关键，也是农业发展的关键环节。

一、黑龙江省农村金融服务情况

在我国现有的金融体系中，各类金融机构都在一定程度上开办涉农业务，且在原有统计数据中，"三农"相关数据统计口径较大，基本以县域为主，近年来甚至查不到原有的农业贷款的统计数据，故本部分以黑龙江省金融发展情况作为反映能够向"三农"提供服务的金融供给情况。为更好地和国内外金融服务水平测度的指标体系相一致，本部分从金融服务渗透性、可利用性、使用度三个维度来定性分析黑龙江省农村金融服务的发展情况。

（一）黑龙江省农村金融服务渗透性

1. 黑龙江省银行类金融机构发展情况

黑龙江省银行类金融机构的覆盖情况包括网点及从业人员数量、分布情况两个方面。

（1）黑龙江省银行类金融机构网点数及从业人员数。根据银行类金融机构的不同类别，从机构个数及从业人员数量分析各类金融机构情况，截至 2017

* 黑龙江省软科学项目（项目编号：GC16D113）。

项目负责人为辛立秋教授，主要参加人员有谢禹、鲍宪军、赵丽娟、赵孟鑫、赵苇丽、庞金波等。

年末，黑龙江省银行类金融机构网点数为 6 631 个，从业人员数为 122 296 人。其中，国有大型商业银行网点数为 2 041 个，从业人员数为 50 937 人，在全省银行类金融机构从业人员数量上占据最高比例；农村中小金融机构，机构网点数为 2 047 个，从业人员数为 30 999 人，在全省银行类金融机构数量上占据最高比例；邮政储蓄银行位居第三，机构个数为 1 668 个，从业人员数为 17 625 人。三大主要金融机构数量在全省金融机构总数中占 86.8%，从业人员数占全省金融机构从业人员总数的 81.6%，可见黑龙江省银行类金融机构对"三农"的重视程度较高。

从表 1 可以看出，黑龙江省银行类金融机构数量从 2006 年的 5 712 个增加到 2017 年的 6 637 个，在 10 年内增长了 925 家，整体呈上升趋势；但在 2008 年和 2010 年均有小幅回落现象，主要是由于金融体制改革对金融机构的县域网点进行重组、合并等规划造成的；而自 2011 年开始金融机构数大幅增长，直至 2014 年呈平缓增长态势。而黑龙江省银行类金融机构从业人员数量在 2006—2017 年保持较稳定的上升趋势。

表 1　2006—2017 年黑龙江省银行类金融机构数量及从业人员数量

年份	机构数量（个）	从业人员数量（人）
2006	5 712	90 155
2007	5 961	93 371
2008	5 935	94 547
2009	6 042	105 790
2010	6 037	106 997
2011	6 193	111 532
2012	6 391	114 162
2013	6 474	121 626
2014	6 574	124 506
2015	6 637	124 523
2016	6 673	124 665
2017	6 631	122 296

数据来源：2007—2018 年《黑龙江金融年鉴》。

（2）黑龙江省银行类金融机构分布情况。国内外学者在研究银行类金融机构的分布时，大多数利用金融机构网点和金融机构从业人员的地理密度、人口密度来衡量。地理密度越高，表示金融机构的覆盖面较广，能够提供更高效的金融服务；人口密度越高，表示能够从正规金融机构获得产品与服务的人群越多。因此，当地理密度和人口密度都达到较高水平时，才能做到惠及更多地域与人群，例如偏远贫困地区和农民、小微企业等，达到农村金融服务的目的，真正实现金融的包容性。故本文将黑龙江省银行类金融机构的分布情况作为反映农村金融服务渗透性的一部分。

表 2　2006—2017 年黑龙江省银行类金融机构分布情况

年份	金融机构网点 地理密度 （个/万平方千米）	金融机构网点 人口密度 （个/万人）	金融机构从业人员 地理密度 （人/万平方千米）	金融机构从业人员 人口密度 （人/万人）
2006	125.815 0	1.494 1	1 985.793 0	23.582 3
2007	131.299 6	1.558 8	2 056.630 0	24.417 1
2008	130.726 9	1.551 6	2 082.533 0	24.718 2
2009	133.083 7	1.579 2	2 330.176 2	27.650 3
2010	132.973 6	1.575 0	2 356.762 1	27.914 7
2011	136.409 7	1.615 3	2 456.652 0	29.090 2
2012	140.770 9	1.666 9	2 514.581 4	29.776 2
2013	142.599 1	1.688 1	2 678.986 8	31.714 7
2014	144.801 8	1.715 1	2 742.422 9	32.482 7
2015	146.189 4	1.741 1	2 742.797 4	32.666 1
2016	141.078 2	1.756 5	2 635.623 6	32.815 2
2017	140.190 2	1.757 4	2 585.539 1	32.276 5

数据来源：2007—2018 年《黑龙江金融年鉴》。

　　表 2 为 2006—2017 年黑龙江省银行类金融机构分布情况，分别用金融机构网点地理密度及人口密度、金融机构从业人员地理密度及人口密度四项指标反映，即每万平方千米可获得服务的银行类金融机构网点数、每万人可获得服务的银行类金融机构网点数、每万平方千米可获得服务的银行类金融机构从业人员数、每万人可获得服务的银行类金融机构从业人员数。从表中看出，每万平方千米可获得服务的银行类金融机构网点数从 2006 年的 125.815 0 个增加到 2017 年的 140.190 2 个，每万人可获得服务的银行类金融机构网点数从 2006 年的 1.494 1 个增加到 2017 年的 1.757 4 个，每万平方千米可获得服务的银行类金融机构从业人员数从 2006 年的 1 985.793 0 人增加到 2017 年的 2 585.539 1 人，每万人可获得服务的银行类金融机构从业人员数从 2006 年的 23.582 3 人增加到 2017 年的 32.413 4 人。总而言之，无论从地理密度还是从人口密度来看，黑龙江省银行类金融机构的供给程度逐渐增加，覆盖范围及服

务范围逐渐扩大，分布较广泛，农村金融服务的渗透性逐渐加强。

2. 黑龙江省保险机构发展情况

黑龙江省保险机构的覆盖情况包括保险机构数及分布情况两个方面。

（1）黑龙江省保险机构数。 根据保险机构的不同机构类别，从人寿保险公司和财产保险公司数量分析保险机构情况，2017 年黑龙江省保险机构总数为2 536个，其中人寿保险公司为 1 451 个，且多为营销服务部，财产保险公司为1 085 个，支公司占较大比例。可见从机构个数讲，人寿保险公司略超过财产保险公司；就机构类别而言，财产保险公司的高级别机构较多，更体现黑龙江省群众对财产保险的青睐。

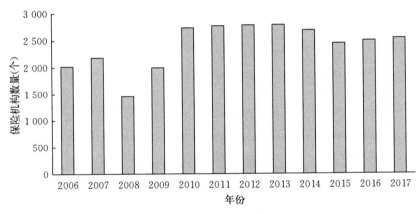

图 1　2006—2017 年黑龙江省保险机构数量

图 1 为 2006—2017 年黑龙江省保险机构数量，可以看出自 2006 年起黑龙江省保险机构数量呈"先上升，后下降，再上升，再下降，再上升"的趋势，2008 年保险机构数达到最小值，原因与金融机构数量减少一致，2013 年达到最大值，主要原因为近几年保险行业越来越受到重视，2014 年后由于保险行业改革对保险机构等进行调整，所以保险机构数又有所减少，幅度稍缓。但整体上黑龙江省保险机构数量为上升状态，由 2006 年的 2 020 个增加到 2017 年的 2 536 个。

（2）黑龙江省保险机构分布情况。 在分析黑龙江省保险机构的分布情况时，同样以地理密度和人口密度两方面为切入点，即分析每万平方千米可获得服务的保险机构数、每万人可获得服务的保险机构数。

如表 3 所示，每万平方千米可获得服务的保险机构数从 2006 年的 44.493 4个增加到 2017 年的 53.810 6 个，每万人可获得服务的保险机构数从 2006 年的 0.528 4 个增加到 2017 年的 0.640 9 个。总体而言，地理密度和人口密度都呈上升趋势，且与保险机构总数的变化趋势保持一致，可见黑龙江省保险机构的覆盖程度较高，但近年有减弱趋势，农村金融服务的渗透性较之 10 年前有大幅提高，但目前仍存在一定的问题。

表3　2006—2017 年黑龙江省保险机构分布情况

年份	保险机构地理密度（个/万平方千米）	保险机构人口密度（个/万人）
2006	44.493 4	0.528 4
2007	48.105 7	0.571 1
2008	32.158 6	0.381 7
2009	44.008 8	0.522 2
2010	60.176 2	0.712 8
2011	60.991 2	0.722 2
2012	61.233 5	0.725 1
2013	61.365 6	0.726 5
2014	59.118 9	0.700 2
2015	53.810 6	0.640 9
2016	52.727 2	0.656 4
2017	53.615 2	0.669 3

数据来源：2007—2018 年《黑龙江金融年鉴》。

（二）黑龙江省农村金融服务可利用性

1. 黑龙江省银行类金融机构经营情况

黑龙江省银行类金融机构经营情况包括金融机构业务种类、存贷款情况两个方面。

（1）**黑龙江省银行类金融机构业务种类。**黑龙江省银行类金融机构主要包括政策性银行、国有大型商业银行、股份制银行、城市商业银行、农村中小金融机构、邮政储蓄银行、外资银行等，其中中国农业发展银行作为农业政策性银行主要办理农业政策性业务，为农业和农村提供金融服务。此外作为国有商业银行的中国农业银行及农村商业银行、合作社、村镇银行等中小农村金融机构均为农户、小微企业提供多样化金融服务。黑龙江省银行类金融机构主要经营资产业务、负债业务以及中间业务，负债业务以存款及派生存款业务为主，还包括向中央银行融入资金、同业拆借等借款业务；资产业务以贷款业务为主，中间业务则构成商业银行的一系列其他业务，包括支付结算业务、代理业务、担保及承诺业务、基金投资业务、银行卡业务等。

（2）黑龙江省银行类金融机构存贷款情况。黑龙江省银行类金融机构的存贷款情况可以反映出当年黑龙江省金融机构提供存贷款服务的情况，更能体现城乡居民在金融机构接触到金融服务的可能性。图2为2006—2017年黑龙江省银行类金融机构存贷款变化趋势图，可以发现无论是存款余额还是贷款余额，都呈逐年上升趋势。2017年银行类金融机构存款余额为23 615.1亿元，同比增长了1 436.1亿元，增长率为6.5%，相比2006年增长了16 691.7亿元，年均增长率为21.9%；2017年银行类金融机构贷款余额为19 208.4亿元，同比增长了1 483.4亿元，增长率为8.4%，相比2006年增长了15 236.5亿元，可见随着近几年经济发展，居民更倾向于在银行类金融机构中办理业务。图中显示存贷款余额的差距整体上增加，从2006年的2 951.5亿元扩大到2017年的4 406.7亿元，在2013年达到最高点，这说明金融机构的存款资金未能得到有效利用，但从2014年开始存贷差有所下降，且存款与贷款余额均上涨，说明银行类金融机构的资源配置愈发合理。

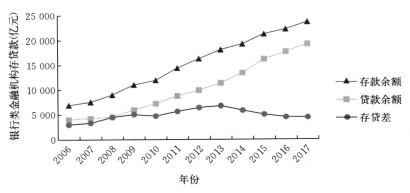

图2　2006—2017年黑龙江省银行类金融机构存贷款变化趋势图

表4　2006—2017年黑龙江省银行类金融服务可利用性情况

年份	城乡居民人均存款（元/人）	城乡居民人均贷款（元/人）
2006	18 109.9	10 389.5
2007	19 769.1	11 130.8
2008	23 513.2	11 850.2
2009	28 810.2	15 651.6
2010	31 143.8	18 863.8
2011	37 601.5	22 851.1
2012	42 583.7	25 839.1

（续）

年份	城乡居民人均存款（元/人）	城乡居民人均贷款（元/人）
2013	47 279.8	29 620.3
2014	50 234.3	34 937.9
2015	55 663.4	42 536.5
2016	58 381.1	46 657.0
2017	62 325.4	50 695.1

数据来源：2007—2018 年《黑龙江金融年鉴》。

效仿国内外学者的研究经验，本文利用城乡居民人均存贷款余额反映银行类金融服务可利用性情况，如表 4 所示为黑龙江省银行类金融机构的城乡居民人均存款和贷款余额，2006 年人均存款余额和人均贷款余额分别为 18 109.9元/人和 10 389.5 元/人，2017 年增长到 62 325.4 元/人和 50 695.1 元/人，这意味着城乡居民可接触的基础性金融服务明显增加。

2. 黑龙江省保险机构经营情况

黑龙江省保险机构经营情况包括保险机构业务种类、保费收入及赔付情况两个方面。

（1）黑龙江省保险机构业务种类。保险机构是指保险公司，黑龙江省保险公司主要包括人寿保险公司和财产保险公司，分别涉及人身保险业务和财产保险业务。其中，人身保险业务包括人寿保险、健康保险、人身意外伤害险等，财产保险业务包括家庭财产险、企业财产险、机动车辆险、船舶险货物运输险及责任保险、农业险等。2017 年黑龙江省人身保险业务中，人寿保险的保费收入为 6 392 455 万元，约占人身保险业务保费总收入的 68.6%，是人身保险业务的最主要来源，同样是赔款及给付的最主要用途渠道；财产保险业务的保费收入主要来源于机动车辆险和农业险，分别为 1 146 753 万元和 354 612 万元，在赔款与给付过程中，农业险也是财产保险的第三用途，可见黑龙江省保险机构对"三农"服务的重视度较高。

（2）黑龙江省保险机构保费收入及赔付情况。黑龙江省保险机构保费收入及赔付情况可以反映出当年黑龙江省保险公司提供保险服务及赔付水平，同样可以体现城乡居民对保险服务的可得性。图 3 为 2006—2017 年黑龙江省保险机构保费收入及赔付变化趋势图，发现 10 年内保费收入和赔付款整体上升，但各年升降不定，保费收入与赔付款的差额逐年增加，说明投保比例增长速度快于赔付情况，居民获得保险服务的渠道更加广泛，得到保障的居民也有所增加，保险服务的接触性较强。

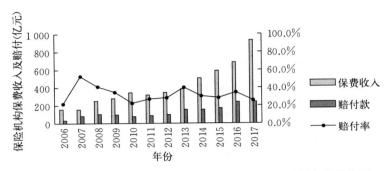

图 3   2006—2017 年黑龙江省保险机构保费收入及赔付变化趋势图

此外，通过城乡居民人均保费收入同样可以反映保险服务可利用性的情况，图 4 中显示 2006 年人均保费收入为 411.2 元/人，2017 年扩大到 2 458.2 元/人，人均保费收入在 10 年内增长了近 6 倍，充分说明了近 10 年农村金融服务的可利用性程度较高。

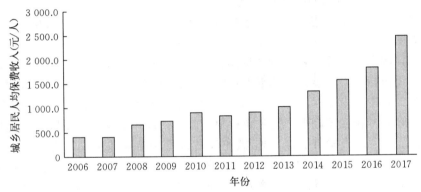

图 4   2006—2017 年黑龙江省保险服务可利用性情况

（三）黑龙江省农村金融服务使用度

黑龙江省农村金融服务的使用度主要体现在金融机构、保险机构产品的使用效率，参照国内学者的标准，本文从存款余额占 GDP 比重、贷款余额占 GDP 比重、保费收入占 GDP 比重三方面反应存贷款、保险等基础性产品在居民中的使用情况，如表 5 所示，2006—2017 年黑龙江省存款余额占 GDP 比重、贷款余额占 GDP 比重、保费收入占 GDP 比重均逐渐增加，前两项增加幅度较明显，后一项增加幅度较缓，且存贷款占 GDP 的比重明显高于保费收入占 GDP 比重，说明近年来黑龙江省存贷款的使用程度较高，而保险产品使用效率偏低，但仍呈上升趋势。

表5 2006—2017年黑龙江省金融产品的使用情况

单位：%

年份	存款余额占 GDP 比重	贷款余额占 GDP 比重	保费收入占 GDP 比重
2006	1.114 6	0.639 4	0.025 3
2007	1.064 1	0.599 2	0.021 9
2008	1.081 7	0.545 2	0.030 2
2009	1.283 7	0.697 4	0.032 4
2010	1.151 3	0.697 3	0.033 1
2011	1.145 8	0.696 3	0.025 3
2012	1.192 5	0.723 6	0.025 1
2013	1.254 4	0.785 8	0.026 6
2014	1.280 3	0.890 4	0.033 7
2015	1.406 7	1.075 0	0.039 2
2016	1.441 5	1.152 0	0.044 6
2017	1.484 9	1.207 8	0.058 6

数据来源：2007—2018年《黑龙江金融年鉴》。

二、黑龙江省农村金融服务水平测度[①]

为使金融服务水平测度更科学，本文在黑龙江省农村金融服务发展情况的基础上，利用国际上通用的金融包容水平测度法进行测量。

金融包容（Financial Inclusion）也称包容性金融，是指在一个经济体中，社会各阶层群体都能够公平、透明、充分且及时地接触、获取和有效使用金融产品和服务，强调获取金融产品和服务的可负担性、可接触性及充分便捷性（Sarma&Pais，2011）。

（一）指标体系构建

金融包容水平的测度主要是通过 FII 模型来实现的，其指标体系构建从金融供给和金融需求（也可以表述为金融深度和金融宽度）两个角度进行，遵循客观真实性、全面性、易得性及可量化性原则。

本文依据指标体系构建的基本原则，综合 Beck 等（2007）、Sarma

---

① 本节内容原载于《财政研究》2017年第12期，作者有辛立秋、朱晨曦、谢禹、苑莹。

(2008，2011）及联合国人类发展指数（HDI）的构建方法，从渗透性、可接触性、使用效用性三个维度构建指标体系，并参照世界银行全球金融包容指标体系，新增了保险指标（表6）。

表6　金融包容指数指标体系

维度	指标类别	指标	指标性质
渗透性	银行类金融机构覆盖程度	每万平方千米拥有银行类金融机构数	正向
		每万人拥有银行类金融机构数	正向
		每万平方千米拥有银行类金融机构从业人员数	正向
		每万人拥有银行类金融机构从业人员数	正向
	保险机构覆盖程度	每万平方千米拥有保险机构数	正向
		每万人拥有保险机构数	正向
可接触性	存款业务情况	人均存款余额	正向
	贷款业务情况	人均贷款余额	正向
	保险业务情况	人均保费收入	正向
使用效用性	存款使用效用	存款余额占 GDP 比重	正向
	贷款使用效用	贷款余额占 GDP 比重	正向
	保险使用效用	保费收入占 GDP 比重	正向

维度1：渗透性（Accessibility）是指金融服务在某一地区的覆盖程度，反映该地区人口是否有渠道获得金融服务，是从金融供给角度设立的维度，是金融包容指标体系的基础维度。维度设置银行类金融机构覆盖程度和保险机构覆盖程度两大指标类别，具体包含6个指标：每万平方千米拥有银行类金融机构数、每万人拥有银行类金融机构数、每万平方千米拥有银行类金融机构从业人员数、每万人拥有银行类金融机构从业人员数、每万平方千米拥有保险机构数、每万人拥有保险机构数，侧面反映了地理渗透性和人口渗透性两方面内容。由于一个地区银行类金融机构数、从业人员数、保险机构数与金融服务渗透性正相关，所以此维度下指标均属于正向指标。

维度2：可接触性（Availability）是指某一地区人口可以接触、获得和使用金融服务的情况，也可理解为金融产品的可接触性，是从金融需求角度设立的维度，是金融包容指标体系的关键维度。维度设置存款业务情况、贷款业务情况和保险业务情况三大指标类别，具体包含3个指标：人均存款余额、人均贷款余额、人均保费收入。如果一个地区人均存贷款余额和人均保费收入较高，说明存贷款及保险业务状况越好，那么该地区的金融产品可接触性越强，所以此维度下指标均属于正向指标。

维度 3：使用效用性（Usage）是指某一地区金融服务的使用效率，反映该地区使用金融产品的程度，是从金融需求角度设立的维度，是金融包容指标体系的核心维度。维度设置存款使用效用、贷款使用效用和保险使用效用三大指标类别，具体包含 3 个指标：存款余额占 GDP 比重、贷款余额占 GDP 比重、保费收入占 GDP 比重。一个地区金融产品使用程度越高，则使用效率越高，所以此维度下指标均属于正向指标。

（二）数据选取

本文选取黑龙江省 1996—2015 年数据计算金融包容指数，数据来源于《黑龙江统计年鉴》《黑龙江金融年鉴》。

（三）指标测算

参考联合国人类发展指数（HDI）及王修华等（2014）的测算方法，利用 EXCEL 计算金融包容指数，具体测算过程如下。

1. 数据无量纲化

由于各指标间存在量纲问题，应首先对数据进行无量纲化处理，消除其量纲差异，公式如下：

$$\begin{cases} x_{ij} = \dfrac{A_{ij} - m_{ij}}{M_{ij} - m_{ij}}, & \text{当指标性质为正向时} \\ x_{ij} = \dfrac{M_{ij} - A_{ij}}{M_{ij} - m_{ij}}, & \text{当指标性质为逆向时} \end{cases} \tag{1}$$

公式（1）中，x_{ij} 为无量纲化后的指标值（$0 \leqslant x_{ij} \leqslant 1$），$A_{ij}$ 为原始指标值，m_{ij} 为该指标最小值，M_{ij} 为该指标最大值。

2. 各维度金融包容指数测算

（1）各维度指标权重确立。采用变异系数法对各维度下的指标赋权，公式如下：

$$V_{ij} = \frac{S_{ij}}{\overline{A}_{ij}} \tag{2}$$

公式（2）中，i 为第 i 个维度，j 为该维度下第 j 个指标，V_{ij} 为第 i 个维度下 j 指标的变异系数，S_{ij} 为该指标的标准差，$\overline{A}_{ij}$ 为该指标的均值。故第 i 维度下各指标权重为：

$$w_{ij} = \frac{V_{ij}}{\sum V_{ij}} \tag{3}$$

（2）各维度金融包容指数测算。 运用欧氏距离计算方法，计算各维度指标测算值与最理想值的距离，并进行整合，得到各维度金融包容指数，公式如下：

$$FII_i = 1 - \frac{\sqrt{w_{i1}^2(1-x_{i1})^2 + w_{i2}^2(1-x_{i2})^2 + \cdots + w_{in}^2(1-x_{in})^2}}{\sqrt{w_{i1}^2 + w_{i2}^2 + \cdots + w_{in}^2}} \quad (4)$$

由于 $0 \leqslant x_{ij} \leqslant 1$，所以 1 为各维度指标的最理想值。

3. 金融包容指数测算

（1）各维度权重确立。 根据公式（2）、公式（3）同理可得：

$$V_i = \frac{S_i}{\bar{A}_i} \quad (5)$$

$$w_i = \frac{V_i}{\sum V_i} \quad (6)$$

其中，V_i 为第 i 维度金融包容指数的变异系数，S_i 为该维度金融包容指数的标准差，$\bar{A}_i$ 为该维度金融包容指数的均值，w_i 为各维度权重。

（2）金融包容指数测算。 根据公式（4）同理可得：

$$FII = 1 - \frac{\sqrt{w_1^2(Max(FII_1)-FII_1)^2 + w_2^2(Max(FII_2)-FII_2)^2 + \cdots + w_n^2(Max(FII_n)-FII_n)^2}}{\sqrt{w_1^2 + w_2^2 + \cdots w_n^2}} \quad (7)$$

其中，$Max(FII_i)$ 为第 i 维度金融包容指数 FII_i 的最大值，也即该维度的最理想值。

（四）测度结果及评价

1. 金融包容指数测度结果及评价

根据以上方法对黑龙江省 1996—2015 年的金融包容指数进行测度，结果如图 5 所示。金融包容指数越大，说明金融包容水平越高。从图 5 中不难看出，黑龙江省金融包容水平逐年上升，大体可分为三个阶段：第一阶段是 1996—2003 年，上升速度比较缓慢，呈稳定上升状态；第二阶段是 2004—2007 年，上升幅度较小，逐渐趋于稳定；第三阶段是 2008—2015 年，上升速度较快，呈显著增长状态，总体而言比较符合国家对"三农"及小微企业扶持的趋势。此外，王修华（2014）、吕勇斌（2016）通过计算金融包容平均指数来衡量各省在全国范围内的金融包容水平，参考该方法并结合 Sarma & Pais（2011）的评价理论，黑龙江省近 20 年的金融包容平均指数为 0.4，属于中等程度的金融包容。

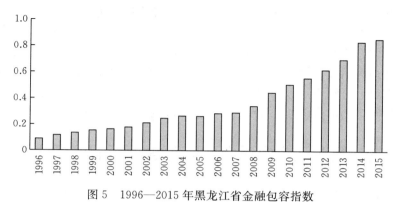

图 5　1996—2015 年黑龙江省金融包容指数

数据来源:《黑龙江统计年鉴》及《黑龙江金融年鉴》整理、计算所得。

2. 各维度金融包容指数测度结果及评价

根据以上方法对黑龙江省 1996—2015 年的各维度金融包容指数进行测度,得出黑龙江省金融服务的渗透性、可接触性、使用效用性维度在金融包容指数中的权重分别为 0.255、0.531、0.214,可见金融服务的可接触性对金融包容指数作用程度最大,渗透性和使用效用性比例相当,为探究各维度在金融包容指数中的具体指标数值,利用各维度金融包容指数与其权重乘积,计算结果如图 6 所示。

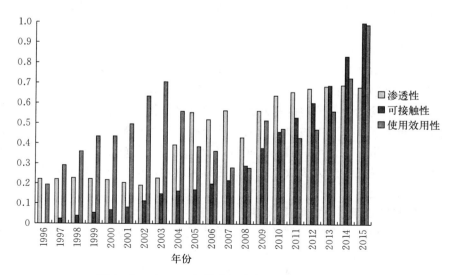

图 6　1996—2015 年黑龙江省各维度金融包容指数

数据来源:《黑龙江统计年鉴》及《黑龙江金融年鉴》整理、计算所得。

图 6 显示，2015 年黑龙江省金融服务的渗透性、可接触性、使用效用性维度指数分别为 0.174、0.532 和 0.212，可接触性和使用效用性处于最高水平。就总体趋势而言，三个维度在近 20 年内均呈上升趋势，其中金融服务的可接触性最为明显，提高了 0.532 点指数，金融服务的使用效用性和渗透性上升较为迟缓，分别为 0.118 和 0.171 点指数，这同样说明在金融包容水平测度中，金融服务的可接触性占较大比例，使用效用性和渗透性则相对均衡。

三、黑龙江省农村金融服务水平影响因素分析

尽管近年来黑龙江省金融发展较好，但由于农业的特殊性、农户或农业企业缺乏合规抵押物等使农村金融服务存在较大的金融排斥现象。本部分从金融服务供给（金融服务的提供者）、需求（农户和农业企业等）等角度分析制约农村金融服务的因素。

（一）金融机构自身因素

1. 农村金融服务供给不充分

一是农村地区金融机构服务网点覆盖率低。出于成本收益的考虑，金融机构在农村地区设立营业网点的积极性不高。金融体制改革后大型国有银行营业网点逐步撤出农村地区，而新型农村金融机构发展缓慢，最终导致黑龙江省农村地区金融网点数量不足。

二是缺乏专门服务于农村地区的中小金融机构或社区金融机构。随着各大国有商业银行撤并县域以下营业网点，农村地区金融服务空心化愈发严重。尽管新型农村金融机构的出现在一定程度上解决农村地区金融服务真空问题，但地理分布的不均衡使部分地区基础性金融服务难以得到满足。从黑龙江省村镇银行的分布情况可以看出村镇银行的地理分布十分不均衡，主要集中在哈尔滨市、齐齐哈尔市、绥化市，而且这些村镇银行主要分布在县级地区。这样的分布很难带动黑龙江省绝大多数经济欠发达或偏远地区的发展，农户的基础性金融服务无法满足。

2. 金融创新滞后于金融需求的扩张

在农村金融产品和服务创新方面，虽然黑龙江省各地区不断探索新产品和服务，但仍然不能满足农村金融服务的多样性、现代化需求特征。银行业金融机构作为农村金融服务的主要供给主体，在新型农业经营主体不断发展过程中，金融机构即使做出反映，匹配相应的金融产品，但会导致整个金融体系向新兴产业渗透的能力不足，缺乏创新性，金融服务缺失。农村金融机构受到地

理因素的限制，呈现出服务网点比较分散，产品创新能力不够，服务单一的特点，很多乡镇金融机构提供的金融服务只是最基本的存、贷、汇业务。在信贷服务方面，融资额度、期限、利率、流程等方面仍然不能满足专业大户等新型农业经营主体农业生产的实际需求。同时，现有的支付结算种类与方式已经不能适应现代农业发展的需要。

此外，农业保险发展滞后。黑龙江省农业保险供给主体单一，多数保险机构尚未开展农业保险业务；政策性补贴品种范围小，马铃薯、甜菜等特色经济作物尚未列入补贴范围；保险品种创新不足，缺乏与符合黑龙江特色农产品相适应的保险新产品；尚未建立健全的农业保险巨灾分散体系和农业保险再保险体系，限制了农业保险的可持续发展。

3. 金融产品同质化严重

中小银行在提供促进农村金融发展过程中提供的金融产品同质化严重，这些金融产品，借贷结构单一，贷款利率高，增加了农民借贷的门槛，把偿还能力低的农户排除在金融服务体系之外，存在价格性排斥，这导致金融机构借贷实际发生率不高，而针对不同用户提供不同服务的个性化产品更是乏善可陈。

4. 农村金融服务基础设施建设相对落后

农村金融服务需要覆盖的地域范围广大，而有些地区金融基础设施建设受地理地质等自然条件限制较大，基础设施建设投入和维护成本较高，物理网点布设依然存在较大困难，ATM机的布放在农村地区比较稀疏，POS机也由于受手续费、认知程度低等因素影响，在农村推广使用的难度较大，特别是在网络微信和支付宝的新型支付形式影响下，传统的金融支付方式受到重大冲击。在部分地区，由于开展农村金融服务的比较收益低，金融机构缺乏对金融服务基础设施更新换代的积极性，金融服务设施年久失修、陈旧劣质；同时，通讯和网络设备工具落后、匮乏，现代通信知识缺乏，现代金融知识有限且实际操作能力差，相关费用承担能力弱，发展互联网金融和移动金融业务的相关基础设施还极不完善，与城市地区存在着巨大的差距，制约了金融机构在西部大力推广网络支付和手机支付业务。

（二）农户及农业企业角度

1. 缺乏抵押担保，服务准入门槛高

银行在提供农村金融产品时为了缓释风险，均设有附加抵质押担保要求，农户接受金融服务的门槛提高，轻资产的小农户难以享受到金融服务。中小微企业由于其自身经营规模小、缺乏核心竞争力，经营风险较大，再加之财务制度不健全及缺乏符合金融机构要求的抵押物，对资金的吸引力不足；又由于缺

少专门为中小微企业提供融资服务的专业机构和担保机构使中小微企业融资成本上升，存在金融排斥现象。

2. 服务对象金融素养低，接受服务意愿不强

作为目标受众的普通农户对农村金融服务的支持度和认知程度对农村金融的发展有很大影响，但是现实情况是大部分农村普通农户对农村金融服务了解甚少，将农村金融服务认为是简单的贷款服务，这限制了农村金融服务的进一步发展渗透。因为农户金融意识较差，对金融机构提供的金融产品认知度、接受度较差，需要支付的费用又成为了农户小微企业获得服务的价格壁垒，再加上农村环境并不理想，导致农民对金融机构的印象停留在交易成本高、服务效率低下、贷款额度低的层面上，主观上不愿向银行借款。

除基本储蓄业务外，普通民众对金融服务的了解只涉及存贷汇业务，对其他金融服务缺乏了解，对新业务不熟悉、接触少，再加上新业务伴随着程序过繁，使普通民众存在畏难甚至拒斥心理。金融意识缺失不仅使普通民众主动使用的意愿降低，而且民众缺乏防范金融风险意识，盲目轻信、跟风从众等非理性行为较为突出。在监管制度不完善和缺乏消费保护的环境下，个体在复杂的金融市场中面临着信息不对称问题，普通民众容易被诱导或误导而采取不理性的金融行为，进而会导致重大损失。

（三）其他因素

1. 农村金融服务发展的政府主导力量不足

地方政府在推进农村金融服务发展的过程中，关注的焦点容易跳过农村，而直接到城镇一级，这就导致相关政策难以直接优惠到农村，政策的偏移，难以起到对金融机构的引导作用，缺乏和金融机构的深度合作。另外，在监管角度来看，农村金融资源的监管不够完善，难以做到差别化监管，需要重点监管的地方监管力度不够，对不需要重点监管的地方又有太多约束，例如监管部门在基层农村的监管力量不足，对民间金融存在监管缺失。为了防范金融风险，监管部门实施严格的市场准入限制，抑制了农村小微型金融机构的发展。

2. 农村融资担保体系仍不健全

现阶段，发达地区在各类产权的担保范围进行了很好的尝试，信贷规模大，融资担保途径多。尽管黑龙江省土地确权工作基本完成，但大多数农业经营主体拥有房屋、宅基地使用权、土地承包经营权、农机具等不动产财产，由于这些财产的特殊性，如产权尚未明晰、估价困难、流转处置困难等因素使得产权抵押融资业务难以大范围推进。此外，《物权法》《担保法》《农村土地承包法》等法律以及产权交易中心等外部环境的限制影响抵押融资业务的开展。

3. 农村信用体系建设缓慢

农村征信工作开展难度大，黑龙江省多数县域地区尚未建立健全的农村信用体系，不仅影响了资金需求者的信用等级评定，也使金融机构因难以获得资金需求者的真实信息而"惧贷"。同时农民信用意识的淡薄、农村信用文化环境的缺失增加了金融机构放贷风险。

四、提升黑龙江省农村金融服务水平的对策建议

（一）建立多层次广覆盖的普惠金融体系

提高金融服务的可得性，解决金融最后一公里问题，应该以构建多元化的金融服务供给体系为目标，明确各类金融机构在金融市场中的功能与定位，扩大金融服务的辐射范围，推动金融更具普惠性。

1. 优化现有金融机构服务功能，提高金融服务的渗透性

明确现有政策性金融机构、商业性金融机构、合作性金融机构的市场定位，引导金融机构从经济社会发展和自身长远发展的角度考虑，承担更多社会责任，降低服务门槛，有效延伸金融机构"服务半径"，更好地满足乡镇居民、农村大户和小微企业等各类群体的金融需求，扩大金融服务的覆盖面和渗透率。

（1）充分发挥政策性金融机构引导性职能。对于黑龙江省来说，一直以农业产业为主要生产力，所以最需要中国农业发展银行的金融支持，以引导其他金融机构的资金投向"三农"。因此，中国农业发展银行应充分发挥带头作用，积极为黑龙江省"三农"事业的开展贡献力量，为农村基础设施建设、农业种植生产、土地流转以及落后地区的开发提供相应的资金支持，弥补商业性金融机构服务领域的缺口。

（2）延伸商业性金融机构的服务范围。一方面，应该充分利用大型商业性银行的资源优势，重点关注各行普惠金融事业部的建立与运营。适当的放宽接触金融服务的准入门槛与限制条件，简化业务办理流程，在保证合理的增设金融机构营业网点的前提下，均衡黑龙江省城乡之间金融资源的配置，为更多群体提供获得金融服务的机会。另一方面，注重中小金融机构的发展。应该继续完善现有的中小金融机构体系，特别是城市与农村商业银行的建设，利用成本低、安全性高、业务流程便捷的优势，打破原有不动产抵押机制，利用农户间、企业间联保等创新形式，为更多的中小企业、农户和贫困人群提供金融服务、创造就业机会，为黑龙江省经济社会的繁荣继续发力。

（3）重视新型农村金融机构的发展。新型农村金融机构体系主要是指以村

镇银行、贷款公司与资金互助社为主体构成的金融服务组织，主要面向"三农"与小微企业等群体提供一系列的金融产品与服务。相比较于商业性金融机构而言，该类金融机构的运行机制更加灵活，信贷业务的准入门槛较低，更加有利于弱势群体获得贷款融资，同时所获资金更具安全性与时效性。黑龙江省应该充分利用这类微型金融机构所具备的优势，为其提供适当的发展空间，支持鼓励民营资本进入，扩大新型农村金融机构的规模，实现为更多低值群体提供便捷的金融服务，提升金融服务的可及性。

（4）支持社区金融便利店的建立。 社区金融组织也成为弥补县域金融网点缺失及金融服务空白的重要手段，多数地区由大型商业银行或地方性商业银行引导出资，社区组织参与，形成社区性质的金融组织，实现区域化的经济结构，例如安徽省祁门县和西藏地区"最后一公里"解决创意，建立"家门口金融"及"马背上的银行"等金融便利店，以便为农户、小微企业提供便捷式金融服务，同时可有效发挥互联网金融不可替代的作用，将金融服务逐渐渗透至贫困地区，实现精准扶贫。黑龙江省可以借鉴该发展模式，不仅仅拘泥于城市的街区，而是将乡镇与农村地区看作是一个个社区，以此为支撑构建社区金融中心，通过设立家门口银行服务，打造"金融服务＋生活"的形式。同时，根据不同地区用户群体的需求差异提供相应的产品，将金融服务渗透到每家每户，不仅可以为城乡居民生产生活提供资源保证，而且也活跃了金融市场，解决金融最后一公里问题。

（5）促进非正规金融机构合法化。 面对多数农户、贫困群体等的贷款需求，黑龙江省可适度放宽市场准入原则，允许符合条件的部门民间机构进入金融市场，促进非正规金融机构的合法化。一方面，要适度提高金融监管部门对非正规金融机构经营、创新及风险监管的包容度，放宽市场准入、经营原则，引导其形成合理的运营机制，鼓励民间机构阳光化。另一方面，也应对民间组织进行合理规范，对不良民间组织依法取缔，对不规范操作积极引导，对结构优良且操作成熟的组织颁发金融管理部门的业务经营执照，使民间融资有序推进、非正规金融机构合法合规化。

2. 加强金融创新，提高金融服务的可利用性

加大黑龙江省金融服务的可利用性，也即改善当地居民可以接触的金融服务、创新当地居民可以获得的金融产品。黑龙江省金融机构应充分将科技创新与金融相融合，以此增加可获得金融产品服务的可能性，提高居民获得金融产品的质量，从而达到将更多优势资源向贫困地区倾斜，填补金融服务空白，实现农村金融服务，促进全省经济发展，增加农民收入的目的。

（1）完善基础金融设施。 既要完善金融机构的前端设施，包括网点的基础服务、自助终端设备等，满足面向客户的基础金融服务，又应加强金融机构的后端设施建设，例如征信、抵押与质押担保等体系建设，为前端金融服务提供金融支持。在前端与后端基础设施完备后，倡导金融机构与农村地区便利店、传统供销社、加油站等合作，形成代理终端，为偏远地区提供更便捷的服务体系。

（2）**创新基础金融产品及服务**。一方面，应对不同群体实施差异化、多样性的金融服务与产品，满足不同客户群的金融需求。针对家庭型农户，可以为其提供短期、小额、高效、担保物普遍的信贷产品，也可以推荐风险小、收益较稳定的金融理财产品等，根据小型农户个体经营的特点，为其推广适当的金融服务。针对大型农场主或小微企业，除以上可供生产经营周转的信贷产品外，还可为其提供个人投资、投资基金等产品，以及中短期融资债券、票据等融资渠道，使得贷款形式多样化、农民资产证券化。另一方面，创新贷款担保形式，放宽农民抵质押担保物要求，使各类型农户都具备贷款融资能力。针对家庭型农户，可以通过土地承包经营权、农业生产设施、农机具和房屋产权进行抵押担保，以便从正规金融机构获得资金。针对大型农场主，可利用其现有资源转化为经营权抵押，如种植业可利用土地承包经营权，渔业可利用鱼池承包经营权等，还可通过农产品订单、库存商品等作为质押物进行融资。针对小微企业，则提供仓单、保单、应收账款等质押贷款。

（3）**开发数字化金融产品**。鼓励各大银行开通线上支付、转账、储蓄、借贷、理财产品，依托于互联网大数据优化信用评级系统，以在线循环贷或随借随还的模式简化信贷业务办理流程，可以通过移动信息平台随时了解资金动向，反馈用户体验，以确保金融服务的不断升级。而且能够有效消除由距离与地域原因造成的金融排斥，节约运营成本的同时，让每个人都有机会接触到基础性金融服务。另外，针对黑龙江省农产品的生产与销售，应充分利用"科技＋金融""互联网＋金融"的形式，融合电商平台，打造农业产业链模式，实现技术与产业的有效联结，为促进农民增收、农村增效带来新机遇。

（4）**创新保险产品**。一方面，完善农业保险制度，大力开发新型保险产品。由于黑龙江省普遍种植玉米、大豆、小麦、水稻4种粮食作物，大型养殖以饲养母猪、奶牛为主，所以保险补贴主要为此六大险种提供。但其他经济作物较少被列为保险标的物范畴，因此可根据黑龙江省的经济作物种类，适当增加新型保险种类。此外，黑龙江省易受到天气、成本价格等影响农民收入，也可以开发气象指数保险、价格保险等新型保险产品。另一方面，黑龙江省农户在生产过程中，当年净收入可作为次年生产成本，具有资金的循环性，因此可适时变更成本保险为收入保险，以确保农民的收入水平不受波及。

3. 优化金融服务功能，强化金融服务的使用效用性

当前黑龙江省农村地区的金融服务与产品使用效率仍偏低，多数农户、小微企业在融资时考虑到时间、审批手续等的限制，而选择亲属借贷或非正规金融机构借贷，因此提高农村金融服务水平从而促进农民增收，应优化金融服务功能，弱化金融服务中的信息不对称、精英俘获现象，强化金融服务的使用效用性。

（1）优化金融服务功能。 优化金融服务功能以保证各经济主体均能被纳入金融机构服务范畴，就应因地制宜、因人而异地确定金融服务措施。一方面，针对较偏远封闭、经济发展相对缓慢的贫困地区，金融机构应积极设立金融网点，既能填补偏远地区金融服务空白，改善金融排斥的局面，又可利用实际网点业务满足基本需求，带动区域经济发展；针对经济发展水平较高地区，鼓励设立 ATM、CRS、多媒体自助查询终端、自动缴费机等自助终端设备，并引导当地居民使用电子银行、手机银行等互联网金融平台。另一方面，针对文化水平不高、高龄农户，多采取物理网点、人工服务等可直接接触金融服务的方式，以便金融产品与服务的全方位渗透；针对居民文化程度较高、青年及接受新鲜事物较快的农户，可由政府、金融机构牵头，通过宣传、培训、教育等方式普及欠发达地区的金融知识，鼓励其正规、安全地使用金融产品，提高其获取金融服务、实现脱贫的意识。

（2）弱化金融服务不良现象。 一是金融服务中存在金融供给方与金融需求方信息不对称的现象，使得金融供需矛盾加剧，为此，应加强双方信息共享平台，通过平台建设使资金供给方更充分了解需求方的自身条件、资金需求、偿还能力等基本信息，便于做出正确的判断，也便于资金需求方了解各供给方的经营情况、经营特点，选择符合自身要求的融资渠道。此外，还可以通过金融机构走访调查、与地方政府交流合作等形式，形成金融供给与需求的长期合作模式，以此弱化金融服务的信息不对称，满足各方的基本利益，实现共赢局面。二是黑龙江省部分贫困地区由于地理位置偏远、交通闭塞、金融需求小额分散等特征使得金融服务的成本较高，"精英俘获"现象的存在又加重了该地区被金融体系排斥的现象，因此要弱化精英俘获现象，就应采取加大贫困地区金融供给、限制金融扶贫额度、适度提高非贫困地区贷款利率，使贫困户能够获得金融扶贫，非贫困户无法对贫困户产生"挤出效应"，改善"非贫困享优惠，贫困无优惠"局面。

（二）增强农户及农业企业自身的实力

提升金融服务，弱化金融排斥现象，单纯的扩大金融供给是远远不够的，

还需要提升需求主体自身的实力和对金融服务的认知能力。

1. 加强对金融服务的认知

第一，应提高农户自身学习能力和金融素养，加强对于从金融机构获取金融产品与服务的认可度与满意度。一方面，金融机构通过提升自身服务水平和质量、创新服务等举措，使得农户在实体网点、自助终端设备、电子银行的使用过程中潜移默化地增加对金融服务的认可，更倾向于选择正规金融机构。另一方面，农村政府可组织集体活动，通过宣传、培训、教育等方式普及欠发达地区的金融知识，鼓励其正规、安全的使用金融产品，提高其获取金融服务、实现脱贫的意识。

第二，应强化农户自身对征信、扶贫等政策的支持度与配合度。在进行征信体系建设、扶贫政策贯彻、优惠措施落实的过程中，应开展农户的金融知识普及与再教育，提高其认知程度，以便更好地落实政策，实现扶贫脱贫，提高农民的基本收入水平。

2. 提高农民收入

以设立技术指导平台为基础，鼓励更多的农户学习农业机械化技术，促进农产品的提质升级，为农民增收带来更多的保障，逐步实现农业的技术化与现代化。对于新开发的技术或者较为繁琐的设备，可以匹配相应的指导人员进行分阶段教学，鼓励农民运用新型技术，锻炼其自主创造价值的能力。同时依托互联网技术形成线上线下结合的经营链条，扩大经营销售范围，增强自身的经济实力，使得自身具备更充足的资本获得资金支持，真正发挥造血功能，实现扶贫脱贫任务，带动黑龙江省区域社会经济的健康发展。

3. 提高新型经营主体的经营管理水平

增强新型经营主体的经济实力，同时提高抵抗经济风险的能力，建立健全财务制度，规范财务会计体系。建立完整的生产产业链条和供销体系，在适当条件下向上下游延伸产业。通过组建合作社可降低传统农户与其上下游企业交易过程中产生的逆向选择风险，减少交易成本，提高农户在产业链条中的生存能力，在维系各方商业利益角度均体现帕累托改进。

（三）发挥政府部门对金融服务的引导与助力功能

小微企业和"三农"金融服务的风险较大，金融机构面临"想提供金融服务却不敢提供"的困境，而金融需求主体则面临"想获得金融服务却得不到"的难题，因此完善相关配套机制，为金融服务更好地发挥提供支持。

1. 加强信用体系建设

由政府牵头发挥领导、带动和组织协调的作用，设立信用评级标准，县域政府干部、金融机构信贷员等采集农户信息，如实上报后建立信用档案，实施专业化的管理，并形成信用信息管理系统，可为政府、金融机构、工商、税务、农业等多部门使用，掌握地方农户信用情况，构建良性的金融生态环境。与此同时，还可以在县域地区形成协会及自律组织，对信用缺失农户采取警告、限制信贷融资、制裁等惩罚错失，对于信用良好农户进行褒奖，增加贷款额度、降低贷款利率、提供优惠政策等，以减少农村地区的不良贷款率，使得获得金融服务的可能性增加。

2. 建立不同层次和差异化服务的信用担保机构

制约小微企业及贫困群体金融服务"最后一公里"的是信息不对称及抵押担保缺失。因此，需要建立不同层次的信贷担保机构以促进金融服务的可获性。建立由政府牵头出资、农民和农村企业参股的专业化信贷担保机构，并采取半市场化运作方式，主要服务于农民。有条件的地方政府可扶持建立农村信贷担保基金，不以盈利为目，以服务农业发展、支持农业适度规模经营为导向，为各类农业经营主体（贫困户以加入农民专业合作社为基础）提供融资担保服务，承担农业政策性担保职能。鼓励有条件的专业合作社、涉农企业和协会组织创办针对农户和农村中小企业的担保公司，专门为协会会员、入社社员提供融资担保，实现互助担保。

3. 强化金融基础设施建设

提升金融服务的可得性，促进供给与需求的有效均衡，不仅需要金融机构扩大服务面积，更需要良好的金融基础设施建设作为保障。

一方面，加强黑龙江省信息化建设。应将设置县域内宽带和通信基站作为信息化建设的首要任务，逐步提高黑龙江省贫困地区互联网的覆盖率和网络质量，保证居民获得多方信息的及时性。其次，借助于互联网技术，建立虚拟化的金融机构网点，完成存款、贷款等多项基础性金融服务，不仅可以极大限度地节约成本，也可以扩大金融服务的覆盖面积，有效缩短金融服务"最后一公里"。同时，依托于大数据模式成立信息共享交流平台，以便为更多人提供信息参考，在缓解信息不对称的基础上，节约金融供需双方相互了解的信息成本，为金融服务的进一步开展提供保障。

另一方面，加快黑龙江省农村地区的道路设施建设。交通便利程度在一定程度上关系到金融的可接触性，所以要加大农村与偏远地区道路修缮的投入，让农户以及偏远地区的贫困人口拥有便利的交通环境，以减弱金融的地理限制，获得更多接触传统金融服务的机会，突破贫困地区金融服务空白的限制，促进黑龙江省城乡之间社会经济活动的正常开展。

4. 建立财政引导资本融合的支农模式

鼓励黑龙江省财政引导金融资本融合。一是财政与银行资本融合，制定银行贷款财政贴息及奖补政策。通过政策实施，促使银行增加信贷量，拉动贷款进行重点项目建设，从而促进经济发展，达到惠民的目的。二是财政与保险资本融合，创新农业巨灾风险指数保险险种，由财政出资为贫困地区农户购买的保险产品，保证在干旱、洪水、低温等自然灾害发生后能够获得补充收益，是扶贫赈灾的主要手段。三是财政与地方金融企业融合，例如开展农村信用社的改革服务。应积极落实财政惠农信贷政策，通过降息、减免缓收贷款本息、无还本续贷等政策使农户获利；鼓励大众创业，促进精准扶贫，为农民工创业、下岗职工再就业、农村妇女等提供贷款，完成贫困户建档、对接，充分满足贫困农户的贷款需求；提升农村包容性金融服务水平，形成"实体网点＋自助设备＋金融服务站＋网络金融"四位一体的农村金融服务信息化渠道，实现实体网点和现代支付系统全覆盖，减缓农村地区的金融排斥和金融沙漠现象。

项目负责人：辛立秋

主要参加人：谢禹、鲍宪军、赵丽娟、赵孟鑫、赵苇丽、庞金波、王一博、朱晨曦等

图书在版编目（CIP）数据

农业与农村经济发展研究 . 2019 / 东北农业大学经济管理学院，东北农业大学现代农业发展研究中心，黑龙江省县域经济学会编 . —北京：中国农业出版社，2020.6

ISBN 978 - 7 - 109 - 26970 - 5

Ⅰ.①农…　Ⅱ.①东…②东…③黑…　Ⅲ.①农业经济发展—研究—中国—2019②农村经济发展—研究—中国—2019　Ⅳ.①F32

中国版本图书馆 CIP 数据核字（2020）第 104508 号

农业与农村经济发展研究 2019
NONGYE YU NONGCUN JINGJI FAZHAN YANJIU 2019

中国农业出版社出版
地址：北京市朝阳区麦子店街 18 号楼
邮编：100125
责任编辑：张　丽
版式设计：王　晨　　责任校对：沙凯霖
印刷：北京中兴印刷有限公司
版次：2020 年 6 月第 1 版
印次：2020 年 6 月北京第 1 次印刷
发行：新华书店北京发行所
开本：720mm×960mm　1/16
印张：26.25
字数：500 千字
定价：60.00 元